東洋古典譯註叢書 128

譯註 歷代君鑑 3

撰 明 代宗
책임번역 洪起殷
공동번역 全百燦

전통문화연구회

飜譯委員

責任飜譯 洪起殷
共同飜譯 全百燦
企劃編輯 東洋古典飜譯編輯委員會
原文校閱 吳圭根
飜譯研究管理 南賢熙
潤　　文 朴勝珠
校　　訂 李孝宰 南賢熙
出　　版 金曉東 姜雲淑
裝　　幀 김진디자인

圖書管理

弘報管理 李和春
普　　及 徐源英
古典情報化 東洋古典情報化研究室

東洋古典譯註叢書를 발간하면서

우리의 古典國譯事業은 민족문화 진흥의 기초사업으로 1960년대부터 政府 支援으로 古文獻 現代化 작업을 추진하여 많은 成果를 거두었다. 당시 이 사업 추진의 先行課題로 東洋古典이라 일컬어지는 중국의 基本古典을 먼저 飜譯하여야 한다는 學界의 주장이 있었음에도 불구하고 우리 고전이 아니라는 일부의 偏狹한 視角과 財政 事情 등으로 인하여 배제되어 왔다.

전통적으로 중국의 기본고전은 우리 歷史와 함께 숨쉬며 각종 교육기관의 教科書로 활용됨은 물론이고 지식인들의 必讀書가 되어 왔으며, 우리 文化의 基底에 자리잡고 거의 모든 방면의 體系와 根幹을 형성하여 왔다. 그래서 학문연구의 기본서 역할을 해 왔을 뿐만 아니라 오늘날에도 우리의 國學徒 및 東洋學 研究者들에게 같은 역할을 하고 있음은 주지의 사실이다. 그럼에도 불구하고 中國古典은 우리 것이 아니라 하여 專門機關의 飜譯對象에 포함하지 않음으로써, 대부분 原典에서의 직접 번역이 아닌 重譯이나 拔萃譯의 방식이 주를 이루면서 教養水準으로 出版되어 왔다.

오늘날 東洋 三國 중에서 우리의 東洋學 연구가 가장 부진한 이유는, 東洋基本古典에 대한 폭넓은 이해의 부족과 漢文古典 讀解力의 저하에 기인함을 우리는 솔직히 인정하여야 한다. 따라서 이들 중국고전에 대한 신뢰할 만한 國譯이 이루어지는 것이 한국학 연구를 촉진시키는 시급한 先行課題라 할 수 있다.

이에 韓國學 및 東洋學의 연구와 古典現代化의 基盤構築을 위해서는, 전문기관으로 하여금 동양고전을 단기간에 각 분야의 專門 研究者와 漢學者가 상호 협동하여 연구번역하여 飜譯의 傳統性과 效率性, 研究의 專門性을 높일 수 있도록 政策的 配慮가 있어야 한다.

이에 本會에서는 元老 및 中堅 漢學者와 斯界의 專攻者로 하여금 協同硏究飜譯하여 공부하는 사람들이 믿고 引用하거나 깊이 있는 註釋 등을 활용할 수 있게 하고, 知識人들의 敎養을 증진시켜 줄 수 있는 東洋古典의 國譯書 간행을 지속적으로 추진해 왔다. 근래에 다행히 이 사업에 대하여 각계 지도층의 폭넓은 이해와 지원에 힘입어 2001년도부터 國庫補助를 받아 東洋古典譯註叢書를 간행하게 되었다. 이를 계기로 우리 先學의 註釋과 見解를 반영하는 등 국역사업의 內實을 기하게 되었음을 이 자리를 빌어 衷心으로 감사드리며, 아울러 國譯에 參與하신 관계자 여러분의 勞苦에 깊은 謝意를 표한다.

끝으로 우리의 이러한 작업은 오랜 역사 위에 축적된 先賢들의 業績과 現代學問을 이어주는 튼튼한 架橋와 礎石이 되어 진정한 韓國學과 東洋學 발전에 기여할 것을 굳게 믿으며, 21세기를 우리 文化의 世紀로 열어 가는 밑거름이 되도록 우리의 力量을 本 事業에 경주하고자 한다. 江湖諸賢의 부단한 관심과 지원을 기대해 마지않는다.

社團法人 傳統文化硏究會 理事長 李啓晃

凡 例

1. 본서는 ≪譯註 歷代君鑑≫의 제3책이다.

2. 본서의 底本은 明景泰四年內府刊本을 朝鮮時代에 刊印한 木版本 ≪歷代君鑑≫(奎中 1926·1927)이며, 저본의 校勘을 위해 明景泰四年內府刊本인 중국 四庫全書存目叢書(齊魯書社, 1995)의 ≪歷代君鑑≫(中國 湖南圖書館 소장본)과 일본 內閣文庫 소장본 ≪歷代君鑑≫(287-0140, 文政 13年(1830) 刊本) 등을 참고하였다.

3. 본서는 원전의 傳統性과 번역의 現代性을 구현하기 위해 노력하였다.

4. 原文에는 우리나라 전통방식의 懸吐를 하였는데, ≪歷代君鑑≫(奎中 1926·1927)의 懸吐를 참조하였다.

5. 原文은 저본의 圈點(○)과 論贊에 따라 단락을 구분하고 일련번호를 부여하였다. 이 중 원문의 단락이 길 경우 다시 의미 단락별로 分節하였다.

6. 飜譯은 原義에 충실하게 하되, 이해가 어려운 부분은 意譯 또는 補充譯을 하였다.

7. 飜譯文은 한글과 한자를 혼용하였으며, 맞춤법과 띄어쓰기는 한글 맞춤법과 표준어 규정을 따랐다.

8. 원문이나 번역문의 한자 중에 僻字나 讀音이 특수한 글자는 한글로 音을 달아주었다.

9. 譯註는 校勘, 人物, 制度, 官職, 역사적 사건, 인용문의 出典, 異說, 故事, 전문용어, 難解語 등에 관한 사항을 밝혔다.

10. 校勘은 원문의 誤字, 脫字, 衍文, 倒文 등을 대상으로 하였다.

11. 본서의 校勘에 사용된 符號는 다음과 같다.

( )〔 〕: (저본의 誤字)〔교감한 正字〕

〔 〕: 저본의 脫字 보충

( ): 저본의 衍字 표시

12. 본서에 사용한 주요 부호는 다음과 같다.

“ ”: 인용

‘ ’: “ ” 안의 재인용

「 」: ‘ ’ 안의 재인용

『 』: 「 」 안의 재인용

( ): 원문에서 讀音이 특수한 글자나 僻字의 音, 원문의 漢字나 句節 표기
번역문에서의 間註

〔 〕: 번역문의 이해를 돕기 위한 原文의 漢字나 句節, 譯註에서 인용한 원문표기

≪ ≫: 書名

〈 〉: 篇章名, 作品名, 補充譯

目　次

본받을 만한 善政　善可爲法

경계할 만한 惡政　惡可爲戒

권36 夏·商·周나라

권37 秦나라

〔附 錄〕

≪歷代君鑑 3≫ 解 說

≪歷代君鑑≫은 明나라 代宗 즉, 景泰帝(재위 1449~1457) 때 편찬된 책으로 역대 군주들의 善政과 惡政을 싣고 있다. 후대 군왕들이 이 책을 거울로 삼도록 한 것이다.

≪역대군감≫은 '본받을 만한 善政〔善可爲法〕'과 '경계할 만한 惡政〔惡可爲戒〕' 두 개의 큰 항목으로 나누어진다. '善可爲法'은 군왕들의 귀감이 될 만한 嘉言과 善行 등을 수록한 것이고, '惡可爲戒'는 임금이 타산지석으로 삼아 경계할 내용을 수록한 것이다.

≪歷代君鑑 3≫은 주로 明나라의 太祖, 太宗, 仁宗, 宣宗의 善政을 다루고 있으며, 뒷부분에서는 夏나라에서 秦나라 때까지 폭군들의 惡政을 다루고 있다.

명 대종 때에 찬술된 책답게 명나라 황제들에 대해 많은 부분을 할애하고 있다. 특히 태종에서 선종까지는 명나라의 최전성기이다. 이 책을 찬술했던 시기는 土木堡의 변으로 국정이 혼란했다는 점에서 전성기로 돌아가고자 하는 대종의 열망이 담겨져 있다. 따라서 이들의 좋은 면만을 기술하다 보니 태조가 공신들을 숙청하고 文字獄을 일으켰던 점이라든지 태종이 환관을 중용한 점 등은 서술하지 않고 있으며, 또한 태종이 일으킨 靖難의 變을 미화하고 있다.

또 우리에게도 익숙한 桀, 紂, 厲王, 幽王이나 傾國之色으로 유명한 妺喜, 妲己, 褒姒뿐만 아니라 秦 始皇帝, 二世皇帝 등의 행적도 싣고 있다. 이들은 전통시대 惡政을 행한 대표적 인물로 뽑히는데, 후대의 군주들이 이를 반면교사로 삼도록 한 것이다.

≪역대군감≫은 조선시대에 제왕학의 교과서로 크게 각광을 받아 우리나라에서 교정되어 판각되었으며, 經筵의 교재로 사용되었다. 이 책은 燕山君 때 ≪歷代明鑑≫과 英祖 때의 ≪歷代鑑戒抄略≫의 편찬에 영향을 주었는데, 특히 영조는 이를 열독하여 〈御製歷代君鑑小識〉를 짓기도 하였다. 또한 중국보다는 우리나라와 일본에서 주로 읽혔다는 점에서 조선시대 독서 문화의 특징을 보여주는 책이기도 하다.

본받을 만한 善政 善可爲法

國朝(明나라)

太祖 高皇帝 下

30-1-1

洪武 2년(1369) 봄 정월에 태조(朱元璋)가 奉天門에 임어하여 元나라의 옛 신하들을 불러 원나라 政事의 잘잘못이 무엇인지 물으니, 馬翼이 대답하기를, "원나라가 천하를 소유한 것으로 말하면, 관대하였기 때문에 얻었고 또한 관대하였기 때문에 잃었습니다." 하였다.

태조가 이르기를, "관대하였기 때문에 얻었다는 말은 들었지만 관대하였기 때문에 잃었다는 말은 듣지 못하였다. 대저 급하게 걸으면 넘어지고, 弦이 너무 팽팽하면 끊어지고, 백성을 급하게 다그치면 난을 일으키는 것이니, 백성 위에 군림하는 자의 도리는 반드시 관대함을 써야 한다. 따라서 다만 관대하면 백성을 얻는다고 말해야지 관대하였기 때문에 잃었다고 말해서는 안 된다. 원나라 말엽의 임금과 신하들이 逸樂에 빠져서 점차 망하는 데에 이르렀으니, 그 잘못은 기강이 해이해진 데에 있지 실로 관대함 때문이 아니다. 대저 聖王의 도는 관대하면서도 節制가 있는 것이니 廢棄함으로써 관대함을 삼지 않고, 간략하면서도 절도가 있는 것이니 태만함으로써 간략함을 삼지 않는다. 시행하는 것이 중도에 맞으면 폐단이 없을 것이다." 하였다.

明 太祖

洪武二年春正月에 上御奉天門하야 召元之舊臣하야 問其政事得失한대 馬翼對曰 元有天下는 以寬得之하고 亦以寬失之니이다 上曰 以寬得之는 則聞之矣어니와 以寬失之는 則未之聞也호라 夫步

急則蹶하고 弦急則絶하며 民急則亂이니 居上之道 正當用寬이라 但云寬則得衆이요 不云寬之失也니라 元季君臣이 耽於逸樂하야 循至淪亡하니 其失在於縱弛요 實非寬也라 大抵聖王之道 寬而有制니 不以廢棄爲寬이요 簡而有節이니 不以慢易爲簡하나니 施之適中이면 則無弊矣리라

30-1-2

3월에 태조가 儒臣들과 ≪易≫을 논할 때에 "천지는 만물을 기르고, 성인은 어진 이를 길러서 만민에 미친다."[1]에 이르러 태조가 이르기를, "임금의 직책은 백성을 기르는 데에 있으니, 다만 능히 어진 이를 길러서 그와 함께 다스리면 백성이 모두 기르는 바를 얻을 것이다. 그러나 사람을 아는 것이 가장 어려우니, 만약 기른 자가 어진 이가 아니면 도리어 그 백성을 해치게 될 것이니 어찌 나라에 보탬이 되겠는가. 그러므로 임금은 어진 이를 기르는 것이 어려운 것이 아니라 어진 이를 알아보는 것이 어려운 것이다." 하였다.

○三月에 上與儒臣論易할새 至天地養萬物하고 聖人養賢하야 以及萬民하야 上曰 人主職在養民하니 但能養賢하야 與之共治면 則民皆得所養이라 然知人最難하니 若所養非賢이면 反厲其民이니 何補於國哉리오 故人主養賢非難이라 知賢爲難이니라

30-1-3

6월에 태조가 國子生들을 불러 묻기를, "그대들은 독서하는 여가에 말타기와 활쏘기를 익히고 있는가?" 하니, 대답하기를, "모두 익히고 있습니다." 하였다. 태조가 이르기를, "익숙히 익혔는가?" 하니, 대답하기를, "익숙하지는 못합니다." 하였다.

이에 유시하기를, "옛날의 학자는 文은 나라를 경영하기에 충분하고 武는 반란을 평정하기에 충분하였기 때문에 나가서는 장수가 되고 들어와서는 재상이 되어 사직을 안정시켰다. 지금 천하가 태평하니 그대들이 문학을 전적으로 힘쓰고 있지만 武事를 어찌 잊을 수 있겠는가. ≪詩經≫에 이르기를, '文武를 兼全한 吉甫여 萬邦이 법으로 삼도다.'[2] 하였다. 문무의 재능이 있으면 만방이 그를 본보기로 삼으니, 그

---

1) 천지는……미친다 : ≪周易≫ 頤卦의 〈彖傳〉에 있는 내용이다.
2) 文武를……삼도다 : ≪詩經≫ 〈小雅 六月〉에 나오는 내용이다. 吉甫는 周나라 宣王 때의 장수 尹吉甫이다.

대들은 힘써야 할 것이다." 하였다.

○六月에 上召國子生問曰 爾等讀書之餘에 習騎射否아 對曰 皆習이니이다 曰 習熟否아 對曰 未니이다 乃諭之曰 古之學者는 文足以經邦이요 武足以戡亂이라 故能出入將相하며 安定社稷하나니 今天下承平하니 爾等雖專務文學이나 亦豈可忘武事리오 詩曰 文武吉甫여 萬邦爲憲이라하니 惟其有文武之才면 則萬邦以之爲法矣리니 爾等宜勉之하라

30-1-4

가을 9월에 태조가 廷臣에게 이르기를, "사람을 알기가 참으로 어렵다. 지금 짐이 百司에 누차 신칙하여 어진 인재를 찾았으나 그들이 도착했을 때 보면 왕왕 名實이 相符하지 않으니 어찌 천거한 자가 함부로 추천한 것이 아니겠는가?" 하니, 정신이 대답하기를, "지금부터 有司에게 명하여 천거하되 반드시 그 사람이 이미 행한 선을 갖추게 하면 함부로 천거하는 잘못이 없을 것입니다." 하였다.

태조가 이르기를, "사람을 보는 법은 작은 것에서 큰 것을 알 수 있고, 은미한 것을 살펴서 드러난 것을 알 수 있으며, 그가 하지 않는 것을 보아서 그가 할 것을 알 수 있다. 다만 천거하는 자의 법을 엄격하게 하면 함부로 추천하는 풍속이 자연히 바뀔 것이다." 하였다.

○秋九月에 上謂廷臣曰 知人固難이라 今朕屢勅百司하야 訪求賢才나 然至日에 往往名實不副하니 豈非擧者之濫乎아 廷臣對曰 請自今令有司薦擧호되 必具其人已行之善이면 庶無冒濫之失하리이다 上曰 觀人之法이 卽其小하야 可以知其大하며 察其微하야 可以見其著하며 視其所不爲하야 可以知其所爲니 但嚴擧主之法이면 則冒濫自革矣리라

30-1-5

태조가 聖誕日에 조회를 파하고 편전으로 물러나와 侍臣에게 이르기를, "짐이 옛날에 부모를 잃었을 적에는 마침 어려운 때를 만났었는데, 지금은 천하를 소유한 부자가 되었는데도 하루아침도 봉양할 수 없으니 이것이 종신토록 간직하고 있는 애통함이다. 짐이 어제 꿈에 나의 부모님을 뵈었는데 모여 지내는 기쁨이 평소와 똑같았다. 이는 부모와 자손이 본래 같은 기운이라서 정신이 이르는 곳에 감동이 있으면 반드시 호응하는 것이니, 누가 幽明은 길이 다르다고 하였는가." 하니, 시신이 말하기를, "이는 폐하의 효성이 感通하여 꿈에 나타난 것이고 우연히 그렇게 된 것이 아닙니다." 하였다.

○上이 聖誕日에 朝罷에 退御便殿하야 謂侍臣曰 朕昔喪親에 適值艱難之際러니 今富有天下호되 不能爲一朝之養하니 此終身之痛也로다 朕昨夢에 見吾親호니 聚處之歡이 一如平生하니 蓋父母子孫이 本同一氣라 精神所格에 有感必應이니 孰謂幽明異途耶아 侍臣曰 此陛下孝誠感通하야 形諸夢寐요 非偶然也니이다

30-1-6

겨울 10월에 태조가 中書省의 신하에게 下諭하였다.

"학교의 가르침이 元나라에 이르러서 그 폐단이 극에 달하였다. 先王이 수립한 文明과 禮義의 가르침을 뒤섞어 이적의 풍속이 되게 하여 上下의 사이가 무너지고 전복되었으니, 그러므로 학교를 설치한 것이 이름만 남아 있고 알맹이가 없다. 더구나 兵亂 이래로 사람들이 싸움에 버릇이 들어 방패와 창만 알 뿐 俎豆를 아는 이가 없다.

짐이 항상 생각하기를, 나라를 다스리는 요체는 교화가 우선이 되고, 교화의 도는 학교가 근본이 된다. 지금 京師에 太學이 있기는 하지만 천하에 학교가 부흥하지 못하였다. 郡縣으로 하여금 모두 학교를 세우고 師儒를 예로 맞이하여 생도들을 가르치게 해서 성인의 도를 강론하여 사람들로 하여금 나날이 다달이 교화되게 해서 선왕의 옛 도를 회복하고 오염된 습속을 바꾸게 하는 것이 가장 급선무이니 속히 행해야 할 것이다."

○冬十月에 上諭中書省臣曰 學校之教 至元하야 其弊極矣라 使先王衣冠禮義之教로 混爲夷狄하야 上下之間이 波頹風靡하니 故學校之設이 名存實亡이라 況兵變以來로 人習於戰鬪하야 惟知干戈하고 莫識俎豆하니 朕恒謂治國之要는 教化爲先이요 教化之道는 學校爲本이라 今京師에 雖有太學이나 而天下學校未興하니 宜令郡縣皆立學하고 禮延師儒하야 教授生徒하야 以講論聖道하야 使人日漸月化하야 以復先王之舊하며 以革汚染之習이 此最爲急務니 當速行之하라

30-1-7

11월에 中書省이 後堂을 짓기를 주청하니 태조가 허락하지 않으면서 이르기를, "토목공사가 여러 해 동안 쉬지 않고 계속되고 있는데 지금 또 이것을 지으려고 한다면 백성들을 병들게 하지 않겠는가. 백성의 힘이 조금 펴지기를 기다렸다가 하더라도 늦지 않다." 하였다.

○十一月에 中書省奏請營後堂한대 上不許曰 土木之工이 連歲不息이어늘 今又欲爲此면 能不病

民乎아 俟民力稍舒하야 爲之未晚也니라

30-1-8

洪武 3년(1370) 봄 정월에 西安과 鳳翔 두 府에 기근이 드니, 나이가 많은 백성 宋昇 등이 와서 아뢰자 태조가 즉시 戶部에 명하여 가서 진휼하게 하였다.

호부가 "저 백성들이 굶주리고 있으니 곡식을 운송하여 가서 구제해야 합니다." 하니, 태조가 측은히 여겨 이르기를, "백성들이 아침저녁으로 음식 주기를 기다리는 것이 涸轍의 물고기가 물을 기다리는 것과 같으니,[3] 만약 곡식을 운송해오기를 기다려서 구제한다면 죽는 자가 많을 것이다. 더구나 지금 봄 농사가 한창인데 백성이 음식이 없어서 농사짓기를 포기하면 장차 그 근심이 더욱 커지는 것을 보게 될 것이다." 하고, 즉시 호부에게 명하여 역마를 타고 가서 진휼하되 한 戶에 곡식 한 섬씩 지급하게 하니, 지급한 분량이 도합 36,889석이었다.

○三年春正月에 西安鳳翔二府飢하니 耆民宋昇等來言이어늘 上卽命戶部往賑之한대 戶部奏彼民飢하니 須運粟以濟之니이다 上惻然曰 民朝暮待餔가 如涸魚之欲水하니 若待運粟以濟之면 死者多矣리라 況今東作方興하니 民無食而廢耕이면 將見其患益甚이라하고 卽命戶部馳驛往賑之호되 戶給粟一石하니 給凡三萬六千八百八十九石이러라

30-1-9

2월이 태조가 東閣에 임어하니 翰林學士 宋濂[4]과 待制 王褘[5] 등이 ≪大學≫ 傳

3) 涸轍의……같으니 : 涸轍의 물고기란 곧 수레바퀴 자국에 조금 괴어 있는 물에서 허우적거리는 붕어를 말한다. 莊子가 길을 가는데 붕어 한 마리가 수레바퀴 자국에 고인 물에서 허우적거리면서 한 말이나 한 되쯤 되는 물을 가져다가 자기를 살려줄 수 있겠느냐고 하였다. 장자가 장차 吳越 지방으로 가니 西江의 물을 끌어다 대주겠다고 하자, 그 붕어가 화를 내며 말하기를 "나는 지금 당장 한 말이나 한 되쯤의 물만 얻으면 살 수 있는데, 당신이 이렇게 엉뚱한 말을 하니, 일찌감치 나를 건어물 가게에서 찾는 것이 낫겠다."라고 했다는 고사에서 온 말로, 극심한 곤경에 처한 상황을 비유한다.(≪莊子注≫ 권9 〈外物〉)

4) 宋濂 : 1310~1381. 명나라 때의 문인·정치가로 자는 景濂이고, 호는 潛溪이다. 원나라 말기 전란을 피해 龍門山에 은거하면서 저작에 종사하여, ≪宋學士全集≫ 42권과 ≪篇學類纂≫, ≪龍門子≫ 등의 저서를 남겼다. 명나라 태조가 세력을 잡은 뒤 부름을 받고 남경에 가서 왕세자의 스승이 되고, 이후 태조의 고문으로 두터운 신임을 받았다. 71세 때 그의 손자의 죄에 연좌되어 사천성으로 귀양 가서 그곳에서 병사했다. 전기 작품 외에 〈閱江樓記〉와 작품집 ≪宋文憲公全集≫ 53권 등이 있다.(≪明史≫ 권128 〈宋濂列傳〉)

10章을 진강하였다. "토지가 있고 인민이 있다."에 이르러 송렴 등이 반복해서 말하자 태조가 이르기를, "인민은 나라의 근본이고, 덕은 몸의 근본이니, 덕이 두터우면 인민이 귀의하고, 인민이 편안하면 나라가 견고해진다. 그러므로 임금이 仁厚한 덕이 있으면 인민이 귀의하기를 부모에게 나아가는 것처럼 할 것이니, 인민의 마음이 귀의하면 토지가 있고 재물이 있는 것은 자연스러운 이치이다. 만약 덕이 백성을 귀의시키기에 부족하면 재물이 있더라도 어떻게 쓰겠는가." 하였다.

宋濂　　王禕

○二月에 上御東閣하니 翰林學士宋濂待制王禕等이 進講大學傳之十章하니 至有土有人하야 濂等反覆言之한대 上曰 人者는 國之本이요 德者는 身之本이니 德厚則人懷하고 人安則國固라 故人主有仁厚之德이면 則人歸之를 如就父母하리니 人心旣歸면 有土有財는 自然之理也라 若德不足以懷衆이면 雖有財나 亦何用哉리오

30-1-10

태조가 後苑에 가서 까치집에 까치가 알을 품은 수고를 보고 喟然히 탄식하기를, "새가 새끼를 기르는 노고도 이와 같은데 더구나 사람 母子의 은혜는 말할 것이 있겠는가." 하고, 신하들 중에 늙은 부모가 있는 자는 돌아가 봉양하도록 허락하였다.

이때 元나라의 鎭撫 陳興이 포로로 잡혀서 서울에 와 있었는데 태조가 은혜로 대하기를 매우 후하게 하였다. 진흥이 어머니가 嵩州에 있었는데 나이가 80여 세이므로 돌아가 봉양하기를 청하자 즉시 白金과 옷과 모자를 내려서 보냈다.

진흥이 하직할 때에 태조가 侍臣을 돌아보고 이르기를, "孝悌의 천성은 천하 사람

5) 王禕 : 1322~1373. 원나라와 명나라 교체기 인물로 자는 子充이다. 원나라 말기에 은거했다가 朱元璋의 부름을 받고 나와 江南儒學提擧, 南康府同知를 지냈다. 洪武 초에 宋濂과 함께 ≪元史≫를 수찬하고, 翰林待制에 발탁되었다. 저서에 ≪大事記續編≫, ≪重修革象新書≫, ≪王文忠公集≫이 있다.

이 모두 같다. 진흥이 武夫이기는 하지만 짐의 말을 듣고 즉시 슬퍼하며 돌아갈 것을 생각하였다. 짐은 처음에 그의 어머니가 있는 줄을 몰랐다. 만약 알았다면 멀리 떨어져 있게 하였겠는가. 사람의 수명은 100세에 불과하다. 지금 그의 어머니 나이가 이미 80여 세이다. 만약 서로 만나지 못한다면 진흥은 무궁한 슬픔이 있을 것이니, 진흥이 돌아가 모자가 만난다면 그 즐거움이 어떠하겠는가." 하였다.

시신이 대답하기를, "폐하께서 孝로 천하를 다스리어 人情을 미루어 헤아려 아무리 작은 것이라도 통촉하지 않는 것이 없으시니, 한 집안의 늙은이가 안도하고 살게 되었을 뿐만 아니라 천하의 외롭고 의지할 데 없는 사람들이 모두 그 은혜를 입을 것입니다." 하였다.

태조가 이르기를, "사람의 정이란 모두 자기 어버이를 사랑하지 않는 자가 없다. 반드시 그 효를 다할 수 있게 해주면 한 사람이 효도를 하여 많은 사람들이 모두 효로 나아갈 것이니, 이것이 風化의 근본이다. 그러므로 聖人이 천하에 대해 반드시 인정에 근본하여 다스렸다." 하였다.

○上行後苑할새 見巢鵲卵翼之勞하고 喟然嘆曰 禽鳥劬勞若是하니 況人母子之恩乎아 乃令群臣有親老者許歸養하니 時元鎭撫陳興이 被俘來京하야 恩待甚厚러니 興言有母在嵩州하니 年八十餘라 欲求歸養이어늘 卽賜白金衣帽遣之하니 興辭에 上顧謂侍臣曰 孝弟之性은 天下皆同이라 陳興이 雖武夫나 聞朕言하고 卽愴然思歸하니 朕始不知其有母라 若知之면 肯令違遠耶아 人壽不過百歲라 今其母年已八十餘니 萬一不得相見이면 興有無窮之痛하리니 興歸母子相見이면 其樂宜何如오 侍臣對曰 陛下以孝治天下하사 推測人情하야 無微不燭하시니 非惟一家之老者得所라 天下之惸(경)獨鰥寡皆蒙其惠矣리이다 上曰 人情莫不愛其親이니 必使之得盡其孝면 一人孝而衆人皆趨於孝하리니 此風化之本也라 故聖人之於天下에 必本人情而爲治니라

30-1-11

여름 6월이라. 이보다 앞서 오랫동안 비가 내리지 않으니 태조가 中書省의 신하에게 이르기를, "천하의 임금이 된 자는 하루도 백성이 없을 수 없고, 백성을 기르는 자는 하루도 식량이 없어서는 안 되니, 식량을 의지하는 것은 농사이고, 농사에서 바라는 것은 한 해의 수확이다. 지금 仲夏에 비가 내리지 않으니 실로 농사의 근심이 된다. 기우제를 지내는 일은 禮에서 廢하지 않는 것이니 짐이 이미 6월 초하루를 택하여 山川壇에 나아가 직접 기우제를 지내기로 하였다. 너희 중서성의 각 관원은 여러 사당에 대신 고하라." 하고, 또 황후와 여러 妃에게 직접 불을 때서 지난날 농가에서 음식을

만들던 때처럼 하게 하고, 태자와 여러 왕들에게 齋所에서 직접 제수를 올리게 하였다.

이날 4鼓[6]에 태조가 소복 차림으로 짚신을 신고 걸어서 산천단에 나아가 멍석을 깔고 한데에 앉아서 낮에는 햇빛을 그대로 쬐며 잠시도 자리를 옮기지 않고, 밤에는 맨바닥에 누워 옷의 띠를 풀지 않고, 황태자가 찬합을 받들어 거친 음식을 올렸는데 깨와 보리와 콩과 조가 섞여 있었다. 3일을 그렇게 한 뒤 庚申日 저녁에 환궁하여 西廡에서 齋宿하였다. 辛酉日에 內帑庫의 비단 14,000匹을 풀어서 將校들에게 하사하고, 常例 외에 군사들에게 땔감과 쌀을 지급하고, 法司에게 獄訟을 판결하고 나서 復命하게 하고, 有司에게 천하의 儒學者 중 治道에 매우 밝은 자를 찾게 하였다. 이날 저물녘에 구름이 사방에서 모여들더니 壬戌日 아침에 크게 우레가 치고 비가 내려 사방의 들이 흠뻑 젖었다.

○夏六月이라 先是에 久不雨하니 上謂中書省臣曰 君天下者는 不可一日無民이요 養民者는 不可一日無食이니 食之所恃在農이요 農之所望在歲라 今仲夏不雨하니 實爲農憂라 禱祠之事는 禮所不廢니 朕已擇六月朔日하야 詣山川壇하야 躬爲禱之하리니 爾中書各官은 其代告諸祠하라하고 且命皇后與諸妃로 親執爨하야 爲昔日農家之食하고 令太子諸王으로 躬饋于齋所하고 至是日四鼓에 上素服草履로 徒步出詣山川壇하야 設藁席露坐하고 晝曝于日하야 頃刻不移하고 夜臥于地하야 衣不解帶하고 皇太子捧榼하야 進蔬食하고 雜麻麥菽粟하고 凡三日에 庚申暮還宮하야 仍齋宿于西廡하고 辛酉出內帑紗綵一萬四千匹하야 賜將校하고 於常例外給軍士薪米하고 令法司決獄復命하고 有司訪求天下儒術深明治道者러니 及暮에 雲氣四合하야 壬戌(朝)〔旦〕[7]에 大雷雨하니 四郊霑足하니라

30-1-12

左副將軍 李文忠[8]이 사람을 시켜 노획한 옛 元나라의 諸孫 買的里八剌[9] 등 및 그

---

6) 4鼓 : 鼓는 시간을 알리는 북소리이다. 고대에는 밤 시간을 5등분하여 구분하였는데, 1鼓, 2鼓, 3鼓, 4鼓, 5鼓로 칭하기도 하고, 1更, 2更, 3更, 4更, 5更으로 칭하기도 하였다. 1고는 현대 시간으로 환산하면 저녁 7시부터 9시까지이고, 2고는 9시부터 11시까지이고, 3고는 11시부터 1시까지이고, 4고는 1시부터 3시까지이고, 5고는 3시부터 5시까지이다.

7) (朝)〔旦〕 : 저본에는 '朝'로 되어 있으나, '朝'는 朝鮮 太祖 李成桂가 왕위에 오른 뒤 '旦'으로 개명하였기 때문에 조선에서는 避諱하여 '朝'로 쓴 것이다. 그러므로 원래 글자인 '旦'으로 돌려놓았다.

8) 李文忠 : 1339~1384. 明나라 盱眙 사람으로, 자는 思本이고, 시호는 武靖이다. 태조 朱元璋의 생질이다. 明나라를 건국하는 데 많은 공을 세웠고 領國子監事를 지냈다.(≪明史≫ 권126 〈李文忠列傳〉)

9) 買的里八剌 : 元 順帝의 손자이다. 태조 朱元璋의 북벌로 원 순제가 수도인 大都(지금의 북경)를 버리고 북쪽으로 上都로 갔다가 應昌에 웅거하였다. 洪武 3년(1370)에 李文忠 등이 응창을 공

寶冊을 보냈는데, 京師에 도착하자 省臣 楊憲[10] 등이 매적리팔라를 종묘에 포로로 바치고 보책은 百官으로 하여금 조복을 갖추고 올리게 하기를 청하니, 태조가 이르기를, "보책은 府庫에 넣어둘 것이지 올릴 필요 없다. 옛날에 포로를 바치는 예가 있기는 하지만 周나라 武王이 殷나라를 정벌하고 그 예를 썼는가?" 하니, 양헌이 아뢰기를, "무왕의 일은 알 수 없고, 唐 太宗이 일찍이 행하였습니다." 하였다.

태조가 이르기를, "당 태종은 王世充[11]에 대해 그 예를 행한 것이다. 만약 隋나라의 자손을 만났다면 이 예를 행하지 않았을 것이다. 원나라는 夷狄으로서 중국에 들어와 주인이 되었으나 백 년 동안에 인구가 많이 늘었고 백성들은 풍족하였으니 짐의 조부 또한 그 태평을 누렸다. 비록 옛날에 포로를 바치는 예가 있지만 차마 그에게 그 예를 행할 수 없으니, 단지 본래 풍속의 옷을 입고 조회하되 조회가 끝나거든 중국의 의관을 하사하여 사은하게 하라." 하였다.

李文忠

다시 양헌에게 이르기를, "망한 나라의 왕비가 임금에게 조회하는 것은 원나라에 이 예가 있었으나 본받을 필요가 없으니, 그 또한 본래 풍속을 옷을 입고 中宮을 알현하게 하되 알현을 마치거든 중국의 옷을 하사하여 또한 사은하게 하라." 하였다. 다음날 조회를 마치고 龍光山에 집을 하사하고 그 녹봉을 넉넉하게 지급하라고 명하고, 매적리팔라를 崇禮侯에 봉하였다.

○左副將軍李文忠이 遣人送所獲故元諸孫買的里八剌等及其寶冊至京師하니 省臣楊憲等이 請以買的里八剌로 獻俘于廟하고 寶冊은 令百官具朝服進한대 上曰 寶冊貯之庫요 不必進也니라 古者에 雖有獻俘之禮나 武王(代)〔伐〕[12]殷에 曾用之乎아 憲曰 武王事는 殆不可知요 唐太宗이 嘗

격하여 買的里八剌 및 后妃 등을 사로잡았다.

10) 楊憲 : ?~1370. 元나라와 明나라 교체기 山西 陽曲 사람이다. 자는 希武이다. 원나라 말에 朱元璋에게 투신하여 右丞까지 올랐으나 각박하고 시기가 많아 원한을 많이 맺었다. 李善長의 탄핵을 받아 피살되었다.

11) 王世充 : ?~621. 隋나라 新豐 사람으로, 자는 行滿이다. 성품이 교사하여 煬帝에게 벼슬하다가 양제가 弑害된 후 스스로 鄭帝라 칭하였다. 뒤에 唐나라 秦王 李世民과 싸워 크게 패하여 항복하였다. 이세민이 그를 죽이지 않고 蜀으로 유배 보냈는데, 출발하기 전에 원한을 품은 사람에게 살해되었다.(≪舊唐書≫ 권1 〈高祖本紀〉)

行之矣니이다 上曰 太宗是待王世充이니 若遇隋之子孫이면 恐不行此禮니라 元雖夷狄으로 入主中國이나 百年之內에 生齒浩繇하고 家給人足하니 朕之祖父 亦預享其太平이라 雖古有獻俘之禮나 不忍加之하노니 只令服本俗衣以朝호되 朝畢에 賜以中國衣冠하야 就令謝하라 復謂憲曰 故國之妃朝于君者는 元有此禮나 不必效之니 亦令衣本俗服하고 於中宮에 朝見호되 見畢에 賜之中國服하야 亦令就謝하라 翼日朝畢에 乃賜第宅于龍光山하고 命優其廩餼하고 封買的里八剌爲崇禮侯하다

30-1-13

민간에 義塚을 세우게 하고 태조가 禮部의 신하에게 유시하기를, "옛날에 聖王이 천하를 다스릴 때 白骨을 덮어주고 시체를 묻어주라는 명이 있어서 은혜를 미루어 해골에까지 미쳤는데, 근세에는 오랑캐 풍속에 물들어 죽은 자를 불에 태우기도 하고 그 뼈를 물에 던지기도 하니 효성스런 아들과 손자가 마음에 어찌 차마 하겠는가. 은혜를 해치고 풍속을 해치는 것이 이보다 심한 것이 없으니 금지하도록 하라. 만약 가난하여 땅이 없는 자가 있거든 所在地의 官司에서 城에 가까운 한적한 땅에 義塚을 만들어 매장하게 하고, 혹 먼 지방에 가서 벼슬하여 고향에 돌아가 장사 지낼 수 없는 자가 있거든 官에서 비용을 지급하여 돌아가 장사 지낼 수 있게 하라." 하였다.

○令民間立義塚하고 上諭禮部臣曰 古者聖王治天下에 有掩骼(격)埋胔(자)之令하야 推恩及於朽骨이러니 近世狃於胡俗하야 死者를 或以火焚之하고 而投其骨於水하니 孝子慈孫이 於心何忍고 傷恩敗俗이 莫此爲甚하니 其禁止之하라 若貧無地者는 所在官司 擇近城寬閒地하야 爲義塚하야 俾之葬埋하고 或有宦遊遠方하야 不能歸葬者는 官給力費하야 以歸之하라

30-1-14

가을 8월에 禮部尙書 陶凱[13] 등이 아뢰기를, "옛날에 임금이 수라를 드실 때에 날마다 풍악을 울렸습니다." 하니, 태조가 이르기를, "옛날의 帝王은 功德이 융성하여 정치가 백성을 흡족하게 하고 위로 임금과 아래로 백성 사이가 화락하여 크게 화목

12) (代)〔伐〕: 저본에는 '代'로 되어 있으나, ≪明史≫ 권2 〈太祖本紀〉에 의거하여 '伐'로 바로잡았다.
13) 陶凱 : 明나라 浙江 臨海 사람으로, 자는 中立이다. 박학하고 詩文에 능하였다. 元나라 때 과거에 급제하였고, 洪武 초에 ≪元史≫를 수찬하였다. 벼슬은 禮部尙書를 거쳐 晉王府 右相에 이르렀다. 일찍이 자호를 耐久道人으로 지었다가 태조에게 미움을 받아 살해되었다. 저서에 ≪昭鑑錄≫이 있다.

하였으니 비록 하루에 한 번 풍악을 울리더라도 지나치지 않았다. 지금 천하가 안정되기는 하였으나 백성들이 아직 소생하지 않았고 북쪽으로 정벌 나간 將士들이 아직 한데서 지내고 있다. 이 점이 바로 짐이 밤낮으로 근심하기에도 겨를이 없는 것이니 어찌 장사들의 노고를 잊고서 스스로 안락하게 지낼 수 있겠는가. 大兵이 개선하여 士卒들이 전쟁의 노고가 없고 백성들이 군수물자를 운반하는 고통이 없어진 뒤에 풍악을 울리며 수라를 들더라도 늦지 않다." 하였다.

○秋八月에 禮部尙書陶凱等言 古者에 人君進膳에 日擧樂(악)이니이다 上曰 古之帝王이 功德隆盛하야 治洽生民하고 上下之間이 熙然太和하니 雖日一擧樂(악)이라도 未爲過也라 今天下雖定이나 人民未蘇하고 北征將士 尙在暴露之中하니 此朕宵旰憂勤之不暇니 豈可忘將士之勞하고 而自爲佚樂(락)哉아 俟大兵凱還하야 士卒無戰伐之勞하고 人民罷轉輸之苦 然後以樂(악)侑膳이 未晩也니라

30-1-15

12월에 예부상서 陶凱가 청하기를, "사람을 뽑아서 東宮의 官屬을 전담하게 하고 겸직을 그만두게 하면 동궁을 輔導하는 데에 성공하도록 할 수 있을 것입니다." 하였다.

태조가 이르기를, "옛날에 관원을 다 갖추지 않고 오직 어질고 능력 있는 사람을 등용하였으니, 짐이 조정의 신하 중에 재능과 명망과 공훈과 덕행이 있는 사람으로 동궁의 관원을 겸직하게 한 것이 의미가 없는 것이 아니다. 일찍이 조정의 신하와 동궁의 관속이 서로 친하지 않아 마침내 사이가 나빠지거나 혹은 간사한 꾀가 생겨 골육을 이간시키면 그 재앙이 작지 않음을 염려하였으니, 江充의 사건[14]은 명백한 귀감이 될 수 있다. 짐이 지금 법을 정해서 조정의 여러 省과 御史臺와 都督府의 관원으로 하여금 동궁에서 태자를

陶凱

14) 江充의 사건 : 강충은 趙나라 邯鄲 사람으로 자는 次倩이고 원래 이름은 江齊이다. 漢나라 武帝의 신임을 받아 水衡都尉까지 올랐는데, 衛皇后의 소생인 태자 劉據와 사이가 좋지 않았다. 무제가 병이 들자 이것은 태자가 저주해서 생긴 일이라고 誣告하여 많은 사람을 죽게 하였다. 이 일로 격분한 태자가 長樂宮의 시위 군병을 동원하여 강충을 죽이고 자살하였다. 뒤에 무제가 태자의 억울한 사정을 깨닫고 강충의 三族을 멸하고 태자에게는 '戾'라는 諡號를 내려주었다.(≪漢書≫ 권45 〈江充列傳〉)

輔導하는 직임을 겸임하게 할 것이다. 부자가 한 몸이고, 군신이 한 마음이면 서로 이간하는 우환이 없게 될 것이다." 하였다.

○十二月에 禮部尙書陶凱 請選人하야 專任東宮官屬하고 罷兼領之職이면 庶於輔導有所責成이리이다 上曰 古者에 不備其官하고 惟賢能是用하니 朕以廷臣有才望勳德者로 兼東宮官이 非無謂也니라 嘗慮廷臣與東宮官屬有不相能하야 遂成嫌隙하며 或生奸謀하야 離間骨肉하면 其禍非細니 若江充之事는 可爲明鑑이라 朕今立法하야 令省臺都督府官으로 兼東宮贊輔之職하니 父子一體요 君臣一心이면 庶幾無相構之患也니라

30-1-16

洪武 4년(1371) 봄 정월에 태조가 中書省의 신하에게 이르기를, "오늘 날씨가 추운 것이 겨울보다 심하다. 京師도 오히려 이와 같은데 더구나 북쪽 변방의 황량한 사막 지역은 얼음이 두껍게 얼고 눈이 많이 쌓였으니 우리 변방을 지키는 將士들이 매우 고생스러울 것이다. 너희 중서성에서 창고에 저장하고 있는 布帛으로 겹옷을 지어 蔚朔과 寧夏 등지에 보내 장사들에게 지급하라." 하니, 중서성 신하가 대답하기를, "변방을 지키는 장사의 의복은 해마다 일정하게 지급하는 것이 있으니 다시 보낼 필요가 없습니다." 하였다.

태조가 이르기를, "장사들에게 일정하게 지급하는 옷이 있다는 것은 짐이 잘 알지만 지금 날씨가 추운 것이 보통 때와 특히 다르기 때문에 더 지급하라고 명한 것이다. 옛사람은 한 사람이 살 곳을 얻지 못하더라도 그 잘못을 자기에게 돌렸는데 더구나 변방을 지키는 장사는 특히 짐이 깊이 염려하는 것이니 꾸물거리지 말고 지급하라." 하였다.

○四年春正月에 上謂中書省臣曰 今日天寒이 有甚於冬하니 京師尙爾어든 況北邊荒漠之地는 氷厚雪深하니 吾守邊將士甚艱苦하리니 爾中書其以府庫所儲布帛製綿襖하야 運赴蔚朔寧夏等處하야 以給將士하라 省臣對曰 守邊將士衣襖 歲有常供하니 無庸再運이니이다 上曰 將士雖有常供이나 朕固知之로니 特以今天寒이 異於常時라 故命加給耳니라 古人이 一夫不獲이라도 引咎在躬이어든 況守邊將士는 尤朕所深念者니 其給之勿緩하라

30-1-17

가을 7월에 태조가 승상 汪廣洋[15]에게 이르기를, "짐이 보건대 전대의 임금들이

15) 汪廣洋 : ?~1379. 자는 朝宗이다. 元나라 때 진사에 급제하였고, 經學에 능통하고 篆書와 隸

대부분 아첨을 좋아하여 虛名을 꾸미고, 심지어 신하가 거짓으로 祥瑞를 만들어내 멋대로 임금을 속이고, 하늘이 재앙을 내려 경계를 보이는데도 듣기를 싫어하기까지 하였다. 宋나라 眞宗 같은 임금은 賢君이라고 일컬어졌는데 처음 재상 李沆[16]이 날마다 災異를 아뢰니 진종이 경계하고 두려워하는 마음을 가졌었다. 그렇지만 그 후로 澶淵에서 會盟[17]하고 나서는 大臣이 맨 먼저 天書를 아뢰어 그 마음을 사치스럽게 하고, 여러 신하들이 지조를 버리고 황제의 뜻에 영합하여 구차하게 아첨하여 祥瑞를 말하는 자가 길에서 끊이지 않고 芝草를 바친 것이 3만여 本에 이르게 하였다. 짐이 생각하기에 모든 일은 오직 정성에 달려 있는데 더구나 천하 국가를 다스리는데 거짓으로 할 수 있겠는가. 너희 중서성은 지금부터 모든 祥瑞를 아뢸 필요가 없고, 재이나 메뚜기의 재해나 가뭄의 일은 즉시 보고하라." 하였다.

왕광양이 머리를 조아리고 아뢰기를, "폐하께서 하늘을 공경하고 백성의 일에 부지런하시는 것이 무엇이 이보다 크겠습니까. 四海의 백성들이 복을 받을 뿐만 아니라 참으로 우리 나라 후세 왕들의 만세토록 교훈이 될 것입니다." 하였다.

○秋七月에 **上謂丞相汪廣洋曰 朕觀前代人君**이 **多喜佞諛**하야 **以飾虛名**하고 **甚至臣下詐爲瑞應**하야 **以恣矯誣**하고 **至於天災垂戒**어늘 **厭聞于耳**하니라 **如宋眞宗**이 **亦號賢君**이나 **初相李沆**이 **日聞災異**하니 **其心猶存警惕**이러니 **厥後澶淵旣盟**에 **大臣首啓天書**하야 **以侈其心**하고 **群下曲意迎合**하야 **苟圖媚悅**하야 **致使言祥瑞者**로 **相繼於途**하고 **獻芝草者 三萬餘本**이라 **朕思凡事**는 **惟在於誠**이니 **況爲天下國家而可以僞乎**아 **爾中書**는 **自今凡祥瑞**를 **不必奏**요 **如災異及蝗旱之事**는 **卽時報聞**하라 **廣洋叩首曰 陛下敬天勤民**이 **孰大於此**리오 **非惟四海蒼生蒙福**이라 **誠爲聖子神孫萬世之謨訓也**니이다

30-1-18

9월에 태조가 ≪大學衍義≫를 보다가, "晁錯(조조)[18]가 말하기를, '人情은 장수하

書를 잘 썼다. 벼슬은 右丞相에까지 올랐고, 인품이 관대하고 지조가 있었다. 후에 海南에 유배되어 賜死되었다. 저서에 ≪風池吟稿≫가 있다.

16) 李沆 : 947~1004. 宋나라 太宗과 眞宗 때 사람으로 자는 太初이다. 벼슬은 尙書右僕射에 이르렀고, 太尉・中書令에 추증되었으며, 시호는 文靖이다. 백성의 부담을 덜어주고 세상 풍속을 진정시켰으며, 先見之明이 있는 명재상으로 일컬어진다.

17) 澶淵에서 會盟 : 澶淵은 河北省 僕陽縣 서북쪽에 있는 땅이다. 遼나라의 聖宗이 강화된 국력을 바탕으로 宋나라로 쳐들어가 澶州의 北城을 포위하자, 송나라 진종이 재상 寇準의 권유에 따라 몸소 군대를 이끌고 전주의 南城으로 출진하였다. 이에 성종은 송나라를 형으로 하고 요나라를 아우로 하며, 송나라에서 해마다 은 10만 냥과 명주 20만 필을 歲幣로 보내며, 양국 간의 국경은 현상을 유지한다는 것을 내용으로 하는 유리한 맹약을 성립시키고 철군하였다.(≪宋史≫ 권283 〈王欽若列傳〉)

고자 하지 않는 자가 없으므로 三王은 살게 하고 해치지 않았다.'라고 하였는데, 眞德秀[19)]가 풀이하기를, '임금이 武力를 지나치게 써서 전쟁하는 것을 좋아하지 않으면 능히 살게 하고 해치지 않을 것이다.'라고 하였다." 한 대목에 이르러 侍臣에게 이르기를, "조조의 말은 그 포괄하는 범위가 넓고 眞氏의 말은 그 본 바가 절실하다. 옛사람이 이르기를, '군대는 凶器라서 聖人이 부득이하여 쓴다.'라고 하였다. 짐이 매번 戰陣에 임하여 두 군대가 交戰할 때 군사들이 칼과 화살 아래에서 뒤엉켜 싸우는 것을 보니 순식간에 부상당하고 죽었으니 마음이 매우 견딜 수 없었다. 일찍이 생각건대 임금이 되어 백성을 근심하는 것은 중요한 것이 전쟁과 형벌이다. 형벌을 지나치게 쓰면 죄 없는 사람을 죄에 빠지게 하고, 전쟁을 지나치게 하면 사람을 死地에 몰아넣으니, 나라를 소유한 자가 깊이 경계해야 할 것이다." 하였다.

○九月에 上觀大學衍義러니 至晁錯謂人情莫不欲壽라 三王生之而不傷하야 眞德秀釋之曰 人君不窮兵黷武면 則能生之而不傷이라하니 顧謂侍臣曰 晁錯之言은 其所該者廣하고 眞氏之言은 其所見者切이로다 古人云 兵者는 凶器라 聖人不得已而用之라하니 朕每臨行陣하야 觀兩軍交戰하야 出沒於鋒鏑之下하니 呼吸之間에 創殘死亡하니 心甚不忍이라 嘗思爲君恤民은 所重者兵與刑爾라 濫刑者는 陷人於無辜하고 黷兵者는 驅人於死地하니 有國者 所當深戒也니라

30-1-19

洪武 5년(1372) 봄 2월에 태조가 신하들에게 하유하였다.

"무릇 관직에 있는 자들은 맡은 일의 크기가 다르지만 모두 그 직책을 다해야 한다. 옛날 范 文正公[20)]이 관직에 있을 때에 날마다 하는 일을 반드시 받는 급여와 걸맞게

---

18) 晁錯(조조) : B.C. 200~B.C. 154. 前漢 潁川 사람으로, 성품이 강직하고 너무 각박하였는데 일찍이 刑名學을 배웠다. 文帝 때 太常掌故로 있으면서 왕명에 의해 伏生에게 ≪尙書≫를 배웠다. 여러 차례 벼슬이 올라 太子家令이 되었는데 지모가 많아 당시 智囊이라 불리었다. 景帝 때 御史大夫가 되어서는 제후의 봉지를 삭탈하자고 건의하여 吳·楚 등 7국의 제후가 반기를 들고 일어나 조조를 성토하는 것으로 명분을 삼았다. 그러자 경제는 袁盎의 말을 받아들여 조조를 베어 죽였다.

19) 眞德秀 : 1178~1235. 南宋의 성리학자로, 자는 景元이고, 호는 西山이며, 시호는 文忠이다. 그의 학문은 朱熹를 종주로 삼아 小朱子로 불렀다. 저서에는 ≪大學衍義≫, ≪唐書考疑≫, ≪讀書記≫, ≪文章正宗≫, ≪政經≫, ≪西山文集≫ 등이 있다.(≪宋史≫ 권437 〈儒林列傳 眞德秀〉)

20) 范 文正公 : 989~1052. 范仲淹의 시호이다. 북송 때의 정치가, 문학가, 교육가이다. 자는 希文이다. 벼슬은 江淮按撫使, 蘇州·明州·越州 등의 知州, 參知政事·河東陝西宣撫使 등을 지냈다. 經學에 밝은 학자였다.

하려고 하였고, 혹시 미치지 못하면 다음날 반드시 보충해야만 그 마음에 비로소 편안히 여겼다. 어진 사람과 군자가 국가에 대해 마음 다하기를 이와 같이 하면 조정에 어찌 폐해지는 일이 있겠으며 천하가 어찌 다스려지지 않을 수 있겠는가. 경들은 짐의 마음을 헤아려 밤낮으로 마음을 다하여 능히 그 직책을 수행한다면 국가를 저버리는 일이 없을 것이고 훗날 역사에 이름을 남길 것이니 어찌 아름답지 않겠는가."

○五年春二月에 上諭群臣曰 凡居官者 任之大小 雖不同이나 要皆盡其職而已라 昔范文正公居位에 凡日之所爲를 必求與食相稱하고 或有不及이면 明日必補之라야 其心始安하니 賢人君子於國家에 盡心如此면 朝廷豈有廢事며 天下安得不治리오 卿等當體朕懷하야 夙夜盡心하야 能修厥職이면 則無負國家하고 異日垂名靑史하리니 豈不美乎아

30-1-20

가을 8월에 태조가 여러 勳臣들을 불러서 유시하였다.

"이루기 어려운 것이 功이고, 얻기 어려운 것이 爵이다. 경들이 몸을 바쳐 짐을 따라서 수많은 싸움을 하여 공이 있었으니 어찌 이루기 어려운 것이 아니겠는가. 그러나 공으로 인하여 작이 정해져서 벼슬이 동료들보다 높이 올랐으니 어찌 얻기 어려운 것이 아니겠는가. 이루기가 어렵다는 것을 알면 보전할 방법을 생각할 것이고, 얻기가 어렵다는 것을 알면 지킬 방법을 생각할 것이니, 보전하고 지키는 방법은 오직 공경하고 삼가는 것뿐이다. 공이 크다고 해서 교만한 마음을 갖지 않고 벼슬이 높다고 해서 태만한 마음을 갖지 않기 때문에 능히 현달하고 성대한 복을 누려서 후세에까지 미치는 것이다. 대체로 공경하고 삼가는 것이 복을 받는 근본이고, 교만하고 태만한 것이 재앙을 부르는 근원이니, 도를 아는 자만이 이것을 말할 수 있다."

○秋八月에 上召諸勳臣하야 諭之曰 難成者功이요 難得者爵이라 卿等捐軀以從朕하야 百戰以有功하니 豈非成之難乎아 然因功以定爵하야 高出等倫하니 豈非得之難乎아 知成之難이면 則思所以保之하고 知得之難이면 則思所以守之하리니 保守之道는 惟敬謹而已라 不以功大而有驕心하며 不以爵隆而有怠心이라 故能享有榮盛하야 延及後世하나니 大抵敬謹이 爲受福之本이요 驕怠 爲招禍之原이니 惟知道者 可以語此니라

30-1-21

겨울 12월에 태조가 禮部侍郎 曾魯[21]에게 이르기를, "짐이 옛날 제왕의 정치를 살펴보건대 堯舜 시절보다 성대한 때가 없었으나 그들이 서로 전수한 것은 보면 그 요체는 '允執厥中'[22]에 있었다. 후세의 儒者들이 이것을 익히기를 정밀하게 하지 않은 것이 아닌데도 일을 행하는 데에서 보면 이따금 배치된다." 하니, 증로가 아뢰기를, "요순은 이 道로 萬事를 통제하여 저울로 재듯이 하였으므로 일의 輕重과 長短이 자연 어긋나지 않아 모두 합당함을 얻었으니, 이것이 태평성대의 정치를 이룩한 이유입니다. 후세에는 이 도를 능히 행한 자가 적은데 일을 처리할 때에 하나하나 지극히 합당하게 하려고 하니, 그것은 어려운 일입니다." 하였다.

태조가 이르기를, "임금의 한 마음은 정치와 교화의 근본이니, 안에 간직한 마음에 요순의 마음이 없는데 정치에 시행되는 것에 요순의 정치가 있기를 바란다면 결코 얻을 수 없다." 하니, 증로가 아뢰기를, "요순의 도는 典謨[23]에 실려 있으니 그보다 더할 것이 없고, 몸을 닦고 사람을 다스리는 본말과 차례는 ≪大學≫ 한 책에 갖추어져 있습니다." 하였다. 태조가 이르기를, "≪대학≫은 천하를 태평하게 다스리는 근본이니, 어찌 이것을 버리고 다른 데에서 구하겠는가." 하였다.

○冬十二月에 上謂禮部侍郎曾魯曰 朕求古帝王之治컨대 莫盛於堯舜이나 然觀其授受하니 其要在允執厥中이라 後之儒者 講之非不精이로되 及見諸行事하면 往往背馳하니라 魯曰 堯舜以此道宰制萬事하사 如執權衡하니 物之輕重長短이 自不能違而皆得其當하니 此所以致雍熙之治也요 後世鮮能此道어늘 於處事之際에 欲求其一一至當하니 難矣니이다 上曰 人君一心은 治化之本이니 存於中者 無堯舜之心이요 而欲施於政者 有堯舜之治면 決不可得也니라 魯又曰 堯舜之道 載之典謨하니 無以加矣요 至於修身理人 本末次第는 具在大學一書하니이다 上曰 大學平治天下之本이니 豈可舍此而他求哉리오

---

21) 曾魯 : ?~1372. 明나라 新淦 사람으로, 자는 得之이다. 洪武 초에 ≪元史≫를 찬수할 때 總裁官이 되었다. 벼슬은 禮部侍郎을 지냈다.

22) 允執厥中 : 堯임금이 舜임금에게 帝位를 전하면서 "하늘의 曆數가 너의 몸에 있으니 진실로 그 中을 잡으라. 四海가 곤궁해지면 天祿이 영원히 끊어질 것이다.〔天之曆數在爾躬 允執其中 四海困窮 天祿永終〕"라고 하였고, 순임금이 禹임금에게 제위를 전하면서, "人心은 위태롭고 도심은 隱微하니, 정밀히 살피고 한결같이 지켜야 진실로 그 중을 잡으리라.〔人心惟危 道心惟微 惟精惟一 允執厥中〕"라고 하였으니, '允執厥中'은 요임금이 순임금에게 제위를 전하고 순임금이 우임금에게 제위를 전하면서 한 말이다.(≪論語≫ 〈堯曰〉), (≪書經≫ 〈虞書 大禹謨〉)

23) 典謨 : ≪書經≫에 요임금과 순임금과 우임금의 정치에 대해 기술되어 있는 편들의 합칭으로, 〈堯典〉, 〈舜典〉, 〈大禹謨〉, 〈皐陶謨〉, 〈益稷〉을 가리킨다.

30-1-22

內使에서 호랑이에게 먹일 고기 양을 늘릴 것을 주청하자 태조가 이르기를, "소를 기르는 것은 경작하는 데 사용하기 위해서이고, 말을 기르는 것은 사람이 타고 다니기 위해서이지만 호랑이를 기르는 것은 어디에 쓰려고 하기에 고기를 소비하여 기르는가?" 하고, 호랑이는 光祿寺(광록시)로 보내고 다른 짐승은 모두 놓아주라고 명하였다.

○內使奏增飼虎肉한대 上曰 養牛는 以供耕作이요 養馬는 以資騎乘이어니와 養虎는 欲以何用이완대 而費肉以飼之乎아 命以虎送光祿하고 他禽獸悉縱之하다

30-1-23

洪武 6년(1373) 봄 정월에 禮部가 國子生의 수효를 늘리기를 주청하자 태조가 이르기를, "먼저 國子學官을 선발해야 한다. 스승에 적임자를 얻으면 가르치는 효과가 있겠지만 적임자가 아니면 많이 늘린다 하더라도 무슨 이익이 있겠는가. 대저 소경은 색을 변별할 수 없고, 귀머거리는 소리를 변별할 수 없는 것이니, 배우는 자가 스승의 가르침이 없으면 또한 귀머거리나 소경이 소리와 색을 변별하는 것과 같다.

짐이 보건대 전대의 학자들이 세상에 나와 쓰인 것은 비록 그 자질이 좋기 때문이지만 실은 또한 스승을 얻어서 성취한 것이다. 후세에는 스승이 가르치는 방법을 알지 못하고 제자는 배우는 방법을 알지 못해서 한결같이 기억하고 외는 것을 능사로 삼기 때문에 끝내 실제로 쓰이지 못하고 있다. 지금 민간의 준수한 자제로서 生徒로 선발할 만한 자가 많기는 하지만 만약 단정하고 바른 선비가 모범이 되어주지 못하면 인재를 이루기를 구하더라도 어려운 일이다. 그러므로 '배우기를 힘쓰는 것이 스승 구하기를 힘쓰는 것만 못하다.'라고 하는 것이다. 지금 祭酒가 될 만한 사람이 부족하니, 경들은 짐을 위해 천하의 名士로서 古今에 통달하고 재능과 덕을 겸비하여 스승이 되기에 마땅한 사람을 찾아 그 이름을 아뢰도록 하라." 하였다.

○六年春正月에 禮部奏增廣國子生한대 上曰 須先擇國子學官하라 師得其人이면 則教養有效요 非其人이면 增廣徒多나 何益이리오 蓋瞽者不能辨色하며 聾者不能辨聲하나니 學者而無師授면 亦如聾瞽之於聲色이니라 朕觀前代學者 出爲世用이 雖由其質美나 實亦得師以造就之라 後來에 師不知所以教하고 弟子不知所以學하야 一以記誦爲能이라 故卒無實用하나니 今民間俊秀子弟可以充選者 雖衆이나 苟無端人正士爲之模範이면 求其成材나 難矣라 故曰 務學이 不如務求師니라 今

祭酒乏人하니 卿等宜爲朕詢采天下名士通今博古하고 才德兼備하야 宜爲人師者하야 以名聞하라

30-1-24

태조가 儒臣 詹同[24]에게 이르기를, "짐이 일찍이 생각건대 聲色은 사람의 本性을 해치는 도끼이기 때문에 사람으로 하여금 그것에 빠지게 하기가 쉽다. 한 번 빠지면 재앙과 패망이 뒤따르기 때문에 그 해가 鴆毒보다도 심하다. 짐이 보건대 전대의 임금 중에 이 때문에 패망한 자가 적지 않다. 대체로 임금이 되어 천하의 尊位에 앉아 사해의 부를 누리니 아름다운 여색과 듣기 좋은 음악이라면 무엇을 구한들 얻지 못하겠는가. 만약 멀리할 줄을 모르면 小人들이 그 틈을 타서 음란하고 사특한 것들을 바칠 것이니, 미혹되지 않을 자가 몇 사람이나 되겠는가. 더구나 創業하여 자손에게 전하는 임금은 자손들이 본받는 대상이 되니 더욱 삼가지 않아서는 안 된다." 하였다.

첨동이 대답하기를, "성색을 가까이하지 않는 것은 옛날 湯임금이 후손에게 남긴 것입니다. 폐하의 이 말씀은 근본을 바르게 하고 근원을 맑게 하는 방도이니, 참으로 만세토록 자손들의 법이 될 것입니다." 하였다.

○上謂儒臣詹同曰 朕嘗思聲色乃伐性之斧斤이라 易(이)以溺人이니 一有溺焉이면 則禍敗隨之라 故其爲害甚於鴆毒하니 朕觀前代人君이 以此敗亡者不少라 蓋爲君居天下之尊하야 享四海之富하니 靡曼之色과 窈窕之聲이 何求而不得이리오 苟不知遠之면 則小人乘間하야 納其淫邪리니 不爲迷惑者幾人焉고 況創業垂統之君이 爲子孫之所承式하니 尤不可以不謹이니라 同對曰 不邇聲色은 昔成湯所以能垂裕後昆이니 陛下此言은 乃端本澄源之道니 誠萬世子孫之法也니이다

30-1-25

여름 4월에 工部尙書 黃肅 등을 廣西 등의 行省參政으로 삼고 태조가 하유하였다. "지방관의 직임은 청렴하고 명백함을 귀하게 여기고 각박하게 감찰하는 것을 경계하며, 강직하고 과단함을 귀하게 여기고 급박하고 포학함을 경계하며, 예의가 있음을 귀하게 여기고 아첨을 경계하며, 仁이 있음을 귀하게 여기고 고식적으로 하는

24) 詹同 : 明나라 徽州 婺源 사람으로, 처음 이름은 書이고, 자는 同文이다. 元나라 말에 郴州學正・翰林學士承旨를 지냈고, 朱元璋이 그를 불러 國子博士로 삼고 同이라는 이름을 하사하였다. 관직은 吏部尙書 兼 學士承旨까지 올랐다. 宋濂 등과 ≪日曆≫을 수찬할 때 총재관을 맡았다. 저서에 ≪天衢吟嘯集≫, ≪海岳涓埃集≫이 있다.

것을 경계해야 한다. 무릇 행실은 사리에 합당하게 하려고 하고 일은 공을 이루려고 하여, 위로는 조정의 근심을 나누어질 만하고 아래로는 郡邑의 바람에 부응할 만하여 한 지방의 福星[25)]이 되어 옛날 군자가 덕과 명예를 영원히 후세에 드리웠던 것처럼 한다면 어찌 위대하지 않겠는가. 경들은 노력하라."

○夏四月에 以工部尙書黃肅等을 爲廣西等行省參政하고 上諭之曰 方面之任은 貴在廉明而戒於苛察하며 貴在剛果而戒於急暴하며 貴在有禮而戒於諂諛하며 貴在有仁而戒於姑息이니 凡行欲當理하며 事欲成功하야 上足以分朝廷之憂하고 下足以慰郡邑之望하야 爲一道之福星하야 如古之君子垂德譽于不朽면 豈不偉哉아 卿等其勉之하라

30-1-26

吏部에 명하여 천하에 어진 인재를 구하게 하고 태조가 말하였다.

"세상에 어진 인재가 있는 것은 나라의 보배이다. 옛날의 聖王들이 항상 어진 이를 구하는 데에 급급하였으니, 殷나라 高宗이 傅說(부열)[26)]을 구한 것과 周나라 문왕이 呂望[27)]을 구한 것으로 말하면, 두 임금이 어찌 지혜가 부족하여 제방을 쌓고 犧牲을 도살하는 자를 구하느라 급급했겠는가. 이는 어진 인재가 갖추어지지 않으면 나라를 다스릴 수 없기 때문이니, 기러기나 고니가 멀리까지 날아갈 수 있는 것은 날개가 있기 때문이고, 蛟龍이 昇天할 수 있는 것은 비늘과 수염이 있기 때문이

---

25) 福星 : 원래는 木星이 歲星으로서 복을 주관한다고 하여 목성의 代稱으로 쓰였는데, 뒤에는 한 지역에 행복과 희망을 가져다주는 훌륭한 지방관이란 뜻으로 전용되었다. 宋나라 哲宗 때 鮮于侁이 京東轉運司가 되어 부임할 때에 司馬光이 말하기를 "지금 동쪽 지방의 폐해를 구하려면 子駿이 아니면 안 되니, 이 사람이 바로 한 지방의 복성이다. 모든 전운사의 모범이 될 수 있을 것이다.〔今欲救東土之敝 非子駿不可 此一路福星也 可以爲諸路轉運模範矣〕"라고 한 데서 온 말이다. 자준은 선우신의 자이다.(≪山堂肆考≫ 권68 〈臣職〉)

26) 傅說(부열) : 殷나라 高宗이 훌륭한 신하를 얻는 꿈을 꾸고 난 뒤에 畫工을 시켜 꿈속에서 본 사람의 모습을 그리게 하여 천하 사람들로 하여금 찾게 하였는데, 傅巖이란 곳에서 제방 쌓는 일을 하고 있던 傅說을 얻은 다음, 그를 등용하여 재상으로 삼아 중흥의 업적을 이룩하였다.(≪書經≫ 〈商書 說命〉)

27) 呂望 : 본성은 姜氏이며 이름은 尙으로, 그 선조가 呂 땅에 봉해졌으므로 呂氏가 되었다. 渭水가에 은거하여 낚시질로 소일했는데, 周나라 文王이 사냥을 나갔다가 만나보고 크게 기뻐하여 말하기를, "우리 太公이 그대 만나기를 바란 지 오래이다."라고 했으므로, 太公望이라고 칭호하였다. 후에 武王을 도와 천하를 통일하고 그 공적으로 齊나라에 봉해졌다.(≪史記≫ 권32 〈齊太公世家〉) 또한 ≪楚辭≫에는 "여망은 조가에서 희생을 도살하고, 영척은 노래하며 소를 길렀네.〔呂望屠於朝歌兮 甯戚歌而飯牛〕"라고 하여 여망이 조가에서 희생을 도살하는 천한 일을 했다고 하였는데, 여기에서는 ≪초사≫의 내용을 인용한 것이다.(≪楚詞補注≫ 권4 〈思美人〉)

고, 임금이 훌륭한 정치를 이룩할 수 있는 것은 어진 사람이 있어서 보좌하기 때문이다. 지금 山林에 있는 학자 중에 어찌 德行과 文藝로 칭송받는 사람이 없겠는가. 有司로 하여금 찾아서 천거하여 예를 갖추어 京師에 보내게 하라. 짐이 장차 그들을 임용하여 지극히 훌륭한 정치를 도모하겠다."

○命吏部하야 訪求賢才於天下하고 上曰 世有賢才는 國之寶也라 古之聖王이 恒汲汲於求賢하니 若高宗之於傅說과 文王之於呂望은 二君者豈其智之不足也하야 而遑遑於版築鼓刀之徒리오 蓋賢才不備면 不足以爲治니 鴻鵠之能遠擧者는 爲其有羽翼也요 蛟龍之能騰躍者는 爲其有鱗鬣也요 人君之能致治者는 爲其有賢人而爲之輔也라 今山林之士 豈無德行文藝之有稱者리오 宜令有司採擧하야 備禮遣送至京하라 朕將任用之하야 以圖至治하리라

30-1-27

5월에 ≪祖訓錄≫[28)]이 완성되니 태조가 이로 인하여 侍臣에게 이르기를, "짐이 ≪조훈록≫을 지은 것은 자손들에게 교훈을 내리기 위해서이다. 짐이 세상의 변고를 많이 겪어 創業하기가 어려웠으니 항상 자손들이 지킬 줄을 모를까 염려되었다. 그러므로 이 책을 만들면서 밤낮으로 생각하여 빠짐없이 두루 갖추었다. 6년 동안 기술하여 비로소 책을 완성하였으니, 후세 자손이 지킨다면 하늘이 준 복록을 영원히 보전할 것이고, 만약 자신의 총명을 자부하여 옛 법을 어지럽힌다면 이는 선조의 교훈을 어기는 것이다." 하였다.

또 이르기를, "해와 달이 능히 오래도록 비추어 만세토록 그 밝음을 바꾸지 않고, 요순의 도가 종식되지 않아 만세토록 그 행하는 것을 바꾸지 않으니, 三代 때에 시대에 따라 덜어내고 보탠 것은[29)] 조금 지나치고 미치지 못한 것뿐이었다. 한 시대의 정해진 법은 가볍게 고쳐서는 안 된다. 그러므로 그 전통을 황폐시켜 夏나라를

---

28) 祖訓錄 : 明 太祖가 皇權을 공고히 하고, 후세 자손들의 훈계를 위해 편찬한 책이다. 1368년(洪武 1)에 편찬하기 시작하여 1373년에 1권으로 책을 완성해 ≪祖訓錄≫이라 명명하고 태조가 서문을 붙였다. 1395년에 다시 정정해 ≪皇明祖訓≫이라고 책명을 바꾸었다.(≪御批歷代通鑑輯覽≫ 권101 〈明太祖皇帝〉)

29) 三代……것은 : 三代는 夏·殷·周를 가리킨다. 孔子의 제자 子張이 열 왕조 뒤의 일을 미리 알 수 있는지 물으니, 공자가 대답하기를, "殷나라는 夏나라의 禮를 계승하였으니, 덜어내고 더한 것을 알 수 있으며, 周나라는 殷나라의 禮를 계승하였으니 덜어내고 더한 것을 알 수 있다."라고 한 말에서 인용하였는데, 전 왕조의 미흡한 부분을 보완하여 보다 나은 정치를 한다는 뜻이다.(≪論語≫ 〈爲政〉)

거의 망하게 하였고,[30] 바른 법을 전복시켜 商나라를 거의 망하게 하였으니,[31] 후세의 자손은 조상의 법을 공경히 지킬 것을 생각해야 할 것이다." 하였다.

○五月에 祖訓錄成하니 上因謂侍臣曰 朕著祖訓錄은 所以垂訓子孫이라 朕更歷世故하야 創業艱難하니 常慮子孫不知所守라 故爲此書호되 日夜以思하야 具悉周至호라 紬繹六年에 始克成編호니 後世子孫守之면 則永保天祿이요 苟作聰明亂舊章이면 是違祖訓矣니라 又曰 日月之能久照하야 萬世不改其明하고 堯舜之道不息하야 萬世不改其行이니 三代因時損益者는 其小過不及耳라 若一代定法은 不可輕改라 故荒墜厥緖하야 幾於亡夏하고 顚覆典刑하야 幾於亡商하니 後世子孫이 當思敬守祖法하라

30-1-28

가을 9월에 臨濠府의 토목공사를 하는 군사들에게 옷과 쌀을 하사하고 태조가 中書省의 신하들에게 유시하였다.

"남을 근심하는 사람은 항상 그 마음을 살피고, 남을 사랑하는 사람은 늘 그 힘을 아낀다. 짐이 일찍이 직접 군대에 있었기 때문에 그들의 고충을 모두 알고 있다. 무릇 工事를 일으킬 때에 군사와 백성들의 힘에 의지하는 것을 면치 못하니, 토목공사 또한 매우 이루기 어렵다. 짐이 매번 한 가지 반찬을 먹을 때마다 천하의 군사와 백성들이 주리는 것을 생각하고, 옷 한 벌을 입을 때마다 천하의 군사와 백성들이 추위에 떠는 것을 생각한다. 지금 임호부에서 토목공사를 하는 군사들에게 각각 쌀 5石과 옷 한 벌을 지급하여 굶주리고 추위에 떠는 데에 이르지 않게 하라."

○秋九月에 賜臨濠造作軍士衣米하고 上諭中書省臣曰 憂人者는 常體其心이요 愛人者는 每惜其力이라 朕嘗親軍旅하야 備知其疾苦호니 凡有興造에 未免資軍民之力하니 土木之工이 亦甚難集이니라 朕每進一膳에 即思天下軍民之饑하고 服一衣에 即思天下軍民之寒호니 今臨濠營造之士를 宜各給米五石衣一襲하야 庶不至饑寒也하라

---

30) 전통을……하였고 : 夏나라의 3대 임금 太康이 사냥을 좋아하여 멀리 洛水 남쪽으로까지 사냥 가서 100일이 되도록 돌아오지 않으니 有窮의 임금 羿가 河水에서 막아 돌아오지 못하게 하고 폐위시켰다. 이 일로 하나라가 거의 망할 뻔하였다.(≪書經≫ 〈夏書 五子之歌〉)

31) 바른……하였으니 : 商나라의 마지막 임금 紂가 湯임금으로부터 내려오는 바른 법을 무너뜨려 결국 나라를 망하게 하였다는 의미이다.(≪書經≫ 〈周書 泰誓 下〉)

30-1-29

11월에 태조가 황태자와 諸王들에게 유시하였다.

"사람을 쓰는 도리는 간사한 자와 어진 이를 알아야 하니, 사람의 간사함과 어짊은 참으로 알기 어렵다. 직책을 주고 일로 시험하면 眞僞가 절로 드러나게 된다. 만약 어질다는 것을 알고서도 등용하지 못하고, 간사하다는 것을 알고서도 제거하지 못하면 나라를 그르치는 것이 이로부터 시작될 것이다. 역대의 제왕이 대부분 고식적으로 처리함으로 인하여 간사한 자에게 속고 현혹되었다. 처음 알지 못할 때에는 똑같이 임용했더라도 그가 간사한 자라는 것을 알았다면 물리치는 데에 무슨 어려움이 있겠는가. ≪書經≫에 이르기를, '어진 자에게 맡기되 의심하지 마시고, 사악한 자를 제거하되 주저하지 마소서.'[32]라고 하였으니, 너희들은 신중하도록 하라." 하였다.

○十一月에 上諭皇太子諸王曰 用人之道는 當知奸良이니 人之奸良이 固爲難識이라 惟授之以職하며 試之以事면 則情僞自見이니라 若知其良而不能用하고 知其奸而不能去면 則誤國이 自此始矣라 歷代多因姑息하야 以致奸人侮惑하니 當未知之初에 一概委用이나 旣識其奸이면 退亦何難이리오 書曰 任賢勿貳하고 去邪勿疑라하니 爾等其愼之하라

30-1-30

潞州에서 관원을 보내 人蔘을 올리니 태조가 하유하기를, "짐이 듣건대 인삼은 얻기가 매우 어렵다고 하니, 어찌 백성들을 수고롭게 하지 않았겠는가. 이후로는 진상할 필요 없다. 만약 쓸 일이 있으면 사람을 보내서 직접 구할 것이다." 하였다.

이로 인하여 中書省의 신하에게 이르기를, "왕년에 金華에서 香米를 올렸는데 짐이 중지하라고 명하고 마침내 禁苑 안에 籍田 수십 畝를 마련하고 매번 가꾸고 수확할 때에 친히 가서 구경하였으니, 즐기기에 충분하였고, 생산량을 계산해보면 사용하기에 충분하였다. 짐이 술을 많이 마시지 않으니, 太原에서 해마다 올리는 葡萄酒 또한 지금부터는 진상하지 말게 하라. 국가는 백성을 기르는 것을 임무로 삼는데 어찌 먹을 음식으로 사람들에게 누를 끼치겠는가. 일찍이 들으니 宋나라 태조의 家法에 자손들에게 먼 지방에서 珍味를 취하지 못하게 하였으니, 후손에게 계책을 내리는 도를 매우 잘 안 것이다." 하였다.

32) 어진 자에게……마소서 : 舜임금의 신하 益이 순임금에게 경계한 말이다.(≪書經≫ 〈虞書 大禹謨〉)

○潞州遣官하야 貢人參(삼)하니 上諭之曰 朕聞人參이 得之甚艱이라하니 豈不勞民이리오 今後不必進이요 如用이면 當遣人自取호리라 因謂省臣曰 往年에 金華貢香米어늘 朕命止之하고 遂於苑中에 種田數十畝하고 每耘耔刈穫之際에 親往觀之하니 足以自適이요 及計所入하면 亦足供用이라 朕飮酒不多하니 太原歲進蒲萄酒를 自今亦令其勿進하라 國家以養民爲務하니 豈以口腹累人哉아 嘗聞宋太祖家法에 子孫不得於遠方取珍味하니 甚得貽謀之道也로다

30-1-31

洪武 7년(1374) 봄 정월에 태조가 太子宮의 신하를 불러서 유시하기를, "너는 이른바 重器를 아는가?" 하니, 대답하기를, "어찌 商彝와 周鼎[33]이 아니겠습니까." 하였다.

태조가 이르기를, "네가 말하는 상이와 주정은 중기가 아니다. 태자는 천하의 중기이니, 사람이 상이나 주정이 있으면 보배로 여겨 아낄 줄을 안다. 태자는 중요한 종묘의 제사를 계승하니 어찌 보배로 여겨 아끼지 않겠는가. 보배로 여겨 아끼는 자는 반드시 단정하고 바른 학자를 가려 뽑아 輔翼으로 삼아서 조석으로 함께 지내게 하여 선한 말을 익숙하게 듣고 바르지 않은 행위를 가까이하지 않게 하여 자연히 점점 젖어 들어서 그 德을 이루게 한다. 만약 사특한 近習에게 맞기면 이는 중기를 길바닥에 버려서 보배로 여기고 아낄 줄을 모르는 것이다. 너희들이 날마다 태자를 보좌하여 강론하고 지도할 때에 반드시 正道로 인도하여 그의 道가 밝고 德이 확립되고 재능과 기국이 충만하고 넓어져서 훗날 重任을 능히 감당하여 짐의 바람에 부응할 수 있게 하라." 하였다.

○七年春正月에 上召太子宮臣하야 諭之曰 汝知所謂重器乎아 對曰 豈非商彝周鼎乎잇가 上曰 汝所謂商彝周鼎者는 此非重器也라 太子者는 天下之重器니 人有彝鼎이면 尙知寶愛하나니 太子承主器之重하니 豈得不寶愛之乎아 寶愛之者는 必擇端人正士하야 以爲輔翼하야 朝夕與居하야 使其熟聞善言하며 不邇詖行하야 自然漸漬하야 以成其德이요 若惟委之於便嬖近習이면 是委重器於塗하야 而不知寶愛之矣라 汝等日輔太子하야 講論誦說之時에 必導之以正하야 使其道明德立하고 才器充廣하야 庶幾他日에 克勝重任하야 可以副朕所望하라

---

33) 商彝와 周鼎 : 商彝는 商나라 때 宗廟에서 쓰던 祭器로서 국가의 보물이었다. 周鼎이란 夏나라 禹임금이 九州의 쇠를 모아 주조하였다는 九鼎을 가리킨다. 禹가 水土를 평정한 후 九州에서 바쳐 온 쇠붙이를 한데 모아 주조한 하나의 큰 솥으로 三代 시절 그것을 傳國의 보물로 삼았었는데, 周나라 武王이 商나라와 싸워 이긴 후 그 솥을 洛邑으로 옮겨왔기 때문에 주나라의 솥[周鼎]이 되었다.(≪春秋左氏傳≫ 桓公 2년)

30-1-32

洪武 8년(1375) 가을 9월에 태조가 奉天門에 임어하여 侍臣들과 대화하다가 사람을 기용하는 道를 말하는 데에 이르러 태조가 이르기를, “소리가 나는 쇠나 돌은 두드린 뒤에 소리가 나며, 운항할 수 있는 배는 조종한 뒤에 움직이며, 현자가 지닌 재능은 기용한 뒤에 드러난다. 그러나 사람의 재능과 지혜는 간혹 한 방면에는 뛰어나지만 다른 방면에는 부족한 경우가 있으니, 만약 그 부족한 점으로 인하여 그 뛰어난 점까지 아울러 버린다면 천하의 인재를 얻기가 어려울 것이다. 지금 천하에 인재를 구하게 하되 한 가지 재능에 뛰어난 자를 모두 선발 대상으로 삼아 그들이 오기를 기다려 살핀다면, 청렴하고 겸양하면 그 仁을 알 수 있고, 智謀가 뛰어나면 그 지혜를 알 수 있고, 과단하면 그 용맹을 알 수 있다. 만약 그 사람의 작은 단면만을 보고 大體를 보지 못하고서 곧바로 버려두고서는 천하에 현자가 없다는 탄식을 한다면 비록 稷이나 契[34] 같은 인재가 있더라도 드러나기 어려울 것이다.” 하였다.

○八年秋九月에 上御奉天門하야 與侍臣語及用人之道할새 上曰 金石之有聲은 擊之而後鳴하며 舟航之能運은 操之而後動하며 賢者之有才는 用之而後見(현)이니라 然人之才智는 或有長於彼而短於此者하니 若因其短而併棄其長이면 則天下之才難矣니라 今令天下求才호되 其長於一藝者를 皆在選列하야 俟至而觀之면 其廉讓也는 可以知其仁이요 其善謀也는 可以知其智요 其果斷也는 可以知其勇이니 若惟見其人小節하고 未覩其大端而輒置之하야 乃有天下無賢之嘆이면 雖有稷契之才라도 亦難見(현)矣니라

30-1-33

겨울 11월에 南郊에 甘露가 내리자 신하들이 모두 慶賀하고 노래와 시를 올려 德을 칭송하였다.

태조가 이르기를, “사람들의 일반적인 심리가 상서는 좋아하고 요괴는 싫어하지만 天道는 隱微하여 헤아릴 수 없다. 만약 상서를 믿고서 경계하지 않으면 상서가 반드시 모두 길하게 되지는 않고, 요괴를 보고서 능히 징계하면 요괴가 반드시 모두 흉하지만은 않다. 대체로 災異를 듣고서 두려워하면 경우에 따라서 좋은 결과를 얻기도 하고,

34) 稷이나 契 : 名臣의 대명사로 불리는 사람들로, 직은 舜임금 때 后稷으로서 농업을 담당한 棄이고, 설은 순임금 때 司徒의 직책을 담당하였다.(≪書經≫ 〈虞書 舜典〉)

상서를 보고서 기뻐하면 간혹 재앙을 부르기도 하니, 그 이유는 무엇인가? 대저 사람이 두려워하면 경계하는 마음이 항상 있게 되고, 기뻐하면 사치하는 마음이 쉽게 방종하게 되기 때문이다. 짐의 덕이 미치지 못하여 오직 몸을 닦고 성찰하기에도 겨를이 없으니 어찌 감히 이것을 내가 초래한 것이라고 할 수 있겠는가." 하였다.

○冬十一月에 甘露降于南郊하니 群臣咸稱賀하고 獻歌詩以頌德한대 上曰 人之常情이 好祥惡妖나 然天道幽微莫測하니 若恃祥而不戒면 祥未必皆吉이요 覩妖而能懲이면 妖未必皆凶이니 蓋聞災而懼면 或者蒙休하고 見瑞而喜면 或以致咎하나니 何則고 凡人이 懼則戒心常存하고 喜則侈心易縱이니라 朕德不逮하야 惟圖修省之不暇니 豈敢以此爲己所致哉아

30-1-34

洪武 9년(1376) 봄 정월에 中山侯 湯和[35] 등이 군대를 거느리고 延安에 가서 변방을 방어하였는데, 태조가 탕화 등에게 유시하였다.

"예로부터 변방을 중시한 이유는 변경이 안정되면 중국이 무사하고 四夷를 쉽게 제어할 수 있기 때문이다. 지금 연안이 지리적으로 서북 지역을 장악하고 胡虜와 국경을 접하고 있는데 호로는 모이고 흩어지는 것이 일정하지 않다. 만약 변방을 지키는 것이 엄하지 않으면 곧바로 들어와 노략질을 할 것이니, 그들이 들어와 노략질하기를 기다린 뒤에 막는다면 변경의 백성들이 반드시 해를 입게 된다. 짐이 일찍이 변방의 장수들에게 칙교를 내려 엄하게 대비하게 하였으나 또 오래되어 해이해져서 저들이 그 틈을 탈까 염려되기 때문에 지금 특별히 경들에게 명하여 군대를 이끌고 가게 하는 것이다. 군대가 변경에 이르거든 항상 경계하는 마음을 놓지 말고 적이 보이지 않더라도 항상 적과 대치하고 있는 것처럼 한다면 잘못을 하는 데에 이르지 않을 것이다."

湯和

○九年春正月에 中山侯湯和等이 帥師往延安하야 防邊하니 上諭和等曰 自古重於邊防은 邊境安이면 則中國無事하고 四

35) 湯和 : 1326~1395. 자는 鼎臣으로 濠州 鍾離 사람이니, 明나라의 개국 공신이다. 郭子興의 휘하에 있다가 朱元璋을 따라 수많은 전투를 치르며 전공을 세웠다. 홍무 11년(1378) 信國公에 봉해졌다.

夷可以坐制라 今延安이 地控西北하고 與胡虜接境하니 虜人聚散無常이라 若邊防不嚴이면 卽入爲寇하리니 待其入寇而後防之면 則塞上之民이 必然受害라 朕嘗勅邊將하야 嚴爲之備호되 復恐久而懈惰하야 爲彼所乘일새 今特命卿等하야 率衆以往하니 衆至邊上에 常存戒心하야 雖不見敵이나 常若臨敵이면 則不至有失矣리라

30-1-35

가을 8월에 관리를 보내 역대 帝王의 陵寢을 살피게 하고, 100步 안에 나무를 하거나 짐승을 방목하는 것을 금하고, 陵戶 2인을 지정하여 지키게 하였다. 전란으로 불타거나 무너진 곳이 있으면 有司가 능 근처의 백성을 감독하여 때때로 봉분을 보수하게 하고, 3년마다 한 번 使臣을 보내 致祭하게 하였다. 또 여러 군읍의 祀典에 실려 있는 忠臣과 烈士의 祠宇가 무너지면 이 또한 유사가 때때로 수리하고 금령과 방비를 엄하게 하도록 하였다.

○秋八月에 遣官視歷代帝王陵寢하고 命百步內禁人樵牧하고 設陵戶二人守之하고 有經兵燹而崩摧者면 有司督近陵之民하야 以時封培호되 每三年에 一遣使致祭하고 其諸郡邑祀典所載忠臣烈士祠宇傾頹者를 有司亦以時葺治하고 仍嚴禁防하다

30-1-36

겨울 11월에 태조가 侍臣과 논하다가 옛날의 寵姬와 宦官과 外戚과 權臣과 藩鎭과 夷狄의 禍를 논하는 데에 이르러 태조가 이르기를, "나무는 반드시 좀이 먹은 뒤에 바람에 꺾이고, 몸은 반드시 기운이 허한 뒤에 병이 그 틈을 타는 것이니, 국가의 일도 이와 같다. 漢나라에 외척과 환관이 권세를 잡은 일이 없고 唐나라에 藩鎭과 夷狄의 재앙이 없었다면 나라가 어찌 멸망할 수 있었겠는가. 짐이 옛일을 보고서 심히 경계하노라.

그러나 禁制하는 데에 방법이 있으니, 만약 음란한 음악이나 여색에 현혹되지 않아서 宮闈의 금령을 엄격히 하고 貴賤이 구분이 있게 하여 은혜가 의리를 가리지 않게 하면 총희의 화가 어떻게 일어나겠으며, 사사로운 사랑에 끌리지 않고 오직 어진 이를 등용하고 만약 나라의 정책과 제도를 범할 경우 지극히 공정한 도리로 制裁하면 외척의 화가 어떻게 일어나겠는가. 환관과 近習의 직책이 청소하고 물품을 공급

하고 심부름하는 데에만 있고 그들에게 兵權을 빌려주지 않으면 宦寺의 화가 없을 것이고, 상하가 서로 도리를 지키고 대소 관원이 서로 견제하여 임금의 이목을 가리는 일을 방지하고 상벌을 내리는 권력이 아래로 옮겨지는 것을 삼간다면 權臣의 患亂이 없을 것이다. 번진을 설치한 것은 원래 백성을 보호하기 위해서이니, 재물은 有司에게 돌아가게 하고 군대는 반드시 兵符를 확인한 뒤에 調發하면 어찌 번진이 跋扈하는 근심이 있겠는가. 이적을 막는 데에 이르러서는 武備를 정비하고 변경의 방비를 삼가서 적이 오면 막고 달아나면 끝까지 추격하지 않는다면 어찌 침범하고 노략질하는 근심이 있겠는가.

明太祖 七
(太祖가 侍臣과 환관과 외척의 화에 대해 논함)

이 몇 가지 일을 일찍이 글로 지어서 후세의 자손으로 하여금 때때로 보게 하려고 하였으니, 그렇게 된다면 社稷의 무궁한 이로움이 될 것이다." 하였다.

시신이 머리를 조아리고 아뢰기를, "폐하의 이 말씀은 참으로 국가의 큰 교훈이고 萬世의 밝은 법이니, 나라의 常法으로 삼아서 장래의 후손에게 전하여 보이소서." 하였다.

○冬十一月에 上與侍臣論及古之女寵宦官外戚權臣藩鎭夷狄之禍曰 木必蠹而後風折之하고 體必虛而後病乘之하나니 國家之事도 亦猶是已니라 漢無外戚閹宦之權하며 唐無藩鎭夷狄之禍면 國何能滅이리오 朕觀往古하고 深用爲戒하노라 然制之有其道하니 若不惑於聲色하야 嚴宮闈之禁하고 貴賤有體하야 恩不掩義면 女寵之禍 何自而生이며 不牽於私愛하야 惟賢是用하고 苟干政典이어든 裁以至公하면 外戚之禍 何由而作이며 閹寺便習이 職在掃除供給使令하고 不假以兵柄이면 則無宦寺(시)之禍하며 上下相維하며 小大相制하야 防耳目之壅蔽하고 謹威福之下移면 則無權臣之患하며 藩鎭之設은 本以衛民이니 使財歸有司하고 兵必合符而調면 豈有跋扈之憂리오 至於御夷狄하얀 則修武備하며 謹邊防하고 來則禦之하며 去不窮追면 豈有侵暴之虞리오 凡此數事를 嘗欲著書하야 使後世

子孫으로 以時觀覽이니 亦社稷無窮之利也니라 侍臣頓首曰 陛下此言은 誠有國之大訓이요 萬世之明法也이니 願著之常典하야 以垂示將來하소서

30-1-37

洪武 10년(1377) 가을 9월에 태조가 侍臣들에게 말하였다.

"전대의 용렬하고 어리석은 군주들은 모두 팔짱을 끼고 아무것도 하지 않아도 천하가 다스려졌다는 말[36]을 구실로 삼아 방종하고 게으르고 안일하여 정사를 직접 다스리지 않았으니, 천하를 다스리는 것은 안일함이 없은 뒤에야 편안할 수 있다는 것을 누가 모르겠는가. 만약 게으르고 안일하여 정치에 태만한 것을 '팔짱을 끼고 아무것도 하지 않음'으로 삼는다면 帝舜은 어찌하여 '너무 늙어서 부지런히 힘쓰는 일을 하기에 피곤하다.'[37]라고 하였겠으며, 大禹는 어찌하여 촌음을 아꼈겠으며,[38] 文王은 어찌하여 날이 기울 때까지 식사를 하지 못하였겠는가.[39]

그리고 임금은 날마다 萬機를 다스리니 게으른 마음이 한 번 생기면 모든 일이 막히고 정체되어 우환을 끼치는 것을 이루 말할 수 없게 된다. 짐이 즉위한 이래 항상 부지런히 노력하는 것을 스스로 힘써서 조회를 시작하기 전에 조정에 나아가고 申時 이후에야 환궁하였고, 밤에 누울 때에는 편안히 자지 못하여 옷을 입고 일어났으며, 혹은 天象을 관찰하여 별자리 하나가 자리를 이탈한 것을 보면 즉시 근심하고

36) 팔짱을……말 : 周나라 史臣이 武王에 대해 기술하기를, "官爵을 나열함은 다섯 가지로 하되 땅을 나누어줌은 세 가지로 하며, 관리를 뽑기를 오직 賢者로 하고 일을 맡기기를 오직 능력이 있는 자로 하며, 백성의 다섯 가지 가르침을 소중히 하되 음식과 喪禮와 祭禮를 특히 중시하며, 信을 돈독히 하고 의리를 밝히며, 德 있는 자를 높이고 功 있는 자에게 보답하니, 팔짱을 끼고 아무것도 하지 않아도 천하가 저절로 다스려졌다.〔列爵惟五 分土惟三 建官惟賢 位事惟能 重民五教 惟食喪祭 惇信明義 崇德報功 垂拱而天下治〕"라고 한 말을 가리킨다.(≪書經≫ 〈周書 武成〉)

37) 帝舜은……피곤하다 : 舜임금이 禹에게 帝位를 물려주려고 하면서 "오너라 너 우야. 짐이 제위에 있은 지 33년이니, 너무 늙어서 부지런히 힘쓰는 일을 하기에 피곤하니, 네가 게으르지 말아서 짐의 百官을 거느리라.〔格汝禹 朕宅帝位三十有三載 耄期 倦于勤 汝惟不怠 總朕師〕"라고 한 일을 가리킨다.(≪書經≫ 〈虞書 大禹謨〉)

38) 大禹는……아꼈겠으며 : 明나라 王樵가 말하기를, "禹임금은 크고 아름다운 보석을 귀하게 여기지 않고, 짧은 시간을 아꼈다.〔禹不貴尺璧而惜寸陰〕"라고 하였다.(≪尙書日記≫ 권3 〈大禹謨〉)

39) 文王은……못하였겠는가 : ≪書經≫ 〈周書 無逸〉에 文王에 대해 기술하기를, "아름답게 부드럽고 아름답게 공손하시어 小民들을 품어 보호하시며, 鰥寡들에게 은혜를 입혀서 생기가 나게 하시어, 아침부터 해가 중천에 뜰 때와 해가 기울 때에 이르도록 한가히 밥 먹을 겨를도 없으시어 萬民들을 모두 화합하게 하셨습니다.〔徽柔懿恭 懷保小民 惠鮮鰥寡 自朝至于日中昃 不遑暇食 用咸化萬民〕"라고 한 말을 인용한 것이다.

두려워하였고, 혹은 백성의 일을 헤아려 보아 속히 행해야 할 것이 있으면 즉시 차례로 기록하여 아침이 되기를 기다려 처리하였다. 짐이 잠시라도 편하고 싶지 않은 것이 아니었으나 다만 天命을 경외하여 그렇게 하지 않을 수 없었다.

짐이 이것을 말하는 것은 군신들이 천하가 무사하다고 하여 안락함을 추구할까 염려해서이니, 股肱의 신하가 게을러지면 임금이 잗단 일을 하게 되니, 백성이 누구를 의지하겠는가. ≪書經≫에 이르기를, '功이 높음은 뜻 때문이고, 사업이 넓은 것은 부지런함 때문이다.' 하였으니, 너희 신하들이 다만 이것으로 힘쓸 일을 삼는다면 짐이 근심이 없을 것이다."

신하들이 모두 머리를 조아리고 명을 받았다.

○十年秋九月에 上謂侍臣曰 前代庸君暗主 莫不以垂拱無爲藉口하야 縱恣荒寧하야 不親政事하나니 孰不知治天下者 無逸然後可逸이리오 若以荒寧怠政爲垂拱無爲면 帝舜何爲曰耄期하야 倦于勤이며 大禹何以惜寸陰이며 文王何以日昃不食이리오 且人君日理萬幾하니 怠心一生이면 則庶務壅滯하야 貽患不可勝言이니라 朕自卽位以來로 常以勤勵自勉하야 未朝卽臨朝하고 晡時而後還宮하고 夜臥不能安席하야 披衣而起하고 或仰觀天象하야 見一星失次면 卽爲憂惕하고 或量度民事하야 有當速行者면 卽次第筆記하야 待(朝)〔旦〕[40]發遣하니 朕非不欲暫安이로되 但祇畏天命하야 不得不爾호라 朕言及此者는 恐群臣以天下無事라하야 便欲逸樂이니 股肱旣惰면 元首叢脞이니 民何所賴리오 書云 功崇은 惟志요 業廣은 惟勤이라하니 爾群臣但能以此爲勉하면 朕無憂矣니라 群臣皆頓首受命하더라

30-1-38

겨울 11월에 태조가, 大內에 궁전이 새로 지어졌는데 규모가 사치스럽지 않으므로 매우 기뻐하여 侍臣에게 이르기를, "임금의 嗜好는 관계된 바가 매우 중하다. 몸소 절검을 행하면 天性을 기를 수 있고, 사치를 숭상하면 반드시 덕을 손상시키는 데에 이른다. 짐은 항상 옛날 淮水 오른쪽에서 살 때에 자주 기근이 들어 衣食을 얻기가 어려워 뜻대로 되는 것이 적었던 때를 생각한다. 지금은 사해를 소유하는 부를 누리고 있으니 무엇을 구한들 이루지 못하겠으며, 무엇을 하려고 한들 얻지 못하겠는가. 그러나 그 마음을 절제하여 교만해질까 두려워하여 다시 절제하지 않을 수 없고,

---

40) (朝)〔旦〕: 저본에는 '朝'로 되어 있으나, '朝'는 朝鮮 太祖 李成桂가 왕위에 오른 뒤 '旦'으로 개명하였기 때문에 조선에서는 避諱하여 '朝'로 쓴 것이다. 그러므로 원래 글자인 '旦'으로 돌려놓았다.

밤낮으로 두려워하여 편안히 지내지 못하였다. 그러므로 무릇 工役을 하려고 할 때에 반드시 두 번 세 번 헤아려서 부득이한 뒤에야 하였고, 할 때에 법도를 넘은 적이 없었으며, 궁중에서 황후 또한 검소함으로 아랫사람을 통솔하여 직접 세탁한 옷을 입었으니, 이는 모두 고의로 보이기 위해 겉에 꾸민 것이 아니었다. 실로 하늘이 낸 물건을 낭비하고 백성의 재물을 손상시킬까 두려워 감히 삼가지 않을 수 없어서였다." 하였다.

侍臣이 대답하기를, "사치는 보통의 정리상 하려고 하는 것이고 절검은 부귀한 사람이 하기 어려운 것인데, 폐하께서 절검을 자연스럽게 행하시어 억지로 노력하지 않으시니 참으로 만세토록 자손의 법이 되기에 마땅합니다." 하였다.

태조가 이르기를, "절검 두 글자는 천하를 다스리는 자가 마땅히 지켜야 할 뿐만 아니라 집을 다스리는 자 또한 마땅히 지켜야 할 것이다. 그대들은 받는 녹봉이 한계가 있는데 날마다 쓰는 것은 한이 없으니, 쓰는 것이 혹 과도하면 그 비용을 어떻게 마련하겠는가. 백성들에게 苛斂誅求를 하는 것이 모두 여기에서 근원하니, 짐의 마음을 본받아 함께 절검을 숭상하면 후회가 없게 될 것이다." 하였다.

○冬十一月에 上以大內宮殿新成하니 制度不侈로 甚喜하야 因謂侍臣曰 人主嗜好 所繫甚重하니 躬行節儉이면 足以養性이요 崇尙侈靡면 必至喪德이라 朕常念昔居淮右에 頻年飢饉하니 艱於衣食하야 鮮能如意러니 今富有四海하니 何求不遂며 何欲不得이리오 然檢制其心하야 惟恐驕盈하야 不可復制하고 夙夜兢惕하야 弗遑底寧하니 故凡有興作에 必量度再三하야 不獲已而後爲之하고 爲之未嘗過度하며 宮壼之間에 皇后亦能儉以率下하야 躬服浣濯之衣하니 皆非故爲矯飾이라 實恐暴殄天物하며 剝傷民財하야 不敢不謹호라 侍臣對曰 奢侈者는 常情所欲이요 節儉者는 富貴所難이로되 陛下安行節儉하사 無所勉强하시니 誠宜爲萬世子孫之法이로소이다 上曰 節儉二字는 非徒治天下者當守라 治家者亦宜守之니 爾等歲祿有限이로되 而日用無窮하니 費或過度면 何從辦集이리오 侵牟剝削이 皆原于此니 須體朕懷하야 共崇節儉하야 庶幾無悔하라

30-1-39

洪武 12년(1379) 봄 3월에 태조가 華蓋殿에 임어하니 황태자(朱標)가 입시하였다. 태조가 묻기를, "요즈음 무슨 책을 강습하느냐?" 하니, 대답하기를, "어제 ≪書經≫를 보았는데, 商나라와 周나라가 교체되는 지점에 이르렀습니다." 하였다.

태조가 이르기를, "≪서경≫을 보니 옛사람이 임금 노릇 하는 도를 알겠더냐?" 하고, 이로 인하여 유시하기를, "임금의 도는 하늘을 섬기고 백성을 사랑하는 것으로

중함을 삼는데, 그 근본은 몸을 공경히 하는 데에 있다. 임금의 말 한마디 행동 하나가 모두 위로 하늘에 통하고 아래로 백성에 매여 있으니, 반드시 공경히 행한 뒤에야 행한 바가 불선이 없게 된다. 대체로 善을 행하면 하늘이 반드시 내려다보고, 불선을 행하면 하늘이 또한 내려다보는 것이니, 한마디 말을 선하게 하면 천하 사람이 복을 받고, 하나의 행동을 삼가지 않으면 천하 사람이 재앙을 입는다. 말과 행동의 결과가 이와 같으니 공경히 하지 않을 수 있겠는가. 너는 알도록 하라." 하였다.

○十二年春三月에 上御華蓋殿하니 皇太子侍러니 上問曰 比日講習何書오 對曰 昨看書하야 至商周之際호이다 上曰 看書하니 亦知古人爲君之道否아 因諭之曰 君道는 以事天愛民爲重하니 其本在敬身이라 人君一言一行이 皆上通于天하며 下繫于民하니 必敬以將之而後에 所行無不善也니라 蓋善이면 天必鑑之하고 不善이면 天亦鑑之하나니 一言而善이면 四海蒙福하고 一行不謹이면 四海罹殃이니 言行如此라 可不敬乎아 汝其識之하라

30-1-40

윤5월에 遼東의 守將 潘敬[41]과 葉旺[42]에게 칙고를 내렸다.

"올라온 奏文을 보고 高麗 龍州의 鄭白[43] 등이 남녀 백성을 데리고 와서 항복했다는 것을 알았는데, 짐은 장군들이 그들의 계책을 알고 있는지 모르겠다. 고려는 먼 바닷가에 위치하여 그 풍속은 속이는 것을 숭상하고 그들의 성격은 흉악하다. 더구나 사람의 심리는 자기가 사는 곳을 편안히 여기고 옮기는 것을 어렵게 여기는데 어찌 고향을 버리고 다른 나라로 귀순하려는 자가 있겠는가. 이는 필시 우리에게 약함을 보이려는 것이다. 저들의 계책에 빠지면 불과 한두 해 사이에 오는 자가 이어질 것이니 그 해가 어찌 작겠는가. 符信이 그곳에 도착하는 날에 온 자들을 타일러 돌아가게 해서 저들의 간계를 깨뜨리라.

41) 潘敬 : 潘敬에 대한 기록은 ≪明史≫ 〈朝鮮傳〉에 遼東守將이라는 한 차례 기록만 나오고, ≪高麗史節要≫ 禑王 5년과 10년조에 遼東摠兵으로 나온다.

42) 葉旺 : ?~1388. 明나라 廬州府 六安 사람이다. 指揮僉事로 벼슬을 시작하여 洪武 초에 遼東都指揮使가 되었고, 홍무 8년(1375)에 遼東都督僉事가 되었다. 홍무 19년(1386)에 京師로 들어와 後軍都督府僉事가 되었다가 3개월 후에 다시 요동으로 파견되었다가 요동에서 죽었다.(≪明史≫ 권134 〈葉旺列傳〉)

43) 鄭白 : 高麗時代의 기록에는 정백에 대한 기록이 없고, ≪明史≫ 〈葉旺列傳〉에 "홍무 12년(1379)에 龍州의 鄭白 등이 內附하기를 청하자 葉旺이 조정에 보고하니 명 태조가 말하기를, '신하는 다른 나라와 外交할 수 없다. 이는 間諜의 조짐이니 가벼이 믿지 말라. 저들은 단지 우리에게 약함을 보여서 우리 변방의 빈틈을 엿보려고 하는 것이니 돌려보내라.'라고 하였다."라는 기록이 있다

지금 중국이 편안하니 바로 병사를 쉬게 하고 백성을 기를 때이다. 너는 東夷와 국경을 접하고 있으니, 함부로 작은 틈을 만들어서 저들로 하여금 빌미를 삼지 말게 하라. 만약 우리가 바르고 저들이 사특하여 저들이 실로 선하지 않으면 군대를 출동시키는 데에 명분이 있게 될 것이니, 그 와서 항복한 자들을 절대 머물지 못하게 하라. ≪春秋≫에 이르기를, '도망해온 자를 받아들이지 말라.' 하였으니, 그렇지 않으면 변경의 우환이 장차 이로 말미암아 열리게 될 것이다."

○閏五月에 勅遼東守將潘敬葉旺曰 奏至에 知高麗龍州鄭白等이 率男婦來降하니 朕未審將軍識其計否아 高麗僻居海隅하야 其俗尙詐하고 其性多頑이라 況人情莫不安土重遷하니 豈有舍桑梓而歸異鄕者耶아 斯必示弱於我니 如墮其計면 則不過一二年間에 至者接跡하리니 其害豈小小哉아 符至之日에 開諭來者令還하야 以破彼奸하라 今中國方寧하니 正息兵養民之時라 爾與東夷接境하니 愼勿妄生小隙하야 使彼得以藉口하라 若我正而彼邪하야 彼果不臧이면 則師出有名矣니 其來降者切不可留하라 春秋有云 毋納逋逃라하니 不然이면 則邊患將由此而啓矣리라

30-1-41

洪武 13년(1380) 여름 4월에 신하들에게 각각 아는 사람을 천거하라고 명하고, 태조가 유시하였다.

"천하의 어진 인재는 부족한 적이 없다. '皐陶와 夔와 稷과 契[44)]은 다시 태어나지 않고, 方叔과 召虎[45)]는 다시 나오지 않는다.'라고 하면 이는 천하의 선비를 무시하는 것이다. 다만 世道가 높고 낮음이 있기 때문에 인재에 차등이 있을 뿐이니, 임금된 자가 재능을 헤아려 직무를 맡기면 쓸 수 없는 사람이 없다. 대체로 선비가 나아가고 물러나는 것은 나라가 治亂과 관계되니, 내가 한 사람의 지혜로 어찌 천하를 모두 다스릴 수 있겠는가. 반드시 천하의 어진 인재의 도움을 받은 뒤에야 큰일을 할 수 있으니, 그대들은 이 뜻을 본받아 각각 알고 있는 사람을 천거하여 아뢰라."

○十三年夏四月에 命群臣各擧所知하고 上諭之曰 天下賢才는 未嘗乏也라 謂皐夔稷契不復生하고 方叔召虎不再出이라하면 是薄天下之士니라 但世有升降이라 故才有等差耳니 爲人上者 能量才授職이면 則無施不可니라 蓋士之進退 係乎國之治否하니 吾以一人之智로 豈足以盡理天下리오 必賴天下之賢이요 然後足以有爲니 爾等宜體此意하야 各擧所知以聞하라

44) 皐陶와……契 : 舜임금의 어진 신하들이다.(≪書經≫〈虞書 舜典〉)
45) 方叔과 召虎 : 周나라 宣王 때의 어진 신하들이다.(≪詩經≫〈小雅 采芑〉·〈大雅 江漢〉)

30-1-42

6월에 태조가 侍臣에게 이르기를, "임금이 능히 마음을 맑게 하고 욕심을 적게 해서 항상 널리 베풀고 백성을 구제하려는 뜻을 잊지 않으면 백성이 그 혜택을 입을 것이다." 하니, 시신이 대답하기를, "폐하의 이 마음이 곧 천지의 마음입니다. 임금의 마음에 욕심이 없기 때문에 능히 萬事를 밝게 결단할 수 있으니, 만사가 다스려지면 천하의 백성들이 그 복을 받게 됩니다." 하였다.

태조가 이르기를, "사람이 능히 밝게 결단하지 못하는 것은 참으로 욕심이 해치기 때문이다. 그러나 밝게 결단하는 것 또한 급하게 다그치고 까다롭게 살피는 것을 능사로 삼지 않으니, 만약 보는 것에 지극하지 못함이 있으면 도리어 임금의 밝음을 손상시키고, 구하기를 너무 지나치게 하면 임금의 도량을 손상시킨다." 하였다.

○六月에 上謂侍臣曰 人主能淸心寡欲하야 常不忘博施濟衆之意면 庶幾民被其澤이니라 侍臣對曰 陛下此心은 卽天地之心也니이다 惟人主之心無欲이라 故能明斷萬事하나니 萬事理면 則天下生民이 受其福하나이다 上曰 人之不能明斷者는 誠以欲害之也라 然明斷도 亦不以急遽苛察爲能이니 苟見有未至면 反損人君之明하며 求之太過면 則虧君人之量이니라

30-1-43

洪武 14년(1381) 봄 정월에 태조가 吏部의 신하와 관리를 임명하는 문제를 의논할 때에 태조가 이르기를, "나무를 심고 곡식을 기르는데 알맞은 토양이 아니면 자라지 않고, 벼슬을 제수하는 것은 알맞은 인재가 아니면 맡기지 않으니, 관리를 임명할 때 힘써야 하는 일은 방정한 선비를 취해야 하는 것이니, 간사한 자는 반드시 버리도록 하라." 하니, 이부의 신하가 대답하기를, "사람의 邪正이 실로 구별하기 어렵습니다." 하였다.

태조가 이르기를, "많은 사람이 미워하고 한 사람이 좋아할지라도 반드시 바른 사람은 아니고, 많은 사람이 좋아하고 한 사람이 미워할지라도 반드시 간사한 사람은 아니다. 대체로 많은 사람에게서 나오면 공론이 되고, 한 사람에게서 나오면 사사로운 뜻이 된다. 그러나 바른 사람이 하는 것은 관의 일을 다스리면 자기 집을 사적으로 보지 않고, 公法을 담당해서는 자기 어버이를 사적으로 대하지 않지만, 간사한 사람은 이와 반대로 하니, 여기에서도 구별할 수 있다." 하였다.

○十四年春正月에 上與吏部臣論任官할새 上曰 樹藝는 非其土則不蕃하며 授官은 非其才則不任이니 任官之務는 當取方正之士니 凡邪佞者必去之하라 吏部臣對曰 人之邪正이 實亦難辨이니이다 上曰 衆人惡之하고 一人悅之라도 未必正也요 衆人悅之하고 一人惡之라도 未必邪也니 蓋出於衆人이면 爲公論이요 出於一人이면 爲私意니라 然正人所爲는 治官事則不私其家하고 當公法則不私其親이요 邪人反是니 此亦可辨이니라

30-1-44

태조가 禮部의 신하에게 유시하기를, "임금이 상벌의 권한을 잡고서 천하를 다스리니, 반드시 지극히 공정해야 한다. 선행이 없는데 상을 주면 이를 사사로이 사랑한다고 이르고, 허물이 없는데 벌을 주면 이를 사사로이 미워한다고 이르니, 이것은 권면과 징계가 되기에 부족하다. 짐이 보건대 漢나라 高帝가 丁公을 참수하고[46] 雍齒를 封하고,[47] 唐나라 太宗이 權萬紀와 李仁發을 내치고 魏徵의 곧음에 상을 준 것을 보니,[48] 모두 지극히 합당하여 사람들을 신복시킬 만하였다. 이른바 군자 한 사람에게 상을 주면 사람들이 모두 기뻐하고, 소인 한 사람을 벌하면 사람들이 모두 두려워한다는 것이다. 짐이 상과 벌에 감히 가볍게 결정한 적이 없으니, 만약 한때의 처분이 혹이

46) 漢나라……참수하고 : 丁公은 季布의 母弟로 항우의 부하 장수가 되어 彭城 서쪽에서 유방을 궁지에 몰아넣어 거의 죽일 뻔하였으나, 좋은 사람끼리 너무 심하게 싸울 필요 없다는 유방의 권유에 군대를 돌려 돌아갔다. 항우가 죽고 유방이 漢나라를 건국한 뒤에 정공이 漢 高祖를 찾아가니, 고조는 그를 항우가 천하를 잃게 만든 不忠한 죄인으로 지목하여 정공의 목을 베어 후세의 신하들이 정공을 본받지 않도록 본보기를 보였다.(≪史記≫ 권100 〈季布列傳〉)

47) 雍齒를 封하고 : 雍齒는 漢나라 高祖 때의 장수이다. 고조와 함께 군사를 일으켰는데 뒤에 배신했다가 다시 돌아오니, 비록 戰功은 있었으나 항상 미움을 받았다. 고조가 공신을 많이 죽이자 여러 장수가 자신들에게도 화가 미칠까 겁내어 모두 원망하므로, 고조가 장량의 계략을 써서 먼저 평소에 가장 미워하던 옹치를 什方侯에 봉하여 論功行賞에 대한 다른 장수들의 불평불만을 잠재우고 진무하였다.(≪漢書≫ 권1하 〈高帝本紀〉, 권40 〈張良傳〉)

48) 唐나라……보니 : 唐나라 太宗 때 給事中 魏徵이 아뢰기를, "權萬紀와 李仁發은 모두 小人이고 大體를 몰라 헐뜯는 것을 옳은 일로 여기고 고자질하는 것을 정직으로 여깁니다. 무릇 그들이 탄핵한 것은 모두 죄 없는 자들인데 폐하께서는 그들의 단점을 덮어주고 그들의 말을 일체 받아주시니, 간악한 계책을 마음껏 부려 아랫사람과 결탁하고 윗사람을 속여 무례한 짓을 많이 행하여 强直하다는 명성을 얻었습니다.……두 사람을 부리고 난 이래로 큰 이익이 하나라도 있었다면 신은 즉시 斧鉞刑에 처해져 불충의 죄를 달게 받겠습니다. 폐하께서 비록 선한 자를 등용하여 덕이 있는 자를 떠받들지는 못한다 해도 어찌 간악한 자를 진출시켜 스스로 손상시켜서야 되겠습니까." 하였는데, 태종이 그 말을 흔쾌히 받아들이고 위징에게 비단 500필을 하사하였다. 그 후 이인발은 해임되어 축출되고, 권만기는 간악한 정상이 점차 드러나 連州司馬로 좌천되니, 朝廷의 신하들이 모두 서로 경하했다.(≪貞觀政要≫ 권2 〈直諫〉)

타당하지 않은 점이 있으면 경들은 명백하게 이의를 제기해야 할 것이다. 차라리 상이 벌보다 후할지언정 도에 넘쳐서 소인들이 요행을 바라게 해서는 안 된다." 하였다.

○上諭禮部臣曰 人君操賞罰之柄하야 以御天下하니 必在至公이니 無善而賞이면 是謂私愛요 無過而罰이면 是謂私惡(오)니 此不足以爲勸懲이니라 朕觀漢高帝斬丁公하며 封雍齒하고 唐太宗黜權萬紀李仁發하며 而賞魏徵之直하니 皆至當하야 可以服人이니 所謂賞一君子而人皆喜하고 罰一小人而人皆懼라 朕於賞罰에 未嘗敢輕호니 若一時處分이 或有未當이면 卿等宜明白執論하라 寧使賞厚於罰이언정 但不可濫及하야 使小人僥倖耳니라

30-1-45

洪武 15년(1382) 봄 정월에 태조가 刑官에게 유시하기를, "봄이 되어 만물이 소생하는데 무지한 백성들이 법을 범하여 죽음에 이르는 자가 있으니, 비록 不待時의 형률로 판결한 자가 있으나 짐의 마음에 차마 하지 못하는 마음이 있다. 사형죄를 범한 자를 모두 減死의 형률로 논하라." 하였다.

또 工部의 신하에게 유시하기를, "지난날 변경이 편안하지 못하고 전쟁이 그치지 않았기 때문에 천하의 匠人을 모아 京師에 소속시켜 일을 시켰다. 그중에 질병으로 죽은 자가 있는데 고향에 돌아가 장사 지내지 못했으니 심히 가련하다. 너희 공부는 즉시 사람을 보내 그들의 유해를 수습하여 함에 담아 그들의 집으로 보내고 각각 鈔 7錠[49]을 그 처자에게 지급하여 장사 지내게 하고, 이를 법령으로 제정하라." 하였다.

○十五年春正月에 上諭刑官曰 方春에 萬物發生이어늘 而無知之民이 乃有犯法至死者하니 雖有決不待時之律이나 然於朕心有所不忍하니 其犯大辟者를 皆減死論하라 復諭工部臣曰 曩以邊境未寧하고 兵甲未弛라 故集天下工匠하야 隷事京師하니 其中有以疾病致死者하야 不能歸葬하니 深可憫也라 爾工部卽遣人하야 收其遺骸하야 函送其家하고 各以鈔七錠으로 給其妻子瘞之하고 著爲令하라

30-1-46

여름 4월에 廉州府 巡檢 王德亨이 上言하기를, "저의 집이 본래 階州로 西戎과 경

49) 鈔 7錠 : 鈔는 元나라 때 사용한 지폐의 명칭이다. 錠은 원나라 때 지폐의 표면에 새겨진 화폐의 단위이다.(≪元史≫ 권197 〈羊仁列傳〉)

계를 맞대고 있는데, 水銀 광산 및 청색과 녹색과 자색의 진흙이 있습니다. 군대를 얻어 그 땅을 취하여 조정에 바치기를 원합니다." 하였다.

태조가 戶部의 신하에게 이르기를, "힘을 다해 이익을 구하는 것은 장사치의 행위이고, 변경을 개척하여 오랑캐와 불화를 만드는 것은 제왕이 심히 경계해야 할 일이다. 지금 진기한 물산이 어찌 중국에 없겠는가. 짐이 모두 막고 끊어버렸으니, 이 길이 한 번 열리면 소인들이 이익을 추구하여 백성을 수고롭게 하고 재물을 손상시켜 그 해가 매우 크게 된다. 더구나 변경을 통제하는 것은 안정을 귀히 여긴다. 만약 군대를 써서 이익을 다투느라 백성을 동요시켜 쉬지 못하게 하면 훗날 후회해도 이미 늦은 것이다. 이 사람은 이익을 추구할 줄만 알고 해가 있다는 것을 모르니 들어줄 수 없다." 하였다.

○夏四月에 廉州府巡檢王德亨上言호되 家本階州라 界於西戎하니 有水銀坑冶 及靑綠紫泥라 願得兵取其地하야 以歸于朝하노이다 上謂戶部臣曰 盡力求利는 商賈之所爲요 開邊啓釁은 帝王之深戒니 今珍奇之產이 中國豈無리오 朕悉閉絶之호니 恐此途一開면 小人規利하야 勞民傷財하야 爲害甚大니 況控制邊境은 貴於安靖이라 苟用兵爭利하야 擾攘不休면 後雖悔之나 不可追矣니라 此人但知趨利하고 不知有害하니 不可聽也니라

30-1-47

洪武 16년(1383) 봄 정월에 백성 중에 아들이 법을 범하여 사형을 당할 처지에 놓이자 그 아버지가 재물을 써서 사형을 면하게 하려고 하다가 일이 발각된 일이 있었다.

監察御史가 그 아버지까지 처벌하겠다고 아뢰자, 태조가 이르기를, "살고 죽는 것은 사람의 중대한 일이고, 부자간은 사람의 가장 가까운 관계이다. 그의 사랑이 마음에 근본하기 때문에 그 아들의 목숨을 구할 줄만 알고 이치상 불가하다는 것을 돌아보지 못한 것이다. 그대가 법을 논하여 그 아비까지 함께 벌을 주려고 하지만 정리로 볼 때 용서할 수 있으니, 풀어주도록 하라." 하였다.

태조가 이로 인하여 刑部尙書 開濟[50]와 都御史 詹徽[51] 등에게 유시하기를, "무릇

50) 開濟 : ?~1383. 明나라 河南 洛陽 사람으로, 자는 來學이다. 洪武 초에 明經科에 급제하여 河南府學訓導에 제수되고, 刑部尙書에까지 올랐다. 국가를 경영하는 능력을 인정받아 태조의 신임을 받았으나 죄를 지어 피살되었다.

51) 詹徽 : 明나라 태조 때 벼슬한 인물로, 吏部尙書, 都御史 등을 역임하였다.

죄수를 논죄할 때에는 반드시 그 실정을 찾아야 하고 법조문을 심하게 적용하여 사람을 죄인으로 만들어서는 안 된다. 대체로 사람의 목숨은 지극히 중하니 항상 공평하고 관대하게 하더라도 잘못될까 염려되는데 하물며 법조문을 심하게 적용하겠는가. 어제 백성 중에 아들이 법을 범하여 사형을 당할 처지에 놓이자 그 아비가 뇌물을 써서 사형을 면하게 하려다가 감찰어사가 적발하여 그 아비까지 논죄하려고 하였다. 짐의 생각에 부자간은 사람의 가장 가까운 관계이므로 죽게 되었을 때 구제하려고 하는 것은 사람의 심리인 것이다. 그러므로 그 아들만 논죄하고 그 아비는 풀어주었다. 지금부터 모든 판결에 반드시 두 번 세 번 자세히 판정한 다음 覆奏한 뒤에 행하고 인명을 중복해서 상하게 하지 말라." 하였다.

○十六年春正月에 民有子犯法當死라 其父以財求免이라가 事覺하니 監察御史奏欲幷置于法한대 上曰 生死는 人之大故요 父子는 人之至親이라 彼愛根于心하야 但知求其子之生이요 不顧理之所不可하니 爾論法하야 欲幷罪其父나 然於情可恕하니 其赦之하라 上因諭刑部尙書開濟都御史詹徽等曰 凡論囚를 須原其情하고 不可深致人罪니 蓋人命至重하니 常存平恕라도 猶恐失之어든 況深文乎아 昨民有子犯法當死者라 其父行賄求免이어늘 御史執之하야 幷欲論罪하니 朕以父子至親이라 其死而救는 人之情也라 故但論其子而赦其父호니 自今凡有論決에 必再三詳讞覆奏而行하고 毋重傷人命하라

30-1-48

2월에 東閣大學士 吳沈[52] 등이 ≪精誠錄≫을 올렸다.

이보다 앞서 태조가 太廟에 제사 지내려고 할 때에 武英殿[53]에서 致齋를 하고 오침 등을 불러 이르기를, "짐이 옛날 성현의 책을 보니 후세에 교훈을 남기고 가르침을 세운 큰 요체가 세 가지가 있으니, 敬天과 忠君과 孝親이었다. 임금이 능히 하늘을 공경하며, 신하가 능히 임금에게 충성하며, 아들이 능히 어버이에게 효도하면 사람의 도가 확립되는 것이다. 그러나 그 말들이 경전에 흩어져 있어서 그 요령을 알

52) 吳沈 : ?~1386. 明나라 浙江 蘭溪 사람으로, 자는 濬仲이다. 元나라 國子博士 吳師道의 아들이다. 일찍이 學行으로 유명하였는데, 太祖가 婺州에 내려왔을 때 오침을 초빙하여 經史를 講論하게 하고 郡學訓導를 제수하였다. 1383년(洪武 16)에, 경전에 산재해 있는 성현의 가르침을 敬天, 忠君, 孝親의 세 가지 분야로 편집하라는 太祖의 명을 받들어 ≪精誠錄≫ 3권을 만들고 서문을 지었다. 벼슬은 翰林院待制, 翰林院典籍, 東閣大學士, 國子博士 등을 역임하였다.

53) 武英殿 : 明나라 때의 궁궐 이름으로 北京 舊皇城 안에 있다. 淸나라 乾隆帝 때에는 이곳에서 13經과 12史 등을 교각하였다.

기가 쉽지 않다. 그대들은 성현이 말씀하신 세 가지 일을 가지고 분류별로 편집하여 보기에 편리하게 하라." 하였는데, 이때에 이르러 책이 완성되니 태조가 보고서 좋게 여겨 '精誠錄'이라는 이름을 내리고 오침에게 서문을 지으라고 명하였다.

○二月에 東閣大學士吳沈等進精誠錄하다 先是에 上將享太廟할새 致齋于武英殿하고 召沈等謂之曰 朕閱古聖賢書하니 其垂訓立教大要有三하니 曰敬天이요 曰忠君이요 曰孝親이니 君能敬天하며 臣能忠君하며 子能孝親이면 則人道立矣니라 然其言散在經傳하니 未易會其要領이라 爾等其以聖賢所言三事로 以類編輯하야 庶便觀覽하라 至是書成하니 上覽而善之하야 賜名精誠錄이라하고 命沈爲之序하다

30-1-49

여름 6월에 태조가 조정의 신하에게 유시하였다.

"참소하는 사람이 나라를 해치는 것이 잡초가 곡식을 해치는 것과 같다. 그러므로 밭을 잘 다스리는 자는 반드시 잡초를 제거하고, 나라를 잘 다스리는 자는 반드시 참소하고 간사한 자를 제거한다. 잡초가 처음 날 때에는 곡식과 비슷하지만 크게 자라면 곡식이 이기지 못하고, 참소하는 사람이 처음 말할 때에는 충신과 비슷하지만 오래되면 바른 사람이 이기지 못한다. 참소하고 간사한 자가 바른 사람을 이기는 것이 국가의 아름다운 일이 아니니, 임금이 그렇다는 것을 알아서 힘껏 제거해야 할 것이다. 그렇지 않으면 뿌리가 날로 깊어져서 그 해가 적지 않게 된다."

○夏六月에 上諭廷臣曰 讒人之能害國이 猶稂莠之能害苗라 故善治田者는 必去稂莠하고 善治國者는 必去讒邪하나니 稂莠始生似眞이나 及其盛也면 則苗不能勝矣요 讒人始言似忠이나 及其久也면 則正人不能勝矣니 讒邪勝正人이 非國家美事니 人君知其然하야 當力去之요 不然이면 則根柢日深하야 爲害不淺矣니라

30-1-50

겨울 12월에 鷹揚衛軍의 아내가 실수로 불을 내서 군사들의 막사가 불에 탔다. 有司가 笞刑으로 판결하였는데 그 부인의 나이가 60여 세였다. 그 아들이 대신 형을 받기를 청하자 태조가 이르기를, "자식이 그 어미에게 효도하고, 어미는 고의로 범한 것이 아니니 용서하라." 하였다.

○冬十二月에 鷹揚衛軍婦失火하야 焚軍士廬舍어늘 所司坐當笞하니 婦年六十餘라 其子請代受刑한대 上曰 子孝其母하고 而母非故犯이니 宥之하라

30-1-51

洪武 17년(1384) 여름 5월에 태조가 奉天門에 임어하여 신하들에게 유시하였다.

"천하를 다스리는 도는 禮와 樂 두 가지일 뿐이다. 만약 예에는 통달하였으나 악에는 통달하지 못하면 사람의 마음을 선하게 하고 다스리는 도를 내는 방법이 아니고, 악에는 통달했으나 예에 통달하지 못하면 기강을 진작시키고 中正한 도를 세우는 것이 아니니, 반드시 예와 악이 병행된 뒤에야 정치와 교화가 순수하고 바르게 될 것이다.

혹자는 말하기를, '예와 악이 있으면 정치와 형벌이 없어서는 안 된다.'라고 하는데, 짐이 보건대 형벌과 정치 두 가지는 예와 악을 보완하여 다스리는 것에 불과하다. 만약 다스리는데 형벌과 정치에만 힘쓰고 예와 악을 버린다면 위에 있는 자는 비록 위엄의 정치는 있을지언정 화평한 기풍은 결코 없게 되고, 아래에 있는 자는 비록 구차하게 형벌을 면하려는 마음은 있을지언정 끝내 임금의 그릇된 마음을 바로잡으려는 성의는 없을 것이다. 대저 예와 악은 태평하게 다스리는 좋은 음식이고, 형벌과 정치는 폐단을 구제하는 藥石이니, 경들은 정치를 할 때에 의당 이 뜻을 알아서 예와 악을 헛된 형식으로만 여기지 말라."

○十七年夏五月에 上御奉天門하야 諭群臣曰 治天下之道는 禮樂二者而已라 若通於禮而不通於樂이면 非所以淑人心而出治道요 達於樂而不達於禮면 非所以振紀綱而立大中이니 必禮樂竝行然後에 治化醇一하리라 或者曰 有禮樂에 不可無政刑이라하니 朕觀刑政二者는 不過輔禮樂爲治耳라 苟爲治를 徒務刑政而遺禮樂이면 在上者雖有威嚴之政이나 必無和平之風이요 在下者雖存苟免之心이나 終無格非之誠하리니 大抵禮樂者는 治平之膏粱이요 刑政者는 救弊之藥石이니 卿等於政事之間에 宜知此意하야 毋徒以禮樂爲虛文也하라

30-1-52

洪武 18년(1385) 봄 3월에 태조가 侍臣과 漢나라의 여러 황제를 논할 때에 시신 중에 한나라 明帝는 총명한 군주라고 말하는 자가 있었다.

태조가 이르기를, "군주는 혼자만의 견해로써 밝음을 삼지 않고 널리 많은 사람의

의견을 듣는 것을 총명으로 삼는 것이니, 人情에 통달하고 是非에 밝으면 총명이 그 바름을 얻을 것이다. 만약 자잘한 것에 일일이 마음을 쓰면 까탈스럽게 살피는 데에서 면하지 못하니, 윗사람이 까탈스럽게 살피면 아랫사람이 급박해져서 도리어 총명에 누를 끼치게 된다." 하였다.

○十八年春三月에 上與侍臣으로 論漢之諸帝할새 侍臣有言明帝亦聰明之主니이다 上曰 人主는 不以獨見爲明하고 而以兼聽爲聰하니 通於人情하며 明於是非면 則聰明得其正矣라 若屑屑於細故면 則未免苛察이니 上苛察則下急迫하야 反有累於聰明也니라

30-1-53

태조가 侍臣에게 이르기를, "짐이 아침 일찍 일어나서 조회를 보고 해가 높이 뜬 뒤에야 비로소 退朝하였다가 한낮이 되면 다시 나와서 날이 저물어서야 일을 끝낸다. 낮 동안에 결재했던 사무를 항상 조용히 앉아 곰곰이 생각해보고 합당하지 않은 것이 있으면 밤중이라도 잠을 자지 않고 생각해서 합당한 방법을 얻은 뒤에야 잠자리에 든다." 하니, 시신이 대답하기를, "폐하께서 정신을 가다듬고 잘 다스리려고 하시니 천하 백성들의 복이지만 성상의 몸은 과로하시는 것입니다." 하였다.

태조가 이르기를, "내가 어찌 수고로움을 좋아하고 편안함을 싫어하겠는가. 지난날 천하가 편안하지 못하였으니, 내가 배고파도 먹을 겨를이 없고 피곤해도 잠잘 겨를이 없이 장수들을 권면하고 격려하여 禍亂을 평정하였다. 지금 천하가 이미 안정되고 사방이 무사하니 높이 앉아 연회를 열고 즐기더라도 어찌 불가하겠는가. 그러나 예로부터 국가는 부지런함으로 인하여 흥하고 게으름으로 인하여 쇠하지 않은 나라가 없다. 天命이 떠나고 머무는 것과 人心이 따르고 등지는 것이 모두 여기에서 결정되니 심히 두려운 일이다. 어찌 감히 한가하고 안일하게 지낼 수 있겠는가." 하였다.

○上謂侍臣曰 朕夙興視朝하야 日高始退하고 至午復出하야 迨暮乃罷하니 日間所決事務를 恒默坐審思하야 有未當者면 雖中夜不寐하야 籌慮得當하야 然後就寢호라 侍臣對曰 陛下勵精圖治하시니 天下蒼生之福이나 但聖體過勞로소이다 上曰 吾豈好勞而惡安이리오 向者天下未寧하니 吾飢不暇食하며 倦不暇寢하야 奬勵將帥하야 平定禍亂이러니 今天下已安하고 四方無事하니 高居宴樂이 亦豈不可리오 顧自古國家 未有不以勤而興하며 以怠而衰者라 天命去留와 人心向背 皆決於是하니 甚可畏也라 安敢暇逸이리오

30-1-54

태조가 輿地圖를 보고 있었는데 侍臣 중에 "지금 천하가 통일되고 해외의 蠻夷 중에 귀순하여 복종하지 않은 곳이 없으니, 국토가 이처럼 넓은 적은 참으로 옛날에 없던 일입니다." 하니, 태조가 이르기를, "땅이 넓으면 두루 교화시키기 어렵고, 백성이 많으면 두루 보살피기 어려우니, 지금이 바로 경계하고 삼갈 때이다. 천명과 인심은 오직 덕이 있는 이를 보니, 紂는 천하를 가지고 있으면서도 망하였고, 湯임금은 70리의 땅으로 일어났다. 매여 있는 것은 덕에 있으니, 어찌 땅의 크고 작음에 있겠는가." 하였다.

○上覽輿地圖러시니 侍臣有言今天下一統하고 海外蠻夷無不向化하니 輿圖之廣이 誠古所未有니이다 上曰 地廣則教化難周하고 人衆則撫摩難徧하니 此正當戒愼이니라 天命人心이 惟德是視하나니 紂以天下而亡하고 湯以七十里而興하니 所繫在德이니 豈在地之大小哉리오

30-1-55

가을 9월에 태조가 華蓋殿에 임어하여 文淵閣大學士 朱善[54]에게 《周易》을 講하라고 명하여 家人卦에 이르러 태조가 이르기를, "齊家와 治國이 그 이치가 둘이 아니니, 한 집안에 長幼와 內外가 각각 그 본분을 다하여 일마다 이치를 따르면 한 집이 다스려진다. 한 집이 다스려지면 그것을 한 나라에 미루어 넓히고, 天下에 이르러서도 그것을 가져다 시행할 뿐이다. 짐이 그 요체를 보건대 단지 성실하고 위엄이 있는 데에 달려 있을 뿐이다. 성실하면 親愛의 은혜를 독실히 하고, 위엄이 있으면 집안의 잘못이 없게 된다." 하니, 주선이 대답하기를, "참으로 성상의 말씀과 같습니다." 하였다.

○秋九月에 上御華蓋殿하야 命文淵閣大學士朱善講周易하야 至家人에 上曰 齊家治國이 其理無二하니 使一家之間에 長幼內外 各盡其分하야 事事循理면 則一家治矣요 一家既治면 達之一國하야 以至天下에 亦擧而措之耳라 朕觀其要하니 只在誠實而有威嚴이니 誠則篤親愛之恩하고 嚴則無閨

54) 朱善 : 1314~1385. 元나라 말과 明나라 초에 江西 豐城 사람으로, 자는 備萬이고, 호는 一齋이다. 元나라 말에 전쟁을 피하여 은거했다가 洪武 초에 廷試에 1등으로 급제하여 修撰이 되었다. 翰林侍詔가 되어서는 상소하여 고모와 외삼촌 및 이모들의 자녀와 혼인하는 것을 허용하도록 청하였는데, 태조가 허락하였다. 벼슬은 文淵閣大學士에까지 올랐다. 저서에 《詩經解頤》, 《史輯》, 《一齋集》, 《遼海集》이 있다. 시호는 文恪이다.

門之失이니라 善對曰 誠如聖諭로소이다

30-1-56

겨울 10월에 태조가 工部의 신하에게 유시하기를, "孟子가 道를 전하여 名教에 功이 있는데, 세월이 오래 지나 그 자손이 매우 미약해져서 근자에는 죄를 지어 勞役刑을 받는 자가 있었으니, 짐이 듣고서 즉시 석방하라고 명하였다. 만약 짐이 알지 못해서 혹시라도 죽음에 이르게 했다면 賢者의 후손이 점점 미약하여 없어질 것이니, 이것이 어찌 선현을 예우하는 뜻이겠는가. 그대들은 더욱 널리 물어서 성현의 후손으로서 노역형을 받는 자가 있거든 이 예에 의거하여 석방하도록 하라." 하였다.

○冬十月에 上諭工部臣曰 孟子傳道하야 有功名教하니 歷年旣久에 子孫甚微하야 近有以罪輪作者하니 朕聞卽命釋之호라 假令朕不知之하야 或致死亡이면 則賢者之後 寖以微滅하리니 是豈禮先賢之意哉리오 爾等宜加詢問하야 凡有聖賢之後 在輪作者어든 依例釋之하라

30-1-57

洪武 19년(1386) 겨울 12월에 ≪御製大誥≫ 세 편이 완성되니 천하에 頒示하였다. 처음에 태조가 中外의 臣民들이 元나라의 풍속에 오염되어 왕왕 관직과 생업에 안주하지 못하고 법을 저촉한다고 하여 周나라가 크게 다스림을 고한 제도[55]를 본받아 백성들을 가르치고 교화시키려고 하였다. 이에 당시의 일 중에서 본받을 만한 선행과 징계해야 할 악행을 뽑아서 條目으로 만들어 천하에 크게 고하고, 시일이 오래된 뒤에 또 고하는 조목에 실린 것이 천하의 실정을 모두 담지 못했을까 염려하여 이어서 한 편을 만들어 그 뜻을 거듭 밝혀서 백성으로 하여금 보고 느껴서 권면하고 징계할 바를 알게

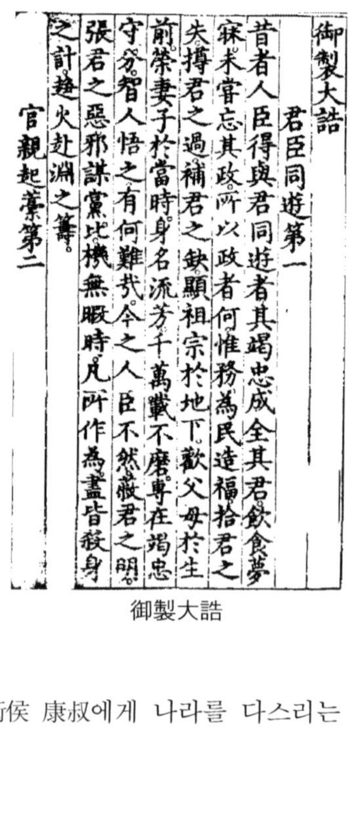
御製大誥
君臣同遊第一
昔者人臣得與君同遊者其竭忠成全其君飲食夢寐未嘗忘其政所以政者何惟務為民造福拾君之失搏君之過補君之缺顯祖宗於地下歡父母於生前榮妻子於當時身名流芳千萬載不磨專在竭忠守分智人悟之有何難哉今之人臣不然蔽君之明張君之惡邪謀黨比機無暇時凡所作為盡皆殺身之計趨火赴淵之籌
官親起藁第二

御製大誥

55) 周나라가……제도 : ≪書經≫ 〈周書 康誥〉에, 武王이 아우인 衛侯 康叔에게 나라를 다스리는 법을 고해준 내용을 가리킨다.

하니, 이때부터 백성 중에 잘못을 한 자는 적어지고 교화된 자는 많아졌다. 그러므로 또 ≪大誥≫ 세 편을 지으니, 그 뜻이 매우 지극하고 그 말은 더욱 상세하였다. 매 편이 완성될 때마다 태조가 직접 서문을 썼다.

○十九年冬十二月에 御製大誥三編成하니 頒示天下하다 初에 上以中外臣民이 染元之俗하야 往往不安職業하야 觸麗憲章이라하야 欲倣成周乃洪大誥治之制하야 以訓化之하야 乃取當世事之善可爲法惡可爲戒者하야 著爲條目하야 大誥天下하고 久之에 又慮誥條所載 未能盡天下之情하야 續爲一編하야 以申其意하야 使民觀感하야 知所勸懲하니 自是民之作非者鮮하고 從化者多라 故又作三編大誥하니 其意切至하고 而辭益加詳焉이러라 每編成에 上親序之하다

30-1-58

洪武 21년(1388) 봄 정월에 溫州 永嘉縣 백성이 暹羅[56]가 조공을 바치러 들어온 것으로 인하여 그 사신이 가지고 온 沈香 등의 물건을 샀는데, 당시에 외국과 교통하는 것을 엄하게 금하였으므로 마을 사람이 고발하자 按察司[57]가 棄市刑에 처해야 한다고 論罪하였다.

태조가 이르기를, "永嘉는 섬라에서 들어올 때 경유하는 지역이다. 그들이 지나는 것으로 인하여 그들과 교역한 것이니, 이것은 일반적인 정리인 것으로 외국과 교통하는 것에 비할 것이 아니니, 석방하라." 하였다.

○二十一年春正月에 溫州永嘉縣民이 因暹羅入貢하야 買其使臣沈香等物하니 時方嚴交通外夷之禁이라 里人訐之한대 按察司論當棄市하니 上曰 永嘉는 乃暹羅所經之地라 因其經過하야 與之貿易하니 此常情耳요 非交通外夷之比也니 釋之하라

30-1-59

겨울 11월에 國子監 앞에 別室 한 채를 지으니 100여 칸이었다. 부엌과 솥과 床榻을 갖추어서 諸生 중에 병이 있는 자가 지내게 하고, 膳夫 20명으로 하여금 수발들게 하였다.

---

56) 暹羅 : 泰國의 옛날 이름이다.
57) 按察司 : 提刑按察司를 말한다. 元나라에 처음 두어졌으며, 明淸 때에도 존속되었다. 옥송과 농사를 관장하였다.

侍臣이 진언하기를, "폐하께서 학교를 흥기시키고 자기의 마음을 미루어 아랫사람을 불쌍히 여기는 데 이르지 않는 곳이 없으니, 예로부터 지금까지 없던 일입니다." 하니, 태조가 이르기를, "제생들이 고향을 떠나고 친척과 헤어져 멀리서 와서 공부에 힘쓰고 있는데, 날짜가 오래되면 옷이 반드시 해질 것이고 혹시 병이 들면 탕약을 마련해줄 사람이 없다. 조정에서 그들을 배양하면서 반드시 그들이 편안히 지낼 수 있게 한 뒤에야 그들이 인재가 되는 것을 기필할 수 있다. 대체로 하늘이 인재를 내는 것은 모두 세상에 쓰이게 하기 위해서이고, 임금이 인재를 기르는 것은 그 실효가 있어야 하니, 능히 인재를 배양하면 인재를 이루지 못한 경우가 없다." 하였다.

○冬十一月에 賜國子監前造別室一區하니 凡百餘間이라 具竈釜床榻하야 以處諸生之有疾者하고 令膳夫二十人給役하니 侍臣進曰 陛下作興學校하사 推心憫下를 無所不至하시니 從古未有니이다 上曰 諸生去鄕土離親戚하고 遠來務學하니 日久衣必弊하고 或有疾이면 無人具湯藥하니 朝廷作養之하야 必使之得所 然後可必其成材니 蓋天之生材는 皆爲世用이고 人君育材는 當有其實이니 惟能有以作養之면 則未有不成材者也니라

30-1-60

洪武 22년(1389) 여름 6월에 태조가 退朝하여 侍臣과 논하다가 守成의 도에 대해 논하는 데 이르러 태조가 이르기를, "사람이 항상 위태로움을 염려하면 위태로움에 빠지지 않고, 항상 우환을 염려하면 우환에 이르지 않는다. 수레가 가파른 언덕은 잘 가지만 평지에서 전복되는 것은 어려운 곳에서는 신중하고 쉬운 곳에서는 소홀하기 때문이다. 천하를 보전하는 것도 수레를 모는 것과 같으니, 잘 다스려지고 있다고 하더라도 어찌 신중하지 않을 수 있겠는가." 하였다.

○二十二年夏六月에 上退朝하야 與侍臣論及守成之道러니 上曰 人常慮危면 乃不蹈危요 常慮患이면 乃不及患이니 車行於峻坂이로되 而仆於平地者는 愼於難而忽於易(이)也라 保天下도 亦如御車하니 雖治平이나 何可不愼이리오

30-1-61

겨울 11월에 태조가 謹身殿에 임어하니 翰林院學士 劉三吾[58]가 입시하여 백성을

58) 劉三吾 : 1313~? 劉如孫의 자이다. 호는 坦坦翁이다. 湖廣 茶陵 사람으로 문장을 잘 지었다.

다스리는 道에 대해 논할 때에 유삼오가 말하기를, "남방과 북방의 풍속이 같지 않으니, 덕으로 감화시킬 수 있는 경우가 있고 위력으로 제어해야 할 경우가 있습니다." 하였다.

태조가 이르기를, "땅은 남방과 북방이 있지만 백성은 두 가지 마음이 없다. 제왕은 똑같이 대하고 똑같이 사랑해야 하니, 어찌 피차의 구분이 있겠는가. 너는 남방은 風氣가 유약하기 때문에 덕으로 감화시킬 수 있고, 북방은 풍기가 강경하기 때문에 위력으로 제어해야 한다고 하지만 군자와 소인이 어느 곳인들 없겠는가. 군자는 덕을 생각하고 소인은 위엄을 두려워하므로 베풀 때에 각각 마땅한 바가 있는 것이니, 어찌 일률적으로 말할 수 있겠는가." 하니, 유삼오가 두려워하며 감복하였다.

劉三吾

○冬十一月에 上御謹身殿하니 翰林院學士劉三吾侍러니 因論治民之道할새 三吾言南北風俗不同하니 有可以德化하고 有當以威制니이다 上曰 地有南北이나 民無兩心이라 帝王一視同仁이니 豈有彼此之間이리오 汝謂南方風氣柔弱이라 故可以德化요 北方風氣剛勁이라 故當以威制나 然君子小人이 何地無之리오 君子懷德하고 小人畏威하나니 施之各有攸當이니 烏可槪以一言乎아 三吾悚服하더라

30-1-62

洪武 23년(1390) 봄 정월에 通政使 茹瑺[59]이 潮州府 학생 陳質이 "아비가 大寧에서 수자리 살다가 죽었는데, 지금 有司가 그 卒伍를 채우려고 합니다. 스스로 생각건대 어려서부터 지금까지 국가의 은혜를 입어 교육을 받았으니 공부를 마치고 위로 나라에 보답하고자 합니다."라고 하였다고 아뢰었다.

태조가 병부상서 沈溍[60]에게 이르기를, "국가가 한 사람의 군졸을 얻기는 쉽고 한

元나라 말에 靜江路儒學提擧를 지냈고, 홍무 18년(1386)에 73세로 부름을 받아 左贊善을 제수받았고 여러 번 승진하여 翰林學士가 되었다. 칙명으로≪省躬錄≫, ≪書傳會選≫, ≪寰宇通志≫, ≪禮制集要≫를 수찬하였다. 저서에 ≪坦翁集≫이 있다.(≪明史≫ 권137 〈劉三吾列傳〉)

59) 茹瑺 : ?~1409. 明나라 湖廣 衡山 사람이다. 洪武 연간에 監生除承敕郎, 通政使를 거쳐 兵部尙書가 되었다. 惠帝 때에 吏部尙書, 河南布政司事를 지냈으며, 成祖(太宗) 때에 忠誠伯에 봉해졌다.

사람의 인재를 얻기는 어렵다. 이 생도가 이미 학문에 뜻을 두었으니, 그 兵籍을 지우고 돌려보내 학업을 닦게 하라." 하니, 심진이 대답하기를, "학업이 성취되지 않았는데 만약 갑자기 군적을 지운다면 軍伍에 결원이 생깁니다." 하였다.

태조가 이르기를, "국가가 인재에 대해 반드시 쓰기 전에 기르고 성취된 뒤에 기용하니, 농사에 비유하면 반드시 미리 밭을 간 뒤에 수확하는 것과 같다. 만약 익기를 기다리지 않고 베어버리면 쓸모가 없게 된다. 그리고 일에 경중이 있으니 일률적으로 제한하기 어렵다. 군사에 결원이 생긴다면 한 명의 力士를 잃는 데에 불과하지만 만약 한 사람의 어진 인재를 장려하여 성취시켜서 등용할 수 있게 된다면 그 관계된 바가 어찌 중하지 않겠는가." 하였다.

○二十三年春正月에 通政使茹瑺이 引奏潮州府學生陳質이 言其父戍大寧已死하니 今有司取其補伍라 自念從幼至今히 荷蒙國恩教育하니 願賜卒業하야 以圖上報이니이다 上謂兵部尙書沈溍曰 國家得一卒易하고 得一材難이라 此生旣有志於學하니 可削其兵籍하고 遣歸進學하라 溍對曰 學未見成效하고 若遽削其兵籍이면 則缺軍伍니이다 上曰 國家於人材에 必養之於未用之先하고 而用之於既成之後니 譬之稼면 必豫耕而有穫하나니 若刈不待熟이면 則無用이니라 且事有輕重하니 難拘一律이라 苟軍士缺伍나 不過失一力士耳요 若獎成一賢材하야 以資任用이면 其繫豈不重乎아

30-1-63

2월에 湖廣 沅陵縣의 主簿 張傑이 죄가 있어 勞役刑을 받게 되었는데, 스스로 진달하기를, "어머니 賀氏가 元나라 말 난리를 당하여 守節하며 아들을 가르쳐서 성취하기를 기대하였습니다. 지금 연로하였는데 신이 죄를 지어 봉양할 수 없게 되었으니, 스스로 새사람이 되어 자식의 직분을 온전히 하게 해주소서." 하였다.

通政使司가 아뢰자 태조가 불쌍히 여겨 용서해주면서 이르기를, "부인이 亂世를 당하여 능히 수절하며 자식을 가르쳤으니 풍속을 권면할 만하다." 하고, 禮部에 명하여 榜을 써서 천하에 보이게 하고, 장걸에게 祿秩을 더해주어 모친을 끝까지 봉양하게 해주었다.

60) 沈溍 : 明나라 浙江 錢塘 사람으로, 자는 尙賢이다. 태조 때 兵部尙書와 工部尙書를 지냈다. 이때 廣西都司가 譙樓를 건립하고 靑州衛에서 軍器를 만들면서 모두 백성들에게 멋대로 세금을 부과하자 심진이 태조에게 都司와 衛에서 멋대로 백성들을 부리지 못하게 하고 어기는 자는 처벌하며 武臣들이 民事에 간여하지 못하게 하도록 건의하였다. 당시 전쟁이 그친 지 얼마 되지 않아 무신들의 횡포가 심하였는데, 심진으로 인하여 그런 일들이 종식되었다.(≪明史≫ 권138 〈沈溍列傳〉)

○二月에 湖廣沅陵縣主簿張傑이 有罪하야 罰輸作하니 自陳母賀氏 當元季亂離하야 守節敎子하야 期於有成하니 今年且老어늘 而臣以罪戾不得奉養호니 願乞自新하야 庶全子職하노이다 通政使司以聞한대 上憐而宥之曰 婦人當亂世하야 能守節敎子하니 可以勵俗이라하고 命禮部榜示天下하고 仍加傑祿秩하야 俾終養其母하다

30-1-64

洪武 24년(1391) 가을 7월에 龍江衛의 아전이 과실을 범해 벌로 베껴 쓰는 일을 맡게 하였다. 이때 그 아전이 모친상을 당하여 居喪하게 해달라고 청하였는데, 吏部尙書 詹徽가 들어주지 않자 그 아전이 登聞鼓를 쳐서 호소하였다.

태조가 첨휘를 불러 심하게 꾸짖기를, "그 아전이 비록 벌로 베껴쓰는 役을 하고 있지만 天倫은 폐기할 수 없는 것이다. 그 어미가 죽었는데 거상하지 못하게 하면 자식의 마음이 종신토록 서운할 것이다. 다른 사람이 선을 하는 것을 도와주더라도 오히려 그가 불선을 할까 염려하는 것인데, 만약 선을 하려고 하는데 저지한다면 어떻게 선을 하도록 권면하겠는가. ≪詩經≫에 이르기를, '효자가 다하지 않으니 길이 너에게 善을 주리라.'라고 하였는데,[61] 그대만 홀로 그렇지 않은 것인가?" 하니, 첨휘가 크게 부끄러워하여 그 아전이 마침내 끝까지 거상할 수 있었다.

○二十四年秋七月에 龍江衛吏以過罰書寫러니 値母喪하야 乞守制호되 吏部尙書詹徽不聽하니 吏擊登聞鼓訴之한대 上召徽切責之曰 吏雖罰役이나 天倫不可廢라 使其母死不居喪이면 人子之心이 終身有歉하리라 夫與人爲善이라도 猶恐其不善이온 若有善而沮之면 何以爲勸이리오 詩曰 孝子不匱하야 永錫爾類라하니 爾乃獨不然耶아 徽大慙하야 吏遂得終喪하다

30-1-65

洪武 25년(1392) 12월에 宋國公 馮勝[62] 등에게 勅敎를 내렸다.

"옛날 漢나라나 唐나라가 胡虜를 막을 때에는 매년 가을 말이 살찔 때면 그들이 침범한다는 것을 알아서 계책을 세워서 복병을 배치하여 방비하였으니, 그렇게 하

61) 詩經에……하였는데 : ≪詩經≫ 〈大雅 旣醉〉 내용의 일부이다.
62) 馮勝 : ?~1395. 明나라 風陽縣 定遠 사람이다. 元나라 말에 朱元璋에게 歸附하여 많은 戰功을 세워서 宋國公에 봉해지고 太子太師에 임명되고, 明나라 開國功臣 3등에 책록되었다. 훗날 공이 높다는 이유로 태조의 시기를 받아 賜死되었다.

지 않으면 반드시 변경의 우환이 되었다. 고금의 時勢가 비록 다르지만 외적을 막고 우환을 방비하는 것은 마찬가지이다. 지금 10만의 군대를 거느리고 변경에서 전쟁을 준비하고 있는데 손에 짧은 병기도 지니지 않고 들판에서 농사만 짓고 있으면 되겠는가. 그러므로 반드시 복병을 배치하여 스스로 방비하고, 斥候를 세워서 警報를 알게 되면 有備無患이 될 것이다."

○二十五年十二月에 勅宋國公馮勝等曰 昔漢唐之禦胡虜는 每秋高馬肥하면 知其入寇하야 乃設謀定策하야 伏兵以待之하니 否則必爲邊患이라 古今時勢雖異나 而禦侮防患則同이라 今以十萬之衆으로 捕獵塞上하니 手無尺寸之兵하고 而耕耘田畝可乎아 故必伏兵甲以自防하고 立斥候以知警이면 則有備無患矣리라

馮勝

30-1-66

洪武 27년(1394) 3월에 태조가 侍臣에게 말하였다.

"비난하거나 칭찬하는 말을 변별하지 않아서는 안 되니, 사람이 참으로 우뚝하게 自立해서 시속에 동화되지 않더라도 비난을 받는 자가 있고, 또한 아첨하고 친압하여 오염된 풍속에 동화되고서도 칭찬을 듣는 자가 있으니, 비난받는 자가 반드시 참으로 어질지 않은 자가 아니고, 칭찬을 듣는 자가 반드시 참으로 어진 자가 아니다. 다만 만나는 경우에 다행과 불행이 있을 뿐이다. 임금이 그 비난받는 자가 실제로 어진 자라는 것을 알면 무함하고 비방하는 말을 종식시킬 수 있고, 사람들 또한 억울함을 당하는 데에 이르지 않을 것이고, 칭찬받는 자가 실제로 불초한 자라는 것을 알면 치우친 말을 근절시킬 수 있고, 사람들 또한 요행히 벼슬에 나아가는 데에 이르지 않을 것이다. 小人에게 君子를 물으면 소인은 반드시 군자를 알 수 없기 때문에 비난받지 않는 자가 드물고, 소인에게 소인을 물으면 그 朋黨에 치우치므로 칭찬하는 자가 반드시 많을 것이다. 오직 군자는 마음가짐이 공정한 뒤에야 비난과 칭찬의 바름을 얻을 수 있다. 그러므로 사람을 취하기가 어려운 것이고, 말을 알아보기는 더욱 어려운 것이다."

○二十七年三月에 上謂侍臣曰 毁譽之言을 不可不辨也니 人固有卓然自立하야 不同於俗이라도

而得毁者하고 亦有諂媚狎昵하야 同乎汚俗이라도 而得譽者하니 夫毁者未必眞不賢이요 而譽之者未必眞賢也라 第所遇有幸不幸爾니라 人主能知其毁者果然爲賢이면 則誣謗之言可息하고 而人亦不至於受抑矣요 知其譽者果然不肖면 則偏陂之言可絶하고 而人亦不至於倖進矣니라 問君子於小人하면 小人未必能知君子니 鮮有不爲所毁요 問小人於小人이면 其朋黨阿私니 則所譽者必多矣리라 惟君子則處心公正然後에 能得毁譽之正이라 故取人爲難이요 而知言爲尤難也니라

30-1-67

洪武 28년(1395) 8월에 河南 汝寧府 確山縣에서 야생 누에가 누에고치를 만들자 신하들이 표문을 올려 하례하였다.

태조가 이르기를, "임금은 천하를 집으로 삼으니, 만약 야생 누에가 누에고치를 만들어 온 천하 사람들에게 옷을 지어 입히기에 충분할 정도라면 짐이 의당 하례를 받겠지만, 한 고을 안에서 우연히 이런 일이 있었으니 무슨 하례할 일이겠는가." 하였다.

○二十八年八月에 河南汝寧府確山縣에 野蠶成繭하니 群臣表賀한대 上曰 人君以天下爲家하니 使野蠶成繭하야 足以衣被天下之人이면 朕當受賀어니와 一邑之內에 偶然有之하니 何用賀爲리오

30-1-68

어떤 道士가 道書를 올렸는데 태조가 물리치자 좌우 신하들이 받아두었다가 보시면 혹시 취할 만한 점이 있을 수 있을 것이라고 하였다.

태조가 이르기를, "그가 바친 책은 정신을 보존하고 기운을 굳게 하는 방법이 아니면 煉丹하고 약을 달이는 내용일 것이니 짐이 어찌 이런 것을 쓰겠는가. 짐이 쓰는 것은 성현의 도이고, 필요로 하는 것은 다스리는 방법이다. 장차 천하의 백성들에게 태평성대를 누리게 하려고 하는데, 어찌 나 한 사람만 오래 살려고 하겠는가. 만약 그가 바치는 것을 한 번 받아주면 남을 속이고 괴이하고 망령된 도사들이 반드시 다투어 올 것이다. 그러므로 그를 내쳐서 현혹당하지 않게 한 것이다." 하였다.

○有道士以道書獻이어늘 上却之한대 左右請留觀之하면 或有可取니이다 上曰 彼所獻書는 非存神固氣之道면 卽煉丹燒藥之說이니 朕焉用此리오 朕所用者는 聖賢之道요 所需者治術이라 將躋天下生民於壽域이니 豈獨一己之長生久視哉아 苟一受其獻이면 迂誕怪妄之士 必爭來矣리니 故斥之하야 毋爲所惑하노라

30-1-69

태종의 재위 기간은 31년이고, 향년은 71세였다. 孝陵에 장사 지냈다. 태조는 평소에 병이 적었는데, 병이 났을 때에 날마다 조정에 임어하여 게으르지 않고 일 처리하기를 평소와 같이 하였고, 병이 위독해지자 향을 피우고 하늘에 빌기를, "수명의 길고 짧음과 國運의 좋고 나쁨과 자손의 어질고 어질지 않음은 그 선택하는 것이 오직 上帝의 마음에 달려 있으니 백성을 위하여 복을 내리소서." 하였다. 말을 마치자 비가 내린다는 말을 듣고 얼굴에 기쁜 기색을 지었다. 마침내 崩御하니 遺命에 따라 장례의 의식과 물품을 한결같이 검소하게 하고 금과 옥을 쓰지 않았고, 효릉의 山川을 옛 모습 그대로 유지하여 고친 것이 없었고, 천하의 신민들은 哀悼한 지 3일 만에 모두 상복을 벗고 혼인하는 것을 방해받지 않았다.

○上在位三十一年이요 壽七十一이라 葬孝陵하다 上素少疾이러니 及疾作에 日臨朝하야 決事不倦을 如平時하고 疾亟에 乃焚香祝天曰 壽年久近과 國祚短長과 子孫賢否는 惟簡在帝心하니 爲生民福하소서 語畢에 聞雨降하고 喜形于色하더라 遂崩하니 遺命喪葬儀物을 一以儉素하고 不用金玉하고 孝陵山川을 因其故하야 無所改하고 天下臣民이 出臨三日에 皆釋服하고 無妨嫁娶하다

30-1-70

史臣이 절하고 머리를 조아리고 아뢥니다.

"태조는 하늘이 내린 자질로 田里에서 일어나 마침내 大業을 이루었다. 당시에 元나라 정치가 무너져서 호걸들이 한꺼번에 일어났는데 규모가 큰 자는 지역을 점거하여 왕을 자칭하고, 규모가 작은 자는 몇 개의 城邑은 잇대어 차지하였는데 모두 제멋대로 잔학한 짓을 하여 백성들에게 폐해를 끼치니 천하가 극도로 크게 어지러웠다. 이때 태조가 민간에 있으면서 안타깝게 여겨 상심하였는데 얼마 지나지 않아 많은 사람들의 추대를 받아 거절하여도 더욱 많은 사람이 모여들었으므로 부득이 의병을 일으켜 즉시 법령을 제정하고 약속을 분명히 밝혀 백성을 안정시키는 것을 급무로 삼았다. 그러므로 이르는 곳마다 백성들을 안정시켜서 백성들이 모두 안도하였다. 10여 년이 못 되어 群雄들을 모두 제거하여 화란을 평정하고 천하를 통일하여 천하를 하나로 만든 공을 세웠으니, 하늘이 命하고 백성들이 歸附했다고 하더라도 또한 백성을 죽이지 않은 신성한 武力을 사용한 결과이다. 이 때문에 자신이 태

평성대를 누리기를 30여 년 동안 하였고, 백성은 편안하고 관리는 관직에 알맞으며, 온 나라는 번성하고 풍족하고 여러 복된 사물이 모두 이르지 않은 것이 없었으니, 그 功德과 文章이 우뚝히 높고 빛나서 옛날 왕들보다 훨씬 뛰어났다.

史臣拜手稽首言曰 上以天縱之資로 起自田里하야 遂成大業하니 當是時에 元政陵夷하야 豪傑竝起하니 大者竊據稱尊하고 小者連數城邑하니 皆恣爲殘虐하야 麋弊生民하니 天下大亂極矣라 上在民間하야 閔焉傷之러니 已而爲衆所推戴하야 拒之益來라 乃不得已起義하야 卽條法令하며 明約束하야 務以安輯爲事라 故所至撫定하야 民咸按堵하니 不十餘年間에 盪滌群雄하야 戡定禍亂하고 平一天下하야 建混一之功하니 雖曰天命人歸나 要亦神武不殺之致也라 是以身致太平을 三十餘年이요 民安吏稱하고 海內殷富하고 諸福之物이 莫不畢至하니 功德文章이 巍然煥然하야 過古遠矣라

옛 책에 요임금과 순임금은 禪讓하였고, 夏后氏와 殷나라와 周나라는 아들이 계승하였다고 하였다. 그러나 成湯이 夏나라를 무너뜨릴 때에 亳 땅 군대의 힘에 의지하였고, 武王이 商나라를 칠 때에 西方 제후들의 군대에 의지하였으며, 漢 高祖가 平民에서 일어났으나 오히려 亭長이라는 지위를 배경으로 하고 방종한 무리를 끼고서 귀부해오는 무리를 모았는데, 태조는 한 치의 땅과 한 사람의 백성도 발판으로 삼지 않고서 잠깐 사이에 메아리처럼 호응하여 천하를 소유하였다. 이는 과거의 역사책에 없던 일이니, 오호라 성대하도다."

傳稱唐虞禪이요 夏后殷周繼나 然成湯革夏를 乃資亳衆하고 武王伐商에 爰賴西師하고 至于漢高雖起徒步나 尙藉亭長하며 挾縱徒하야 集所附호되 上不階寸土一民하고 呼吸響應하야 以有天下하니 方冊所載에 未之有也니 於乎盛哉로다

본받을 만한 善政 善可爲法

國朝(明나라)

太宗[1] 文皇帝 上

31-1-1

太宗 體天弘道高明廣運聖武神功純仁至孝文皇帝는 太祖 高皇帝의 넷째 아들이고, 어머니는 孝慈高皇后이다. 태종이 처음 태어날 때에 오색의 光氣가 방에 가득하여 궁궐은 비추어 하루가 지나도록 흩어지지 않았다. 태조와 高皇后가 마음으로 신기하게 여겨 유독 그를 사랑하였다. 장성하여서는 총명하고 슬기로우며, 어질고 효성스럽고 우애하고 공손함이 천성에서 나왔고, 부지런히 배우고 묻기를 좋아하였으며 글을 한 번 보면 곧바로 기억하여 종신토록 잊지 않았고, 五經과 子書와 史書를 모두 통달하였으며, 天文과 地志와 百家의 책을 두로 통달하여 그 要領을 얻었다. 날마다 名儒들과 講論할 때에 싫어하거나 피곤한 기색이 없었고 자신을 비우고 간언을 받아들이며 관대하고 어질게 사람을 사랑하여 뜻이 활달하였다.

明 太宗

처음이 태조가 여러 아들들을 제후로 봉할 때에, 燕은 옛날 서울이고 또 북쪽 오랑캐에 가깝다

1) 太宗 : 1360~1424. 明나라의 제3대 황제로, 이름은 朱棣이다. 太祖 朱元璋의 넷째 아들로, 사후에 묘호를 太宗이라 했다가 뒤에 成祖로 개칭하였다. 태조가 몽골 세력에 대한 방위를 국책으로 하여 각 요지에 자기 아들들을 封建하여 방벽으로 삼을 때 燕王으로 北京에 봉해졌다. 그러나 태조의 嫡孫인 惠帝가 2대 황제로 즉위하여 削封策을 취하자 1399년에 擧兵하였는데, 3년의 격전 끝에 수도 南京을 쳐서 혜제를 패사시키고 제위에 올랐다. 재위 기간은 1403년에서 1424년까지이다. 재위하는 동안 개혁기구와 內閣制度를 설립하고 다섯 차례 蒙古을 정벌하였으며 安南을 수복했다. 또 東北에 奴兒幹都司와 西北에 哈密衛를 설치하였고, 西南의 貴州 등지에 行省行政區劃을 만들어 남북 변방의 수비를 공고히 하였다.

고 하여 그곳을 鎭撫하여 복종시킬 만한 사람을 선택하여 마침내 태종을 그곳에 봉하였다. 태조가 일찍이 이르기를, "훗날 국가를 안정시킬 사람은 반드시 燕王일 것이다." 하였다.

建文帝가 붕어하자 태종이 여러 왕과 문무 신하들의 요청으로 황제에 즉위하였으니, 이때가 洪武 35년(1402) 6월 17일이었다. 조서를 내려 이듬해를 永樂 원년으로 하였다.

太宗體天弘道高明廣運聖武神功純仁至孝文皇帝는 太祖高皇帝第四子요 母는 孝慈高皇后라 上初生에 光氣五色이 滿室하야 照暎宮闈하야 經日不散이라 太祖高后心異之하야 獨鍾愛焉이라 比長에 聰明睿智하며 仁孝友悌 出於天性하야 勤學好問하며 書一覽輒記하야 終身弗忘하고 五經子史를 皆該貫하며 而旁通天文地志百家之書하야 得其要領하야 日從名儒講論에 無厭倦意하고 虛己納諫하며 寬仁愛人하야 意豁如也하다 初에 太祖封建諸子할새 以燕舊京이요 且近北虜라하야 擇可以鎭服者하야 遂以封上하다 太祖嘗曰 異日安國家는 必燕王也라하더라 建文君崩에 上以諸王及文武群臣之請으로 卽皇帝位하니 時洪武三十五年六月十七日也라 詔改明年爲永樂元年하다

태종이 즉위하여 群臣들에게 유시하였다.

"우리 皇考(明 太祖)께서 처음 大業을 이루시어 만세토록 法을 드리워 자손을 위하여 계책을 세우시면서 염려하신 것이 지극히 주밀하셨다. 내가 천지와 부모의 보살핌을 받아 천자의 지위를 계승하였으니 皇考의 모든 法制를 모두 준행할 것이다. 너희 군신들은 마음과 힘을 다하여 내가 천하를 다스리는 것을 돕도록 하라.

대저 사람의 재능과 식견은 같지 않아서 이것은 잘하지만 저것은 못하기도 하는 것이니, 만약 일에 과오가 있거든 즉시 분명히 말하도록 하라. 내가 너희들을 꾸짖지 않을 것이다. 만약 숨기고 말하지 않았다가 시일이 오래 지난 뒤에 드러나면 그 실정이 임금을 속인 것과 같으니, 법에 있어 용납하기 어렵다.

대저 끝을 신중히 하려면 반드시 먼저 처음에 삼가야 하는 것이고, 몸을 수양하는 것은 정성을 보존하는 데에 달려 있으니, 처음부터 끝까지 허물이 없으면 허물이 어디로부터 오겠으며, 처음에 만약 삼가지 않으면 어찌 유종의 미가 있겠는가. 내가 생각건대 임금과 신하는 한 몸이므로 나의 진심을 드러내서 간곡하게 경계하니 그대들은 나의 뜻을 공경히 받들도록 하라."

上卽位하야 諭群臣曰 我皇考肇造鴻業하사 垂法萬年하사 爲子孫計하사 思慮至周하시니 予荷天地

考妣之佑하야 繼承天位호니 凡皇考法制를 悉遵行之니 爾群臣은 尙竭乃心力하야 弼予于治니 凡人才識不同하야 長於此면 或短於彼니 苟事有過誤어든 卽明言之하라 予不汝責하리라 若隱而不言이라가 日久覺露면 情同欺罔이니 法則難容이라 夫愼終必先謹始하며 持己在於存誠이니 始終靡愆이면 咎何由至며 始若不謹이면 曷克有終이리오 予念君臣一體라 故披露赤心하야 丁寧告戒호니 爾等其欽承予意하라

31-1-2

7월 초하루에 天地에 큰 제사를 지낼 때에 태조 고황제에게 천지의 신에게 배향하겠다고 미리 고유하고, 고유를 마치고 禮官에게 유시하기를, "하늘에 제사하고 어버이를 존경하는 것은 국가의 가장 중요한 일이다. 반드시 공경을 근본으로 삼아야 하니, 참으로 짐부터 시작해야 하지만 제사에 따라오거나 일을 담당한 신하가 모두 짐이 공경하는 것과 동일하게 해야 신을 감격시키는 도리가 될 것이다. 그대들은 직책이 제사를 담당하므로 더욱 밤낮으로 더욱 마음을 곧고 맑게 하여 다른 사람들에게 솔선수범을 보여야 한다." 하였다.

○以七月朔으로 大祀天地할새 預告太祖高皇帝配神하고 告畢에 諭禮官曰 祭天嚴父는 國家第一事라 必以恭敬爲本이니 固當自朕始나 然陪祀與執事之臣이 皆當同朕此敬이라야 庶幾感格之道니 爾等職典祀事라 尤宜夙夜直淸하야 以率于衆하라

31-1-3

建文帝가 등용했던 인물을 모두 내쳐야 한다고 말한 자가 있자 태종이 이르기를, "오늘의 인재는 모두 皇考께서 수십 년간 기른 자들이니, 어찌 建文 1, 2년 사이에 성취시킬 수 있겠는가." 하였다.

또 말하기를, "관직을 그대로 둔다고 하더라도 요직에 두어서는 안 됩니다." 하니, 태종이 이르기를, "治世를 이루려면 반드시 어진 인재의 도움을 받아야 한다. 하늘이 인재를 내서 세상에 쓰이도록 하였으니 능력에 따라 일을 맡겨 함께 하늘의 일을 다스리는데 어찌 굳이 의심할 것이 있겠는가." 하였다.

○有言建文所用之人을 宜屛斥者어늘 上曰 今之人才는 皆皇考數十年所作養者니 豈建文一二年間에 便能成就리오 又曰 雖仍其官이나 不宜置之要地니이다 上曰 致治必資賢才니 天生才以爲

世用하니 隨器任使하야 共理天工이니 何必致疑리오

31-1-4

태종이 무더운 여름에 도성에 있는 王들에게 책을 하사하고 이르기를, "나와 여러 아우들은 모두 先帝의 아들들이다. 지난날 각자 한 방면에 있어서 한 해에 한 번 보는 사람도 있고 몇 해 만에 한 번 보는 사람도 있었으니, 형제의 정을 절로 억제할 수 없었다. 지금 내가 大統을 계승하여 여러 아우들이 아침저녁으로 와서 모이니 마음에 어찌 매우 기쁘지 않겠는가. 그러나 무더운 여름이 한창 성하여 움직이기가 힘드니 3일에 한 번 모여서 우애[2]의 뜻에 걸맞게 하라." 하였다.

○上以盛暑로 賜書在京諸王曰 吾與諸弟로 皆先帝子라 往者에 各在一方하야 有一歲得一見하고 數歲得一見者하니 手足之情이 不能自已라 今吾承繼大統하야 諸弟早暮來聚하니 豈不甚愜于心이리오 顧炎暑方盛하야 擧動煩勞하니 可三日一朝하야 用稱友于之意하라

31-1-5

태종이 禮部의 신하에게 유시하기를, "태조 고황제께서 친히 ≪大誥≫[3] 세 編을 지어서 사람들로 하여금 길한 쪽으로 나아가고 흉한 것을 피하는 방도를 알게 하셨다. 반포하여 시행한 지 오래되었으므로 백성들이 게을러져 폐기하고 해이해졌을까 염려되니, 그대는 거듭 밝혀서 천하 사람으로 하여금 익숙히 읽어서 鄕飮酒禮를 만나거든 예전처럼 강론하고 풀이하게 하라." 하였다.

○上諭禮部臣曰 太祖高皇帝親製大誥三編하사 使人知趨吉避凶之道하시니 頒行旣久에 慮民間因循廢弛하노니 爾宜申明하야 仍令天下誦讀하야 遇鄕飮則講解如舊하라

31-1-6

태종이 靖難功臣[4]에 든 장수들을 돌아보고 이르기를, "그대들은 짐을 따라 義擧

---

2) 우애 : 원문의 '友于'는 ≪書經≫ 〈周書 君陳〉에 '惟孝友于兄弟'에서 나온 말이다.

3) 大誥 : 이는 ≪御製大誥≫를 말한다. 본서 권30 〈國祖 太祖 高皇帝 下〉 洪武 19년(1386)에 보인다.

4) 靖難功臣 : 1398년에 明 太祖 朱元璋이 죽고 아들 朱允炆이 황제가 되니 惠帝 建文帝이다. 혜제가 藩王들의 권력을 축소시키자 燕王 朱棣가 반란을 일으켜 1401년 南京을 함락시키고 제위에 오르니, 이가 太宗 永樂帝이다. 이 사건을 靖難의 變이라 하며, 정난공신은 이때 공신이 된 자들을 말한다.

하여 어렵고 위태로운 상황을 많이 겪었다. 지금 내란이 肅淸되어 論功行賞을 하니, 富貴가 지금부터 시작될 것이다. 대저 국가가 공신들을 참으로 保全해주어야 하지만 帝王이 사람을 쓰는데 어찌 勳舊들만 빠뜨릴 수 있겠는가. 漢나라의 賈復[5]과 吳漢[6]의 재능이 輔相을 맡을 만한데도 광무제는 보전해주려고만 하고 등용하지 않았으니[7] 짐은 옳게 여기지 않는다.

대저 임금과 신하 간에 보전하지 못하는 것은 항상 서로 믿지 못하는 데서 시작하니, 만약 서로 믿지 못하면 부자간이라 하더라도 秦나라와 越나라처럼 멀어지게 될 것이니, 임금과 신하 사이는 말할 것이 있겠는가. 내가 후하게 보답하고 정성으로 대하여 항상 그 선한 면만 보고 불선한 면은 보지 않을 것이니, 오직 그 재능만을 보고서 임용한다면 공에 보답하고 인재를 등용하는 것이 둘 다 잘될 것이다.

○上顧靖難諸將曰 爾等從朕擧義하야 多歷艱危라 今內難肅淸하야 論功行賞하니 富貴方自此始라 夫國家於功臣에 固當保全이나 而帝王用人이 豈可獨遺勳舊리오 漢賈復吳漢이 才堪輔相호되 光武徒欲保全之而弗用하니 朕所不取라 夫君臣不能保全者는 常始於不相信하니 苟不相信이면 雖父子라도 將爲秦越이니 況君臣乎아 吾報之厚하고 待之誠이면 常見其善하고 不見其不善이니 惟其才而任之인댄 保功用人이 可以兩得이니라

31-1-7

9월에 右軍都督同知 韓觀[8]에게 명하여 征南將軍의 印을 차고 摠兵官이 되어 廣西를 鎭守하게 할 때 유시하였다.

---

5) 賈復 : ?~55. 東漢 南陽 冠軍 사람으로, 光武帝를 따라서 내란을 평정하였다. 광무제가 즉위하여 執金吾・左將軍에 임명하고, 膠東侯에 봉하였다. 광무제가 전쟁을 종식하고 文敎를 정비하려고 하는 뜻을 알고는 儒學을 독실히 신봉하고, 公卿들과 국가의 대사를 논의하는 데에 참여하였다.

6) 吳漢 : ?~44. 東漢 南陽 宛 사람으로, 자는 子顔이다. 光武帝를 도와 東漢을 세운 28명의 장군 중 한 명으로, 역적 公孫述에게 八戰八捷을 거두었고, 匈奴를 격파하여 큰 공을 세웠다. 廣平侯에 봉해졌다. 시호는 忠侯이다.

7) 광무제는……않았으니 : 後漢 光武帝가 建武 13년(37)에 천하를 통일하고서 文德을 닦아서 공신들이 서울에서 병력을 보유하는 것을 바라지 않았다. 또한 공신들의 작위와 봉토를 보전해주고자 해서 그들에게 관직을 맡기지 않고 將軍의 직책에서 물러나게 하고 모두 列侯의 신분으로 집으로 돌아가게 하였다.

8) 韓觀 : ?~1414. 明나라 風陽府 虹縣 사람으로, 자는 彦賓이다. 勇略이 있고 충성스러워 태조의 知遇를 입어서 征南左副將軍에 임명되었다. 永樂 연간에 張輔를 따라 交趾를 공격하고 그 지역의 摠兵官이 되었다.

"광서의 백성은 蠻民이라서 배반은 쉽게 하고 복종시키기는 어려우니 많이 죽일수록 더욱 다스리기 어렵다. 태조 고황제께서 그 실정을 분명히 아셨기 때문에 德으로 무마하여 반드시 부득이한 상황에 이른 뒤에야 군대를 사용하셨다. 그렇기 때문에 만민들이 기쁘게 복종하여 변경이 편안하였다. 지금 짐이 제위를 계승하여 선왕이 만들어 놓은 법을 삼가 따르고 있으니, 경이 가서 진무할 때에 덕에 힘쓰는 것을 근본으로 삼고, 죽이는 것만을 일삼지 말아야 짐이 선조를 본받고 먼 지방의 사람들을 회유하는 뜻에 부응할 수 있을 것이다."

○九月에 命右軍都督同知韓觀하야 佩征南將軍印하야 充摠兵官하야 鎭守廣西할새 諭之曰 廣西는 蠻民이라 易叛難服하니 殺之愈多而愈不治일새 太祖高皇帝灼見其情이라 故以德撫之하사 至必不得已而後用兵하시니 所以蠻民悅服하야 邊境晏然이라 今朕嗣位하야 謹遵成憲하니 卿往鎭之에 宜務德爲本이요 毋專事殺戮하야 庶副朕法祖柔遠之意하라

31-1-8

10월에 태종이 忠誠伯 茹瑺과 兵部尙書 劉儁에게 말하였다.

"옛날 태조 고황제께서 일찍이 여러 將校들에게 신칙하시기를, '軍士의 家屬이 이미 많고 매월 받는 녹봉은 한계가 있으니 衣食이 부족하여 飢寒을 면치 못하고 있다. 게다가 너희들이 惻隱之心이 없어 그들에게 侵奪하고 사적으로 役을 부과하므로 곤궁함과 고생을 견디지 못해 왕왕 도망하여 軍伍에 결손이 생긴다.'라고 하였다. 그러므로 당시에 사적으로 역을 부과한 자는 하루에 工錢 1貫을 추징하고 이어 그 죄를 논하였다.

짐이 지금 몹시 염려되는 바는 內外의 장교들이 군사들을 慰撫하고 구제하지 않는 것이 옛날에 비하여 더 심해서 도망한 자들이 많아진 것이다. 지금부터는 그 도망한 숫자를 계산하여 해당하는 벌을 논하되, 가령 百戶에서 1명이 도망하면 그 녹봉의 절반을 감하고, 10명이 도망하면 녹봉을 전액 지급하지 않고 강등시켜 摠旗에 充定하며, 40명이 도망하면 강등시켜 小旗에 충정하고, 50명이 도망하면 벼슬을 삭탈하여 充軍하라. 千戶에서 도망한 군인이 백호보다 10배가 되고 指揮에서 도망한 군인이 천호보다 5배가 되면 모두 減俸하고 품계를 한 등급 내리기를 모두 백호의 예와 같이 하라.[9)]"

---

9) 百戶에서……하라 : 明代 군대 편제를 말한 것으로, 통솔하는 병사의 수가 10인이면 小旗, 50명이면 摠旗, 100인이면 百戶, 1000인이면 千戶, 천호 이상에는 指揮가 있다.

○十月에 上謂忠誠伯茹瑺兵部尙書劉儁曰 昔太祖高皇帝(尙)〔嘗〕[10]戒勅諸將校曰 軍士家屬旣衆하고 月糧有限하니 衣食不足하야 不免飢寒이요 加以汝等無惻隱之心하야 侵漁私役에 困苦不勝하야 往往逃亡缺伍라 故當時私役者 每一日追工錢一貫일새 仍論其罪하니 朕今切慮內外將校 不能撫卹軍士 比昔有加하야 所以逃亡者衆하니 自今計其逃亡之數以論罰하야 如百戶有逃一人者어든 減其俸之半하고 逃十人者어든 全不給하고 降充摠旗하며 四十人이어든 降充小旗하고 五十人이어든 廢充軍하고 其千戶逃軍이 十倍於百戶하고 指揮逃軍이 五倍於千戶者는 竝減俸及遞降一等 皆如百戶之例하라

31-1-9

태종이 奉天征討功臣들에게 연회를 베풀고 나서 이로 인하여 유시하였다. "임금과 신하의 관계를 元首와 股肱이라고 하는 것은 한 몸과 같은 관계로서 서로 필요로 하기 때문이다. 그러므로 임금이 되어서는 반드시 그 신하를 保全하는 데에 힘써야 하고, 신하가 되어서도 마땅히 스스로 보전할 것을 생각해야 한다. 대체로 사람이 富貴를 이루기가 어렵고, 부귀를 보전하기는 더욱 어렵다. 그대들은 몇 년 동안 征討에 참여하여 구사일생으로 살아나서 지금은 모두 자신은 封爵되고 祿俸이 자손에게까지 미치게 되었으니 어려운 일이라고 할 수 있다. 다만 그것을 보전할 방도를 생각해야 하니, 대저 功이 있으면 賞을 받고 죄가 있으면 벌을 받는 것은 祖宗이 天下를 공적인 것으로 여긴 큰 법이다. 그대들은 모쪼록 이 법을 준수하도록 하라. 만약 삼가지 않아서 법을 범하면 짐은 감히 관대하게 용서하지 못하니, 이는 私를 앞세우고 公을 폐하면 천하가 복종하지 않기 때문이다. 힘써 공경하고 삼가야 영원토록 함께 영광을 누릴 수 있을 것이다."

○上宴奉天征討功臣畢에 因諭之曰 君臣謂之元首股肱은 蓋一體相須也라 故爲君必務保全其臣하고 爲臣亦當思自保니 凡人致富貴難하고 保富貴尤難하니 爾等從征數年에 萬死一生하야 今皆身有封爵하고 祿及子孫하니 可爲難矣라 但當思保之니 夫有功則賞하고 有罪則罰은 此祖宗公天下之大法이라 爾等須遵守하라 若不謹而犯之어든 朕不敢曲宥니 蓋以私廢公이면 則天下不服矣라 其務敬愼이라야 庶幾共榮於永遠이니라

10) (尙)〔嘗〕: 저본에는 '尙'으로 되어 있으나, 四庫全書存目叢書本 ≪歷代君鑑≫(明景泰四年內府刊本)에 의거하여 '嘗'으로 바로잡았다.

31-1-10

甘州中衛左所軍 張眞이 백성을 편하게 하고 변경을 지키는 몇 가지 일을 上言하니, 태종이 보고 나서 禮部侍郎 宋禮[11]를 돌아보고 이르기를, "거룩한 요임금과 순임금과 우임금이라도 다른 사람의 말을 취하여 정치하는 것을 즐거워하였다. 짐이 즉위한 이래 맨 먼저 조서를 내려 求言하였는데도 말한 자가 얼마 되지 않았거늘, 이 戍卒이 능히 상언하였는데, 모두 채택할 만한 것이 아닐지라도 국가를 위하는 뜻은 선하다. 가상히 여겨 상을 주어야 할 것이니, 옷 한 벌과 鈔 1000貫을 하사하라." 하였다.

또 송례를 돌아보고 이르기를, "그 지위에 있으면서 해야 할 말을 하지 않는 것을 군자가 수치로 여기나니 경들 또한 침묵만 지키지 말라." 하였다.

○甘州中衛左所軍張眞이 上言便民及守邊數事한대 上覽畢에 顧禮部侍郎宋禮曰 雖堯舜禹之聖이라도 亦樂取人言以爲治하니 朕卽位以來로 首下詔求言이어늘 而言者無幾하니 此戍卒能上言에 雖不皆可采나 然爲國之意則善이라 宜嘉賚之니 其賜衣一襲鈔千貫하라 又顧禮曰 居其位하야 無其言을 君子恥之하니 卿等亦毋嘿嘿而已하라

31-1-11

監察御史에게 명하여 각 布政司[12]에 나누어 가서 백성들의 弊瘼을 순시하게 하였다.

하직하는 날에 태종이 유시하기를, "부모가 어린 자식에 대해 춥기 전에 옷을 준비하고 배고프기 전에 음식을 준비하여 따뜻하고 배부름을 적절하게 하며, 젖은 곳을 피하고 마른 곳으로 가도록 조처하여 마음을 다하지 않음이 없다. 임금은 백성의 부모이니 이치가 또한 당연히 그렇게 해야 한다. 짐이 깊은 궁궐에서 지내며 물 한 번 마시고 밥 한 번 먹을 때에 軍民을 생각지 않은 적이 없으나 아래에 있는 백성들의 실정을 두루 알 수 없으니, 그대들은 조정의 耳目이 되도록 하라. 가거든 마음을 써서 물어서 水災와 旱災가 일어난 곳에 대해 有司가 말하지 않은 것을 모두 갖추어

---

11) 宋禮 : ?~1422. 明나라 河南 永寧 사람으로, 자는 大本이다. 태조 때에 國子生으로서 山西按察使僉事에 발탁되었고, 태종 때에 工部尙書가 되어 黃河의 물길을 다스려 漕運이 편리하게 하였다.

12) 布政司 : 각 省의 행정과 재정을 관장하던 명대의 지방관으로 1376년(洪武 9) 行中書省을 고쳐서 承宣布政使司라 하였다. 뒤에 전국을 兩京과 13개 포정사로 나누고, 司마다 좌・우포정사 각 1명씩을 두어 정치・재정을 관장하게 하였다. 중앙 곧 北京과 南京 부근에는 포정사를 두지 않고 直隸를 설치하여 중앙 정부가 직할하였다.

알아가지고 와서 아뢰고, 軍民들 사이에 어떤 이로운 일을 일으켜야 하고 어떤 폐단을 혁파해야 하는지 또한 모두 아뢰도록 하라." 하였다.

○命監察御史分詣各布政司하야 巡視民瘼하니 陛辭에 上諭之曰 父母於赤子에 先寒而備之衣하고 先飢而備之食하야 適其溫飽之宜하며 避濕就燥以處之하야 無所不盡心이라 人主爲民父母니 理亦當然이라 朕居深宮하야 一飮一食을 未嘗不念及軍民이나 然在下之情을 不能周知하니 爾等爲朝廷耳目하라 其往用心咨訪하야 但水旱灾傷之處에 有司不言者를 悉具來奏하고 軍民之間에 何利當興이며 何弊當革者를 亦悉以聞하라

31-1-12

태종이 戶部와 兵部의 신하들에게 유시하였다.

"수년 동안의 전쟁으로 軍民이 모두 곤궁해졌으므로 지금 함께 휴식하고 있으니, 자주 명령을 내려 군사 한 명 백성 한 사람이라도 함부로 부린 자는 엄중한 법으로 다스리라. 요즘 들으니 衛所[13]와 府縣이 모두 명령을 따르지 않고 과거의 폐단을 인습하여 마음대로 백성들을 부리기를 개나 양을 몰 듯하고 털끝만큼도 백성을 긍휼히 여기는 뜻이 없다고 한다. 이는 위로는 임금의 명령을 공경하지 않는 것이고, 아래로는 백성들의 곤궁함을 불쌍히 여기지 않는 것이니, 백성들이 편안히 사는 것을 언제나 이룰 수 있겠는가. 그대들은 앞의 명령을 거듭 밝혀서 지금부터 범하는 자가 있거든 용서 없이 처벌하라."

○上諭戶部兵部臣曰 數年用兵에 軍民皆困하니 今方與之休息하니 數有令하야 擅役一軍一民者를 處重法하라 比聞衛所府縣이 都不遵承하야 仍襲故弊하야 私擅差役에 如驅犬羊하야 無分毫矜卹之意하니 是上不敬君命이요 下不卹人窮이니 人之蘇息을 何時可遂리오 爾等其申明前令하야 自今有犯者를 誅不宥하라

31-1-13

永樂 원년(1403) 3월에 有司가 殷나라 태사 比干[14]의 묘와 사당이 무너졌으니 백

13) 衛所 : 明나라 때 元나라의 제도를 개혁하여 京師에서부터 郡縣에 이르기까지 모두 衛所를 세웠는데, 몇 개의 府를 통합하여 하나의 衛를 설치하고 그 아래에 千戶所와 百戶所를 설치하여 각 위소를 都指揮使에 소속시키고, 중앙의 五軍都督府에서 나누어 관할하였다.

14) 比干 : 殷나라 마지막 왕 紂의 叔父로 직언을 올리다가 殺身成仁한 인물이다. 紂가 갖은 학정

성을 調發하여 수리하기를 청하자, 태종이 그 말을 따르고, 이로 인하여 侍臣에게 유시하였다.

"군자는 나라를 위하고 자신을 위하지 않기 때문에 임금의 면전에서 간쟁하여 죽음도 피하지 않고, 소인은 자신을 위하고 나라를 위하지 않기 때문에 참소하고 아첨하여 부귀를 탐한다. 明君은 간쟁을 즐거워하므로 나라가 그 때문에 흥성하고, 昏君은 참소를 좋아하므로 나라가 그 때문에 망한다. 桀과 紂가 關龍逢(관룡방)[15]과 比干을 죽여서 분명한 결과가 모두 있는데 秦나라와 隋나라 말기와 같은 후세의 임금들이 모두 앞의 실패를 귀감으로 삼지 않았으니 나라가 어찌 망하지 않을 수 있겠는가. 짐은 지금 이것을 경계하니, 그대들은 군자의 도로 스스로 권면하여야 祖宗의 큰 基業을 함께 보전할 수 있을 것이다."

○永樂元年三月에 有司言殷太師比干墓及祠圮壞하니 請發民修理한대 上從之하고 因諭侍臣曰 君子爲國不爲身이라 故犯顔諫諍하야 死且不避하고 小人爲身不爲國이라 惟讒諂面諛하야 以苟富貴하니 明君은 樂諫諍而國以興하고 昏君은 樂讒諂而國以亡이라 桀紂殺龍逢比干하야 明效具在어늘 而後世人主 如秦隋之末에 皆不監覆轍하니 國安得不亡哉리오 朕方以是爲戒하니 爾等當以君子之道自勉이라야 庶幾共保祖宗之洪業하리라

31-1-14

南陽의 鄧州에 역병에 걸려 죽은 官牛[16]가 많아지자 有司가 백성들에게 배상하라고 심하게 독촉하니, 백성들이 가난하여 자녀를 팔아서 배상한 자까지 있었다.

이 일이 보고되자 태종이 심히 노하여 이르기를, "孔子는 마구간에 불이 났다는 말을 듣고서 사람이 상했는지만 묻고 말에 대해서는 묻지 않았으니, 이는 사람이 가축보다 귀하기 때문이다. 지금 사람을 가지고 소와 바꾸었으니 어쩌면 그리도 어질지 못한 것인가. 더구나 소를 기른 것은 본래 백성을 위해서인데 지금 도리어 백성

과 음란한 행동을 일삼자 微子는 떠나가고 箕子는 미치광이처럼 행동했는데, 비간은 "신하가 되어 죽음을 무릅쓰고 간언하지 않을 수 없다."라 하고 간언하였다가 죽임을 당하였다.(≪史記≫ 권3 〈殷本紀〉, ≪論語≫ 〈微子〉)

15) 關龍逢(관룡방) : 夏나라 桀王 때의 충신으로, 걸왕의 무도함을 간하다가 피살되었다.(≪史記≫ 권87 〈李斯列傳〉)

16) 官牛 : 관부 소유인데, 백성들에게 맡겨 기르게 한 소를 가리키는 것으로 보인다.(≪晉書≫ 권109 〈慕容皝載記〉)

에게 해독을 끼치는 것이 이와 같다. 유사에게 명하여 관우가 죽은 자들에 대해서는 모두 배상을 면제하게 하고, 백성 중에 자녀를 팔아서 소를 배상한 자에 대해서는 관청에서 변상해주고 돌려보내도록 하라." 하였다.

○南陽鄧州官牛疫死者多어늘 有司責民償甚急하니 民貧至有鬻男女以償者라 事聞에 上怒甚曰 孔子聞廏焚하시고 問傷人否不問馬하시니 蓋爲人貴於畜이라 今以人易牛하니 何其不仁哉오 況畜牛는 本以爲民이어늘 今乃毒民如此하니 命有司하야 牛死者悉免償하고 民所鬻男女償牛者를 官贖還之하라

31-1-15

5월에 예부상서 李至剛[17] 등이 아뢰기를, "宋나라 제도에 모든 忌日에 佛殿에서 讀經할 때에 先帝와 先后의 神位를 설치하고 백관이 香을 올렸습니다. 차후로는 송나라 제도에 의거하여 天禧寺 등과 朝天宮에서 승려와 도사에 독경하라고 명하소서." 하였다.

태종이 이르기를, "자식이 부모에 대해 그 마음을 쓰지 않는 바가 없어야 하지만 임금의 효도는 庶人과 같지 않다. 임금된 자는 天命을 받들어 천하의 주인이 되었으니, 社稷이 그에게 의지하고, 모든 백성들에 그에게 의지한다. 단지 몸을 삼가고 덕을 닦아서 하늘의 마음을 깊이 본받고 국법을 삼가 준수하는 것으로 나라를 경영하는 원대한 계책으로 삼고, 안으로 간사한 자가 없게 하고 밖으로 도적이 없게 하며, 종묘사직이 안정되게 하고 만민이 생업을 즐거이 누리게 해야 이것이 효도가 되니, 만약 이렇게 하지는 못하고 修齋[18]하고 독경하는 데에만 힘쓰는 것은 말단일 뿐이다." 하였다.

○五月에 禮部尙書李至剛等이 奏宋制에 凡忌日於佛殿誦經할새 設帝后位하고 百官行香하니 今後宜依宋制하야 於天禧等寺朝天宮에 命僧道誦經하소서 上曰 子於父母에 固當無所不用其心이나 但人君之孝는 與庶人不同하니 爲人君者는 奉天命하야 爲天下主하니 社稷所寄요 生靈所依라 但當謹身修德하야 深體天心하고 恪遵成憲하야 爲經國遠謨하야 使內無奸邪하며 外無盜賊하고 宗社奠安하며 萬民樂業이라야 斯孝矣니 如不能此하고 而惟務修齋誦經은 抑末矣니라

---

17) 李至剛 : 이름은 鋼이고, 至剛은 자이다. 明나라 松江 華亭 사람이다. 太祖 때에 明經科에 급제하여 벼슬을 시작하였고, 태종 때에 ≪太祖實錄≫의 수찬에 참여하였다. 벼슬은 禮部尙書, 左春坊大學士를 역임하였다. 태종이 대신 10명의 성명을 쓰고서 解縉에게 그들의 인품을 쓰게 하였는데, 이지강에 대해서 "단정하지 않다.〔不端〕"라고 하였다.

18) 修齋 : 승려나 도사를 모아서 공양하고 법회를 여는 행위를 가리킨다.

31-1-16

戶部尙書 郁新[19]이 河南의 郡縣에 메뚜기 떼의 피해가 있는데 有司가 보고하지 않았다고 말하였다.

태종이 이르기를, "조정에서 수령을 둔 것은 그들이 백성에게 은혜를 베풀게 하기 위해서이니, 모든 백성의 疾苦를 모두 구휼해야 한다. 그런데 지금 메뚜기 떼가 경내에 들어왔는데 박멸하지도 못하고 또 숨겨서 보고하지도 않았으니, 그들이 백성에게 은혜를 베푸는 것을 어찌 바라겠는가. 이런데도 벌을 주지 않으면 어떻게 뒷사람을 경계시킬 수 있겠는가. 감찰어사를 보내 살펴서 다스리게 해야 할 것이다." 하였다.

○戶部尙書郁新言 河南郡縣蝗이어늘 有司不以聞이라한대 上曰 朝廷置守令은 資其惠民이니 凡民疾苦를 皆當卹之어늘 今蝗入境호되 不能撲捕하고 又蔽不以聞하니 何望其能惠民也리오 此而不罪면 何以懲後리오 宜遣監察御史하야 按治之하라

31-1-17

泉州衛 金門千戶가 포획한 섬으로 달아난 백성을 형구를 채워 압송하여 京師에 이르러서 말하기를, "그들이 일찍이 자주 바닷가를 노략질하였으니 주벌하소서." 하니, 태종이 이르기를, "어떤 자는 처음에 가난에 내몰려서 달아나고 그렇지 않으면 有司가 慰撫하지 못해서 달아나 모여들어 도적이 되었으니, 이는 부득이해서이다." 라고 하고 석방하라고 명하였다. 또 묻기를 "아직도 모여서 돌아가지 않은 자가 있는가?" 하니, 대답하기를, "많이 있습니다." 하였다.

이에 사자를 보내 칙서를 가지고 가서 유시하게 하기를, "너희들은 본래 국가의 良民이다. 혹자는 먹고 입는 것이 곤궁하고 혹자는 관리의 학대가 괴로워서 부득이 달아나 섬에 모여서 약탈하여 구차히 살고 있다. 짐이 생각건대 살기를 좋아하고 죽기를 싫어하는 것은 사람이라면 똑같이 가지고 있는 마음이다. 제왕은 하늘을 본받아 도를 행하여 백성을 자식처럼 보는 것이니, 지난날의 과오를 씻고 모두 스스로 새로워지게 해야 한다. 그러므로 이미 포획한 자들에 대해 그 죄를 모두 용서해주고 칙서를 가지고 가서 유시하게 한다. 너희들을 짐이 이미 크게 용서하였으니 즉시 돌

19) 郁新 : ?……1405. 明나라 鳳陽府 臨淮 사람으로, 자는 敦本이다. 태조 때에 출사하여 尙書에까지 올랐고, 建文帝 때 병으로 귀향했다가 태종 때에 다시 호부상서를 13년간 맡았다. 그는 사무를 처리하는 데에 뛰어났고, 度支와 漕運에 規劃한 것이 많았다.

아와 本業을 회복하고 本土에 안주하며 삶을 즐겨서 함께 태평성대를 누리도록 하라. 만약 잘못을 고집하고 깨우치지 못하여 이 기회를 놓친다면 후회해도 이미 늦을 것이다." 하였다.

그 후에 칙서가 이르자 그들이 모두 나와서 귀순하였다.

○泉州衛金門千戶 械送所獲海島逃民하야 至京師하야 言其數嘗劫掠海濱하니 請誅之라한대 上曰 或者其初에 窘於貧하고 不然則有司失於綏撫하야 逃聚爲盜하니 蓋非得已라 命釋之하라 且問曰 尙有逃聚未歸者乎아 對曰 多有之니이다 因遣齎勅하야 往諭之曰 爾本國家良民이라 或困於衣食하며 或苦於吏虐하야 不得已逃聚海島하야 劫掠苟活이라 朕念好生惡死는 人之同情이라 帝王體天行道하야 視民如子니 當洗滌前過하야 咸俾自新이라 故已獲者悉宥其罪하야 就俾齎勅往諭하니 爾等을 朕已大赦하니 可即還하야 復業安土樂生하야 共享太平하라 若執迷不悟하야 失此事幾면 後悔無及이니라 其後 勅書至하니 彼皆相率來歸矣러라

31-1-18

태종이 翰林學士 解縉[20] 등에게 유시하였다.

"천하 고금의 사물이 여러 책에 흩어져 있어서 분량이 매우 많아 살펴보기가 쉽지 않다. 짐이 각각의 책에 실려 있는 사물을 모두 채집하여 유별로 모아 韻을 써서 기강을 세운다면 찾아보기가 편리해서 주머니를 더듬어 물건을 꺼내는 것과 같을 것이다. 일찍이 ≪韻府≫와 ≪回溪≫[21] 두 책을 보니 일이 기강은 있으나 채집한 것이 넓지 않고 기재된 내용이 매우 소략하였다. 그대들은 짐의 뜻과 같이 해서 문자가 생긴 이래로 經·史·子·集과 百家의 책으로부터 天文·地志·陰陽·醫卜·僧道·技藝의 말에 이르기까지 모두 수집

解縉

20) 解縉 : 1369~1415. 明나라 江西 吉水 출신으로, 자는 大紳이다. 홍무 21년(1388)에 진사가 되어 翰林待詔를 지냈고, 永樂帝가 즉위하여 侍讀으로 삼고 文淵閣에 입직하여 국가의 機務에 참여하게 하였다. ≪永樂大典≫을 찬수하였고, 翰林學士 兼 右春坊大學士를 지냈다. 영락제에게 交趾를 정벌할 것을 간하여 임금의 뜻에 거슬린 데다가 漢王 高煦의 참소를 받아 錦衣衛에 갇혀 있다가 눈 속에서 얼어 죽었다. 저서에 ≪解學士集≫, ≪文毅集≫ 등이 있다.

21) 韻府와 回溪 : ≪韻府≫는 ≪珮文韻府≫를 가리키고, ≪回溪≫는 ≪回漢史韻≫을 가리키는 것으로 보인다.(≪四庫全書總目≫ 권137 〈子部47 類書類存目1〉)

하여 하나의 책으로 만들되 분량이 많은 것을 싫어하지 말라."

○上諭翰林學士解縉等曰 天下古今事物이 散在諸書하야 篇帙浩穰하야 不易撿閱하니 朕欲悉采各書所載事物하야 類聚之而統之以韻이면 庶幾考索之便하야 如探囊取物耳라 嘗觀韻府回溪二書하니 事雖有統이나 而采摘不廣하고 紀載太略하니 爾等其如朕意하야 凡書契以來經史子集百家之書로 至於天文地志陰陽醫卜僧道技藝之言을 備輯爲一書하야 毋厭浩繁하라

31-1-19

8월에 禮部가 말하기를, "鹵簿[22] 안에 九龍車 한 대가 있어야 합니다. 先朝 때에 金鉦과 紅鼓 각 4面과 魫燈(심등)[23]과 紅油紙燈 각 3對가 있었는데 지금은 빠져 있으니 규모를 늘리소서." 하였다.

태종이 이르기를, "예는 중도를 얻는 것을 귀하게 여기니, 지나치면 사치가 되고 부족하면 儉薄함이 된다. 仲尼가 이르기를 '사치스러운 것보다는 검박한 것이 낫다.'라고 하였는데, 先朝가 예를 정할 때에 정밀하게 살폈으므로 후세의 자손이 옛 典章을 준용하는 것을 짐으로부터 시작해야 할 것이니, 어찌 갑자기 더 늘려서 후세가 사치하는 길을 열겠는가. 구룡거는 선조 때에 없던 것이니 늘려서는 안 되고, 옛날에는 있었는데 지금은 없는 것은 工部로 하여금 제작해서 보충하게 하라." 하였다.

○八月에 禮部言 鹵簿中에 宜有九龍車一乘이니이다 先朝舊有金鉦紅鼓各四面과 魫燈紅油紙燈各三對어늘 而今闕之하니 請增製라한대 上曰 禮貴得中하니 過爲奢요 不及爲儉이니 仲尼曰 與其奢也론 寧儉이라하시니 先朝定禮 審之精矣라 後世子孫이 遵用舊章을 當自朕始니 豈可輒有增益하야 以啓後世之奢리오 九龍車는 旣先朝所無니 卽不可增이요 舊有而今闕者를 令工部補造하라

31-1-20

9월에 吏部의 신하에게 신칙하였다.

"짐이 작은 몸으로 大統을 계승하여 현자를 구해서 천하를 다스리는 데에 도움을 받기 위해 밤낮으로 바쁘게 노력하기를 굶주리고 목마른 것보다 급하게 여기고 있

22) 鹵簿 : 왕의 거둥이나 각종 의식에 갖추는 여러 종류의 의장으로, 행차하는 장소나 의식의 규모에 따라 大駕鹵簿, 法駕鹵簿, 小駕鹵簿로 나뉜다.

23) 魫燈(심등) : 물고기 머리뼈로 만든 등이다.

으니, 안팎의 모든 官司로 하여금 群神과 백성들 중에서 각각 알고 있는 사람을 천거하게 하라. 重任을 감당할 수 있는데도 낮은 관직에 침체되어 있거나, 번잡한 일을 감당할 수 있는데 한산한 자리에서 느긋하게 지내거나, 도덕과 재능을 품고서 田里에 은거하고 있는 자를 모두 이름을 보고하게 하되, 질투하여 현자를 드러나지 못하게 하지 말고, 사적인 친분을 따라서 분에 넘치게 천거하지 말게 하라. ≪書經≫에 이르기를, '천거한 이가 맡은 직임을 잘 수행하면 이는 너희가 잘한 것이고, 천거한 이가 훌륭한 이가 아니면 이는 너희가 직임을 감당하지 못한 것이다.' 하였으니, 공경히 수행하라."

○九月에 勅吏部臣曰 朕以眇躬으로 纘承大統하야 圖惟求賢하야 以資治理하야 宵旰遑遑하야 急於飢渴하니 其令內外諸司로 於群臣百姓之中에 各擧所知하야 或堪重任而沈滯下僚하며 或可劇煩而優游散地하며 或抱道懷才隱居田里를 竝以名聞호되 毋娼嫉蔽賢하며 毋徇私濫擧하라 書曰 擧能其官이면 惟爾之能이요 稱匪其人이면 惟爾不任이라하니 欽哉하라

31-1-21

태종이 右順門에 임어하여 侍臣에게 이르기를, "皇考(明 太祖)의 功德이 융성한데도 祖宗의 樂章에 稱述한 것이 없으니 짐이 속으로 부끄럽게 여기고 있다. 그대들은 의논해서 그 일을 도모하라." 하고, 이로 인하여 이르기를, "漢나라 高帝는 〈大風歌〉를 지었고, 武帝는 〈秋風辭〉를 지었으니 또한 모두 문장이 남아 있고 당시에 또 儒臣이 있었으나 애석하게도 禮樂을 제정하는 것이 옛날만 못하였다. 짐이 옛날의 禮文을 상고하는 일에 뜻을 두고 있으니 그대들은 名儒를 널리 구해서 짐의 뜻에 부응하도록 하라." 하였다.

○上御右順門하야 謂侍臣曰 皇考功德隆盛이어시늘 祖宗樂章에 未有稱述하니 朕甚愧于心하노니 爾等其議爲之하라 因曰 漢高帝作大風歌하고 武帝作秋風辭하니 亦皆有文하고 當時又有儒臣호되 惜乎制作未能如古로라 朕有意稽古禮文之事하니 爾等博求名儒하야 用稱朕意하라

31-1-22

태종이 右順門에 임어하여 侍臣들과 時政을 의논하면서 이르기를, "짐이 즉위한 지 오래되지 않아 항상 백성들이 안주하지 못할까 염려하였다. 매번 궁중에서 촛불

을 켜고 밤에 일어나 앉아 州郡의 圖籍을 펼쳐 보고 조용히 생각하고 정밀하게 계책을 짜내었으니, 어느 郡은 근래에 흉년이 들었으므로 넉넉하게 돌봐주어야 하고, 어느 郡은 지역이 변방에 가까우므로 수비를 배치해야 할 것이라고 생각하였다가, 아침이 되면 조정에 나가 신하들과 상의해서 시행하였다. 근래에 河南 지방의 몇몇 곳에 메뚜기 피해가 있고 가뭄이 들었으니 짐이 마음이 편치 못하기 때문에 사신을 보내 살펴보게 하느라 사신의 행렬이 길에서 끊이지 않았으니, 만약 백성들이 조금 편안하게 된다면 그것은 짐의 소원이다." 하였다.

○上御右順門하야 與侍臣論時政曰 朕卽位未久하야 常恐民有失所하야 每宮中에 秉燭夜坐하야 披閱州郡圖籍하야 靜思熟計하야 何郡近罹飢荒하야 當加優恤이며 何郡地迫邊鄙하야 當置守備오하야 (朝)〔旦〕[24]則出與群臣으로 計議行之호라 近河南數處蝗旱하니 朕用不寧이라 故遣使省視하야 不絶于道하니 如得斯民小康이면 朕之願也니라

31-1-23

大理寺卿 薛嵓(설암)[25] 등이 각 布政司가 올린 獄案에 死罪에 해당하는 자가 100여 명이므로 御史를 나누어 보내 현지에 가서 판결하기를 청하였다.

태종이 그 청을 따르고, 都御史 陳瑛[26] 등에게 이르기를, "사람의 목숨은 지극히 중하니 끊어지고 나면 다시 이을 수 없다. 더구나 옥사를 다스리는 것은 실정을 알아내는 것이 더욱 어려우니 채찍질하고 매를 때려서 고문에 못 이겨 죄인이 되는 경우가 왕왕 있다. 지금 100여 명 중에 어찌 모두가 억울함이 없다고 보장할 수 있겠는가. 그대들은 어사를 나누어 보낼 때에 형벌을 삼가라는 뜻을 갖추어 글로 써서 주어 판결할 때에 그 실정을 상세히 살펴서 죄를 지은 실정이 없는 자는 즉시 변별하여 풀어주고 반드시 사리에 따라 헤아려서 사리상 살려줄 수 없는 경우에만 형벌을 내린다면 죄인이 비록 죽더라도 원한이 없게 될 것이다." 하였다.

---

24) (朝)〔旦〕: 저본에는 '朝'로 되어 있으나, '朝'는 朝鮮 太祖 李成桂가 왕위에 오른 뒤 '旦'으로 개명하였기 때문에 조선에서는 避諱하여 '朝'로 쓴 것이다. 그러므로 원래 글자인 '旦'으로 돌려놓았다.

25) 薛嵓(설암) : ?~1406. 明나라 河南 閿鄕(문향) 사람이다. 洪武 연간에 大理寺少卿에 올랐고, 태종 때에 廣西摠兵에 임명되었다.

26) 陳瑛 : ?~1411. 明나라 滁州 사람으로, 洪武 연간에 御史가 되었고, 建文 연간에 北平僉事가 되었으나 燕王과 밀통하다가 廣西로 귀양 갔다. 연왕이 즉위하여 都察院左副都御史가 되었는데, 여러 옥사를 처리하면서 많은 사람을 연루시켜 원망을 많이 받았다.

○大理寺卿薛嵓等이 奏各布政司上所具獄에 凡死罪百餘人하야 請分遣御史臨決한대 上從之하고 顧謂都御史陳瑛等曰 人命至重하니 旣絶에 不可復續이요 況治獄得情尤難하니 鞭扑箠楚之下에 罪人成於鍛鍊者 往往有之하니 今百餘人中에 豈能必其皆無寃枉가 爾等分遣御史에 宜具以愼刑之意로 書于簡以授之하니 使論決之時에 詳探其情하야 非其情者어든 卽與辯釋하고 必揆之以理하야 理不可生然後刑之면 則彼雖死나 無所恨矣리라

31-1-24

태종이 奉天門에 임어하여 侍臣을 돌아보고 이르기를, "우리 나라의 大經大法은 모두 太祖 高皇帝께서 수립하여 자손에게 전한 것이다. 지난번에 어떤 小人이 짐에게 조정의 법이 너무 관대하니 그것은 다스리는 방법이 아니라고 하기에 짐이 이미 그를 내쳤다. 다스리는 도는 醫藥에 견준다면 이런 병이 있으면 이런 약을 복용하는 것과 같다. 지금 짐이 守成하는 때를 만났으므로 바로 백성들을 편안히 기르고 번성하게 해야 하는 때인데 도리어 엄한 법으로 다스리라고 하니, 이는 병이 없는데 약을 복용하는 것이다. 어찌 도리어 상하게 되지 않겠는가. 孔子가 말하기를, '天地의 큰 덕을 生이라고 하고, 聖人의 큰 보배를 位라고 한다. 어떻게 位를 지킬 것인가. 그것은 仁이다.'[27]라고 하였으니, 어찌 일찍이 법을 엄하게 하라고 한 적이 있던가." 하였다.

시신이 대답하기를, "황상께서 하늘을 받들고 祖宗을 본받아 一念으로 살리기를 좋아하시니 천하 백성들의 복입니다. 저 소인이 한 말은 황상의 聖明한 지혜가 아니면 어찌 그 잘못을 변별하겠습니까. ≪書經≫에 이르기를, '나라는 간사한 소인을 쓰지 않는다.'[28]라고 하였으니, 바로 이 경우를 말하는 것입니다." 하였다.

태종이 이르기를, "옛사람이 이르기를, '어진 신하를 친하게 대하고 소인을 멀리한다.'라고 하였으니, 만약 멀리하지 않으면 반드시 장차 사람을 현혹시킬 것이다." 하였다.

○上御奉天門하야 顧謂侍臣曰 我朝大經大法이 皆太祖高皇帝所立以傳子孫이니라 昨有憸人爲朕言朝廷法太寬하니 非所以爲治어늘 朕已斥之하니 爲治之道는 譬之醫藥이면 有是病則服是藥이라 今朕當守成之日하야 正安養生息之時어늘 乃嚴法爲治하니 此是無病而服藥이라 豈不反有傷乎아

---

27) 孔子가……仁이다 : ≪周易≫ 〈繫辭傳 下〉에 나오는 내용이다.
28) 書經에……않는다 : ≪書經≫ 〈周書 立政〉에 "나라에서는 정사를 세울 때에 간사한 소인을 쓰지 말아야 한다.〔國則罔有立政 用憸人〕"라고 한 말을 인용하면서 '立政' 두 글자를 생략하였다.

孔子言天地大德曰生이요 聖人大寶曰位오 何以守位요 曰仁이라하시니 何嘗謂嚴法也리오 侍臣對曰 皇上奉天法祖하사 一念好生하시니 天下生民之福이라 彼憸人所言은 非皇上聖明이면 豈能辯其非리잇고 書曰 國則罔有用憸人이라하니 政謂此也니이다 上曰 古人云 親賢臣遠小人이라하니 苟不遠之면 必將惑人하리라

31-1-25

태종이 奉天門에 임어하여 侍臣에게 예로부터 내려오는 嘉言과 善行으로서 太子에게 유익한 것을 수집하여 책을 만들어 長子에게 가르치라고 명하고, 또 이르기를, "옛날에 堯임금이 舜임금을 시험할 때에 '五倫을 삼가 아름답게 하라'에서부터 '큰 산기슭에 들어가게 하시니'[29]에 이르기까지 여러 어려운 일을 하나하나 시험하고 나서야 帝位를 이으라고 명하였다. 순임금이 민간에서 나고 자라 직접 농사를 지었는데도 요임금이 오히려 이렇게 시험하였다. 짐이 지금 長子로 하여금 北京을 지키면서 庶務를 직접 처리하게 해서 吏案이나 奏牘이라도 모두 직접 살펴서 신하 노릇 하기 어려움을 알게 하여야 훗날 임금이 될 수 있을 것이다.

짐이 어렸을 때에 일찍이 鳳陽에 살면서 민간의 세세한 일을 세세히 알지 못하는 것이 없었는데 훗날 명을 받아 북방을 지키면서 변방 끝을 지나며 서리와 눈을 무릅쓰고 士卒들과 고락을 함께 하였고, 그 외 경험하지 못한 것은 서적을 널리 참고하였다. 매번 옛사람의 언행 중에 나 스스로 경계하고 성찰할 만한 것을 볼 때마다 그것을 읽느라 책을 손에서 놓지 못하였다. 독서가 사람에게 유익한 것이기는 하지만 사람의 資禀에 强弱이 있으니, 범범하게 넘기고 절실하지 않으면 유익한 것이 없다. 그러므로 그대들로 하여금 이런 것들을 수집하여 가르치게 하려고 하니, 먼저 그 기준을 정해서 책 안에 중심이 있게 하라." 하였다.

○上御奉天門하야 命侍臣輯自古以來嘉言善行有益於太子者하야 爲書以授長子하고 且曰 昔堯試舜하실새 自愼徽五典으로 至納于大麓히 歷試諸難하사 乃命以位하시니 舜生長民間하사 躬親稼

29) 五倫을……하시니 : 堯임금이 舜임금에게 帝位를 물려주려고 하면서 순임금을 시험한 내용을 기록한 것으로, "오륜을 삼가 아름답게 하라 하시니 오륜이 능히 순하게 되었으며, 백규의 자리에 임명하시니 백규의 일이 제때에 맞게 시행되었으며, 도성의 사방 문에서 제후들을 맞이하게 하시니 사방의 문에서 제후들이 화목하였으며, 큰 산기슭에 들어가게 하시니 사나운 바람이 불고 우레 치고 비가 내리는데도 정신이 어지럽지 않으셨다.〔愼徽五典 五典克從 納于百揆 百揆時敍 賓于四門 四門穆穆 納于大麓 烈風雷雨 弗迷〕"라고 한 내용을 가리킨다.(≪書經≫ 〈虞書 舜典〉)

稽하사되 堯尙試之如此하시니 朕今令長子守北京 親庶務하야 雖吏案奏牘이라도 皆躬閱之하야 以知爲臣之難이라야 他日庶可爲人君也니라 朕少時嘗居鳳陽하야 民間細事를 無不究知러니 後受命鎭北方하야 經絶塞冒霜雪하야 與士卒同甘苦하고 其他所未經歷者는 則博考於載籍호라 每覽昔人言行可自警省者면 讀之不能釋手호라 讀書所以有益於人이나 然人資禀有强弱하니 泛而不切이면 亦未有益이라 故欲令爾等輯此敎之하니 先定其尺度權衡하야 使中有所主也하라

31-1-26

戶部尙書 郁新 등이 아뢰기를, "湖廣의 금년 夏稅가 기일을 넘긴 지 몇 달이 지났는데도 거두어들인 양이 부족하니 布政司와 府·州·縣의 관원을 모두 처벌해야 합니다." 하였다.

태종이 이르기를, "세금을 거두는 데에 정해진 제도가 있고, 사람이 씨 뿌리고 거두는 데에 선후가 같지 않으며, 지리상의 거리에 원근의 다름이 있으니 일괄적으로 논할 수 없다. 사람에게 관직을 맡겨서 官長이 되게 하면 의당 그 어렵고 쉬움을 살펴서 실정에 따라 순리적으로 하게 해야 하고, 비록 세금을 거두더라도 반드시 백성들에게 이롭게 하는 방법을 생각하게 해야 할 것이고 백성들에게 급하게 다그쳐서는 안 된다. 급하게 다그치면 반드시 백성을 병들게 하는 데에 이르니, 기일 넘긴 것을 추궁하지 말고 다시 기한을 約定해서 백성으로 하여금 납부하게 하라." 하였다.

○戶部尙書郁新等이 奏湖廣今年夏稅過期數月不足하니 其布政司府州縣官을 皆當罪之니이다 上曰 賦入有經制하고 人耕穫或先後不齊하고 地里有遠近之異하니 未可概論이라 任人長民에 當使之察其難易而順其情이요 雖取之라도 亦必思有以利之요 不當急責於民이니 急責이면 必至乎病民이니 其勿問하고 第更與約限하야 令民輸之하라

31-1-27

11월에 錦衣衛[30] 신하가 死罪를 저축한 한 사람을 판결해주기를 청하자 태종이 불쌍히 여길 만한 실정이 있다는 것을 알고서 특별히 용서하여 興州에서 戍卒이 되게 하고, 刑部尙書 鄭賜[31] 등에게 유시하였다.

---

30) 錦衣衛 : 明나라 때 황제 직속으로 있던 정보 보안 기관이다. 1382년에 설치되어 황제의 侍衛와 궁정의 수호뿐만 아니라 정보의 수집과 죄인의 체포 및 신문 등을 담당하였다.

31) 鄭賜 : ?~1408. 明나라 福建 建寧 사람으로, 자는 彦嘉이다. 洪武 18년(1385)에 進士가 되어

"사람은 함께 선을 하지 못할 자가 없다. 이 사람이 한때 미혹되어 잘못을 저질러 범한 죄가 사형에 해당하지만 짐이 그 정상을 불쌍히 여겼기 때문에 용서하여 수졸이 되게 하였으니, 그로 보면 허물을 고쳐 스스로 새로워질 수 있게 되었고 국가로 보면 한 사람의 농부를 얻어 몇 사람을 먹일 수 있게 되었으니 또한 이로움이 있다. 지금부터는 죄인이 법으로 볼 때 사형에 해당하더라도 정상에 불쌍히 여길 만한 점이 있는 자는 이 예에 준해서 처벌하도록 하라."

○十一月에 錦衣衛臣이 奏抵死罪一人請決한대 上審知其有可矜之情하고 特宥之하야 使屯戍興州하고 且諭刑部尙書鄭賜等曰 人無不可與爲善이니 此人一時迷誤하야 犯罪當死로되 朕矜其情이라 故宥之하야 使屯戍하니 在彼得改過自新이요 在國家得一人耕하야 可食數人이니 則亦有利라 自今罪人於法當死라도 而情有可矜者를 準此例하라

31-1-28

태종이 六科都給事中 朱原貞 등에게 유시하였다.

"짐은 천하의 백성들 중에 살 곳을 잃은 자가 있는데도 그대들이 다 알지 못할까 염려하였다. 그래서 郡縣의 임기가 찬 관원들을 선발해서 六科[32]에서 일을 보게 하여 짐이 듣고 싶은 것이 있으면 즉시 알 수 있게 하고 그들이 말하고 싶은 것이 있으면 즉시 아뢸 수 있게 하였다. 그런데 오래도록 한 사람도 말하는 자가 없으니, 郡邑에 어찌 利害를 말할 만한 일이 한 가지도 없어서이겠는가.

지금 짐의 좌우에 있는 자도 오히려 말을 하지 않는데 더군다나 천 리 먼 곳에 있는 자들이 어찌 말하려고 하겠는가. 그대들은 물러나거든 짐의 말을 가지고 거듭 타일러서 그들이 다스린 곳에 일으켜야 할 이로운 일이 무엇이고 제거해야 할 폐단이 무엇인지를 모두 숨기지 말고 直言하게 하라. 지금 말하지 않았다가 훗날 다른 사람이 말하게 되면 그 죄를 면하지 못할 것이다."

○上諭六科都給事中朱原貞等曰 朕慮天下之民이 有失所者어늘 爲爾曹未能盡知라 故選郡縣考滿官하야 俾於六科辦事하니 如朕有所欲聞이면 即可知요 彼有所欲言이면 即可達이어늘 而久無

監察御史에 제수되었고, 北平參議를 거쳐 工部尙書에 올랐다. 태종 때에 刑部尙書와 禮部尙書를 역임하였다. 인간성은 온화하고 후덕하였으나 大體를 알지 못하여 태종이 경시하였다.

32) 六科 : 六科給事中의 약칭이다. 明代 설치되었으며, 侍從, 規諫, 補闕, 拾遺의 일을 맡았고, 六部의 일을 나누어 그 폐단을 규찰하였다.

一人言하니 夫郡邑之間에 豈都無一事利害可言이리오 今在朕左右라도 尙猶默默이어든 況遠千里豈肯言乎아 爾等退以朕言申諭之하야 其所治何利當興이며 何弊當去를 皆直言勿隱하라 於今不言이라가 將有他人言之면 則不能逃罪矣리라

31-1-29

儀封知縣 許譽에게 의봉지현에 복직하라고 명하였다. 허예가 관직에 있으면서 지조가 있고 정사가 가혹하지 않으므로 백성들이 편안케 여겼는데 임기가 차서 京師에 이르자 縣의 나이 많은 백성들이 대궐에 와서 그를 留任시켜주기를 청하자 태종이 들어주었다.

吏部의 신하에게 이르기를, "수령은 백성들의 休戚이 달려 있는 자이다. 그가 어진지 어질지 않은지를 알려고 한다면 民心의 向背를 보아야 할 것이다. 지금 백성들이 그를 차마 떠나보내지 못하고 있으니, 이는 필시 그가 일찍이 백성들에게 덕을 베풀었기 때문일 것이다. 즉시 復職하게 하라." 하고 마침내 鈔 20錠[33]과 비단옷 한 벌을 하사하였다.

○命儀封知縣許譽復職하다 譽居官有守하고 政不苛刻하니 百姓安之러니 秩滿至京하니 縣耆民詣闕乞留한대 上從之하고 謂吏部臣曰 守令은 民休戚所係라 欲知其賢否인댄 當觀民心之嚮背니 今民不忍其去하니 此必嘗有及民之德이라 卽令復職하고 遂賜鈔二十錠綺衣一襲하다

31-1-30

태종이 侍臣들과 형벌을 신중히 하는 것을 논하면서 이르기를, "孔子가 이르기를, '어떻게 位를 지킬 것인가. 그것은 仁이다.'[34]라고 하였으니, 法司가 매번 사형수를 판결하는 일을 아뢸 때마다 짐이 반복해서 깊이 생각하지 않은 적이 없었고 털끝만큼이라도 살려줄 수 있는 정상이 있으면 즉시 관대하게 감형해주기를 이처럼 하였다. 그래도 獄訟이 공평하지 못할까 염려하였기 때문에 일찍이 여러 官司에게 신중히 보살피는 것을 일삼으라고 신칙하였다." 하였다.

또 이르기를, "짐이 왕년에 직접 전쟁에 임해서 사로잡은 포로를 한 사람도 가볍

---

33) 鈔 20錠 : 鈔는 화폐로 사용하던 銀塊로서 1錠은 50兩이다.
34) 孔子가……仁이다 : ≪周易≫ 〈繫辭傳 下〉에 나온다.

게 죽인 적이 없었는데, 더구나 지금은 천하의 주인이 되었는데 함부로 죽일 수 있겠는가." 하였다.

○上因與侍臣論愼刑曰 孔子云 何以守位오 曰仁이라하시니 法司每奏死囚當決에 朕未嘗不反覆究思하야 稍有一毫可生之情이면 卽從寬減을 如此호되 猶慮獄訟有不得平이라 故嘗勅諸司以愼恤爲務호라 又曰 朕往年躬臨戰陣하야 凡所俘獲에 未嘗輕戮一人하니 況今日爲天下主하야 可妄殺哉아

31-1-31

윤11월에 태종이 奉天門에 임어하여 侍臣을 돌아보고 이르기를, "지금 北京, 山西, 寧夏에서 모두 地震과 하늘의 변고가 경계를 보인다고 말하니 짐이 그 때문에 두려워하고 있다. 그대들은 그 까닭을 말해보라." 하니, 시신이 대답하기를, "지진은 전쟁과 토목공사의 일과 호응합니다." 하였다.

태종이 이르기를, "근년에 전쟁과 기근으로 백성들이 매우 곤궁하므로 짐이 지금 밤낮으로 백성들이 편안히 살도록 도모하고 있으니, 어찌 나 한 사람의 뜻에 맞추어 토목공사를 일으켜서 백성들의 힘을 거듭 곤궁하게 하려고 하겠는가. 만약 누대에서 거처하여 더위를 피할 수 있다면 午門이나 端門이 모두 지낼 만한데 어찌 굳이 다시 높고 넓은 누대를 짓겠는가. 지금 後宮이 낮고 좁아서 인원을 수용하기에 부족한데도 감히 증축하지 않는 것은 백성들의 힘을 수고롭게 할까 염려해서이니 토목공사는 지금 하고 있지 않고, 만약 전쟁을 말한다면 단지 邊將을 신칙하여 수비를 엄하게 해서 뜻하지 않은 외적의 침입을 경계할 뿐이다." 하였다.

○閏十一月에 上御奉天門하야 顧謂侍臣曰 今北京山西寧夏皆言地震天變垂戒하니 朕用惕然이라 爾等試言其故하라 侍臣對曰 地震은 應兵戈土木之事니이다 上曰 比年兵旅饑饉하야 民困甚矣라 朕方夙夜圖蘇息之하나니 豈肯適一己之情하야 興土木之工하야 重困民力이리오 如樓居可以避暑인댄 則午門端門이 皆可居也니 何必復建高臺廣榭리오 今後宮卑隘하야 不足容호되 尙不敢增修는 慮勞民力이니 土木之事는 在今不爲요 若云兵戈면 但當勅邊將嚴守備하야 戒不虞而已니라

31-1-32

12월에 北京行部尙書 郭資[35] 등이 아뢰기를, "眞定府 棗强縣의 백성들이 생업에

복귀한 초기인데 메뚜기 떼의 재해와 가뭄이 더해져서 유리걸식하다 굶어 죽은 자가 많습니다. 지금 날씨가 추우니 사람을 보내 조사해서 구휼해주소서." 하였다.

태종이 이르기를, "백성의 곤궁함이 이와 같으니 구제하기를 불을 끄고 물에 빠진 사람을 구하듯이 해야지 조금이라도 늦으면 구제할 수가 없을 것이다. 지금 사람을 보내서 조사한다면 여러 번 왕복하느라 두 달이나 걸릴 것이다. 백성의 목숨이 매우 다급한데 기다릴 수 있겠는가. 戶部에 명하여 속히 관원을 보내 가서 구휼하게 하라." 하고, 또 監察御史 한 사람을 보내 구휼하는 것을 감독하게 하고 구휼을 마치거든 사실을 갖추어 보고하게 하라고 명하였다.

○十二月에 北京行部尙書郭資等이 奏眞定棗强縣民初復業에 加以蝗旱하야 流殍者衆이라 今天寒하니 乞遣人覈實賑濟하야지이다 上曰 民困如此하니 濟之當如救焚拯溺이요 少緩이면 卽無及矣라 今遣人覈實에 展轉往復하야 非兩月不得이니 民命迫於(朝)〔旦〕[36]夕이니 其可待乎아 命戶部速遣官往賑之하고 又命監察御史一員監督賑畢하야 具實以聞하라

31-1-33

蹇義

태종이 吏部尙書 蹇義[37] 및 都察院左都御史 陳瑛 등에게 말하였다.

"나라를 위해 백성을 기르는 자로는 수령보다 절실한 자가 없다. 수령이 어질면 한 郡과 한 邑의 백성이 의지할 곳이 있어서 안주할 곳을 얻지 못하는 자가 적으니, 만약 어질지 않으면 속히 내쳐야 한다. 대체로 吏部에서 관리를 선발하여 제수할 때에 한때 갑자기 뽑게 되면 그 재능과 행실을 다 알 수 없으니, 반드시 행한 바를 고찰해야 그 賢否를 볼 수 있다. 巡按監察御史 및 按察司로

35) 郭資 : 1361~1434. 明나라 河南 武安 사람으로, 자는 存仁이다. 洪武 연간에 北平左布政使가 되고, 建文 초에 태종을 크게 도왔으며, 태종이 즉위하자 戶部尙書에 발탁되었다. 洪熙 초에 太子太師로 致仕했다가 宣德 4년(1429)에 다시 호부상서로 발탁되었다. 시호는 忠襄이다.
36) (朝)〔旦〕 : 저본에는 '朝'로 되어 있으나, '朝'는 朝鮮 太祖 李成桂가 왕위에 오른 뒤 '旦'으로 개명하였기 때문에 조선에서는 避諱하여 '朝'로 쓴 것이다. 그러므로 원래 글자인 '旦'으로 돌려놓았다.
37) 蹇義 : 1363~1435. 明나라 四川 巴縣 사람으로, 자는 宜之이다. 洪武 18년(1385)에 進士에 급제하여 中書舍人에 제수되었고, 建文 연간에 吏部左侍郎이 되었으며, 永樂 연간에 吏部尙書·太子監國이 되었다. 그 후 仁宗과 宣宗에게도 신임을 받았다. 시호는 充定이다.

하여금 모든 府·州·縣의 관원으로서 부임한 지 반 년 이상 된 자에 대해 재능이 있는지 없는지와 청렴한지 탐오한지의 실상을 모두 살펴서 아뢰게 하라."

○上謂吏部尙書蹇義及都察院左都御史陳瑛等曰 爲國牧民이 莫切於守令이니 守令賢이면 則一郡一邑之民有所恃하야 而不得其所者寡矣니 如其不賢이면 當速去之니라 蓋吏部選授之時에 出一時倉猝이면 未能悉其才行이니 必考察所行이라야 乃見其賢否니 其令巡按監察御史及按察司로 凡府州縣官到任半歲之上者는 悉察其能否廉貪之實하야 以聞하라

31-1-34

태종이 한가할 때에 侍臣에게 묻기를, "지금 한 해가 또 끝나가는데 외부 軍民들의 安否는 어떠한가?" 하니, 대답하기를, "폐하께서 臨御하신 이래로 베푸신 것이 仁政 아닌 것이 없어 지금 군민들이 모두 편안하니, 바로 無事太平한 때입니다." 하였다.

태종이 이르기를, "태평을 어찌 쉽게 말하겠는가. 짐은 오직 皇考(明 太祖)께서 수립한 법을 준행하여 정치를 하였으니, 비가 내리고 날씨가 맑은 것이 제때에 순조롭고, 곡식이 풍년이 들고, 전쟁이 일어나지 않고, 만백성이 안락하고, 조정에 간사한 신하가 없은 뒤에야 무사태평이 될 수 있다." 하였다.

또 이르기를, "奸邪는 식별하기가 어렵다. 그 정상은 진실한 것 같지만 실은 거짓이고, 그 말은 미더운 것 같지만 실은 속이는 것이니, 만약 그 말을 모두 믿어서 직임을 맡기면 잘못되지 않은 경우가 적다. 孔子가 이르기를, '그 말을 듣고 그 행실을 본다.'[38]라고 하였으니, 바로 이 때문이다." 하였다.

○上宴閒에 顧問侍臣曰 今一歲又終하니 外間軍民安否如何오 對曰 陛下臨御以來로 所施無非仁政이라 今軍民皆安하니 正太平無事之時니이다 上曰 太平을 豈易言이리오 朕惟遵皇考成憲하야 以爲治하니 如得雨暘時若하고 年穀豐登하고 兵革不興하고 兆民安樂하고 朝無奸邪然後에야 可爲太平無事니라 又曰 奸邪難識하니 其情似眞而實僞하고 其言似信而實詐하니 苟一信其言而任之면 鮮有不失이니라 孔子曰 聽其言而觀其行이라하시니 政以此耳라

---

38) 孔子가……본다 : 孔子의 제자 宰予가 낮잠을 자다 공자에게 들켰다. 이에 공자가 꾸짖으면서 말하기를, "내가 처음에는 남에 대하여 그의 말을 듣고 그의 행실을 믿었으나, 이제 나는 남에 대하여 그의 말을 듣고 다시 그의 행실을 살펴보게 되었다. 나는 재여 때문에 이 버릇을 고치게 되었노라.〔始吾於人也 聽其言而信其行 今吾於人也 聽其言而觀其行 於予與 改是〕"라고 한 말을 가리킨다.(≪論語≫ 〈公冶長〉)

31-1-35

永樂 2년(1404) 정월에 어떤 道士가 道經을 바치자 태종이 이르기를, “짐이 천하를 다스리는 데 사용하는 것은 五經이다. 도경을 어디에 쓰겠는가.” 하고서 내치고 나서 侍臣에게 유시하기를, “위에서 정도를 좋아하면 아래에서 간사한 짓을 하지 않는다. 임금이 좋아하고 숭상하는 데에 조금이라도 삼가지 않으면 요행을 바라는 마음을 품은 간사한 자가 방자하게 거짓말을 해서 그 좋아하는 것을 파고든다. 만약 그 계책에 말려들면 장래에 해독을 퍼뜨리는 것이 무궁할 것이다. 이 때문에 내치지 않을 수 없다.” 하였다.

○二年正月에 有道士獻道經者어늘 上曰 朕所用治天下者는 五經耳라 道經何用이리오 斥去之하고 旣而諭侍臣曰 上好正道면 則下不爲邪니 人主好尙稍不謹이면 憸人懷僥倖之心者 恣肆妄誕하야 以投所好하니 苟墮其計면 將來流毒無窮矣라 是故不得不斥하노라

31-1-36

3월에 이부상서 蹇義 등이 아뢰기를, “어떤 千戶가 인물을 천거하였는데, 처음에 조정에서 文臣에게 명하여 才德을 품고 있는 자를 천거하라고 할 때에 武臣은 그 명에 포함되지 않았거늘 천호가 명을 어겼으니 처벌해야 합니다.” 하였다.

태종이 이르기를, “조정에서 명을 내려 현자를 구할 때에 무신이 그 명에 포함되지 않은 것은 그들이 배우지 못해 사람을 알아보는 데에 어두울까 염려해서였다. 지금 능히 사람을 천거하였으니, 이 또한 임금에게 충성하고 나라를 사랑하는 마음이므로 처벌할 필요 없다. 옛날에 馬周[39]가 常何[40]로 인하여 벼슬에 나왔으니, 지금 천거된 자가 또한 불러와서 시험해보아 과연 재능이 있으면 모두 관직을 제수하고

39) 馬周 : 601~648. 唐나라 博州 茌平 사람으로, 자는 賓王이다. 唐 高祖 때에 補州助教를 지냈다가 후에 長安에 이르러 中郞將 常何의 빈객이 되었다. 貞觀 3년(629)에 태종이 백관들에게 정치의 득실에 대해 진언하라는 조서를 내리자 常何가 20여 가지 일에 대해 조목별로 진술하였다. 태종은 무식한 상하가 어떻게 이런 글을 지었는가 하고 괴이쩍게 여겨 사실을 묻자, 상하는 “신이 지은 것이 아니라 신의 문객으로 있는 馬周가 지었습니다.”라고 대답하였다. 이에 태종은 마주를 불러 대화를 해보고는 매우 기뻐하여 門下省에 입직하게 하고, 상하에게 비단 300필을 하사하였다. 마주는 여러 차례 승진하여 監察御史, 中書侍郞, 中書令에까지 이르렀다.(≪舊唐書≫ 권74 〈馬周列傳〉)

40) 何常 : 隋나라 말기 唐나라 초기 인물로 李密의 部將이 되어 수나라 군대를 격파하였고, 후에 당나라에 귀부하여 太宗 貞觀 연간에 中郞將이 되었다.

그렇지 않으면 취소하라." 하였다.

○三月에 吏部尙書蹇義等이 奏有千戶奏薦士하니 初에 朝廷命文臣하야 擧懷材抱德者하고 武臣不與命이어늘 千戶違制하니 宜罪之니이다 上曰 朝廷下令求賢에 武臣不與命者는 蓋慮其不學하야 昧於知人이니 今能薦人하니 亦是忠君愛國之心이라 不用罪之로라 昔馬周因常何而進하니 今所薦者亦徵來하여 如試之果有材면 一體授官하고 否則罷之하라

31-1-37

태종이 奉天門에 임어하여 六科給事中을 불러서 유시하기를, "짐이 천하에 君臨하여 밤낮으로 부지런히 노력하여 오직 軍民의 老少가 모두 편안하게 하고자 하였다. 그대들은 직책이 近侍의 자리인데 근래에 모두 軍民의 利害에 대해 한 마디도 아뢰지 않은 것은 어째서인가? 물러가서 생각하여 조목조목 분석하여 아뢰도록 하라. 짐이 장차 살펴서 선택하여 실행하겠다." 하였다.

또 이르기를, "하늘이 임금을 세워서 백성을 기르니 임금이 백성을 돌보지 않으면 이는 하늘을 공경하지 않는 것이고, 임금은 신하의 도움을 받아 다스림을 이루니 신하가 다스림을 돕지 않으면 이는 임금에게 충성하지 않는 것이다. 짐과 그대들이 모두 힘쓰지 않아서는 안 된다." 하였다.

○上御奉天門하야 召六科給事中諭曰 朕君臨天下하야 夙夜拳拳하야 惟欲軍民老少皆安하니 爾等職居近侍하야 比來皆不聞一言及於軍民利病은 何也오 可退而思之하야 條析以聞하라 朕將審擇行之호리라 又曰 天立君以養民하니 君不恤民이면 是不敬天이요 君資臣以成治하니 臣不輔治면 是不忠君이니 朕與爾等皆不可不勉이니라

31-1-38

태종이 武英殿에 임어하여 侍臣들과 사람을 쓰는 일을 의논할 때에 태종이 이르기를, "임금이 한 사람을 등용하고 한 사람을 내칠 때에 모두 구차해서는 안 되고, 반드시 衆人의 마음을 복종시켜야 한다. 만약 한 사람을 등용할 때에 천하가 모두 그 善을 알면 누가 선을 하지 않겠으며, 한 사람을 내칠 때에 모두 그 악을 알면 누가 감히 악을 하겠는가. 선이 없는데 등용하는 것은 사사로운 사랑에서 나온 것이고, 악이 없는데 내치는 것은 사사로운 미움에서 나온 것이니, 사심을 따라서 행한

다면 장차 어떻게 천하를 복종시키겠는가." 하였다.

○上御武英殿하야 與侍臣論用人할새 上曰 人君進一人退一人에 皆不可苟라 必須厭服衆心이니 若進一人에 天下皆知其善이면 則誰不爲善이며 退一人에 皆知其惡이면 則誰敢爲惡이리오 無善而進은 是出私愛요 無惡而退면 是出私惡(오)니 徇私而行이면 將何以服天下리오

31-1-39

4월에 새로 進士가 된 李衡이 스스로 말하기를, "신의 아비는 洪武 연간에 죄를 지어 법에 따라 죽었으니, 신은 감히 법령을 어기고서 벼슬을 구할 수 없습니다." 하니, 태종이 이르기를, "옛날의 성인 중에 그 아비를 벌하고서 그 아들을 등용한 분이 있다. 다만 자식이 되어 능히 아비의 행실을 고쳐서 현달하여 세상에 이름을 떨친다면 어진 사람이 되기에 충분하다. 만약 아비가 비명에 죽었다고 해서 종신토록 벼슬하지 않는다면 이 또한 반드시 中道에 부합하지는 않을 것이다. 네가 능히 힘써 학문을 닦아 등용되기를 도모한다면 비록 법령을 어길지라도 그 뜻이 가상하다. 짐은 너에게 죄를 묻지 않을 것이니 너는 노력하도록 하라." 하였다.

○四月에 新進士李衡自言 臣父洪武中得罪死於法하니 臣不敢違令干進하노이다 上曰 古之聖人이 亦有罪其父而用其子者하니 但爲子能改父行하야 致顯聞於世면 足以爲賢이니 若以父死非命으로 終身不仕면 亦未必合中道니 爾能力學하야 以圖進用면 雖違令이라도 而志可嘉니 朕不爾罪니 爾其勉之하라

31-1-40

吏科給事中 孫璘이 은밀히 아뢰기를, "전날 禮部에서 정한 給事中 8인이 外國에 조서를 頒賜하러 나갔는데, 모두 평소에 성실한 자들이 아닌데, 지금 그들이 떠난 지 이미 이틀이 지났습니다." 하였다.

태종이 이르기를, "이는 전적으로 예부에서 정한 것이 아니라 吏部 또한 그들이 사신으로 보낼 만하다고 말하였기 때문에 따른 것이다. 그대가 吏科[41]에 있으면서 銓注의 일에 참여하였으니 저들이 이미 성실하지 않다면 그대가 아침저녁으로 짐의 좌우에 있으니 마땅히 말해야 할 것이고, 그렇지 않다면 그들이 떠나기 전에 미리

41) 吏科 : 六科의 하나로 각 아문의 행정감찰을 담당한다.

말해야지 어찌 반드시 그들이 떠나기를 기다려서 말하는가? 그대 또한 잘못이다.

대저 사람의 성품은 모두 선한 것이니, 선하지 않음이 있는 것은 습관이 그렇게 만든 것이다. 또한 임금이 어떻게 기용하는지에 달려 있으니, 叔孫通[42)]이 秦나라에 있을 때에는 임금을 속였으나 漢나라에 있을 때에는 성실하였고, 裴矩[43)]가 隋나라에 있을 때에는 망령되었지만 唐나라에 있을 때에는 충성스러웠다. 본래 한 사람인데 단지 임금이 능히 기용하느냐 기용하지 못하느냐에 달려 있다. 그대가 말한 바를 자세히 살필 것이니 삼가서 누설하지 말라." 하였다.

○吏科給事中孫瑾密奏前日禮部所定給事中八人이 頒詔外國하니 皆素非誠實者니 時已行二日矣니이다 上曰 此非專出禮部所定이라 吏部亦言其可使라 故從之니라 爾在吏科하야 與聞銓注之事하니 彼既不誠이면 爾早晚在朕左右當言이요 不然이면 則於未行之先當言이니 何必俟其既去乃言가 爾亦過矣로다 夫人性皆善하니 有不善者는 習使之然이라 亦在人主用之何如이니 叔孫通在秦則欺하고 在漢則誠하고 裴矩在隋則佞하고 在唐則忠하니 本是一人이라 但在人主能用與不能用爾니라 適爾所言하리니 慎勿泄也하라

31-1-41

≪文華寶鑑≫[44)]이 완성되자 태종이 奉天門에 임어하여 황태자(朱高熾)를 불러 주면서 이르기를, "자신을 수양하고 남을 다스리는 요체가 이 책에 갖추어져 있다. 堯임금과 舜임금이 帝位를 전할 때에 오직 '진실로 中道를 잡으라.〔允執厥中〕'라고 하였으니, 제왕의 도는 요체를 아는 것이 중요하다. 요체를 알면 곧 다스리기에 충분하니 너는 힘쓸지어다." 하였다.

---

42) 叔孫通 : 秦나라에서 벼슬을 하다가 劉邦에게 발탁되어 博士에 임명된 사람이다. 유방이 천하를 통일한 뒤 신하들이 공훈을 다투는 것을 걱정하여 숙손통에게 예의를 제정하도록 하자, 숙손통은 古禮를 가려 뽑고 진나라의 제도와 결합시켜서 한 왕조의 朝制와 典禮의 기틀을 마련하였다.(≪史記≫ 권99 〈叔孫通列傳〉)

43) 裴矩 : 隋나라 煬帝 때의 인물로, 황제의 뜻에 아첨하고 영합하여 수나라 정치의 혼란을 초래했던 인물이다. 經史를 두루 섭렵하였고 일을 처리하는 재간도 있었으며, 양제 때는 西域을 經略하여 吐谷渾을 격파하는 등 공적을 세웠다. 그런데 뒤에 가서 양제가 정치를 어지럽히고 사치를 일삼자, 충언으로 바로잡으려 하지 않고 구차하게 아첨하여 양제의 비위를 맞추었다. 양제가 宇文化及에게 피살되자 우문화급에게 영합하여 尙書右僕射가 되었고, 우문화급이 패망하자 또 竇建德을 섬겼으며, 뒤에는 당나라에 항복하여 충성을 다해 태종을 섬겼다.(≪隋書≫ 권67 〈裴矩列傳〉)

44) 文華寶鑑 : 明 太宗 永樂 2년(1404)에 완성된 책이다. 태종이 황태자 교육용으로 嘉言과 善行을 수집하고, 太祖의 ≪儲君昭鑑錄≫을 기준으로 하여 태조의 謨訓을 더해서 만들었다.(≪千頃堂書目≫ 권11)

황태자가 절하고 받아서 물러나니, 태종이 翰林學士 解縉 등을 돌아보고 이르기를, "짐의 皇考(明 太祖)께서 태자를 훈계하실 때에 일찍이 經傳의 格言을 채집하여 책을 만들고서 이름을 ≪儲君昭鑑錄≫이라고 하셨으니, 지금 짐의 이 책은 그것을 조금 확충한 것이다. 대체로 황고의 聖謨와 大訓을 자손 帝王들이 만세토록 지켜야 할 법이라고 한 것이니, 진실로 이것을 능히 지키면 어진 임금이 되기에 충분하다. 옛날에 秦 始皇은 황태자에게 법률을 가르쳤고, 晉 元帝는 태자에게 韓非子의 책을 가르쳐서 제왕의 도가 버려져 講究되지 않았으니, 이것이 세상이 어지럽고 망하게 된 이유이다. 짐의 이 책은 모두 大經大法이다. 경들은 東宮을 輔養하는 직임을 겸하고 있으니 한가한 때에 또한 이것으로 일러주어야 그 德業을 이루어 훗날 守成하는 영명한 군주가 될 수 있을 것이다." 하였다.

○文華寶鑑成이어늘 上御奉天門하야 召皇太子授之曰 修己治人之要 具於此書라 昔堯舜相傳에 惟曰允執厥中이니 帝王之道 貴乎知要하니 便足爲治라 爾其勉之어다 皇太子拜受而退하니 上顧翰林學士解縉等曰 朕皇考訓戒太子하실새 嘗采經傳格言爲書하고 名曰儲君昭鑑錄이라하시니 今朕此書는 稍充廣之라 蓋以皇考聖謨大訓이 以爲子孫帝王萬世之法이라하노니 誠能守此면 足爲賢君이라 昔秦始皇敎皇太子以法律하고 晉元帝授太子以韓非書하야 帝王之道廢而不講하니 此所以亂亡이라 朕此書는 皆大經大法이라 卿等兼輔東宮하니 從容閒暇에 亦當以此爲說이라야 庶幾成其德業하야 他日不失爲守成令主리라

31-1-42

태종이 奉天門에 임어하여 조회를 파하고 六科給事中을 불러서 유시하기를, "짐이 날마다 백관을 만나 庶務의 가부를 결정할 때 간혹 중도를 잃는 일이 있을 것이니, 그대들은 숨김없이 정직하게 말해야 할 것이다." 하였다.

또 한림학사 解縉 등을 돌아보고 이르기를, "과감하게 행하는 신하는 구하기 쉽지만 과감하게 말하는 신하는 얻기 어려우니, 과감하게 행하는 자는 자신에게 강하고 과감하게 말하는 자는 임금에게 강하다. 그렇기 때문에 王魏의 풍도[45]를 세상에서 많이 볼 수 없는 것이다. 만약 進言하는 자로 하여금 두려워하는 바가 없게 하고, 말을 듣는 자로 하여금 거스르는 바가 없게 한다면 천하에 어찌 다스려지지 않는 것

45) 王魏의 풍도 : 王魏는 唐나라 태종 때의 直臣으로 유명한 王珪와 魏徵의 竝稱이다.

을 근심하겠는가. 짐과 그대들이 모두 힘써야 할 것이다." 하였다.

○上御奉天門하야 視朝罷에 召六科給事中諭曰 朕日臨百官하야 可否庶務할새 或有失中者니 爾等宜直言無隱하라 又顧翰林學士解縉等曰 敢爲之臣은 易求어니와 敢言之臣은 難得이니 敢爲者는 彊於己하고 敢言者는 彊於君이니 所以王魏之風을 世不多見이라 若使進言者로 無所畏하고 聽言者로 無所忤면 天下何患不治리오 朕與爾等皆勉之니라

31-1-43

吏部尙書 蹇義가 내일 관리를 선발하겠다고 奏請하니, 태종이 유시하기를, "그대들의 직책이 人事를 전담하고 있으니, 邪正을 변별할 때 事理만을 헤아려야 하고 인정에 맡겨서는 안 된다. 사리를 헤아리면 옳고 그름을 기준으로 승진시키거나 좌천시키게 되고, 인정에 맡기면 자기를 따르는지 거스르는지를 기준으로 취하고 버리게 되니 신중하고 또 신중하라." 하였다.

또 이르기를, "사람을 등용하는 방법은 각각 그 장점에 따라 일을 맡기는 것이니, 재능이 우수한 자에게 일을 다스리게 하고, 덕이 두터운 자에게 백성을 기르게 해야 한다. 이는 재능이 있는 자가 반드시 모두 군자인 것이 아니고, 덕이 있는 자는 반드시 小人과 같지 않기 때문이다." 하였다.

○吏部尙書蹇義奏請明日選官한대 上諭之曰 爾等職專銓選하니 辯別邪正에 但當揆理요 不當任情이니 揆理면 則以是非爲進退하고 任情이면 則以從違爲取舍니 愼之愼之하라 又曰 用人之道 各隨其所長이니 才優者를 使治事하고 德厚者를 令牧民이니 蓋有才者 未必皆君子요 有德者 必不同小人이니라

31-1-44

태종이 禮部의 신하에게 이르기를, "會試에서 낙방한 擧人이 매우 많은데 그중에는 필시 취할 만한 자가 있을 것이다. 이는 일시적으로 시간이 촉박해서 혹은 본래 學問이 있는데 글을 지을 때에 기억이 우연히 잘못되어 마침내 잘못을 범하기도 하고, 혹은 원래 잘못하지 않았는데 답안지를 검사하는 시험관이 정신이 흐려서 답안지를 자세히 살피지 못해 낙방으로 처리했을까 염려해서이니, 이 경우는 모두 긍휼히 여길 만하다. 翰林院으로 하여금 시험문제를 내서 다시 시험하여 문장이 우등인

자를 가려서 아뢰게 하라." 하여, 마침내 張鉉 등 60인을 뽑아서 아뢰었다.

태종이 召見하고 모두에게 冠帶를 하사하고 國子監에 진학하여 다음 과거를 기다리라고 명하고, 또 권면하기를, "선비는 의당 뜻을 세워야 하니, 뜻이 전일하면 공부가 전일해지고, 공부가 전일하면 학업이 성취된다. 너희들은 학문에 이미 근본이 있으니, 다만 다시 백 척의 간대 위에서 한 걸음 내딛어야 할 것이다. 다음 과거의 甲科 一人이 너희들 중에 있지 않겠는가. 가서 노력하라." 하였다.

○上命禮部臣曰 會試下第擧人既多하니 其中必尙有可取者라 蓋慮一時匆(총)猝하야 或本有學問이나 而爲文之際에 記憶偶差하야 遂致謬誤하고 或本不謬誤나 而考閱之官이 精神昏倦하야 失於詳審하야 以致黜落하니 此皆可矜이라 其令翰林院出題更試하야 擇文詞優等者以聞하라 遂得張鉉等六十人以奏한대 上召見하야 皆賜冠帶하고 命於國子監進學하야 以俟後科하고 且勉之曰 士當立志니 志一則工專하고 工專則業就니 爾等於學에 已有根本하니 但更百尺竿頭進步爾니 後科第一甲人에 有不在爾曹乎아 其往勉之하라

31-1-45

太子少師 姚廣孝46)에게 蘇州와 湖州에 가서 진휼하라고 명할 때에 태종이 다음과 같이 유시하였다.

"임금의 옷 한 벌 밥 한 끼가 모두 백성들이 바친 것이다. 백성이 곤궁하여 옷과 밥이 없으니 임금이 어찌 애석하지 않을 수 있겠는가. 임금은 아버지이고 백성은 아들이다. 아들이 되어서는 마땅히 효도해야 하고, 아버지가 되어서는 마땅히 자애로워야 하니, 각자 자기의 도리를 힘써 다해야 한다. 그대는 卿이니 가서 짐의 이 마음을 體念하여 나라를 위해 경비를 아껴서는 안 될 것이다. 재물을 나누어 주어 백성을 얻는 것이 어진 자의 정치이다."

○命太子少師姚廣孝往蘇湖賑濟할새 上諭之曰 人君一衣一食이 皆民所供이라 民窮無衣食하니 君豈可不惜가 君은 父也요 民은 子也라 爲子當孝요 爲父當慈니 各務盡其道니라 爾卿往體朕此心하야 不可爲國惜費니 蓋散財得民이 仁者之政이니라

46) 姚廣孝 : 1335~1418. 원말명초의 정치가·승려이다. 자는 斯道이고, 호는 天禧·逃虛·獨庵이며, 법명은 道衍이다. 명나라의 승려로 洪武 연간에 高僧으로 뽑혔으며, 燕王을 좇아서 慶壽寺의 주지로 있으면서 정치를 도왔다. 1404년 太師少師의 관직에 올랐으며, 태조가 그의 본래의 성을 회복하고, 廣孝라는 이름을 하사하였으므로 姚少師라고 불렸다. 儒家의 불교 격하에 대해서 ≪道餘錄≫을 지어 반론을 폈다.

31-1-46

大理寺가 범법자가 있는데 墨刑에 해당한다고 하니, 태종이 이르기를, "묵형을 면제해주도록 하라." 하고, 조금 있다가 유시하기를, "짐이 면제해준 것은 그가 스스로 새로워지는 길을 막을까 염려해서였다. 사람이 누가 과실이 없겠는가. 또한 실수로 범한 것이지 고의로 어긴 것이 아닌 자가 있는데 묵형을 시행한 뒤에는 그가 비록 선한 사람이 되려는 뜻이 있을지라도 자기 몸이 이미 묵형을 당했으므로 또한 그 뜻이 절로 나태해질 것이다. 그러므로 짐이 묵형을 쓰지 않는다." 하였다.

○大理寺(시)言有犯者法當黥이라한대 上曰 免黥하라 既而諭曰 朕所以免之者는 慮遏其自新之路니 人孰無過리오 亦有誤犯而非故違者니 如既黥之면 彼雖有遷善之意나 顧其身已墨하니 亦自怠矣라 故朕於墨刑不用也하노라

31-1-47

8월에 翰林學士 解縉 등이 〈大學正心章講義〉를 올리자 태종이 두 차례나 보고서 해진 등에게 유시하였다.

"임금은 참으로 좋아하는 것이 있어서는 안 되니, 한 가지라도 좋아하는 것이 있어서 그것에 빠져서 돌아오지 못하면 욕심이 반드시 이치를 이길 것이다. 만약 마음이 능히 청정하고 욕심이 없어서 일이 오면 대응하고 일이 가면 明鏡止水처럼 된다면 자연히 순수한 天理 상태가 될 것이다. 짐이 매번 조회에서 물러나 조용히 앉아 있을 때마다 이 마음을 단속하는 것이 긴요한 일이 된다는 것을 생각하지 않은 적이 없고, 또 임금이 되어 집과 수레와 말과 의복과 음식과 진귀한 노리개를 늘리는 바가 없으면 천하에 자연히 일이 없어질 것이라고 생각하였다."

○八月에 翰林學士解縉等이 進呈大學正心章講義한대 上覽之至再하고 諭縉等曰 人君誠不可有所好樂(요)니 一有好樂하야 泥而不返이면 則慾必勝理니 若心能靜虛하야 事來則應하고 事去如明鏡止水면 自然純是天理니 朕每退朝默坐하야 未嘗不思管束此心爲切要하고 又思爲人君에 但於宮室車馬服食玩好에 無所增加면 則天下自然無事矣리라

31-1-48

태종이 右順門에 임어하여 侍臣들과 元나라의 흥망이 모두 天運으로 말미암는다

는 것을 논할 때에 태종이 말하였다.

"천운이 비록 사전에 정해진 曆數가 있으나 周나라의 後代 역수가 그것을 넘었으니, 이는 주나라 先王이 쌓은 덕이 매우 두텁고 그 후대 임금이 또 桀紂 같은 惡이 있는 데에는 이르지 않았기 때문이다. 만약 夏나라와 殷나라의 후대에 桀이나 紂를 만나지 않았다면 갑자기 망하지 않았을 것이다. 원나라가 처음에 德이 있어서 興하였으니, 만약 그 자손들이 덕을 닦고 백성을 보호할 줄을 알았다면 또한 갑자기 망하지 않았을 것이다. 원나라 順帝가 軍民을 돌보지 않고 國政을 다스리지 않고서 荒淫無度하였으니 어찌 망하지 않을 수 있겠는가. 그러므로 나라가 흥하고 망하는 것은 반드시 덕에 달려 있지 전적으로 曆數에 달려 있지 않다."

○上御右順門하야 與侍臣論胡元興廢皆由天運할새 上曰 天運雖有前定之數나 然周家後來曆數過之하니 蓋周之先德積累甚厚하고 其後嗣又不至有桀紂之惡이라 使夏殷之後로 不遇桀紂면 未遽亡也라 元始以有德興하니 使其子孫知修德保民이면 亦未遽亡이라 順帝不恤軍民하고 不理國政하고 而荒淫無度하니 安得不亡이리오 故國之廢興이 必在德이요 不專在數也니라

31-1-49

9월에 周王 朱橚(주숙)[47]이 조회 와서 騶虞[48]를 바치니 백관이 경하를 드리면서 皇上의 지극한 仁이 하늘을 감격시켜 상서로운 동물을 오게 했다고 하였다.

조회가 파하고 태종이 侍臣에게 이르기를, "방금 신하들의 말을 듣고 나도 모르게 두려운 마음이 들었다. 큰 천하에 한 사람이라도 원한을 품는다면 어찌 仁이라고 할 수 있겠으며, 한 생각이라도 정성스럽지 않으면 어찌 하늘을 감동시킬 수 있겠는가. 짐이 밤낮으로 이것을 두려워하고 있으니, 어떻게 추우가 하늘이 짐에게 상서를 내려준 것이라고 곧바로 말할 수 있겠는가." 하니, 시신이 말하기를, "성상의 뜻이 이와 같으시니 이 때문에 위로 하늘의 마음을 감격시킨 것입니다." 하였다.

태종이 이르기를, "상서가 오면 사람으로 하여금 교만해지게 하기 쉬우니, 이 때문에 옛날 영명한 군주는 모두 상서를 만나면 스스로 경계하였고 상서로 인하여 스

47) 朱橚(주숙) : ?~1425. 明나라 태조의 다섯째 아들이고, 태종의 同母弟이다. 洪武 3년에 吳王에 봉해졌고, 11년에 周王으로 改封되었다. 저서에 ≪救荒本草≫가 있다.

48) 騶虞 : 전설상의 동물로, 의로운 동물이라고 한다. 흰 호랑이의 몸에 검은 무늬가 있고, 살아 있는 생물을 먹지 않는다고 한다. ≪詩經≫의 毛傳에는 지극히 신의의 덕이 있는 인물이 있으면 이에 호응하여 나타난다고 하였다.(≪詩經≫ 〈召南 騶虞〉)

스로 나태한 적이 없다. 경계와 나태는 국가의 안위가 매여 있는 것이니, 추우가 만약 상서가 된다면 짐으로서는 다시 더 삼가야 할 것이다." 하였다.

○九月에 周王橚來朝하고 且獻騶虞하니 百僚稱賀하야 以爲皇上至仁格天所致라하야늘 旣朝罷에 上謂侍臣曰 適聞群臣言하니 不覺惕然이라 天下之大에 如一夫有怨이면 豈得謂仁이며 一念不誠이면 豈能格天가 朕方夙夜斯懼하니 何可便謂騶虞是天降祥於朕이리오 侍臣曰 聖志如此하시니 所以上格天心이니이다 上曰 祥瑞之來 易(이)令人驕하니 是以로 古之明主 皆遇祥自警하고 未嘗因祥自怠하니 警怠者는 國家安危繫焉하니 騶虞若果爲祥이면 在朕更當加愼이니라

31-1-50

태종이 吏部尙書 蹇義 등에게 말하였다.

"지난번에 각처의 수령이 반드시 모두 적임자가 임명되었다고 할 수 없을까 염려하였기 때문에 御史를 나누어 보내 순행하면서 고찰하라고 명하였다. 그런데 요즈음 들으니 어사가 郡邑에 이르러 公館에 앉아서 諸生과 官에서 사역하는 庶人을 불러서 묻고서 곧바로 그 말을 믿는다고 하니, 이와 같으면 어떻게 진실을 얻을 수 있겠는가. 만약 그 境內에 들어가면 田野가 개간되어 있고, 백성들은 편안하고, 예의와 겸양이 흥기하고, 풍속이 후덕하여 경내에 도적이 없고 간사한 아전이 없으면 곧 수령이 어질고 능력 있다는 것을 알 수 있고, 이 몇 가지가 없으면 곧 그런 수령은 취할 만한 점이 없는 것이다.

또 말로만 묻는 폐단은 한두 가지가 아니다. 사람마다 好惡가 같지 않으면 헐뜯고 칭찬하는 것 또한 다른 것인데, 만약 단지 관청에 있는 몇 사람의 말에 의거하여 賢否를 정한다면 君子는 中正함으로 자신을 지키고 小人은 뇌물을 써서 명예를 구하므로 卽墨과 阿의 비난과 칭찬이 나올 것이다.[49] 그러므로 孟子가 取捨를 논할 때에 반드시 온 나라 사람에게서 증빙을 취하였으니,[50] 지금부터 御史와 按察使는 有司

49) 卽墨과……것이다 : 卽墨과 阿는 중국 戰國時代 齊나라 지방 이름이다. 제나라 威王 때 아의 大夫와 즉묵의 대부는 같은 지방관이었는데, 아 대부는 왕의 측근들의 칭송이 자자한 반면 즉묵 대부는 비방이 들끓었다. 이를 이상하게 여긴 위왕이 몰래 사람을 보내어 해당 고을의 실정을 조사하게 한 결과 아 대부는 측근을 매수하여 칭송을 구한 것이었고 즉묵 대부는 정사에만 전념하여 선정을 베푼 사실을 알게 되었다. 이에 위왕은 아 대부를 삶아 죽이고 즉묵 대부에게는 1만 호를 봉해주었다. 이후 제나라는 훌륭하게 다스려졌다고 한다.(≪史記≫ 권46 〈田敬仲完世家〉)

50) 孟子가……취하였으니 : 맹자가 梁 惠王에게 신하를 선발하고 내치는 방법에 대해 말하기를, "左右의 신하가 모두 그를 어질다고 말하더라도 허락하지 말며, 여러 大夫들이 모두 어질다고 말하더라도 허락하지 말고, 온 나라 사람이 모두 어질다고 말한 뒤에 살펴보아서 어진 점을 확인한

의 賢否를 고찰하여 모두 사실을 갖추어서 아뢰게 하라."

○上謂吏部尙書蹇義等曰 往者에 慮各處守令이 未必皆得人이라 故命御史分巡考察이러니 比聞御史至郡邑하야 但坐公館하야 召諸生及庶人役於官者하야 詢之하야 輒以爲信하니 如此면 何由得實이리오 如入其境이면 田野闢하고 人民安하고 禮讓興하고 風俗厚하야 境無盜賊하고 吏無奸欺면 卽守令賢能可知요 無是數者면 卽守令無所可取矣라 且詢言之弊非一端이라 人好惡不同이면 則毁譽亦異하니 若只憑在官數人之言하야 以定賢否면 其君子는 中正自守하고 小人은 賂遺求譽하야 而卽墨及阿之毁譽出矣라 故孟子論取舍에 必徵諸國人하시니 自今御史及按察司 考察有司賢否하야 皆令具實以聞하라

31-1-51

11월에 戶部尙書 郁新 등이 御馬監에서 흰 코끼리가 먹을 곡식을 요구한다고 말하자 태종이 이르기를, "흰 코끼리가 實用에 무슨 보탬이 되기에 백성의 식량을 빼앗아 먹이려고 하는가. 이는 옛사람이 이른바 '짐승을 몰아서 사람을 잡아먹게 하는 것이다.'[51]라는 것이니, 들어주지 말라." 하였다.

다시 어마감의 관원을 불러서 꾸짖기를, "너희들이 가만히 앉아서 膏粱珍味를 먹고 가볍고 따뜻한 옷을 입고 있으니 어찌 백성들의 어려움을 알겠는가. 코끼리에게 하루에 먹이는 곡식을 계산해보면 여러 식구가 있는 농부 한 집안이 하루 먹을 식량이다. 짐이 임금이 되어 직책이 백성을 기르는 데에 있는데 너희들이 짐이 모르게 이 일을 하였으니 이는 짐으로 하여금 천하의 민심을 잃게 하려는 것이다. 만약 다시 감히 이렇게 한다면 반드시 용서 없이 처벌할 것이다." 하였다.

○十一月에 戶部尙書郁新等言御馬監索白象食穀한대 上曰 白象何補實用이완대 乃欲奪民食以飼之아 此古人所謂率獸食人者라 勿聽하노라 復召御馬監官責曰 爾輩坐食膏粱하고 衣輕暖하니 豈知百姓艱難가 計象一日所飼穀이면 當農夫數口之家一日之食이라 朕爲君하야 職在養民이어늘

뒤에 등용하며, 左右의 신하들이 모두 그를 不可하다고 말하더라도 듣지 말며, 여러 대부들이 모두 불가하다고 말하더라도 듣지 말고, 온 나라 사람들이 모두 불가하다고 말한 뒤에 살펴보아서 불가한 점을 확인한 뒤에 버려야 합니다."라고 한 말을 가리킨다.(≪孟子≫ 〈梁惠王 下〉)

51) 짐승을……것이다 : 맹자가 楊朱와 墨翟을 배격해야 한다는 말을 하면서 公明儀의 말을 인용하여 "공명의가 말하기를 '임금의 푸주간에 살찐 고기가 있고 마구간에 살찐 말이 있는데도 백성들은 굶주린 기색이 있으며 들에는 굶어 죽은 시체가 있다면 이는 짐승을 몰아서 사람을 잡아먹게 하는 것이다.' 하였다."라고 한 말을 가리킨다.(≪孟子≫ 〈滕文公 下〉)

爾輩不令朕知而爲此事하니 是欲朕失天下心이라 如復敢爾인댄 必誅不宥하리라

31-1-52

刑部尙書 鄭賜 등이 여러 官署의 관원들을 모아 錄囚[52]하겠다고 아뢰니, 태종이 여러 관서의 관원들을 모두 불러 유시하였다.

"刑獄을 다스리는 것은 반드시 분명하고 신중하도록 힘써야 하니, 농부가 김매는 것에 비유하면 잡초를 제거하는 데 마음을 쓰지 않으면 보아도 보이지 않는 것이 있어서 곡식의 싹까지 뽑아버리게 된다. 형벌로써 흉악한 사람을 제거하는 데 만약 마음을 쓰지 않으면 살펴도 분명히 보지 못하는 것이 있어서 선한 사람까지 해치게 된다. 그대들은 모두 마음을 다해서 게으르고 소홀히 해서는 안 될 것이다."

○刑部尙書鄭賜等이 奏會諸司官하야 錄囚하니 上悉召諸司官하야 諭曰 理刑은 必務明愼이니 譬諸農夫之耘에 爲去稂莠也에 若心不存이면 則視有所不見하야 而幷良苗去之矣요 刑以除凶人에 若心不存이면 則察有所不明하야 而幷善人害之矣니 爾等皆宜盡心하야 不可怠忽하라

31-1-53

通政使 趙彝가 아뢰기를, "山西의 백성이 介休縣에 五色의 돌이 나왔다고 하니 그릇을 만들 만합니다." 하니, 태종이 이르기를, "이는 요행을 바라는 小人이니 들어줄 수 없다. 몇 년 동안 전쟁과 흉년으로 백성들이 고통을 받아 편안히 쉬지 못하는데 지금 또 이것으로 거듭 곤궁하게 할 수 있겠는가. 官府에서 한 가지 물건을 구하면 곧 백성들이 한 가지 피해를 입는다. 더구나 이 돌은 배고파도 먹을 수 없고 추워도 입을 수 없는데 백성에게 누를 끼치는 짓을 어찌 하겠는가." 하고, 내쫓으라고 명하였다.

○通政使趙彝奏山西民言介休縣出五色石하니 可爲器用이니이다 上曰 此倖覬小人이니 不可聽이라 數年兵革災荒으로 百姓困苦하야 未得寧息이어늘 今又可以此重困之乎아 官府求一物이면 卽百姓受一害니 況此石은 飢不可食이요 寒不可衣니 累民何爲리오 命斥出之하다

---

52) 錄囚 : 옥에 갇힌 죄수에 대하여 그 죄상과 처결 상황 따위를 살피던 일인데, 억울하게 처벌받는 것을 금지하기 위한 제도이다. 조선시대에는 5일에 한 번씩 錄啓하는 것이 법으로 정해져 있었다.(≪大典會通≫ 〈刑典 恤囚〉)

본받을 만한 善政 善可爲法

國朝(明나라)

太宗 文皇帝 下

32-1-1

明 成祖

永樂 3년(1405) 정월이다. 이전에 태종이 翰林學士 解縉 등에게 새로 선발된 進士 중에서 才質이 영민한 자를 선발하여 文淵閣에 나아가 進學하게 하라고 명했었다.

이때에 이르러 해진 등이 修撰 曾棨,[1] 編修 周述[2]·周孟簡,[3] 庶吉士 楊相[4] 등 28명을 선발하여 대궐에 들어가 알현하게 하였다. 태종이 유시하기를, "사람은 모름지기 뜻을 세워야 하니, 뜻이 서면 功이 이루어진다. 천하 고금의 사람 중에 뜻이 없는데도 공을 세우고 일을 성공한 자가 없다. 너희들은 수천 수백 명 중에서 선발되어 진사가 되었고, 또 진사에서 선

1) 曾棨 : 1372~1432. 明나라 江西 永豐 사람으로, 자는 子啓이고, 호는 西墅이다. 文淵閣에서 讀書하였고, 書法과 文章에 능하였다. ≪永樂大典≫의 修撰에 참여하였고, 벼슬은 少詹事에 이르렀다. 저서에 ≪西墅集≫이 있다. 시호는 襄敏이다.

2) 周述 : ?~1436. 明나라 江西 吉水 사람으로, 자는 崇述이다. 永樂 2년(1404)에 진사가 되어 翰林編修에 제수되었다. 曾棨 등 28인을 뽑아 文淵閣에서 독서하게 할 때에 從弟 周孟簡과 함께 선발되었다. 벼슬은 左庶子에 이르렀고, 저서에 ≪東墅詩集≫이 있다.

3) 周孟簡 : 1378~1430. 明나라 江西 吉水 사람으로, 이름은 偉인데 字로 행세하였다. 周述의 從弟이다. 永樂 2년에 진사가 되어 翰林編修에 제수되었다. 저서에 ≪竹磵集≫, ≪翰林集≫, ≪西垣詩集≫이 있다.

4) 楊相 : 明나라 永樂 2년에 進士試에 文學에 優等한 사람으로 뽑혀 庶吉士가 되어 翰林에 소속되었다.(≪明史≫ 권70 〈選擧2〉)

발되어 여기에 이르렀으니, 참으로 모두 오늘날의 英俊들이다. 그러나 마음을 원대하게 세워야 하고 작은 성취에 안주해서는 안 된다. 학문을 할 때는 반드시 道德의 은미한 경지에 나아가고 반드시 體用을 완전하게 갖추어야 하고, 글을 지을 때에는 반드시 班馬[5]와 韓歐[6]의 사이에서 나란히 달려야 하니, 이렇게 마음을 세워 날마다 그치지 않고 나아가면 성공하지 못할 자가 없을 것이다. 古今의 文學 중에 지극히 훌륭한 작품들이 어찌 모두 그냥 이루어졌겠는가. 이것들 또한 功을 축적해서 이루어진 것이니, 너희들은 노력하라. 짐은 너희들에게 일을 맡기지 않겠다. 문연각은 고금의 서적이 모인 곳이니, 너희들은 각자 자기의 녹봉을 받고 날마다 문연각에 나아가 너희들이 하고 싶은 대로 연구하여 자신에게 실제로 얻은 것이 있도록 힘쓴다면 국가가 장래에 모두 너희들을 등용할 것이니, 스스로 게을러서 짐이 기대하는 뜻을 저버려서는 안 될 것이다." 하였다.

이때 서길사 周忱[7]이 스스로 나이가 어리다고 아뢰고 문연각에 나아가 배우기를 원하자 태종이 기뻐하여 "뜻이 있는 선비이다."라고 하고, 주침을 합쳐 29명으로 만들었다. 마침내 司禮監에서 매달 붓과 먹과 종이를 지급하게 하고, 光祿寺에서 아침 저녁의 음식을 지급하고, 禮部에서 매달 초〔燭〕 값으로 한 사람당 鈔 3錠[8]을 지급하고, 工部에서 문연각과 가까운 곳의 집을 마련해서 거주하게 하라고 명하였다.

三年正月이라 先是에 上命翰林學士解縉等하야 於新進士中에 選才質英敏者하야 俾就文淵閣進學이러니 至是에 縉等이 選修撰曾棨編修周述周孟簡庶吉士楊相等二十八人하야 入見하다 上諭之曰 人須立志니 志立則功就이라 天下古今之人이 未有無志而能建功成事者하니 汝等簡拔於千百人中하야 爲進士하고 又簡拔於進士中하야 至此하니 固皆今之英俊이라 然當立心遠大요 不可安於小成이니 爲學必造道德之微하며 必具體用之全이요 爲文必竝驅班馬韓歐之間이니 如此立心하야 日進不已면 未有不成者라 古今文學之至 豈皆天成이리오 亦積功所致也니 汝等勉之하라 朕不任汝以事호리라 文淵閣은 古今載籍所萃니 汝各食其祿하고 日就閣中하야 恣汝玩索하야 務實得於己면 庶國家將來皆得汝用이니 不可自怠하야 以孤朕期待之意하라 時에 庶吉士周忱이 自陳年少하야 願進學한대 上喜曰 有志之士也라하고 命增忱爲二十九人하야 遂命司禮監月給筆墨紙하고 光祿給朝暮膳하고 禮部月給膏燭鈔人三錠하고 工部擇近第宅居之하다

---

5) 班馬 : 前漢의 문장가로 ≪史記≫를 지은 司馬遷과 後漢의 문장가로 ≪漢書≫를 지은 班固의 竝稱이다.
6) 韓歐 : 唐宋八家의 대표적 인물인 唐나라 韓愈와 宋나라 歐陽脩의 竝稱이다.
7) 周忱 : 1381~1453. 明나라 江西 吉水 사람으로 자는 恂如이고, 호는 雙崖이다. 永樂 2년(1404)에 진사에 급제하여 文淵閣에 들어가 독서한 인재로 뽑혔다. ≪永樂大典≫을 찬수하는 데에 참여하였고, 벼슬은 工部尙書에까지 올랐다. 저서에 ≪雙崖集≫이 있다.
8) 鈔 3錠 : 鈔는 화폐로 사용하던 銀塊로서 1錠은 50兩이다.

32-1-2

國子監祭酒 胡儼[9]이 洪武 연간에 정한 學規를 거듭 천명할 것을 청하자 태종이 따랐다.

태종이 호엄에게 유시하기를, "이것은 그 規約이다. 師範이 된 자는 의당 자신을 바르게 하여 솔선하고, 諸生들을 강학하고 교화시켜 그들의 마음을 기르고 그들의 몸을 선하게 만드는 것이 매우 중요하니 그대는 힘써야 할 것이다." 하였다.

○國子監祭酒胡儼請申明洪武中所定學規어늘 從之하다 上諭儼曰 此其條約耳라 爲師範者 當務正己以先之하고 講學漸磨하야 以養其心하며 淑其身이 此爲切要니 汝宜勉之哉어다

胡儼

32-1-3

3월에 淮安府 邳州가 그곳의 백성들이 심하게 굶주리고 있다고 말하며 그 인구수를 계산하여 곡식 9000石을 얻어서 賑恤하게 해달라고 청하였다. 태종이 불쌍히 여겨 이르기를, "이 수량으로는 3개월 동안 지급할 수 있다. 추수할 때가 아직 멀었는데 만약 3개월분만 지급한다면 굶주려 죽는 것을 면하지 못할 것이다. 나라에서 백성에게 은혜를 베푸는데 어찌 장구하지 않은 계책을 쓰겠는가." 하고, 특별히 戶部에 두 배를 지급하라고 명하였다.

○三月에 淮安邳州言民飢甚이어늘 計其口數하야 請得粟九千石賑之한대 上惻然曰 此可給三月耳라 秋成之期尙遠하니 若止給三月이면 猶不免於餧死니 國家於惠民에 豈可爲旦夕計리오 特命戶部倍數給之하다

---

9) 胡儼 : 1361~1443. 明나라 江西 南昌 사람으로, 자는 若思이고, 호는 頤庵이다. 洪武 20년(1387)에 擧人으로 華亭敎諭가 되었고, 永樂 초에 翰林에 들어갔다. 조정에서 행한 대규모 저작이 대부분 그의 손에서 나왔는데, ≪太祖實錄≫·≪永樂大典≫·≪天下圖志≫를 편수할 때 總裁官을 맡았고, 仁宗 때에 太子賓客 兼 國子監祭酒가 되었다. 저서에 ≪頤庵文選≫이 있다.

32-1-4

7월에 陝西의 興平과 鳳翔 두 縣이 상서로운 보리 30本을 진상하자 禮部가 신하들을 거느리고 表文을 올려 하례하면서 聖德이 온 세상을 덮은 데 대한 報應이고 천하가 태평해질 징조라고 하였다. 태종이 표문을 보고서 尙書 李至剛[10]과 侍郎 趙玒(조공)[11]에게 이르기를, "상서로운 보리가 참으로 좋은 보응이기는 하지만 사방의 遠近에 한 사람도 안주하지 못하는 사람이 없어야 이것이 태평이 될 수 있다. 지금 中外에 과연 아래에서 근심하고 원망하는 匹夫匹婦가 없는가? 표문을 보니 더욱 부끄러울 뿐이다. 임금과 신하는 서로 정성으로 어울리는 것이 귀하고, 아첨하는 것은 治世의 기풍이 아니다." 하니, 이지강 등이 부끄러워 사죄하였다.

○七月에 陝西興平鳳翔二縣이 進瑞麥三十本이어늘 禮部率群臣上表賀하야 以爲聖德覆被之應이요 天下太平之徵이라한대 上覽之하고 謂尙書李至剛侍郎趙玒曰 瑞麥이 固是嘉應이나 但四方遠邇 靡一物不得其所라야 斯可爲太平이니 今中外果無匹夫匹婦之愁怨於下者乎아 覽表에 秖益慚愧耳라 君臣貴相與以誠이요 諛佞非治世之風也니라 至剛等이 愧謝하다

32-1-5

태종이 禮部의 신하에게 유시하였다.

"학교는 인재를 길러서 임용에 공급하는 곳이다. 태조 고황제께서 도성 안에 國子監을 설치하고, 밖으로 府와 州와 縣의 학교를 설치하고 師範을 뽑아 기용하여 준수한 인재를 교육하시고, 교육하는 법을 엄하게 제정하고 급여를 많이 주고 요역을 견감해주어 큰 효과를 기대하였다. 그런데 建文帝 이래로 학교의 교육이 해이해지고 담당 관청이 또 감독하고 격려하지 않고 녹봉만 허비하고 있다. 너희 예부는 옛 법규를 다시 밝혀서 선생의 가르침에 빠진 것이 없게 하고 선비들의 배움에 이루는 것이 있게 한다면 국가가 어진 인재를 얻어 등용할 수 있을 것이다."

---

10) 李至剛 : 明나라 松江 華亭 사람으로, 이름은 鋼인데 자로 행세하였다. 洪武 21년(1388)에 明經科에 급제하였다. 태종이 즉위하여 禮部尙書에 올랐고, 황태자가 책봉되자 左春坊大學士를 겸하여 東宮의 講筵을 담당하였다. 仁宗이 즉위하여서는 興化知府로 나갔다가 재임 중에 죽었다.

11) 趙玒(조공) : 1365~1436. 明나라 河南 祥符 사람으로, 자는 雲翰이다. 洪武 21년(1388)에 과거에 급제하여 國子監에 들어갔고, 永樂 연간에 安南으로 사신 갔다가 돌아와 刑部右侍郎에 발탁되고 후에 兵部尙書가 되었다.

○上諭禮部臣曰 學校는 育才하야 以資任用이니 太祖高皇帝內設國子監하시고 外設府州縣學하사 選用師範하야 教育俊秀하시고 嚴立教法하시며 豐廩餼傜하사 期待甚至러시니 建文以來로 學校廢弛하고 所司又不督勵하고 虛縻廩祿하니 爾禮部는 宜申明舊規하야 俾師教無闕하고 士學有成이면 庶幾國家得賢才之用이리라

32-1-6

永樂 4년(1406) 정월에 태종이 侍臣에게 말하였다.

"짐이 어제 한가한 때에 붓을 잡고 글씨 연습을 하였는데 그 붓을 만든 것이 정묘하여 매우 마음에 들었다. 이로 인하여 붓 만드는 장인의 재주가 이와 같은 것을 감탄하였으니, 어찌 태어나면서부터 이것을 잘하였겠는가. 이 또한 오랫동안 배워서 이룬 것이다. 지금 학자가 옛사람에 미치지 못하는 것은 바로 스스로 태만한 데에서 기인한다. 前代의 大儒君子는 모두 오랫동안 부지런히 노력해서 그 극치에 이르렀는데 지금 사람은 거칠고 번거로움을 싫어해서 힘을 쓰는 것이 지극하지 않으면서 道를 구하는 것이 어렵다고 한다. 비유하면 경작하기를 부지런히 하지 않는 것과 같으니, 수확을 바랄 수 있겠는가."

○四年正月에 上謂侍臣曰 朕昨閒暇에 援筆(隷)〔肄〕[12]書호니 愛其制作精妙하야 甚稱人意라 因歎匠藝如此하니 豈是生而能之리오 亦由積學所致니라 今之學者 不及古人은 政由自怠之過라 前代大儒君子는 皆是積勤以造其極이어늘 今人鹵莽厭煩하야 用力未至하고 便謂求道之難하니 譬之耕而不勤이라 可望有穫乎아

32-1-7

流球國이 鼓子 몇 사람을 바치자 태종이 이르기를, "저들 또한 사람의 자식인데 죄 없이 형벌을 받았으니 어찌 차마 받을 수 있겠는가." 하고, 禮部에게 돌려보내라고 명하였다.

예부의 신하가 이르기를, "돌려보내면 먼 지역 사람의 歸化하려는 마음을 막을까 염려되니, 칙서만 내려 다시 바치는 것을 중지하게 하소서." 하니, 태종이 이르기를, "말

12) (隷)〔肄〕: 저본에는 '隷'로 되어 있으나, ≪中庸衍義≫ 제2권 〈率性之道之義〉에 "文皇謂侍臣曰 朕昨閒暇作書 愛制筆精好 甚稱人意"라고 한 것에 의거하여 '肄'로 바로잡았다.

만으로 유시하는 것이 실제의 일로 보이는 것만 못하다. 지금 돌려보내지 않으면 저들이 짐에게 아첨하려고 반드시 잇달아 오는 자가 있을 것이다. 天地는 사물을 살리는 것으로 덕을 삼는데, 제왕이 人類를 끊을 수 있겠는가." 하고 끝내 돌려보냈다.

○琉球國進閹者數人이어늘 上曰 彼亦人子어늘 無罪而刑之니 何忍고 命禮部還之한대 禮部臣曰 還之인댄 慮阻遠人歸化之心이니 請但賜勅하사 止其再進하소서 上曰 諭之以空言이 不若示之以實事니 今不遣還이면 彼欲媚朕하야 必有繼踵而來者리니 天地以生物爲德이라 帝王乃可絶人類乎아 竟還之하다

32-1-8

태종이 武英殿에 임어하여 ≪存心錄≫을 읽다가 翰林과 侍臣을 돌아보고 이르기를, "마침 慕容超[13]가 郊 제사를 지낼 때 이상한 짐승이 제단 옆에서 나온 일이 있고 隋 煬帝가 圜丘에 제사 지낼 때 폭풍이 불자 禮를 마치지 못하고 물러났는데 그 후에 두 사람 모두 곧바로 죽은 것을 보았다. 옛사람이 말하기를, 오직 德만이 하늘을 감동시킨다고 하였는데, 不德 또한 하늘을 감동시키는가. 善을 하면 祥瑞를 내리고 不善을 하면 재앙을 내려 단지 각각 걸맞은 것으로 호응한다." 하였다.

또 이르기를, "제사를 지낼 때에는 참으로 정성스럽고 공경하게 해야 하지만 또한 반드시 평소에 선행을 쌓아야 복을 받을 수 있다. 만약 평소 행실이 道에 반대되고 德을 위배하다가 제사에 임하여 일시적으로 공손히 한다면 어찌 복을 받을 이치가 있겠는가." 하였다.

○上御武英殿하야 覽存心錄이라가 顧翰林侍臣曰 適覽慕容超郊에 有異獸出壇側하고 隋煬帝祀圜丘에 暴風이어늘 未成禮而退하니 後二人皆不旋踵而亡이라 古人言惟德動天하니 夫不德亦動天가 善則降祥하고 不善則降殃하야 但各以類應之니라 又曰 祭祀時에 固當誠敬이나 亦必平素積累善行이라야 乃可獲福이니 若平日所行이 反道背德이라가 而臨祭一時에 致其虔恭이면 此豈有獲福之理리오

13) 慕容超：385~410. 五胡十六國時代 南燕의 임금이다. 後燕의 왕 慕容垂가 北魏를 공격하다가 대패하여 죽고 그의 아우 慕容德이 南燕을 창건하고 燕王이라 칭하였다. 그러나 다시 북위의 공격을 받아 모용덕이 죽었다. 모용초는 모용덕의 조카로 황제의 자리에 올랐으나 곧바로 東晉 장군 劉裕의 공격을 받고 멸망하였다. 모용초는 이때 포로가 되어 동진의 수도 建康으로 압송된 후 살해되었는데, 그때 나이가 겨우 26세였다.

32-1-9

태종이 右順門에 임어하여 晩朝[14] 때에 백관이 일을 아뢰고 나서 모두 물러나자 태종이 6部의 尙書와 近臣들을 불러 유시하기를, "早朝 때에 사방에서 아뢰는 일이 많아 임금과 신하 간에 할 말을 다할 수 없다. 오후에는 일이 적으니 경들은 말하고 싶은 것이 있거든 조용히 진달하되 申時에는 이르지 않게 하라. 짐이 듣는 것이 피곤하기는 하지만 짐이 말하고 싶은 것이 있으면 또한 이때에 경들과 상의하려고 한다." 하였다.

○上御右順門하야 晩朝에 百官奏事畢하고 皆趨出이어늘 上召六部尙書及近臣諭曰 早朝에 四方所奏事多어늘 君臣之間에 不得盡所言이라 午後事簡하니 卿等有所欲言이어든 可就從容陳論하야 毋以將晡하라 朕倦於聽納이나 蓋朕有所欲言者면 亦欲及此時하야 與卿等商確하노라

또 이르기를, "짐이 매일 아침 4鼓[15]에 일어나 의관을 갖추고 조용히 앉아 있으니, 이때에는 정신이 맑고 氣가 깨끗하므로 사방의 일에 대해 적절한 緩急을 생각하여 반드시 마땅한 도리를 얻는다. 그런 뒤에 有司에 내주어 행하게 한다. 조회를 파하고 나서는 일찍이 궁중에 곧바로 들어간 적이 없고, 사방에서 올린 奏牘을 가져다 하나하나 살펴서 그중에 변방의 보고나 水災나 旱災 등의 일이 있으면 즉시 有司에 내려서 시행하게 한다. 궁중의 일 또한 많지만 반드시 外朝의 일이 끝나기를 기다려 비로소 처리한다. 천하가 크고 庶務가 많은 것이 참으로 염려스러우니 어찌 잠깐이라도 게으를 수 있겠는가. 한 번 게으르면 온갖 일이 무너질 것이다. 경들은 짐의 이 뜻을 헤아려 서로 부지런히 면려해서 싫어하거나 폐기하지 말도록 하라. 이제부터는 상의해야 할 일이 있거든 모두 晩朝 때에 와서 상세히 논의하도록 하라." 하였다.

---

14) 晩朝 : 明나라 때에 임금이 신하들과 매일 정무를 처리하는 常朝에 早朝와 晩朝와 午朝가 있었다. 다만 "조조 때에 일을 다 아뢰지 못하면 매일 만조 때에 마저 다 아뢰었다.[早朝奏事未畢 每于晩朝盡之]"라는 말이 있는 것으로 보아 매일 세 가지를 다 했는지 조조 때에 일을 모두 아뢰서 더 아뢸 것이 없으면 만조와 오조는 생략했는지는 알 수 없다. ≪明宗實錄≫에 "겨울에는 날이 추워 常參 후에 朝啓를 하는 것이 너무 일렀으므로 아침 수라를 올린 후에 했는데 이름하여 晩朝啓라 하였다."라는 기사가 있는 것으로 보아, 조조는 아침 식사 전에 행하고, 만조는 아침 식사 후에 행하는 것을 알 수 있다.(≪明史≫ 권67 〈輿服志〉, ≪御選明臣奏議≫ 권9 〈應詔陳言疏〉, ≪明宗實錄≫ 9년 3월 25일)

15) 4鼓 : 시간의 분절을 가리키는 용어이다. 중국에서 漢나라 이래로 밤을 다섯 시각으로 분절하여 甲夜, 乙夜, 丙夜, 丁夜, 戊夜라고 하기도 하고, 一鼓, 二鼓, 三鼓, 四鼓, 五鼓라고 하기도 하고, 一更, 二更, 三更, 四更, 五更이라고 하기도 하였는데, 현재 시간으로 환산하면 저녁 7시~9시, 9시~11시, 11시~1시, 1시~3시, 3시~5시에 해당하다.(≪顔氏家訓≫ 권하 〈書證〉)

又曰 朕每旦에 四鼓以興하야 衣冠靜坐하니 是時神淸氣爽이라 則思四方之事 緩急之宜하야 必得其當하고 然後出付所司行之호라 朝退에 未嘗輒入宮中이요 間取四方奏牘하야 一一省覽하야 其有邊報及水旱等事어든 卽付所司施行하고 宮中事亦多나 須俟外朝事畢하야 方與處置하니 誠慮天下之大 庶務之殷하니 豈可須臾怠惰리오 一怠惰면 卽百度弛矣라 卿等宜體朕此意하야 相與勤勵하야 無厭斁也어다 自今凡有事當商略者어든 皆於晩朝來하야 庶得盡委曲하라

32-1-10

西域에서 부처의 舍利를 진상하자 예부상서 鄭賜[16]가 이로 인하여 죄수들을 관대하게 풀어줄 것을 청하였다.

태종이 이르기를, "帝王의 정치는 賞罰을 急務로 삼는다. 공이 있는데 상을 주지 않고 죄가 있는데 처벌하지 않으면 堯舜이라도 천하를 다스릴 수 없다. 梁나라 武帝와 元나라 順帝는 모두 불교에 빠져서 죄가 있는 자를 벌하지 않아 法度가 해이해지고 기강이 크게 무너지게 하여 나라가 패망한 지경에 이르렀으니 이것이 어찌 본받을 일이겠는가. 더구나 불교에도 천당과 지옥이 있어 善惡에 따라 報應한다는 설로 사람들에게 선을 하도록 유인하는데, 儒者가 도리어 고식적으로 정치를 하려고 하는가." 하였다.

○西域貢佛舍利어늘 禮部尙書鄭賜 請因是寬釋罪囚한대 上曰 帝王之治는 以刑賞爲務하니 有功不賞하고 有罪不誅면 雖堯舜이라도 無以治天下니라 梁武帝元順帝 皆溺於佛하야 有罪者不刑하야 致法度廢弛하고 綱紀大壞하야 而至於敗亡하니 此豈可效리오 況佛亦有天堂地獄하야 善惡報應之說이 用誘人爲善爾니 儒者乃欲姑息爲治耶아

32-1-11

4월에 禮部에 명하여 使者를 보내서 遺書를 구매하게 하였다. 태종이 정무를 보고 난 여가에는 곧바로 便殿에 임어하여 經書나 史書를 읽고 때로 翰林儒臣을 불러서 강론하였다.

---

16) 鄭賜 : ?~1408. 明나라 福建 사람으로, 자는 彦嘉이다. 洪武 18년(1385)에 進士가 되어 監察御史를 거쳐 北平參議에 이르렀다. 태종이 즉위한 뒤에 李景隆이 고자질하였으나 태종이 웃으며 풀어주고 刑部尙書에 임명했다가 곧이어 禮部尙書에 임명하였다. 인품은 온화하고 후덕하였으나 大體를 알지 못해서 태종에게 중시받지 못하였다.

한번은 묻기를 "文淵閣에 經書와 史書와 子書가 모두 갖추어져 있는가?" 하니, 學士 解縉이 대답하기를, "경서와 사서는 대강 갖추어져 있으나 자서는 아직 많이 빠져 있습니다." 하였다. 태종이 이르기를, "士人의 집에 조금이라도 경제적 여유가 있으면 모두 서적을 모으려고 하는데 더구나 조정에 빠진 것이 있게 할 수 있겠는가." 하고 마침내 예부상서 鄭賜를 불러 典籍에 대해 잘 아는 자를 뽑아 사방으로 보내 遺書를 구매하게 하였다.

또 이르기를, "서적은 값을 따져서는 안 되니 오직 주인이 원하는 것을 주어야 희귀한 책을 얻을 수 있다." 하였다. 또 해진 등을 돌아보고 이르기를, "책을 모으는 것이 어려운 일이 아니라, 반드시 항상 읽어야 비로소 이익이 있다. 대저 사람이 金玉을 축적하더라도 자손에게 남기고자 하는 것이니, 금옥의 이로움은 한계가 있지만 서적의 이로움은 어찌 끝이 있겠는가." 하였다.

○四月에 命禮部遣使購求遺書하다 上視朝之暇에 輒御便殿하야 閱書史하고 或召翰林儒臣講論할새 嘗問文淵閣에 經史子籍이 皆備否아 學士解縉對曰 經史粗備나 子籍尙多闕이로소이다 上曰 士人家稍有餘資면 皆欲積書어든 況於朝廷可闕乎아 遂召禮部尙書鄭賜하야 令擇通知典籍者하야 四出購求遺書하고 且曰 書籍不可較價直(치)요 惟其所欲與之라야 庶奇書可得이니라 又顧縉等曰 置書不難이요 須常覽閱이라야 乃有益이니라 凡人積金玉이라도 亦欲遺子孫하니 金玉之利는 有限이어니와 書籍之利는 豈有窮也리오

32-1-12

錦衣衛[17]의 校尉 중에 朝臣을 고발하고 時政의 잘못을 비방한 자가 있자 태종이 이르기를, "이는 반드시 무함이다. 조정에서 이 정사를 행한 일이 없는데 그가 어찌 이런 말을 할 수 있겠는가." 하고 금의위에 명하여 추궁하게 하니 과연 사적인 분노를 품고서 무함한 것이었다.

태종이 이르기를, "임금이 말을 들을 때에 어찌 살피지 않을 수 있겠는가. 지난번에 만약 살피지 않고서 法司에 회부하였다면 반드시 비방에 의하여 죽었을 것이다. 小人이 감히 군자를 무함하는 이런 풍조는 커지게 해서는 안 되니 해당 교위를 법사에 회부하여 형률대로 논죄하게 하라고 명하라." 하였다.

17) 錦衣衛 : 明나라 때 황제 직속으로 있던 정보 보안 기관이다. 1382년에 설치되어 황제의 侍衛와 궁정의 수호뿐만 아니라 정보의 수집과 죄인의 체포 및 신문 등을 담당하였다.

○錦衣衛校尉 有訐朝臣謗毁時政之失者어늘 上曰 此必誣之라 蓋朝廷未嘗行此政하니 彼安得有此言이리오 命錦衣衛詰之하니 果挾私忿誣之라 上曰 人主聽言之際에 豈可不審이리오 向若不察하고 付之法司면 則死誹謗必矣라 小人敢誣君子는 此風不可長이니 命以校尉付法司하야 論如律하라

32-1-13

6월 己未日 초하루에 日食이 있었다. 이날에 陰雲이 보이지 않자 예부상서 鄭賜 등이 말하기를, "이는 聖德이 하늘을 감동시켜 부른 것이니 내일 백관을 거느리고 표문을 올려 하례하겠습니다." 하니, 태종이 이르기를, "짐이 두려워하고 반성하고 있는 때에 어찌 하례를 받을 수 있겠는가." 하였는데, 정사 등이 대답하기를 "宋나라가 융성할 때에 행한 전례가 있습니다." 하였다.

태종이 이르기를, "이곳 한쪽 지역에서는 음운이 보이지 않지만 천하는 지극히 크므로 본 자가 많을 것이다. 또 陰陽家들이 말하기를 '일식이 있는데 음운이 보이지 않는 것은 장차 水災가 될 것이다.'라고 하였으니, 이것으로 말한다면 하례를 받을 수 있겠는가." 하고, 마침내 중지시켰다.

○六月己未朔에 日有食之하다 是日陰雲不見이어늘 禮部尚書鄭賜等言 此聖德所感召니 請明日率百官表賀한대 上曰 朕恐懼修省之際에 何可賀리오 對曰 宋盛時에 有行之者矣니이다 上曰 於此一方에 陰雲不見이나 天下至大하니 見者多矣라 且陰陽家言 日食而陰雲不見者는 水將爲灾라하니 以此言之면 可賀乎아 乃止하다

32-1-14

태종이 여러 近臣에게 말하였다.

"일찍 와서 궁중에 있다가 우연히 한 가지 일을 망각하여 좌우 사람에게 물었는데 모두 기억하지 못하였다. 오랫동안 골똘히 생각한 뒤에 생각해냈으니, 짐이 한 사람의 지혜로 많은 일을 처리하니 어찌 하나하나 기억해서 잊지 않겠으며 하나하나 처리할 때 잘못되지 않을 수 있겠는가. 빠뜨린 것을 챙기고 잘못을 바로잡아주는 것은 近侍의 직책이니, 지금부터는 잡다한 일들을 그대들이 모두 기억하여 나의 顧問에 대비하고, 내가 행한 것이 이치에 맞지 않거든 또한 直諫해야 할 것이다. 짐이 起兵한 이래로 직언을 따르지 않은 적이 없으니, 그대들은 삼가서 주저하거나 회피하지 말라."

○上謂諸近臣曰 早來在宮中하야 偶忘一事러니 問左右호되 皆不能記憶이라 蓋沈思久而後得之하니 朕以一人之智로 處萬幾之繁하니 豈能一一記憶不忘이며 一一處置不誤리오 拾遺補過는 近侍之職이니 自今事之叢脞者를 爾等但悉記之하야 以備顧問하고 所行有未合理어든 亦當直諫하라 朕自起兵以來로 未嘗違忤直言하니 爾等愼勿有所顧避어다

32-1-15

廣東布政司가 아뢰기를, "매년 海外의 蠻夷들이 方物을 바칠 때에 水路는 배로 운반하는데 南雄[18]에서 南安[19]까지는 배가 통하지 않습니다. 지금부터는 백성들을 부려서 이어서 운송하게 하소서." 하였다.

태종이 이르기를, "임금이 되어서는 백성을 기르는 데에 힘써야 한다. 지금 만이가 공물을 바치는 데에 정해진 기한이 없고 농민들은 한가한 날이 적은데 가령 봄부터 가을까지 만이들의 조공이 끊이지 않더라도 모두 백성을 부려서 운송하게 한다면 농사에 어찌 방해되지 않겠는가. 지금부터는 만이가 조공을 바치는 때가 만약 농사지을 때와 겹치면 그 방물을 모두 남웅에 쌓아두었다가 11월에 농한기 때를 기다려 남안에 운송하게 하는 것으로 규정을 삼으라." 하고, 다시 侍臣을 돌아보고 이르기를, "백성은 그 기르는 것을 잃지 않으면 수고로워도 원망이 적을 것이고, 백성이 기름을 받지 못하면 쉬게 해도 덕으로 여기지 않을 것이다." 하였다.

○廣東布政司奏 每歲에 海外番夷入貢方物에 水路以舟楫運載하니 惟南雄至南安이 舟楫不通이라 自今請用民力接運이니이다 上曰 爲君務養民이니 今番貢無定期而農民少暇日하니 假令自春至秋히 番夷入貢不絶이라도 皆役民接運이면 豈不妨其農事리오 自今番夷入貢이 如値農務之時어든 其方物을 竝於南雄收貯라가 俟十一月農隙하야 却令運赴南安하야 著爲令하라 復顧侍臣曰 民不失其養이면 雖勞之라도 鮮怨이요 民失所養이면 雖休之라도 不德이니라

32-1-16

7월에 太廟에 時饗을 올리고 태종이 奉天殿에 돌아와 임어하여 使者를 보내 嶽과 鎭과 海와 瀆[20]의 여러 신에게 제사를 올려 고하였다. 제사를 마치고 태종이 奉天門

18) 南雄 : 廣東省 南雄縣이다.
19) 南安 : 福建省 南安縣이다.
20) 嶽과……瀆 : 천자가 제사를 지내는 산천의 神으로 五嶽과 五鎭과 四海와 四瀆을 가리킨다. 五

에서 조회를 보니 백관이 일을 아뢰고 물러나거늘 다시 侍臣을 불러서 오랫동안 함께 얘기를 하다가 시각이 5鼓가 되었다.

시신이 청하기를, "성상의 몸이 피곤하실 것이니 조금 쉬소서." 하니, 태종이 이르기를, "짐이 항상 궁중에 있으면서 여러 일을 두루 생각하여 혹시 한 가지 일이라도 행하지 않고 혹시 행했더라도 잘 행하지 않았으면 잠을 이루지 못해서 아침이 되어 반드시 행해야만 비로소 마음이 편안하였으니, 이런 습관이 쌓인 지 이미 오래되었고 또한 그 고생도 잊었노라. 일찍이 스스로 생각건대 재능과 덕이 다른 사람에 미치지 못하는데 만약 또 心志를 온전히 쓰고 생각을 부지런히 하지 않으면 행한 것이 무슨 수로 완전히 잘되겠으며 백성들이 어떻게 편안함을 얻겠는가. 대체로 생각을 부지런히 하면 이치에 맞게 되고, 행하는 데에 부지런하면 일이 다스려진다. 부지런함이란 도리에 있어 일반 백성들도 감히 폐기하지 않는데, 더구나 임금은 말할 것이 있겠는가." 하였다.

○七月에 時饗太廟하고 上還御奉天殿하야 遣使祭告嶽鎭海瀆諸神하고 畢에 上出視朝奉天門하니 百官奏事退어늘 復召侍臣하야 與語久之하니 時已五鼓라 侍臣請曰 聖躬勤勞하시니 須少息하소서 上曰 朕常在宮中하야 周思庶事하야 或一事未行이어나 或行之未善이면 卽不寐하야 至旦必行之라야 乃心安하니 積習旣久하고 亦忘其勞라 蓋嘗自念才德不逮하니 若又不專心志勤思慮면 所行何由盡善이며 生民何以得安이리오 蓋勤於思則理得하고 勤於行則事治하니 勤之於道에 細民도 不敢廢어든 況君乎아

32-1-17

태종이 한가할 때에 翰林侍讀 胡廣 등에게 묻기를, "어제 中官이 江西로부터 와서 강서의 농가는 벼 베기를 모두 마쳤다고 말했는데, 어찌하여 유독 이른가?" 하니, 대답하기를, "신의 고향에서는 올벼를 많이 심기 때문에 씨 뿌리고 거두는 것이 모두 이릅니다." 하였다. 또 묻기를, "강서에는 백성은 많고 전지는 적다고 들었는데, 농가의 살림은 넉넉한가?" 하니, 대답하기를, "부지런한 자는 넉넉합니다." 하였다.

嶽은 東岳 泰山・南岳 衡山・西岳 華山・北岳 恒山・中岳 嵩山을 가리키고, 오악 이외의 큰 산을 五鎭이라고 하는데, 東鎭인 青州 沂山・西鎭인 雍州 吳山・中鎭인 冀州 霍山・南鎭인 揚州 會稽山・北鎭인 幽州 醫巫閭山을 가리킨다. 四海는 東海・西海・南海・北海를 가리키고, 四瀆은 長江・黃河・淮河・濟水를 가리킨다.

태종이 이르기를, "'부지런함〔勤〕'이라는 한 글자는 어찌 농부만 힘을 다해야 할 것이겠는가. 士와 工과 商도 모두 힘을 다해야 할 것이고, 임금에 이르러서는 더욱 힘을 다하지 않아서는 안 되니, 임금은 의당 마음에 부지런해야 한다. 짐이 매번 朝會를 마치고 물러나 조용히 앉아서 반드시 오늘 행한 몇 가지 일 중에 어떤 일은 사리에 어떠하며 인정에 어떠한지를 생각하여 만약 모두 합당하면 마음이 편안하고 합당하지 않은 것이 있으면 한밤중이라도 반드시 左右에게 명해서 기록하게 하여 아침을 기다려서 고친다. 대체로 하나의 일이 합당함을 잃으면 사람들이 그 폐해를 입기 때문에 부지런하지 않을 수 없다." 하였다.

○上燕閒에 問翰林侍讀胡廣等曰 昨有中官自江西來하야 言江西田家刈稻皆畢하니 何獨早오 對曰 臣鄕多種早稻라 故種穫皆早니이다 又問曰 聞江西民衆而田少하니 農家亦給足否아 對曰 勤者可給이니이다 上曰 勤之一字 豈獨農夫當盡이리오 士工商皆當盡이요 至於人君하얀 尤不可不盡이니 人君則當致勤於心이라 朕每朝退靜坐하야 必思今日所行幾事에 某事於理如何며 於人情如何오하야 若皆合宜면 心則安矣요 有不合宜면 雖中夜라도 必命左右記之하야 俟旦而改之하니 蓋一事失當이면 人受其弊라 故不得不勤호라

32-1-18

回回[21]의 結牙思가 옥으로 된 주발을 바치자 태종이 받지 않고 禮部에 명하여 鈔[22]를 하사하여 돌려보내게 하고서 尙書 鄭賜에게 이르기를, "짐이 아침저녁으로 쓰는 중국의 磁器가 깨끗하고 광채가 나서 매우 마음에 맞으니 이런 것은 필요가 없다. 더구나 이런 물건이 지금 창고 안에도 있는데 단지 짐이 쓰지 않을 뿐이다." 하였다.

또 이르기를, "오랑캐는 탐욕스럽고 간사하다. 짐이 받으면 반드시 후하게 상을 내릴 것이므로 장차 이보다 기이한 것들이 잇달아 이를 것이니, 나라의 일에 무슨 이익이 되겠는가." 하였다.

○回回結牙思進玉椀이어늘 上不受하고 命禮部賜鈔遣歸하고 謂尙書鄭賜曰 朕朝夕所用中國磁器 潔素瑩然하야 甚適於心하니 不必此也라 況此物今府庫中亦有之하니 但朕自不用이라 又曰 虜貪而譎하니 朕受之면 必應厚賚之니 將有奇異於此者 繼踵而至矣리니 何益國事哉리오

21) 回回 : 아라비아인을 가리킬 때 주로 쓰는 한자식 표현이다. 중국 元나라에서 이슬람교를 回回教로 개칭한 후부터 아라비아인을 지칭하는 용어로 사용되었다고 한다.
22) 鈔 : 화폐로 사용하던 銀塊를 가리킨다.

32-1-19

태종이 侍臣과 얘기하다가 京師의 사람 중에 병에 걸렸으나 醫藥을 얻지 못하는 자가 많다는 것을 알고 탄식하기를, "內府에 약재를 매우 많이 비축하고 있으면서 궐문 밖의 사람들을 구제하지 못하니 쌓아놓기만 해서 무엇하겠는가. 太醫院에 명하여 처방대로 약을 짓되 혹은 탕약으로 만들고 혹은 丸이나 膏를 만들기를 병에 따라 쓸 수 있게 해서 京城의 안팎에 나누어 주고, 이어 朝臣 중에 의술을 잘 아는 자를 찾아서 그 일을 나누어 담당하게 하라." 하였다.

또 이르기를, "짐이 옷 한 벌을 입고 밥 한 그릇을 먹을 때에 아래 사람의 어려움을 잊지 않고 있다. 그런데도 지척의 사람을 구제하지 못하는데 먼 외지의 사람은 말할 것이 있겠는가." 하고, 마침내 예부에 명하여 惠民藥局의 法令을 거듭 밝혀서 반드시 실질적인 혜택이 있게 하고 한갓 형식적인 條文이 되지 않게 하라고 하였다.

○上與侍臣語러니 知京師之人이 多有疾이로되 不能得醫藥者하고 歎曰 內府貯藥材甚廣이로되 而不能濟人於闕門之外하니 徒貯何爲리오 命太醫院如方製藥호되 或爲湯液이며 或丸或膏하야 隨病所宜用하야 於京城內外散施하고 仍訪朝臣中有通醫者하야 俾分任其事하라 又曰 朕一衣一食에 不忘下人之艱하니 猶於咫尺에 不能濟어든 何況遠外리오 遂命禮部하야 申明惠民藥局之令하야 必有實惠하고 勿徒爲文具而已하라

32-1-20

永樂 5년(1407) 정월에 直隷[23] 및 浙江 여러 郡의 軍民의 자제들이 사사로이 머리를 깎고 승려가 되어 京師에 와서 함부로 度牒을 청한 자가 1800여 명이었다.

禮部가 아뢰니 태종이 몹시 노하여 이르기를, "皇考(明 太祖)의 제도에 백성은 40세 이상이 되어야 비로소 出家를 들어주게 되어 있는데, 지금 이처럼 금령을 범하니, 이는 조정이 있다는 것을 모르는 행위이다." 하고, 모두 兵部에 내려서 軍籍에 편입시켜 遼東과 甘肅의 국경을 수비하는 군사로 삼으라고 명하였다.

또 이르기를, "짐이 옛 제도를 공경히 계승하여 한 가지도 감히 소홀히 하지 않았는데

---

23) 直隷 : 직할지를 의미한다. 明나라의 행정구역으로 京師에 속하는 주변 지역을 가리킨다. 南京의 주변을 直隷로 하다가 成祖 때에 北京으로 천도하면서 북경 주변을 北直隷, 남경 주변을 南直隷로 불렀다. ≪明史≫ 제40권 〈地理志〉에 "明나라 말까지 직예로 삼은 곳이 두 곳이니, 京師와 南京이다.〔終明之世 爲直隷者二 曰京師 曰南京〕"라고 하였다.

도 아랫사람이 방자하게 하는 것이 이와 같으니 후세에는 어떻게 되겠는가. 이는 용서할 수 없다. 또 이자들은 모두 백성을 좀먹는 자들이니 백성으로 기를 수 없다." 하였다.

○五年正月에 直隷及浙江諸郡軍民子弟 私披剃爲僧하야 赴京冒請度牒者 千八百餘人이라 禮部以聞한대 上怒甚曰 皇考之制에 民年四十以上을 始聽出家어늘 今犯禁若此하니 是不知有朝廷矣로다 命悉付兵部하야 編軍籍하야 發戍遼東甘肅하라 又曰 朕欽承舊制하야 一不敢忽호되 下人尙縱恣如此하니 何況後來리오 此不可宥오 且此輩皆民螟螣이니 不可蓄育이니라

32-1-21

5월에 湖廣 武昌府의 승려가 觀音閣을 增修하여 황제의 장수를 빌려고 한다고 말하니, 태종이 따르지 않고 이르기를, "사람의 수명은 정해진 운수가 있고, 禍와 福은 행한 행실로 말미암는다. 행한 것이 참으로 선하면 복은 빌지 않아도 저절로 이르고, 행한 것이 불선하면 화는 빌어서 없앨 수 있는 것이 아니다. 사람은 단지 선을 행하는 데에 힘써야 하니, 어찌 외부의 것을 빌리겠는가." 하였다. 태종이 侍臣에게 묻기를, "근자에 풍속이 퇴폐하여 부처를 섬기는 것은 극진히 하면서 자기 선조를 섬기는 것은 태만하게 한다고 들었는데, 과연 그런 일이 있는가?" 하니, 대답하기를 "간간이 있습니다." 하였다.

태종이 탄식하기를, "이는 교화가 밝게 행해지지 않은 허물이다. 짐이 奉先殿에 아침저녁으로 공경히 展謁하여 감히 태만한 적이 없었고, 혹 조금 아프더라도 병을 무릅쓰고 예를 행하였다. 그런데 세상 사람들은 부처와 老子에 대해서는 힘을 다해 떠받들면서 자기 선조를 받드는 예에 소홀히 하는 것은 화복의 설에 빠져서 근본에 어둡기 때문이다. 그들을 이끌어 바로잡으려면 의당 짐으로부터 시작해야 한다." 하였다.

○五月에 湖廣武昌府僧이 言欲增修觀音閣하야 以祝聖壽한대 上不從曰 人修短有定數하고 禍福由所行이라 所行誠善이면 福不祝當自至요 不善이면 禍非祝所能去니 人但務爲善이니 何假外哉리오 上問侍臣曰 聞近俗之弊 嚴於事佛하고 簡於事其先하니 果有之乎아 對曰 間有之니이다 上歎曰 此蓋敎化不明之過라 朕於奉先殿에 朝夕祗謁하야 未嘗敢慢하고 或有微恙이라도 亦力疾行禮어늘 世人於佛老에 竭力崇奉호되 而於奉先之禮에 簡略者는 蓋溺於禍福之說하야 而昧其本也라 率而正之인댄 當自朕始耳니라

32-1-22

태종이 侍臣과 논하다가 몸을 보양하는 방도에 대해 논하는 데에 이르러 이르기를, "사람은 단지 마음을 맑게 하고 욕심을 줄여서 기운이 화평하고 몸이 편안하게 하면 병이 절로 적어질 것이다. 神仙家들이 말하는 약을 먹고 導引術을 하는 것은 단지 병을 적게 할 수 있을 뿐이니 어찌 죽지 않고 오래 사는 이치가 있겠는가. 근세에 일종의 무리가 정신을 피로하게 하여 부처에게 아첨해서 장수하기를 구하니, 또 심히 어리석은 것이다." 하였다.

○上與侍臣論及養身之道曰 人但能清心寡欲하야 使氣和體平이면 疾疢自少니 如神仙家說服藥導引은 亦只可少病이요 豈有長生不死之理리오 近世有一種疲精勞神하야 佞佛求壽하니 又愚之甚也로다

32-1-23

永樂 6년(1408) 4월에 태종이 西角門[24]에 임어하여, 元나라 順帝 부자가 荒淫無度하여 국법을 무너뜨려서 나라를 망하게 하였다고 말하였다.

侍臣이 말하기를, "이는 天命이 우리 太祖 高皇帝에게 있었기 때문에 그들이 혼미하고 전도된 것이 이 지경이 되도록 한 것입니다." 하니, 태종이 이르기를, "제왕이 일어나는 것이 천명이 있다고 하지만 또한 반드시 덕을 닦고 인을 행하여 받는 것이다. 순제 부자는 오직 천명에만 의지하고서 수신하고 성찰하지 않기를 殷나라 紂와 같이 하고서 또한 말하기를, '내가 태어난 것은 命이 하늘에 있지 않겠는가.'라고 하였으니, 이 때문에 마침내 망하는 지경에 이른 것이다." 하였다.

○六年四月에 上御西角門하야 因言及元順帝父子 荒淫無度하야 廢壞國法하야 以致喪亡하니 侍臣曰 此是天命在我太祖高皇帝하시니 所以致其昏惑顚倒如此니이다 上曰 帝王之興이 雖有天命이나 亦須修德行仁以承之니 順帝父子 惟倚天命하고 不復修省을 如紂하고 亦曰 我生不有命在天가하니 所以卒至於亡이로다

32-1-24

永樂 7년(1409) 2월에 태종이 책 하나를 꺼내 翰林學士 胡廣 등에게 보이며 이르

24) 西角門 : 明나라 궁전의 正殿인 奉天殿 앞의 문이 奉天門이고, 봉천문의 왼쪽에 있는 문이 東角門이고 서쪽에 있는 문이 西角門이다.(≪明史≫ 권68 〈宮室制度〉)

기를, "옛사람이 천하를 다스릴 때에 모두 그 道가 있었으니, 스스로 도를 깨달은 聖人이라도 학문을 바탕으로 하였다. 唐虞 때부터 宋나라에 이르기까지 그 사이에 聖賢의 밝은 교훈이 모두 경전에 실려 있으나 분량이 매우 많아 그 요체를 알기가 쉽지 않다. 帝王의 학문은 단지 그 요체를 얻어서 독실히 믿고 힘써 행해야 정치를 할 수 있다.

皇太子는 천하의 근본이다. 지금 進學할 때를 당하였으므로 짐은 그로 하여금 요체를 알게 하려고 하니, 그렇게 해야 장래에 태평성대를 바랄 수 있다. 秦나라와 漢나라 이래로 皇子를 가르치는 것이 대부분 黃老[25)]와 申韓[26)]의 刑名과 術數이고 모두 正道가 아니었다. 짐이 그간에 한가한 때에 성현의 말씀 중에 執中[27)]과 建極[28)] 같은 부류로서 修身과 治國과 平天下에 절실한 것들을 채집하여 지금 이미 책을 만들었으니, 경들이 보아서 좋지 못한 것이 있거든 다시 짐에게 말하라." 하였다.

호광 등이 두루 보고 나서 아뢰기를, "帝王의 도덕의 요체가 이 책에 갖추어 실려 있으므로 典謨[29)]나 訓誥[30)]와 함께 만세토록 전해져야 할 것이니 간행하여 하사하소서." 하였다. 태종이 이르기를, "그렇다." 하고, 마침내 ≪聖學心法≫이라고 이름 짓고 司禮監에 명하여 간행하게 하였다.

○七年二月에 上出一書示翰林學士胡廣等曰 古人治天下에 皆有其道하니 雖生知之聖이라도 亦資學問이라 由唐虞至宋히 其間聖賢明訓이 具著經傳이나 然簡帙浩繁하야 未易遽領其要라 帝王

25) 黃老 : 黃帝와 老子의 병칭으로, 후대에 道家에서는 이들을 자신들의 始祖로 받들었으므로 도가를 지칭하는 말로도 쓰였다.

26) 申韓 : 申은 申不害라는 사람으로, 중국 전국시대의 鄭나라 사람이고, 韓은 韓非子라는 사람으로, 전국시대의 韓나라 사람이었다. 이 두 사람은 모두 刑法學의 창시자들이다. 이들은 仁義의 정치를 반대하고 刑法으로 다스리는 정치를 주장하였다.

27) 執中 : 堯임금이 舜임금에게 帝位를 전하면서 "하늘의 曆數가 너의 몸에 있으니 진실로 그 中을 잡으라. 四海가 곤궁해지면 天祿이 영원히 끊어질 것이다.〔天之曆數在爾躬 允執其中 四海困窮 天祿永終〕" 하였고, 순임금이 우임금에게 제위를 전하면서, "人心은 위태롭고 도심은 隱微하니, 정밀히 살피고 한결같이 지켜야 진실로 그 中을 잡으리라.〔人心惟危 道心惟微 惟精惟一 允執厥中〕"라고 한 말을 가리킨다.(≪論語≫ 〈堯曰〉·≪書經≫ 〈虞書 大禹謨〉)

28) 建極 : 임금이 人倫 道德의 모범적인 표준을 세워 萬民의 법칙을 세우는 것으로, ≪書經≫ 〈周書 洪範〉에 "황극은 임금이 극을 세움이다.〔皇極 皇建其有極〕" 하였고, 蔡沈의 註에 "극이란 북극의 극과 같으니, 지극하다는 뜻이요, 표준이라는 명칭이니, 나라 중앙에 세워져 사방의 표준이 되는 것이다.〔極猶北極之極 至極之義 標準之名 中立而四方之所取正焉者也〕"라고 하였다.

29) 典謨 : ≪書經≫ 〈虞書〉의 2典인 〈堯典〉·〈舜典〉과 3謨인 〈大禹謨〉·〈皐陶謨〉·〈益稷〉을 가리킨다.

30) 訓誥 : ≪書經≫의 〈湯誥〉, 〈伊訓〉, 〈武成〉, 〈大誥〉, 〈康誥〉, 〈酒誥〉, 〈召誥〉, 〈洛誥〉 등 殷나라와 周나라 시대에 이루어진 訓戒와 誥戒를 통칭하는 말이다.

之學은 但得其要하야 篤信而力行之라야 足以爲治라 皇太子는 天下之本이라 於今當進學之時하니 朕欲使知其要하니 庶幾將來太平之望이라 秦漢以下教皇子者 多以黃老申韓刑名術數요 皆非正道라 朕間因閒暇하야 采聖賢之言 若執中建極之類 切於修身治國平天下者를 今已成書하니 卿等試觀之하야 有未善이어든 更爲朕言하라 廣等徧覽畢하고 奏曰 帝王道德之要 備載此書하니 宜與典謨訓誥로 竝傳萬世니 請刊印以賜하소서 上曰 然하다 遂名曰聖學心法하고 命司禮監刊印하다

32-1-25

永樂 9년(1411) 2월에 태종이 右順門에 임어하여 奏牘을 볼 때에 御案의 종이를 누르는 금사자[金獅]가 기울어 떨어지려고 하자 給事中 耿通[31]이 얼른 나아가서 案 가운데로 옮겨놓았다.

태종이 侍臣을 돌아보고 이르기를, "작은 한 물건도 위태로운 곳에 두면 위태로워지고 안전한 곳에 두면 안전해진다. 천하는 큰 물건이니 어찌 위태로운 곳에 둘 수 있겠는가. 더욱 안전하게 해야 한다. 천하가 편안하지만 어찌 위태로움을 잊을 수 있겠는가. 그러므로 작은 일을 반드시 삼가야 하니, 작은 일을 삼가지 않아서 쌓이면 장차 큰 우환에 이른다. 작은 허물을 반드시 고쳐야 하니, 작은 허물을 고치지 않아서 쌓이면 장차 크게 허물어지는 지경에 이르니, 모두 위태로움을 부르는 방법이다." 하였다.

그보다 먼저 태종이 六科에 유시하여 奏牘을 조사하게 하였으니, 처리하는 것이 중도를 잃은 것이 있을까 염려하여 고치려고 한 것이다. 경통이 아뢰기를, "고치면 아래 사람에게 믿음을 잃을까 염려됩니다." 하니, 태종이 이르기를, "단지 합당하게 하려고 하는 것이니, 어찌 고치는 것을 꺼리겠는가." 하고, 이때에 이르러 거듭 유시하였다.

○九年二月에 上御右順門하야 覽奏牘할새 時御案有鎭紙金獅欹側將墜어늘 給事中耿通趨進하야 移置案中한대 上顧侍臣曰 一器之微 置於危處則危하고 置於安處則安하니 天下大器也라 獨可置之於危乎아 尤須安之니라 天下雖安이나 不可忘危라 故小事必謹이니 小不謹而積之면 將至大

31) 耿通 : ?~1412. 明나라 山東 齊東 사람이다. 洪武 23년(1390)에 향시에 급제하였고, 永樂 초에 刑科給事中에 발탁되었고, 강직하고 敢言하여 온 조정이 그를 두려워하였다. 左右給事를 거쳐 大理寺 右丞에까지 올랐다. 漢王 高煦가 宗通을 빼앗을 야심을 가지고 누차 태종의 좌우에 있는 사람을 시켜 참소하였는데, 경통이 자주 태자는 허물이 없다고 말하자 태종이 싫어하였는데, 영락 10년(1412)에 태종이 부자간을 이간질했다는 죄목으로 磔刑에 처하였다.

患이요 小過必改니 小不改而積之면 將至大壞하니 皆致危之道也라 先是上諭六科하야 令查奏牘하니 恐發落有失中者하야 改之라 通奏改之면 恐失信於下니이다 上曰 但欲得當이니 何憚於改리오 至是申諭之하다

32-1-26

三法司[32)]가 囚徒[33)]를 審理한 일을 아뢰고 나자 태종이 앞으로 불러 유시하였다. "형벌을 쓸 때는 의당 긍휼히 여기는 마음이 있어야 하지만 그러나 형벌을 논할 때에 특히 군자와 소인을 논해야 한다. 군자가 허물이 있으면 이는 발을 잘못 디뎌 구덩이에 빠지는 것과 같아서 우연히 잘못한 것이므로 그 정상을 긍휼히 여겨 보호해주어야 하고, 소인이 죄가 있으면 음식을 탐하는 것과 같아서 제멋대로 죄를 지은 것이니 과실이 아니므로 마땅히 법으로 징계해야 한다. 군자가 실수로 죄를 범했는데 용서하지 않으면 善을 돕는 방법이 아니고, 소인이 고의로 죄를 범했는데 징계하지 않으면 악을 관용하는 잘못이 있는 것이니, 그대들은 邪와 正을 살피고 權度를 정밀히 행하여 일괄적으로 논해서는 안 된다."

○三法司奏審錄囚徒하고 旣罷에 上召至前諭之曰 刑當矜恤이나 然論刑之際에 尤當論其君子小人이니 若君子有過면 如失足溝澗이라 偶出於誤니 當矜其情而獎護之요 小人有罪면 如貪嗜飮食하야 恣意爲之하니 非過誤也라 當懲以法이니라 君子誤犯而不恕면 非佑善之道요 小人故犯而不懲이면 有縱惡之失이니 爾等其審邪正精權度하야 不宜概論하라

32-1-27

7월에 戶部가 北京 臨城縣의 飢民 365戶를 진휼하는데 식량 3700석 남짓이 든다고 하자 태종이 이르기를, "국가에서 식량을 비축하는 것은 위로는 국가의 경비에 공급하고 아래로는 백성들을 구제하기 위해서이다. 그러므로 풍년에는 백성에게서 거두고 흉년에는 백성에게 나누어 주는 것이니, 단지 땅이 있고 백성이 있으면 어찌 부족함을 근심하겠는가. 隋나라 開皇 연간[34)]에 크게 가뭄이 들어 백성이 굶주렸는

32) 三法司 : 明나라와 淸나라 시대 최고 사법 기관인 刑部, 都察院, 大理寺를 가리킨다.(≪明史≫ 권94 〈刑法2〉)
33) 囚徒 : 죄를 지어 감옥에 갇혀 있는 죄수를 말한다.
34) 開皇 연간 : 隋나라 文帝 때인 581년부터 600년까지이다.

데도 文帝가 창고를 열어 진휼하려고 하지 않고 백성들이 유리걸식하게 내버려두었는데 연말에 축적된 곡식을 계산해보니 5, 60년은 사용할 수 있는 양이었다. 창고는 가득 찼으나 민심이 견고하지 않고 煬帝가 무도하여 마침내 멸망하는 지경에 이르렀으니, 前代의 귀감이 모두 있다. 앞으로 수재나 한재를 만나 백성이 굶주리는 일이 있거든 즉시 창고를 열어 진휼해서 백성들이 살 곳을 잃는 일이 없게 하라." 하였다.

○七月에 戶部言賑北京臨城縣飢民三百六十五戶할새 給糧三千七百石有奇라한대 上曰 國家儲蓄은 上以供國이요 下以濟民이라 故豐年則斂하고 凶年則散이니 但有土有民이면 何憂不足이리오 隋開皇間에 大旱民飢어늘 文帝不肯開倉賑濟하고 聽民流移就食하야 末歲計所積하니 可供五六十年이라 倉廩雖豐이나 民心不固하고 煬帝無道하야 遂至滅亡하니 前鑑具在라 今後但遇水旱民飢어든 卽開倉賑給하야 無令失所하라

32-1-28

永樂 10년(1412) 5월에 廣西 河池縣 백성이 현에 銀鑛이 있으니 대대적으로 採鑛할 것을 말하고, 長沙縣 백성이 그 고을에 구리가 생산되니 백성을 조발하여 구리를 캐서 제련하면 큰 이익을 얻을 수 있다고 말하였다.

태종이 이르기를, "이익을 바쳐서 요행을 도모하는 자는 소인이다. 국가가 중요하게 여기는 것은 백성이 편안히 사는 데에 있고 이익에 있지 않느니 모두 내치도록 하라." 하였다.

○十年五月에 廣西河池縣民言縣有銀鑛大發하고 長沙縣民言其鄕產銅하니 發民採煉이면 可獲厚利니이다 上曰 獻利以圖僥倖者는 小人也이니 國家所重在民安하고 不在於利하니 皆斥之하라

32-1-29

永樂 11년(1413) 정월 辛巳日 초하루에 日食이 있었다.

이에 앞서 禮部가 正朝에 朝賀하는 연회를 열기를 청하니, 태종이 이르기를, "옛날에 일식이 있으면 천자가 素服을 입고 政事를 가다듬어 하늘의 경계를 신중히 대하였다. 짐이 이미 다스리는 이치를 어겨서 위로 三光[35]에 누를 끼쳐 모든 陽의 祖

35) 三光 : 해와 달과 별을 병칭한 말이다.

宗인 해가 정월 초하루에 빛을 잃었으니 그 허물이 무엇이 이보다 심하겠는가. 文武 신하들은 짐의 몸을 힘써 보좌하여 陰陽을 조화롭게 하고 災變을 해소할 것을 생각하고 新正의 조하하는 연회는 그만두도록 하라." 하였다.

○十一年正月辛巳朔에 日有食之하다 先是禮部以正朝朝賀宴會로 上請한대 上曰 古者日食에 天子素服修政하야 用謹天戒하니 朕旣乖於治理하야 上累三光하야 而衆陽之宗이 薄食于元旦하니 咎孰甚焉고 爾文武群臣은 尙思勉輔朕躬하야 調燮陰陽하야 消弭災變하고 新正朝賀宴會之禮는 罷하라

32-1-30

태종이 禮部尙書 呂震[36]에게 이르기를, "짐이 백성들의 休戚을 두루 알고 싶어서 일찍이 布政司와 按察司 및 府·州·縣의 관원으로서 京師에 온 자에게 명하여 백성들의 利害를 진달하게 하였다. 근자에 일기가 고르고 농사는 풍년 들고 백성은 편안하고 물산은 풍부하다고 말한 자가 있기에 확인해보게 하였더니 농지는 황무하고 백성은 飢寒에 시달리며 심지어 水災와 旱災와 메뚜기의 재해가 있는데도 모두 아뢰지 않았으니 짐이 이미 법으로 처벌하였다. 만약 앞으로 그 한 말이 백성의 실정에 절실하여 다스림에 도움 되는 자가 있거든 의당 표창하여 징계하고 권면하는 것을 분명히 할 것이다." 하였다.

○上謂禮部尙書呂震曰 朕欲周知民之休戚하야 嘗命凡布政司按察司及府州縣官至京者하야 陳民間利病한대 近有以時和歲豐民安物阜爲言者어늘 及驗視之하니 田野荒蕪하고 人民飢寒하며 甚至水旱蟲蝗을 皆不以聞하니 朕已寘諸法호라 如今後所言有切民情하야 可裨治理者어든 宜旌賞之하야 以明懲勸호리라

32-1-31

曹縣이 騶虞를 바치자 行在禮部尙書[37] 呂震이 아뢰기를, "추우는 가장 큰 祥瑞이

36) 呂震 : 1365~1426. 자는 克聲이고, 陝西省 臨潼縣 사람이다. 洪武 19년(1386)에 과거에 합격하여 태학에 들어갔으며, 北平按察司僉事 등을 지냈다. 燕王 朱棣가 기병하자 투항하여 세자를 모시고 도성을 지켰다. 永樂 연간에 刑部尙書·禮部尙書·眞定知府·大理寺少卿 등을 지냈으며, 仁宗이 즉위해서는 太子少師를 겸직하고, 이어 太子太保로서 禮部尙書를 겸하였다. (≪明史≫ 권151 〈呂震列傳〉)

37) 行在禮部尙書 : 成祖(太宗)가 南京을 평정하고 즉위하고서 자신의 근거지였던 北京에 行在六部를 두어 六部와 같은 제도를 두었다. 그러다가 永樂 18년(1420)에 북경으로 천도하면서 行在

니 내일 아침에 群臣을 거느리고 표문을 올려 하례하겠습니다." 하니, 태종이 이르기를, "百穀이 풍년이 들고 일기가 순조로워 집집마나 넉넉하고 사람마다 풍족하면 이것이 가장 큰 상서이니, 추우가 백성의 일과 무슨 상관이 있겠는가. 하례할 필요 없다." 하였다.

여진이 강하게 요청하자 태종이 이르기를, "대신의 도리는 의당 나라를 위하고 백성을 위해 힘써야 하니, 그대가 李沆[38]의 됨됨이를 본받을 수 있다면 좋을 것이다." 하였다. 여진이 물러나자 태종이 侍臣을 돌아보고 이르기를, "여진은 배우지 못한 무식한 사람이라고 할 수 있다." 하였다.

○曹縣獻騶虞어늘 行在禮部尚書呂震奏騶虞上瑞니 請明旦率群臣上表賀한대 上曰 百穀豐登하고 雨暘時順하야 家給人足이면 此爲上瑞니 騶虞何與民事리오 不必賀니라 震固請한대 上曰 大臣之道는 當務爲國爲民이니 爾能效李沆爲人則善矣니라 震退어늘 上顧侍臣曰 震可謂不學無術者矣로다

32-1-32

永樂 12년(1414) 정월에 백관이 일을 모두 아뢰고 나서 태종이 물러나 右順門에 앉아 있었는데 입고 있는 속옷의 소매가 헤지고 때가 끼어 안에 들이고 다시 내오자 侍臣 중에 聖德을 찬양하는 자가 있었다.

태종이 탄식하기를, "짐이 하루에 열 번을 새 옷으로 바꿔 입더라도 옷이 없는 적이 없었다. 다만 복을 아껴야 한다고 스스로 생각하기 때문에 매번 빨아서 다시 입는 것이다. 옛날에 皇妣(孝慈高皇后 馬氏)께서 오래된 옷을 손수 깁고 계시자 皇考(明太祖)께서 보시고 기뻐하며 이르시기를, '황후는 부귀한 자리에 있으면서 勤儉하는 것이 이와 같으니 참으로 자손의 法이 될 수 있겠다.' 하셨기 때문에 짐이 항상 선친의 말씀을 지켜서 감히 잊지 못한다." 하고, 말을 마치고 슬픈 표정을 지으니, 시신이 머리를 조아리고 아뢰기를, "폐하께서 공손하고 검소함이 이와 같으시니 참으로 만세의 법이 될 것입니다." 하였다.

를 칭하지 않았다. 洪熙 원년(1425)에 다시 북경의 육부에 '行在'를 가했다가 正統 6년(1441)에 정식으로 行在를 없앴다.

38) 李沆 : 947~1004. 宋나라 太宗과 眞宗 때 사람으로 자는 太初이다. 벼슬은 尙書右僕射에 이르렀고, 太尉・中書令에 추증되었으며, 시호는 文靖이다. 백성의 부담을 덜어주고 세상 풍속을 진정시켰으며, 先見之明이 있는 명재상으로 일컬어진다.

○十二年正月에 百官奏事畢이어늘 上退坐右順門이러니 所服裏衣袖弊垢하야 納而復出이어늘 侍臣有贊聖德者한대 上歎曰 朕雖日十易新衣라도 未嘗無로되 但自念當惜福이라 故每澣濯更進이니라 昔皇妣躬補緝故衣하신대 皇考見而喜曰 皇后居富貴하야 勤儉如此하니 正可以爲子孫法이라하시니 故朕常守先訓不敢忘이로다 言已愴然이어늘 侍臣頓首曰 陛下恭儉如此하시니 誠萬世之法이로소이다

32-1-33

5월에 楊林戍에 駐蹕하여 태종이 閱武하고 난 여가에 皇太孫이 모시고 있었다. 創業과 守成의 어려움을 언급하고서 또 이르기를, "전대의 제왕 중에 깊은 궁궐에서 나고 자라 부귀와 안일에 익숙해서 고금의 일을 알지 못하고 백성의 어려움을 알지 못해서 나라를 경영하는 일을 蒙然히 무지하여 나라를 망하게 하는 지경에 이르는 자가 많이 있으니, 내가 항상 그것으로 경계를 삼았다. 너는 장래에 王統을 이을 책임이 있으니 모쪼록 학문에 힘을 써서 모든 천하의 일을 두루 알지 않아서는 안 되고, 인민들의 어려움을 두루 겪지 않아서는 안 된다. 듣고 본 것이 넓고 두루 겪은 것이 많으면 자연히 마음이 활짝 열려서 萬機가 왔을 때에 모두 처리하면서 어긋나지 않을 것이다. 이렇게 하면 祖宗의 付託을 저버리지 않을 뿐만 아니라 또한 福澤이 아래 백성에게 미칠 수 있을 것이니 노력하고 노력하라." 하였다.

○五月에 駐蹕楊林戍하야 上閱武之暇에 皇太孫侍라 語及創業守成之難하야 且曰 前代帝王이 多有生長深宮하야 狃於富貴安逸하야 不通古今하고 不識民難하야 於經國之務에 懵然弗究하야 而至於亡者하니 朕常以之爲戒호라 汝將來有嗣統之責이라 須勉力學問하야 於凡天下之事에 不可不周知요 人之艱難을 不可不涉歷이니 聞見廣而涉歷多면 自然心胸開豁하야 於萬幾之來에 皆有以處之而不差矣리니 如此면 非惟不負祖宗之付託이라 亦有福澤被及下人矣리니 勉之勉之하라

32-1-34

태종이 行在翰林學士 胡廣, 侍講 楊榮[39]・金幼孜[40]에게 유시하기를, "五經과 四書

39) 楊榮 : 1371~1440. 明나라 초기의 대신으로 자는 勉仁이고, 초명은 子榮이며, 시호는 文敏이다. 建文 2년(1400) 진사시에 합격하여 翰林院編修에 임명되었다. 永樂帝의 두터운 신임을 받아 文淵閣大學士에 올랐으며, 영락제의 北征에 항상 수행하여 중요한 군무를 맡았다. 仁宗 때는 謹身殿大學士・工部尙書를 지냈고, 宣宗・英宗까지 네 명의 황제를 섬기면서 지모와 결단력을 보여주었다. 三楊의 한 사람으로 국가 원로로서 정계의 예우를 받았다. 저서에 ≪後北征記≫와 ≪楊文敏集≫이 있다.(≪明史≫ 권148 〈楊榮列傳〉)

는 모두 성현의 精深한 의리가 담긴 微妙한 도리이니 傳註 외에 여러 儒者들의 의론 중에 깊은 뜻을 밝힌 것이 있거든 그대들은 그중에 매우 합당한 말을 채집하여 전주 아래에 덧붙이도록 하라. 周子·程子·張子·朱子 등 여러 군자의 性理說로서 〈太極圖說〉·〈通書〉·〈西銘〉·〈正蒙〉 같은 부류는 모두 六經의 羽翼이지만 각각 따로 책이 되어 통합한 것이 없으니, 그대들은 또한 별도로 유별로 모아 두 책으로 편집하되 지극히 정밀히 갖추어지도록 힘써서 후세에 전할 수 있게 하라." 하고, 호광 등에게 그 일을 총괄하라고 명하고, 이어 온 조정의 신하 및 지방에 있는 文學의 재능이 있는 敎官에게 명하여 함께 纂修하라고 명하고, 東華門 밖에 館舍를 마련하고 光祿寺에 명하여 조석의 음식을 공급하게 하였다.

楊榮

○上諭行在翰林學士胡廣侍講楊榮金幼孜曰 五經四書 皆聖賢精義妙道니 其傳註之外에 諸儒議論이 有發明餘蘊者어든 爾等采其切當之言하야 增附于下하고 其周程張朱諸君子性理之言如太極通書西銘正蒙之類 皆六經之羽翼이나 然各自爲書하야 未有統會니 爾等亦別類聚成編二書호되 務極精備하야 庶幾以垂後世하라 命廣等總其事하고 仍命擧朝臣及在外教官有文學者하야 同纂修할새 開館東華門外하고 命光祿寺하야 給朝夕饌하다

32-1-35

永樂 13년(1415) 정월에 監察御史 吳文[41] 등을 파견하여 천하에 나누어 보내 지방관의 정치의 잘잘못과 백성들의 疾苦를 살피게 하였는데, 오문 등이 하직할 때에 태종이 유시하였다.

"백성의 어려움을 有司가 가리고 아뢰지 않는다. 그대들은 짐의 耳目의 역할을 받

---

40) 金幼孜 : 1368~1432. 明나라 江西 新淦 사람으로 이름은 金善인데 자로 행세하였다. 建文 2년(1400)에 진사시에 합격하여 戶科給事中에 제수되었고, 태종이 즉위하여 翰林檢討로 옮기고 解縉 등과 함께 文淵閣에서 독서하였다. 永樂 8년(1410)에 태종의 北征에 따라갔는데 태종이 항상 그와 적군의 일을 논의하였고, 그 후로 모든 北征에 따라갔다. 영락 18년(1420)에 文淵閣大學士가 되고, 洪熙 원년(1425)에 禮部尙書 兼 武英殿大學士가 되었다. 저서에 ≪北征錄≫과 ≪金文靖集≫이 있다.

41) 吳文 : 明나라 廣西 臨桂 사람으로, 자는 尙質이다. 洪武 18년(1385)에 進士에 선발되어 翰林檢討를 지냈고, 외직으로 나가 湖廣右參議가 되었는데, 정치로 명성이 있었다.

았으니 의당 상세히 물어서 무릇 조정에서 보낸 사람 및 郡縣의 관원 중에 탐오하고 각박하며 국법을 지키지 않은 자가 있거든 적발하고, 군현의 관원 중에 무능하여 직책을 수행하지 못하거나 늙고 병든 자가 있거든 모두 京師로 보내도록 하라. 布政司와 按察司와 堂上官은 장계로 보고하여 왜곡하거나 놓아주지 말고 반드시 公道에 합치되도록 해서 軍民의 利害를 하나하나 보고하도록 하라. 그대들이 왕명을 공경히 행하지 않으면 그대들에게 벌을 내릴 것이다."

○十三年正月에 遣監察御史吳文等하야 分行天下하야 詢察吏治得失及民間疾苦할새 文等陛辭할새 上諭之曰 百姓艱難을 有司蔽不以聞하니 爾等受朕耳目之寄니 宜悉諮訪하야 凡朝廷所差人及郡縣官에 有貪刻不律者어든 執之하고 郡縣官에 有闒茸不職及老病者어든 悉送京師하라 惟布政司按察司堂上官은 以狀來聞하야 毋枉毋縱하고 必合公道하야 軍民利病을 宜一一奏來하라 汝不恭命이면 汝則有罪하리라

32-1-36

3월에 貴州 布政使 蔣廷瓚[42]이 말하기를, "去年에 北征하고 回軍할 때에 조서가 思南府 婺川縣에 이르렀을 때 큰 바위산에서 만세를 세 차례 연호하는 소리를 들었습니다. 모두들 황상의 은혜와 위엄이 멀리까지 미쳐서 山川이 신령함을 드러낸 증거라고 하였습니다." 하였다.

禮部尙書 呂震이 群臣을 거느리고 표문을 올려 하례하기를 청하자 태종이 이르기를, "신하가 임금을 섬기는 것은 도리로 해야 하는 것이니, 아첨하여 총애를 받는 것은 어진 이나 군자가 할 일이 아니다. 산골짜기에서 소리를 지르면 메아리가 호응하는 것은 이치에 원래 있는 것이니 이것이 어찌 기이한 일이겠는가. 布政司의 관원이 이것을 살피지 못해서 상서라고 하고, 그대는 나라의 大臣이 되어서 그 잘못을 따져서 바로잡지 못하고 또 표문을 올려 짐에게 아첨하려고 하니, 군자가 임금을 섬기는 도리가 아니다." 하고, 마침내 그만두게 하였다.

○三月에 貴州布政使蔣廷瓚言 去年北征班師할새 詔至思南府婺川縣이러니 聞大巖山有聲連呼萬歲者三이라 咸謂皇上恩威遠加하야 山川效靈之徵이니이다 禮部尙書呂震請率群臣上表賀한대

42) 蔣廷瓚 : 明나라 大名府 滑縣 사람으로, 洪武 연간에 才行으로 천거되어 都督府經歷에 제수되었다가 嘉興通判이 되었다. 永樂 연간에 工部侍郞에 이르렀다.

上曰 人臣事君은 當以道요 阿諛取容은 非賢人君子所爲니라 呼譟山谷之間에 空虛之聲相應은 理固有之니 是豈異事리오 布政司官不察하야 以爲祥하고 爾爲國大臣하야 不能辨正其非하고 又欲進表媚朕하니 非君子事君之道라하고 遂已하다

32-1-37

9월에 西域에서 獅子를 바치니 文武 신하들이 聖德이 멀리까지 미친 결과라고 하여 머리를 조아리고 하례하자 태종이 말하였다.

“먼 지방 사람이 토산물을 바쳐서 성의를 보였는데 무슨 하례할 일인가. ≪詩經≫과 ≪書經≫에 말한 唐虞와 三代의 정치에 어찌 일찍이 祥瑞를 말하였던가. 이는 옛날 聖賢의 임금은 단지 날씨가 고르고 농사가 풍년이 드는 것을 구하였으니, 백성들이 집집마다 넉넉하고 사람마다 풍족하면 이것이 바로 태평이다. 隋나라 煬帝 때에 공작이 朝堂에 모이자 백관들이 하례하였고, 元나라 順帝 때에 兩都의 뽕나무와 과일나무의 잎에 모두 누런색 용무늬가 생겼고, 또 벼 한 줄기에 여덟 개의 이삭이 달린 것이 있었으며, 또 항상 오색의 상서로운 구름이 나타났는데 이것을 믿고서 교만을 부리다가 마침내 모두 멸망하였으니, 전대의 귀감이 이와 같다. 짐은 경들과 선조의 법을 삼가 지켜서 일을 공경히 하고 태만함이 없어서 큰 기업을 보전해야 하니, 사치스러운 마음이 싹터서는 안 된다.”

○九月에 西域貢獅子어늘 文武群臣以爲聖德遠及所致라하야 叩頭稱賀어늘 上曰 遠人貢土物以達誠이니 何爲賀리오 詩書所稱唐虞三代之治에 曷嘗及祥瑞아 蓋古聖賢之君이 但求時和歲稔하니 百姓家給人足이 卽是太平이라 隋煬帝時에 孔雀聚朝堂이어늘 百官稱賀하고 順帝時에 兩都桑果葉皆生黃色龍文하고 又有嘉禾一莖至八穗者하며 又常有五色祥雲見이어늘 恃此而驕라가 卒皆亡滅하니 前鑑如此라 朕與卿等으로 但祗守祖法하야 敬事無怠하야 以保鴻業이요 不可萌侈心이니라

32-1-38

永樂 14년(1416) 4월에 禮部 祠祭司郞中 周訥이 上言하기를, “지금 천하가 태평하고 四夷가 복종하며 인민과 재물이 많아지고 풍성하니 泰山에 封禪하고 비석을 세워 공덕을 기록하여 만세토록 전하게 하소서.” 하고, 尙書 呂震 또한 “황상의 聖德과 神功이 천지의 신을 감동시키니 주눌의 청대로 하소서.” 하였다.

태종이 여진에게 이르기를, "지금 천하가 비록 무사하지만 水災와 旱災와 疫疾이 간간이 있다. 짐이 매번 郡縣의 上奏를 들을 때마다 마음에 두렵지 않은 적이 없었으니, 어찌 감히 스스로 태평한 세상이라고 말할 수 있겠는가. 또한 성인의 경전에 封禪을 말한 적이 없다. 魏徵[43]이 매번 堯舜의 일로 唐 太宗에게 바랐는데, 그대는 짐을 태종의 아래에 두려고 하니, 또한 위징이 임금을 사랑하는 것과 다르도다. 그대는 옛사람처럼 되기 위해 스스로 노력해야만 宗伯의 직임에 누가 되지 않을 것이다." 하였다.

○十四年四月에 禮部祠祭司郎中周訥上言 今天下太平하고 四夷賓服하며 民物阜豐하니 請封禪泰山하고 刻石紀功德하야 垂之萬世하소서하고 尙書呂震亦言皇上聖德神功이 昭格上下하니 宜如訥請하소서 上謂震曰 今天下雖無事나 然水旱疾疫이 亦間有之하니 朕每聞郡縣上奏에 未嘗不惕然於心하니 豈敢自謂太平之世리오 且聖經未嘗言封禪이라 魏徵每以堯舜之事望太宗이어늘 爾欲處朕於太宗之下하니 亦異乎徵之愛君矣로다 汝當以古人自勉이라야 庶幾不忝宗伯之任하리라

32-1-39

12월에 ≪歷代名臣奏議≫[44]가 완성되었다. 이보다 앞서 태종이 황태자에게 조서를 내려 諭示해서 翰林儒臣 黃淮[45]·楊士奇[46] 등으로 하여금 옛날 名臣들의 직언으

43) 魏徵 : 580~643. 唐나라의 魏郡 內黃 사람으로, 자는 玄成이며, 시호는 文貞이다. 高祖의 長子이며 太子인 李建成을 섬겨 洗馬가 되었으나, 뒤에는 형제간의 불화로 말미암아 이건성이 후에 太宗이 되는 李世民에게 살해되자 다시 태종을 섬겼다. 태종의 절대적인 신임을 받아 벼슬은 太子太師에까지 올랐으며, 그가 죽자 태종은 거울 하나를 잃었다고 탄식하였다. ≪群書治要≫를 主編하였고, 禮書에도 밝아서 ≪小戴禮≫에 근거하여 ≪類禮≫ 20권을 지었는데 지금 전해지지 않는다.

44) 歷代名臣奏議 : 明나라 永樂 14년(1416)에 黃淮·楊士奇 등이 황명을 받들어 편찬한 책으로, 모두 350권이다. 殷·周 시대에서 宋·元 시대에 이르는 名臣들의 奏議를 64門에 나누어 수록하였다. ≪通鑑≫, ≪三通≫과 함께 역대 典制의 연혁과 정치의 득실을 고증할 수 있는 책으로 평가된다.(≪四庫全書總目提要≫ 권55 〈史部11 詔令奏議類〉)

45) 黃淮 : 1367~1449. 明나라 浙江 永嘉 사람으로, 자는 宗豫이다. 洪武 30년(1397)에 진사에 급제하였고, 永樂 연간에 解縉 등과 文淵閣에서 독서하였다. 右春坊大學士를 지내다가 漢王 高煦의 참소로 10년간 옥살이를 하였고, 洪熙 초에 복관되어 武英殿大學士를 겸하고 楊榮 등과 內制를 관장하였다. 벼슬은 戶部尙書에까지 올랐다. 저서에 ≪省愆集≫과 ≪黃介庵集≫이 있다.

46) 楊士奇 : 1365~1444. 明나라 江西 泰和 사람으로, 이름은 楊寓이고, 자가 士奇인데 자로 행세하였다. 호는 東里先生이다. 惠帝 建文 초에 천거를 받아 翰林에 들어가 ≪太祖實錄≫을 수찬하는 데 참여하였고, 太宗이 즉위한 뒤 編修에 임명되고, 內閣에 들어가 楊榮 등과 함께 정무에 참여하였다. 이후 5대에 걸쳐 내각에 있으면서 輔臣으로 40여 년을 봉직하였다. 禮部侍郎 兼 華蓋殿大學士에 올라 兵部尙書를 겸했는데, 청렴하고 유능함으로 천하의 칭송을 들었

로 張良이 漢 高祖에게 한 것과 鄧禹[47]가 光武帝에게 한 것과 諸葛武侯가 昭烈에게 한 것 및 董賈[48]·劉向[49]·谷永[50]·陸贄[51]의 奏疏 등을 채집하여 類別로 모아서

다. 楊榮·楊溥와 함께 三楊으로 불렸다. 시호는 文貞이다. 저서에 ≪東里全集≫, ≪文淵閣書目≫ 등이 있다.

47) 鄧禹 : 2~58. 東漢 南陽 新野 사람으로, 자는 仲華이다. 젊어서 長安에 유학하여 光武帝 劉秀와 친하게 지냈는데, 王莽의 新 말에 광무제를 따라 종군하여 銅馬軍을 진압하였다. 광무제에게 河北을 근거지로 하여 민심을 수습하고 기회를 기다려 천하를 취하라고 조언해 신임을 얻었으며, 또 前將軍이 되어 劉玄의 장군 王匡과 成丹 등을 격파하였다. 광무제가 즉위한 뒤에는 大司徒에 오르고 酇侯에 봉해졌으며, 여러 지역을 다니며 항복을 유도해 부대가 '百万'이라고 불렸다. 明帝 때 太傅에 올랐다. 시호는 元이다.

48) 董賈 : 漢나라의 학자 董仲舒와 賈誼의 합칭이다. 董仲舒는 前漢 때 經學家로 廣川 사람이다. 景帝 때 박사가 되었으며 武帝 때에는 江都相과 膠西相을 역임하였다. 〈賢良對策〉을 올려 유학을 존중하고 백가 사상을 배척할 것을 주장하여 경학의 지위를 높이는 데 큰 영향을 끼쳤다. 나중에 벼슬을 그만두고 저술에 힘쓰다 생을 마쳤다. ≪春秋≫에 밝아 ≪春秋繁露≫를 지었다. 賈誼는 전한 때 河南 洛陽 사람으로, 廷尉 吳公의 천거로 20여 세에 文帝의 부름을 받아 博士에 제수되고, 황제의 신임을 받아 한 해 만에 太中大夫에 올랐다. 여러 차례 상소를 올려 당시의 폐단을 논하다 周勃과 灌嬰 등의 비방을 받아 長沙王의 太傅로 쫓겨났다가 다시 돌아와 梁 懷王의 태부로 임명되었다. 당시에 흉노가 변방을 침략하고 제후왕들이 반란을 일으켰으므로 이들을 제어할 방책으로 제후왕을 많이 봉하여 제후왕의 힘을 약화하고 흉노에 대한 강경책을 쓸 것을 건의하였다. 그는 상소에서 건의하는 내용을 통곡할 만한 일〔可爲痛哭者〕 한 가지, 눈물 흘릴 만한 일〔可爲流涕者〕 두 가지, 길게 탄식할 만한 일〔可爲長太息者〕 여섯 가지로 구분하여 아뢰었다. 그러나 이러한 건의는 문제의 소극적인 태도로 인해 제대로 시행되지 못하였다. 33세로 요절하였는데, 〈鵩鳥賦〉, 〈弔屈原賦〉, 〈過秦論〉, 〈論積貯疏〉, 〈陳政事疏〉 등의 작품이 유명하다.

49) 劉向 : B.C. 77~A.D. 6. 前漢 말기 沛縣 사람이다. 본명은 更生이고, 자는 子政이다. 楚元王 劉交의 4세손이고, 劉歆의 아버지다. ≪春秋穀梁傳≫을 공부했고, 陰陽休咎論으로 時政의 득실을 논하면서 여러 차례 외척이 권력을 잡는 일에 대해 경계했다. 궁중 도서의 교감에도 노력하여 해제서 ≪別錄≫을 만들어 중국 목록학의 비조로 간주된다. 楚나라 屈原의 辭賦와 그의 문인 宋玉의 작품을 모아 ≪楚辭≫를 편집하였으며, 춘추전국시대로부터 漢나라 때에 이르기까지 사람들의 언행을 분류하여 ≪新序≫와 ≪說苑≫을 편찬했다. 그리고 ≪詩經≫과 ≪書經≫에 나타난 여인들 중 모범과 경계로 삼을 만한 사례를 모아 ≪列女傳≫을 저술했다. 그 밖의 저서에 ≪五經通義≫, ≪洪範五行傳≫ 등이 있다.

50) 谷永 : ?~B.C. 8. 前漢 京兆 長安 사람으로, 본명은 竝이고, 자는 子雲이다. 經傳에 해박하였고, 특히 ≪京氏易≫에 정통하였다. 元帝 때에 太常丞이 되어 자주 상소하여 災異를 가지고 조정의 득실을 추론하였다. 成帝 때에 給事中이 되어 천자의 허물을 과감하게 지적했으나 權臣의 과실은 언급한 적이 없었으며, 오히려 당시의 권신인 王鳳 등 일파에게 아부함으로써 자신의 영달을 추구하였기 때문에 성제가 그다지 신임하지 않았다. 北地太守를 거쳐 大司農에까지 올랐다.

51) 陸贄 : 754~805. 唐나라 蘇州 嘉興 사람으로, 자는 敬輿이다. 18세에 進士가 되어 德宗의 부름을 받아 한림학사가 되었다. 이후로 천자 곁에서 文翰을 담당하여 詔書를 기록함에 사정을 곡진히 하여 機會에 적중하지 않음이 없었고, 임금에게 드리는 奏議를 잘 짓기로 더욱 유명하였다. 뒤에 兵部侍郎에 임명되고 中書平章事에 이르렀다가 裴延齡의 참소에 의해 忠州別駕로 폄적되어 그곳에서 죽었다. 시호는 宣公이다. 死後에 후인들이 그의 奏議를 모아 ≪陸宣公奏

보기 편하게 하라고 하였는데, 이때에 이르러 책이 완성되어 올렸다. 태종이 보고 가상히 여겨 ≪역대명신주의≫라는 이름을 내렸다.

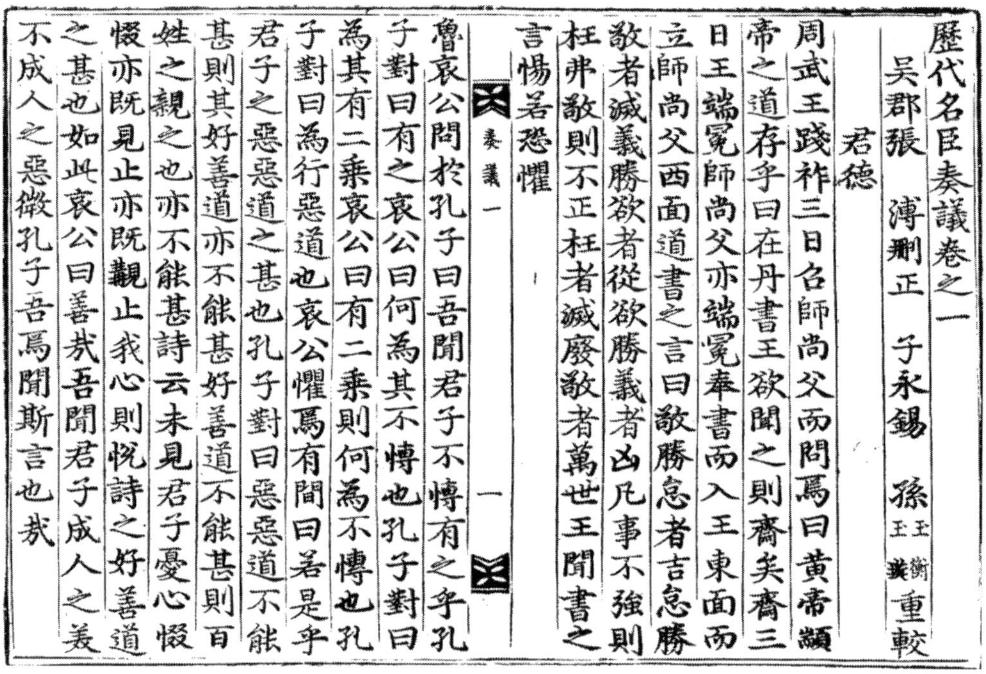
歷代名臣奏議卷之一
吳郡張溥刪正 子永錫 孫王衡王黃 重較
君德
周武王踐祚三日召師尚父而問焉曰黃帝顓帝之道存乎曰在丹書王欲聞之則齋矣齋三日王端冕師尚父亦端冕奉書而入王東面而立師尚父西面道書之言曰敬勝怠者吉怠勝敬者滅義勝欲者從欲勝義者凶凡事不強則枉弗敬則不正枉者滅廢敬者萬世王聞書之言惕若恐懼
奏議一 一
魯哀公問於孔子曰吾聞君子不博有之乎孔子對曰有之哀公曰何為其不博也孔子對曰為其有二乘哀公曰有二乘則何為不博也孔子對曰為行惡道也哀公懼焉有間曰若是乎君子之惡惡道之甚也孔子對曰惡惡道不能甚則其好善道亦不能甚好善道不能甚則百姓之親之也亦不能甚詩云未見君子憂心惙惙亦既見止亦既覯止我心則悅詩之好善道之甚也如此哀公曰善哉吾聞君子成人之美不成人之惡微孔子吾焉聞斯言也哉

歷代名臣奏議

이로 인하여 侍臣에게 이르기를, "다스림을 이루는 도는 千古토록 똑같은 법이니, 임금이 능히 선한 말을 받아들이고 신하가 능히 충성을 다하여 숨김이 없으면 천하가 다스려지지 않은 적이 없다. 이 책을 읽으면 당시 임금의 도량과 신하의 곧음을 볼 수 있으니, 임금된 자가 前賢이 말한 것을 오늘 귀로 들은 것으로 여기고 신하된 자가 전현이 임금을 섬긴 마음을 자기 마음으로 삼으면 천하 국가의 복이다."라고 하고, 마침내 간행하여 황태자와 황태손 및 대신에게 하사하라고 명하였다.

○十二月에 歷代名臣奏議書成하다 先是에 上以璽書諭皇太子하야 令翰林儒臣黃淮 楊士奇等으로 採古名臣直言 如張良對漢高와 鄧禹對光武와 諸葛武侯對昭烈와 及董賈劉向谷永陸贄奏疏之類하야 彙類以便觀覽이러니 至是書成以進한대 上覽而嘉之하야 賜名歷代名臣奏議하다 因謂侍臣曰 致治之道 千古一揆니 君能納善言하고 臣能盡忠不隱이면 天下未有不治라 觀是書에 足以見當時人君之量과 人臣之直이니 爲君者 以前賢所言으로 便作今日耳聞하고 爲臣者 以前賢事君之心爲心이면 天下國家之福也라하고 遂命刊印以賜皇太子皇太孫及大臣하다

議≫를 편찬하였다. 저서로는 ≪翰苑集≫이 있다.

32-1-40

永樂 15년(1417) 3월에 五經과 四書와 ≪性理大全≫을 六部와 兩京의 國子監 및 천하 郡縣의 學校에 頒賜하였다.

태종이 禮部의 신하에게 이르기를, "이 책은 학자의 근본이고, 성현의 精微한 의리가 모두 갖추어져 있다. 이 책이 만들어진 뒤로 짐이 아침저녁으로 궁중에서 피곤한 줄 모르고 읽어서 얻은 것이 많았다. 옛사람 중에 학문에 뜻을 둔 자는 서적을 얻기 어려운 것을 괴롭게 여겼으니, 만약 오늘날 학자가 이 책을 얻고서 노력하지 않는다면 이는 자포자기하는 것이다. 너희 예부는 짐의 뜻으로 천하의 학자들에게 曉諭하여 마음을 다해 공부하고 한갓 무의미한 글로 보지 말게 하라." 하였다.

○十五年三月에 頒五經四書性理大全書於六部 幷兩京國子監及天下郡縣學하다 上謂禮部臣曰 此書는 學者之根本이요 而聖賢精義悉具하니 自是書成으로 朕旦夕宮中披閱不倦하야 所益多矣라 古人有志於學者 苦難得書籍이니 如今之學者 得此書而不勉力이면 是自棄也라 爾禮部其以朕意로 曉諭天下學者하야 令盡心講明이요 無徒視爲虛文而已니라

32-1-41

7월 戊寅日 아침에 壽星[52]이 나타나자 백관이 경하하기를 청하니 태종이 이르기를, "해마다 수성이 나타나니 경들은 상서라고 하여 경하를 올린다. 그러나 사방에 旱災와 水災가 빈번히 일어나는데도 짐을 위해 말하는 자가 드물다. 짐이 바라는 것은 일기가 고르고 풍년이 들어 천하 사람들이 모두 편안히 살고, 賢者가 관직에 있어서 아첨하거나 사특한 일이 일어나지 않고, 百官이 모두 맡은 일을 감당하여 정치가 공평하게 되고 송사가 잘 다스려져서 나라가 淸明해지는 것이니, 이것이 상서가 될 수 있는 것이지, 수성의 상서는 경하할 것이 못 된다." 하였다.

○七月戊寅(朝)〔旦〕[53]에 壽星見이어늘 百官請賀한대 上曰 比歲壽星見하니 卿等以爲瑞致賀나

52) 壽星 : 南極星 또는 南極老人星이라고도 한다. ≪史記≫ 제27권 〈天官書〉에 "天狼星 근처에 큰 별이 있는데 남극노인이라고 부른다. 이 별이 나타나면 정치가 안정되고 나타나지 않으면 전쟁이 일어난다.〔狼比地有大星 曰南極老人 老人見治安 不見兵起〕"라고 하였고, 唐나라 司馬貞은 ≪史記索隱≫에서 "壽星은 南極老人星이다. 이 별이 나타나면 천하가 다스려지고 안정되기 때문에 제사를 지내 福壽를 빈 것이다.〔壽星 蓋南極老人星也 見則天下理安 故祠之以祈福壽〕"라고 하였다. 예로부터 이 별을 장수의 상징으로 삼았다.(≪史記≫ 권28 〈封禪書〉)

53) (朝)〔旦〕: 저본에는 '朝'로 되어 있으나, '朝'는 朝鮮 太祖 李成桂가 왕위에 오른 뒤 '旦'으로 개

然四方旱澇 比比有之어늘 而鮮有爲朕言者하니 朕之所願은 時和歲豐하야 天下之人이 俱得其所하고 賢者在位하야 讒慝不作하고 百工擧任其事하야 政平訟理하야 國家淸明이니 此可爲瑞요 壽星之瑞는 不足賀니라

32-1-42

行在通政司가 말하기를, "甌寧縣 사람이 金丹과 方書를 올렸습니다."라고 하니, 태종이 이르기를, "이자는 요망한 사람이다. 秦 始皇과 漢 武帝가 평생 동안 方士에게 속아서 불로장생의 약을 구하였는데, 이자가 또 짐을 속이려고 하는 것이다. 짐은 쓸데가 없으니, 금단은 스스로 먹게 하고, 방서 또한 찢어버려 다른 사람을 속이지 못하게 하라." 하였다.

○行在通政司言 甌寧縣人이 進金丹及方書라한대 上曰 此妖人也라 秦皇漢武 一生爲方士所欺하야 求長生不死之藥하니 此又欲欺朕이로다 朕無所用이니 金丹은 令自食之하고 方書는 亦與毁之하야 毋令別欺人也하라

32-1-43

永樂 16년(1418) 정월에 玄兎圖와 群臣이 올린 表文과 詩文을 황태자에게 하사하고, 또 글을 하사하여 유시하였다.

"근자에 陝西의 耀州 백성이 검은 토끼를 바치니 군신들이 그것을 상서라고 하고, 또 짐의 덕이 불러온 것이라고 하여 표문을 올려 경하하고 또 시를 올려 칭송하니, 짐의 마음은 척연히 부끄러워하노라. 대저 어진 임금이 하늘을 공경하고 백성을 가엾게 여겨 부지런히 다스리면 천지의 和氣를 불러와서 자주 풍년이 들어 천하가 청명하고 백성들이 생업에 즐거워하게 되니, 이것이 국가의 상서이다. 저 이상한 하나의 물건은 정상적인 이치 안에 있는 것이다. 또 내가 어찌 스스로 알지 못하겠는가. 지금 비록 변방에 특별한 일은 없지만 郡縣에 水災와 旱災가 왕왕 있고 유랑하는 백성 또한 없는 적이 없으니 어찌 지극히 잘 다스려지는 때이겠는가. 그런데 이상한 검은 토끼 한 마리를 가지고 시끄럽게 아첨한단 말인가.

명하였기 때문에 조선에서는 避諱하여 '朝'로 쓴 것이다. 그러므로 원래 글자인 '旦'으로 돌려놓았다.

대저 곧은 말을 좋아하면 덕이 날로 넓어지고, 아첨하는 말을 좋아하면 허물이 날로 늘어난다. 짐이 밤낮으로 부지런히 노력하며 皇考(明 太祖)께서 創業하실 때의 어려움을 생각하면 그 基業을 짊어지지 못할까 두려워서 감히 게으르거나 안일하지 못하니 끝내 저것에 현혹되지 않을 것이다. 너는 장래에 종묘사직과 백성을 맡게 될 것이니, 群臣들이 말을 하면 사리에 비추어 살피지 않아서는 안 된다. 단지 이 표문과 시를 보면 곧 이치가 환히 드러나 실정을 숨길 수 없을 것이다."

○十六年正月에 以玄兎圖로 幷群臣所上表及詩文하야 賜皇太子하고 又賜書諭之曰 比陝西耀州民獻玄兎어늘 群臣以爲瑞하고 且謂朕德所致라하야 上表稱賀하고 又有獻詩頌美者하니 朕心惕然愧之하노라 夫賢君能敬天恤民하야 致勤於理면 則有以感召和氣하야 屢致豐年하야 海宇淸明하고 生民樂業이니 此國家之瑞也어니와 彼一物之異는 常理有之니라 且吾豈不自知리오 今雖邊鄙無事나 而郡縣水旱往往有之하고 流徙之民이 亦未嘗無하니 豈至理之時哉아 而一玄兎之異를 喋喋爲諛아 夫好直言이면 則德日廣하고 好諛言이면 則過日增하니 朕夙夜拳拳하야 仰惟皇考創業艱難호니 懼弗堪負荷하야 不敢怠寧이라 終不爲彼所惑이니 爾將來에 有宗社生民之寄니 群下有言이어든 不可不審之於理니 但觀此表及詩면 卽理瞭然而情不能逃矣리라

32-1-44

永樂 17년(1419) 3월에 ≪爲善陰騭≫[54]이 완성되었다.

그전에 태종이 조회를 보는 여가에 便殿에 임어하여 서적을 보다가 善을 하여 보응을 받은 대목을 만나면 近臣에게 명하여 輯錄하게 하였다. 여기에 태종이 각각 論斷을 가하고 그 뒤에 시를 붙이고 類別로 모아 10권으로 만들고는 이름을 '爲善陰騭'이라고 하고, 친히 서문을 지어 책 앞에 붙이고 간행하여 세상에 전하라고 특별히 명하였다.

이때에 이르러 諸王과 群臣 및 國子監과 천하의 학교에 반사하고, 또 禮部에 명하여 지금부터 科擧로 선비를 뽑을 때에 ≪御製大誥≫[55]의 예에 준하여 이 안에서 출

---

54) 爲善陰騭 : 永樂帝 때 官撰한 책으로 成祖의 序文이 있다. 165條로 되어 있으며 각 조목에 4자의 標題가 있고, 論斷을 가하였으며, 뒤쪽에 詩가 첨부되어 있다. ≪欽定四庫全書總目≫과 ≪欽定續文獻通考≫에는 永樂 13년(1415)에 官撰하여 頒行하였다고 되어 있으나, ≪禮部志稿≫와 ≪千頃堂書目≫에는 永樂 17년에 간행되었다고 기록되어 있다.

55) 御製大誥 : 明 太祖 洪武 18년(1385)에 백성들을 교화할 목적으로 勸善懲惡에 관련된 내용을 뽑아 책으로 엮고, 이어 두 편을 더 만들어 19년 12월에 3편으로 만들었다. 홍무 20년에 민간의 子弟들에게 이 책을 읽히고, 지방 社學의 선생들이 그중에 이 책을 잘 암송하는 자를 京

제하게 하였다.

○十七年三月에 爲善陰隲書成하다 先是에 上視朝之暇에 御便殿하야 披閱載籍이라가 遇有爲善獲報者하고 命近臣輯錄之하고 上各爲之論斷하고 而系詩于後하야 類爲十卷하고 名曰爲善陰隲이라하야 親製序冠之하고 特命梓刻以傳이러니 至是에 頒賜諸王群臣及國子監天下學校하고 又命禮部하야 自今科擧取士에 準大誥例하야 於內出題하다

32-1-45

8월에 皇太孫에게 명하였다.

"너의 나이가 이미 장성하였으니 독서하여 이치를 밝혀서 큰 그릇을 이루어야 한다. 자고로 제왕 중에 독서하여 이치를 밝히는 것을 근본으로 삼지 않은 자가 없으니, 독서하여 이치를 밝히지 않고서 능히 집안을 다스리고 나라를 다스리고 천하를 태평하게 한 자가 없다. 네가 학문을 부지런히 하면 훗날 그것을 사용하는 것이 무궁하여 종묘사직이 길이 편안할 수 있고, 천하가 모두 그 福澤을 입을 것이니, 너는 노력하거라."

○八月에 勅皇太孫曰 爾年已長하니 正宜讀書明理하야 以成大器니 自古帝王이 莫不以讀書明理爲本하니 未有不讀書明理而能齊家治國平天下者라 爾克勤學問이면 他日用之不窮하야 宗社得以永安하고 天下皆蒙福澤하리니 爾勉之哉어다

32-1-46

9월에 卿雲[56]이 나타나자 欽天監이 말하기를, "占書에 卿雲은 상서로운 기운으로 태평성대에 대한 보응이라고 하였습니다."라고 하고, 또 말하기를, "천자가 효도하면 경운이 나타나고, 임금이 성스럽고 신하가 어질어서 천하 백성들의 마음이 和順하면 해 옆의 기운이 龍鳳과 같다고 하였으니, 이것은 실로 上瑞입니다." 하였다.

師로 보내게 하고, 禮部에서 다시 그들을 시험하여 많이 외는 순서대로 상을 주었다.(≪歷代君鑑≫ 권30 〈善可爲法 太祖高皇帝 下〉, ≪千頃堂書目≫ 권10 〈政刑類〉, ≪明會典≫ 권67 〈禮部 社學〉)

56) 卿雲 : 慶雲과 같은 말로 오색의 상서로운 구름을 말한다. ≪史記≫ 제27권 〈天官書〉에, "안개 같으면서 안개가 아니고 구름 같으면서 구름이 아닌 것이 뭉게뭉게 피어나 엷게 퍼졌다 크게 뭉쳐졌다 하는 것을 卿雲이라고 하니, 경운은 상서로운 기운이다.〔若烟非烟 若雲非雲 郁郁紛紛 蕭索輪囷 是謂卿雲 卿雲喜氣也〕"라고 하였다.

行在禮部가 文武 백관을 거느리고 표문을 올려 경하하기를 청하니 칙서를 내려 그치게 하고, 侍臣에게 유시하기를, "옛날 舜임금 시대에 萬邦이 화목하였기 때문에 백관이 경운으로 서로 화답하는 노래가 있었다.[57] 짐이 잠을 자거나 밥을 먹거나 간에 정사에 흠이 있어서 백성들이 편안치 못할까 염려하고 있으니 어찌 감히 이것을 믿고서 상서로 여기겠는가. 비록 이것이 하늘이 내려준 것이지만 짐이 경들과 근심하고 두려워하여 하늘이 보살펴주신 은혜에 답해야 할 것이니, 어찌 경하하는 짓을 하겠는가." 하였다.

○九月에 卿雲見이어늘 欽天監言 占書에 卿雲은 喜氣也라 太平之應이라하고 又曰 天子孝則卿雲見하고 君聖臣賢하야 天下順心이면 則日旁氣如龍鳳이라하니 玆實上瑞니이다 行在禮部 請率文武百官上表賀어늘 勅免之하고 且諭侍臣曰 昔帝舜之世에 萬邦協和라 故百官有卿雲相和之歌하니 朕寢食之間에 慮政事有缺하야 民生未安하니 安敢恃此爲祥이리오 縱是上天委貺이나 朕與卿等으로 正當憂勤惕厲하야 以答天眷이니 何以賀爲리오

32-1-47

永樂 18년(1420) 4월에 ≪孝順事實≫[58]을 文武 群臣과 兩京의 國子監과 천하의 학교에 頒賜하였다. 그전에 태종이 翰林儒臣에게 명하여 古今의 서적에 기록된 孝順한 일로서 후세에 교훈이 될 만한 내용을 輯錄하여 책을 만들게 하고, 매 건마다 태종이 직접 論斷과 詩를 지어 붙이고 이름을 '孝順事實'이라고 하고, 또 직접 서문을 지었는데, 이때에 이르러 처음 頒行하였다.

○十八年四月에 頒孝順事實書于文武群臣及兩京國子監天下學校하다 先是에 上命翰林儒臣하야 輯錄古今載籍所紀孝順之事可以垂敎者하야 爲書하야 每事에 上親製論斷及詩하고 名

57) 옛날……있었다 : 舜임금이 禹임금에게 禪位하기에 앞서 八伯과 酬唱한 노래를 가리킨다. 모두 3장으로 구성되어 있는데, 1장은 "오색구름이 찬란함이여, 얽히어 늘어졌도다. 해와 달이 빛남이여, 아침이 되고 다시 아침이 되도다.〔卿雲爛兮 糺縵縵兮 日月光華 旦復旦兮〕"로 순임금이 부른 노래이고, 2장은 "밝고 밝은 상천이여, 찬란하게 별들이 벌여 있네. 해와 달이 빛남이여, 한 사람 위대한 임금일세.〔明明上天 爛然星陳 日月光華 弘於一人〕"로 팔백이 화답한 노래이며, 3장은 "해와 달은 때가 있고, 별들도 흐름이 있는 법일세. 사시는 천도를 따르고, 만백성은 성의를 살피도다.〔日月有辰 星辰有行 四時從經 萬姓幾誠〕"로 다시 순임금이 이어서 부른 노래이다.(≪文體明辨≫ 권1 〈古歌謠辭〉, ≪尙書大傳≫ 권1 〈虞書〉)

58) 孝順事實 : 明나라 태종 18년(1420)에 官撰한 책으로, 고금의 문헌에 기록된 孝順한 사적을 채록하게 하여 만든 책이다. 10권 1책으로 되어 있는데, 수록된 내용이 207건으로 된 곳도 있고, 270건으로 된 곳도 있다.(≪千頃堂書目≫ 권10 〈傳記類〉, ≪中州人物考≫ 권7 〈隱逸〉)

曰孝順事實하고 又親製序러니 至是에 始頒行之하다

32-1-48

永樂 19년(1421) 4월에 給事中 柯暹[59]과 監察御史 何忠[60] 등이 조서에 응하여 國事를 말하였는데 말이 꽤 강직하였다. 그러나 그 말이 工部尙書 李慶[61] 등을 지적하였으므로 이경 등이 불쾌하여 자주 태종에게 그들에게 벌주기를 청하였다. 태종이 이르기를, "하늘을 공경하기 때문에 直言을 구하였는데 지금 말한 자를 처벌한다면 이는 하늘의 뜻을 거역하는 것이니 옳겠는가." 하였다.

또 이르기를, "짐이 오늘날 나의 허물을 들으려고 하니, 옛날 현명한 군주는 모두 직언을 장려했는데 지금 그대가 자주 벌주기를 청하니, 짐을 어떤 군주로 만들려고 하는가? 그리고 저들이 말한 그대들의 과실이 만약 참으로 있거든 즉시 이로 인하여 고친다면 어찌 선한 덕이 아니겠으며, 실제로 그런 일이 없다면 그대들에게 무슨 손해가 있겠는가. 지금 그들을 벌준다면 장차 그들의 이름을 중하게 하고 짐과 그대들의 허물을 더하게 될 것이다." 하니, 이경 등이 부끄러워 물러났다.

○十九年四月에 給事中柯暹監察御史何忠等應詔言事하야 頗訐直이나 然其詞侵工部尙書李慶等하니 慶等不能平하야 數請于上罪之어늘 上曰 敬天故求直言하니 今罪言者면 是逆天이니 可乎아 又曰 朕於今正欲聞過하니 古之明主는 皆奬直言이어늘 今爾數請罪之하니 是欲朕爲何如主오 且彼所言爾等過失이 若誠有어든 卽因而改之면 豈非善德이며 果若無之면 於爾何損이리오 今罪之면 將重其名하고 而益朕與爾等之過矣리라 慶等愧而退하다

---

59) 柯暹 : 1390～? 明나라 池州府 建德 사람으로, 자는 景輝이다. 永樂 3년(1405)에 과거에 급제하여 ≪永樂大典≫을 수찬하는 데에 참여하였다. 戶科給事中에 제수되었다가 交阯로 좌천되었다. 浙江과 雲南의 按察使를 지냈다. 저서에 ≪東岡集≫이 있다.

60) 何忠 : ?～1426. 明나라 湖廣 江陵 사람으로, 자는 廷臣 또는 廷陳이다. 永樂 9년(1411)에 進士가 되었고, 監察御史에 제수되었는데 청렴하고 신중하여 사람들이 감히 범하지 못하였다. 言事로 태종의 미움을 받아 政平知州로 좌천되었다.

61) 李慶 : ?～1427. 明나라 順義 사람으로, 자는 德孚이다. 洪武 연간에 刑部員外郎을 거쳐 紹興知府를 지냈고, 永樂 元年(1403)에 刑部侍郎이 되고, 左副都御史를 거쳐 永樂 18년(1420)에 工部尙書로 승진하고 병부을 통솔하는 일을 겸하였으며, 仁宗이 즉위하여 병부상서가 되고 太子少保를 더하였다. 宣德 2년(1427)에 安遠侯 柳升을 따라 從軍했다가 병으로 죽었다.

32-1-49

永樂 20년(1422) 4월에 車駕가 隰寧을 출발하여 西涼亭에 駐蹕하였는데, 서량정은 옛날 元나라 때 왕래하며 놀던 곳이었다. 태종이 그 무너진 담장과 남은 터에 수목이 울창한 것을 보고 侍臣에게 이르기를, "원나라가 이곳을 처음 만들어 장차 자손에게 남겨주어 영원히 보존되게 하려고 도모하였으니 어찌 오늘날과 같을 줄을 생각했겠는가. ≪書經≫에 이르기를, '德을 변함없게 하면 그 지위를 보전하고, 그 덕이 변함없지 않으면 九州가 망할 것이다.'[62]라고 하였으니, 더구나 하나의 정자는 말할 것이 있겠는가. 귀감이 될 만하다." 하고, 禁軍의 병사들에게 명하여 나무를 베게 하였다.

○二十年四月에 車駕發隰寧하야 次西涼亭이러니 西涼亭者는 故元往來巡遊之所라 上望其頹垣遺址에 樹木鬱然하고 謂侍臣曰 元氏創此하야 將遺子孫하야 爲不朽之圖하니 豈計有今日이리오 書云 常厥德 保厥位하고 厥德靡常이면 九有以亡이라하니 況一亭乎아 可以爲殷監矣로다 因下令禁軍士하야 斬伐樹木하다

32-1-50

永樂 22년(1424) 5월에 태종이 胡의 침입을 물리치기 위해 車駕가 開平에 駐蹕하였는데, 마침 비가 내려서 사졸 중에 뒤늦게 이르러 몸이 젖은 자가 있었다.

이때 그곳이 아직 추웠는데, 태종이 멀리서 보고 諸將들에게 가리켜 보이고 이르기를, "사졸은 장수가 그들에게 의지하여 功名을 이루는 자이니, 돌보기를 지극히 하면 보답하기를 후하게 한다. 옛사람이 말하기를, '사졸 보기를 어린아이처럼 하면 함께 깊은 골짜기에 뛰어들 수 있고, 사졸 보기를 사랑하는 자식처럼 하면 함께 죽을 수 있다.'[63]라고 하였다. 지금 그들을 써서 국가를 위하여 잔인하고 포악한 자를 제거하려고 하는데 어찌 돌보지 않겠는가." 하였다.

○二十二年五月에 上以征胡寇로 車駕次開平이러니 適雨하야 士卒有後至而沾濕者하니 時其地尙

62) 書經에……것이다 : 殷나라 湯임금의 신하 伊尹이 太甲에게 정권을 넘겨주고 떠나면서 진계한 말로, "아! 하늘을 믿기 어려움은 天命이 변함없지 않기 때문이니, 德을 변함없게 하면 그 지위를 보전하고, 덕이 변함없지 않으면 九州가 망할 것입니다.[嗚呼 天難諶 命靡常 常厥德 保厥位 厥德靡常 九有以亡]"라고 한 말을 인용한 것이다.(≪書經≫ 〈商書 咸有一德〉)

63) 사졸……있다 : ≪孫子≫ 〈地形〉에 나오는 내용이다.

寒이라 上遙見之하고 指示諸將曰 士卒者는 將帥所資하야 以成其功名이니 撫之至則報之厚니라 古人有言 視卒如嬰兒면 可與赴深谿이오 視卒如愛子면 可與之俱死라하니 今方用之하야 爲國家除殘去暴하니 柰何不恤이리오

32-1-51

7월에 楡木川에 駐蹕하여 태종이 병이 위독하여 遺命으로 황태자에게 傳位하고 마침내 붕어하였다. 태종은 재위 기간은 23년이고, 향년은 65세였다. 長陵에 장사하였다.

○七月에 次楡木川하야 上大漸하야 遺命傳位皇太子하고 遂崩하니 上在位二十三年이요 享年六十五러라 葬長陵하다

32-1-52

史臣이 절하고 머리를 조아리고 아룁니다.

"태종은 밖으로는 엄격하고 안으로는 인자하고, 출중한 재능과 원대한 지략을 지니고 條理가 정밀하며 다른 사람의 선을 알아서 임용하고 誠心으로 아랫사람을 대하였다. 모든 임용한 사람은 참소하는 말이 이간시킬 수 있는 사람이 아니었고, 아첨하는 사람은 끝내 멀리하고 배척하였으며, 과오를 불쌍히 여기고 작은 죄를 대수롭지 않게 여겨서 하나의 허물 때문에 많은 선을 가리지 않고 사적인 사랑 때문에 큰 악을 가리지 않았다. 말을 들을 때에 밝은 지혜로 비춰 보아 말을 다하기를 기다리지 않고 속에 품고 있는 생각을 꿰뚫어 보았고, 일의 기미를 보고서 과감하게 결단하여 큰일을 裁斷하되 몇 마디 말로 결정하였으며, 아랫사람과 말할 때에 마음을 열고서 성심을 드러내어 안팎이 명백하였다. 刑獄을 중시하여 死罪에 대해 4, 5차례 覆奏하게 하였고, 추운 겨울과 한여름에는 반드시 감옥에 오래 갇혀서 판결을 받지 못한 죄수를 疏決하였다.

用兵을 잘하여 적은 수로 많은 적을 격파하였는데, 적을 헤아리고 형세를 살펴서 미리 계략을 세워 陣을 열고 닫고 임기응변하는데 機智가 귀신같으며, 적과 마주하고 陣을 대함에 있어 생각과 氣度가 여유가 있었고, 決戰함에 이르러서는 기세가 봇물 터지듯 하여 솔선하여 적에게 달려들었으나 일찍이 다친 적이 없었다. 大將으로부터 偏裨와 小校에 이르기까지 그들의 능력과 용감하고 겁이 많은 것을 모두 알아

서 陣에 임하여 부릴 때에 각각 그 쓰임새를 극진히 하였고, 아래로 사졸들과 苦樂을 함께 하여 사졸들이 음식을 먹기 전에 먼저 음식을 먹지 않았다. 붙잡은 적장은 모두 그 결박을 풀어주어 좌우에 두고서 의심 없이 믿어주었고, 공이 있는 자에게는 반드시 상을 주었다. 그러므로 사람들이 모두 감격하고 기뻐하여 다투어 사력을 다하였다. 장수에게 명을 내려 출병하게 할 때에는 모두 方略을 일러주었는데, 그 방략을 따른 자는 이기지 못한 자가 없었다. 태종이 용병을 잘하기는 하였지만 죽이지 않을 것을 위주로 하여 부득이하여 죽이게 되면 반드시 여러 날 동안 즐거워하지 않았다.

史臣拜手稽首言曰 上外嚴內仁하고 而雄材大略이요 條理精密하며 知人善任使하야 推誠待下라 凡所委用이 非浸潤所能間이요 讒諛之人이 終見疏斥하고 矜過誤略小罪하야 不以一眚으로 掩衆善하며 不以私愛로 蔽大惡이라 聽言之際에 明睿所照에 不待其盡하야 洞見底蘊하고 臨幾剛果하야 裁制大事하되 數語而決하며 與下人言에 開心寫誠하야 表裏明白이라 重刑獄하야 死罪를 至四五覆奏하고 隆寒盛暑에 必疏囹圄淹滯라 用兵善하야 以少擊衆하되 料敵審勢하야 豫爲方略하야 開闔應變에 機智如神하며 臨敵對陣에 意度閒暇하고 至於決戰에 氣勢橫溢하야 率身先赴敵하되 而未嘗有所傷이라 自大將으로 至偏裨小校히 悉識其能否勇怯하야 臨陣指使에 各盡其用하고 而下與士卒로 同甘苦하야 士未飮食에 不先飮食하고 所獲敵將을 悉解其縶하야 置諸左右하야 信任不疑하며 有功者必賞이라 故人皆感悅하야 爭效死力이라 至命將出師에 皆指授方略하야 能遵用者 靡不克捷이라 上雖善用兵이나 而以不殺爲主하야 至不得已殺之면 必累日弗樂이러라

처음에 靖難의 군대가 남쪽으로 나올 때에 대개 붙잡은 적병을 모두 놓아주었고, 淮水를 건너서는 가는 곳마다 사람들이 따라서 京師에 들어온 날에는 시장 사람들이 동요 없이 가게를 그대로 보았다. 그러므로 4년이 못되어 奸凶을 제거하여 안으로 화란을 평정하고 종묘사직을 다시 안정시켰다. 대중의 추대를 받아 황제가 되어서는 정무를 부지런히 하여 아침저녁으로 조회에 임해서 대체로 10刻의 시간을 다 채운 뒤에야 파하였고, 아래 사람의 어려움을 깊이 알아서 사람을 부릴 때에 慰撫하기를 극진히 하였다. 사방에서 水災와 旱災를 보고하면 반드시 사람을 보내 가서 살펴보고 진휼하게 하였고, 변방의 경보나 軍事 같은 중요한 일을 보고받으면 밤중이라도 반드시 일어나서 群臣을 불러서 議定하여 행하고 경각을 지체하지 않았다. 나라의 권세를 모두 장악하여 제멋대로 권세를 부리는 신하가 없었고, 官爵과 軍職을

아끼고 중시하여 반드시 功을 논해서 작은 資級이라도 가볍게 주지 않고, 공에 대한 상을 줄 때는 후한 쪽을 따르되 고르게 하였다.

初에 靖難之師南出에 凡得敵兵에 皆縱之하고 既度淮에 所至景附하야 入京之日에 市不易肆라 故不四載에 掃除奸宄하야 內平禍難하고 再安宗社라 既爲衆所推戴하야 勤政務하야 早晩臨朝에 率漏盡十刻乃罷하고 深知下人艱難하야 凡所役使에 撫綏周備라 四方上水旱灾傷에 必遣人巡視賑䘏하고 遇奏邊警及軍機重務면 雖夜中이나 必興하야 召群臣定議行之하야 不稽頃刻이라 總覽權綱하야 無專擅之臣하며 愛重名爵軍職하야 必論功하야 一資半級을 不輕畀하고 賞功率厚而均이라

災變을 만나면 반드시 求言하여 소원하고 미천한 사람이라도 만약 진달하는 것이 있으면 모두 榻前에 나아가 직접 진달할 수 있게 하여 그 말이 채납할 만하면 흔쾌히 받아들였고 그렇지 않더라도 벌을 주지 않았다. 박학하고 문학을 좋아하여 禮에 대해서 옛날의 예에 얽매이지는 않았으나 왕왕 옛사람의 도에 계합되었다. 자손에게 훈계할 때에 학문을 하도록 권면하고 자주 스스로 책을 지어서 남겨주었는데, 그 분량이 보통 수만 자였고, 반복해서 명백하고 절실하였다.

遇灾變에 必求言하야 雖疏賤이라도 苟有所陳이면 皆得造榻前自達하야 言苟可采면 欣然納之하고 否亦不罪라 博學好文하야 於禮에 雖不泥古나 往往默契古人이라 訓諭子孫에 以學問爲務하고 數自著書貽之하니 動累萬言이요 反覆明切이라

제사에 정성과 공경을 다하여 齋戒를 반드시 삼갔고, 아침저녁으로 반드시 공경히 先殿을 배알하였으며, 時物을 薦新하기 전에는 尙膳이 감히 올리지 못했다. 宗室을 厚待하여 하사하는 것이 항상 과도하여 여러 아우와 조카들에게까지 미치지 않은 적이 없었고, 방종하여 예법을 어긴 자가 있으면 반드시 훈계하여 고치게 하고 속으로 숨기지 않고서 이르기를, '보전해주기 위해서이다.' 하였다. 죄악이 심하게 드러난 朱榑[64]과 朱橞[65] 같은 자는 비록 황족에서 강등되어 庶人이 되었지만 그들

64) 朱榑 : ?~1428. 明나라 태조의 일곱째 아들로, 洪武 3년(1370)에 齊王에 봉해졌다. 建文 초에 모반한다고 고발되어 황족의 신분이 박탈되어 庶人이 되었다가 永樂 초에 復爵되었는데, 곧이어 교만한 짓을 하고 반역할 뜻을 품었다가 京邸에 연금되었다. 宣德 3년(1428)에 樓濂이라는 사람이 자칭 小齊王이라고 하면서 반역을 도모하다가 발각되어 피살되었고, 이때 주부와 세 아들이 갑자기 죽었다.

65) 朱橞 : ?~1417. 明나라 태조의 열아홉째 아들로, 洪武 24년(1391)에 谷王에 봉해졌다. 燕王이 起兵했을 때에 京師로 돌아와 金川門을 열고 맞이하였다. 태종이 즉위하여 長沙王으로 改

의 재물을 터럭 하나도 모두 돌려주고 음식과 의복을 모두 예전처럼 하게 하였으며, 후궁을 엄숙히 단속하여 고식적으로 하지 않았다. 外戚이 허물이 있으면 禮法으로 바로잡았고, 宦寺에 대해서는 작은 과실도 반드시 징계하였다.

於祭祀에 致誠敬하야 齋戒必愼하고 旦暮必恭하야 謁奉先殿하며 時物을 未薦新이면 尙膳者不敢進이라 厚於宗室하야 賚予常過하야 無不及諸弟姪하고 有縱越禮法이면 必訓諭使改하야 不曲爲之隱 曰庶幾保全之也라하다 罪惡著甚如榑如橞 雖免爲庶人이나 其所資一毫를 皆歸之하고 飮食衣服之奉을 悉如舊하며 嚴肅宮壼하야 不事姑息하다 外戚有過어든 率正以禮法하고 於宦寺에 小過必懲이라

廷臣들과 일을 논할 때에 좌우에서 시위하는 자를 모두 물러나게 하였고, 前代의 잘못을 거울삼아 功臣을 保全하여 성심으로 대하고 항상 훈계하였다. 허물이 있으면 속으로 숨기지 않고 반드시 분명히 말하여 고치게 하고, 고치지 않은 자는 내쳐서 집에 있게 하기도 하고, 옥에 가두기도 하고, 꾸짖어서 공을 세우게 하기도 하였는데, 얼마 지나지 않아 곧 석방하였고, 능히 고친 자는 대하기를 더욱 후하게 하여 마음속에 원망을 담아둔 적이 없었다. 그러므로 당시의 공신들이 대부분 법을 지켰다.

與廷臣論事에 其侍衛左右者 悉引避하고 鑑前代之失하야 保全功臣하야 推誠待之하고 恒垂訓戒하다 有過면 不爲曲隱하야 必明諭之하야 使改하고 不改者는 或斥家居하며 或頌繫之하며 或謫立功하야 無幾에 卽釋之하고 其能改者는 待之加厚하야 未嘗宿怨이라 故當時功臣이 多奉法云이러라

노인을 공경하고 현자를 존중하며 儒者를 예우하여 정무를 보고 난 여가에 그들과 治道를 토론할 때에 뜻이 매우 잘 맞았다. 인재와 선비를 아껴서 한 가지의 재능만 있어도 반드시 기용하였으며, 試場에 임어하여 선비들을 시험 보여 그중에 우수한 자를 자주 뽑아서 文淵閣에 나아가게 하고, 모두 中秘書[66]에 나가서 進學하게 하고 직접 면려하였고, 進士 중에 재능과 학식이 있는 자가 있으면 자급을 무시하고 발탁하여 등용하였다.

敬老重賢하며 禮遇儒者하야 萬幾之暇에 相與討論治道하야 意甚浹洽하다 愛才惜士하야 有一藝之長이라도 必用之하며 臨軒策士에 屢擇其尤者하야 命就文淵閣하야 盡出中秘書하야 俾進學하야 而親

封되었는데 功을 믿고서 교만을 부렸고 틈을 보아 반란을 일으키려다 廢庶人이 되었는데 스스로 焚死하였다.

66) 中秘書 : 궁중의 서적을 관리하는 기구이다.

飭勵之하고 進士中有才識者어든 不次擢用이라

태종은 성격이 술을 좋아하지 않았고, 항상 세탁한 옷을 입었으며, 아무리 작은 물건이라도 아껴서 함부로 쓰지 않고 교만함을 경계하였다. 禮官이 封禪하기를 청한 말을 물리쳤고, 예관이 자주 祥瑞로 인하여 경하를 올리려고 하면 반드시 칙서를 내려 경계시켰다.

上性不嗜酒하고 常服澣濯衣하고 雖小物이나 愛惜不妄費하야 戒驕溢하다 却禮官請封禪하되 禮官數因祥瑞致賀면 必降勅戒勵하다

만년에 병이 있자 外朝에 드물게 임어하고 정사를 모두 황태자에게 맡겨서 결재하게 하였으나, 軍國의 중요한 일은 반드시 스스로 결재하였다. 좌우 신하 중에 혹 조금 편히 지내시라고 권하는 자가 있으면 이르기를, '祖宗이 맡기신 중대한 일이니 목숨이 끊어지기 전에 감히 정사에 태만할 수 있겠는가.' 하고, 한결같이 태조의 옛 법을 따라서 법제를 거듭 밝히고 禮樂을 지키고 계승하였다. 몸소 孔子를 參謁하기 위해 太學에 갔고, 천하의 박식하고 품행이 단정한 선비를 널리 불러 고금의 서적을 수집하여 ≪大典≫을 만들었고, 正學을 表章하여 ≪四書大全≫과 ≪五經大全≫과 ≪性理大全≫을 彙集하여 萬世에 교훈을 남겼다.

晩有疾에 鮮御外朝하야 政事를 悉付皇太子決之나 至軍國重務는 必自決하다 左右或勸上少自逸者면 曰 祖宗付畀之重하시니 一息不絶에 其敢怠爲政가 一循太祖舊規하야 申明法制하며 修述禮樂하다 躬謁孔子하야 幸太學하며 廣召天下多聞博雅之士하야 蒐羅古今하야 著爲大典하고 表章正學하야 集四書五經性理大全하야 垂訓萬世하다

덕과 위엄이 널리 입혀져서 사방 변방의 君長들이 크고 작고 멀고 가깝고를 막론하고 조회 와서 공물을 바치고 대궐에서 官爵을 받기를 청하는 자가 없는 날이 없었다. 海外의 榜葛剌[67] · 滿剌加[68] · 忽魯謨斯[69] 등 지역에 새로 朝命을 받아 왕이 된

67) 榜葛剌 : 漢나라 때 身毒國으로, 東漢 때에 天竺이라고 하였다. 그 후 中天竺이 梁나라에 조공을 바쳤고, 南天竺이 魏나라에 조공을 바쳤다. 唐나라 때에 다섯 개의 천축으로 나누고 또 이름을 五印度라고 하였다. 宋나라 때에는 천축이라는 명칭을 그대로 썼는데 榜葛剌는 東印度이다. 永樂 6년(1408)에 그 왕 靄牙思丁이 사신을 보내서 入朝하였다.(≪明史≫ 권326 〈外國7〉)

68) 滿剌加 : 말레이시아 반도 서남쪽에 있는 말라카 해협에 있는 나라이다. 占城 남쪽에 있는데,

자가 거의 30개 나라이고, 동쪽으로 遼水를 넘어 韃靼[70] · 女直野人[71] · 兀良哈[72]의 땅에 行都司衛所[73]를 세우고 관원을 두어 통치한 곳이 수백 곳이고, 서쪽의 部落 수백 종족이 모두 몇 번의 통역을 거쳐 와서 歸附하여 官府를 설치해주기를 청하는 곳이 3분의 2이고, 서남쪽의 羌夷에 宣慰司와 宣撫司와 安撫司를 설치하고 각 軍衛[74]의 郡縣이 옛날에 비해 늘어난 것이 몇 배나 되었다. 安南[75]이 반역을 하자 일거에

순풍을 만나면 배로 龍牙門까지 8일이 걸리고, 용아문에서 다시 서쪽으로 2일을 가면 도달한다. 永樂 元年(1403)에 中官 尹慶을 그곳에 보냈는데 그때는 그 땅에 왕도 없었고 나라로 불리지도 않았다. 영락 3년에 그곳의 酋長 拜里迷蘇剌을 滿剌加國王으로 봉하였고, 영락 9년에 滿剌加國의 왕이 그 처자와 신하들을 거느리고 와서 입조하였다.(≪明史≫ 권325 〈外國6〉)

69) 忽魯謨斯 : 서남아시아의 페르시아만과 오만만 사이에 있던 호르무즈 왕국을 가리킨다. 永樂 10년(1412)에 鄭和가 명을 받아 사신을 갔고, 영락 12년에 그 나라의 사신이 경사에 이르렀으며, 이후 정화가 다시 사신을 간 뒤에 사행이 끊겼다가 宣德 5년(1430)에 정화가 다시 사신을 다녀온 뒤로 왕래가 끊겼다.(≪明史≫ 권326 〈外國7〉)

70) 韃靼 : 蒙古를 가리키는 말로, 元나라의 후예이다. 원래는 突厥의 통치하에 있던 하나의 部落이었는데 돌궐이 망한 뒤에 달단이 점점 강대한 부락이 되었고, 宋 · 遼 · 金 시대에는 漠北의 蒙古部 黑韃靼이라고 하고, 漠南의 汪古部를 白韃靼이라고 하였다. 몽고가 흥기해서는 달단이 몽고에게 멸망하였는데, 몽고를 그대로 달단이라고 불렀다. 원나라가 망하자 그 종족이 막북으로 달아났고, 명나라 때에는 또 東部 몽고의 成吉思汗의 후예 각 部를 달단이라고 하였다. (≪明史≫ 권327 〈外國8〉)

71) 女直野人 : 女眞과 같다. 周나라 때에는 肅愼氏라고 불렀고, 漢 · 三國 · 晉에서는 挹婁라고 하였고, 南北朝 때에는 勿吉이라고 하였고, 隋 · 唐 때에는 黑水靺鞨이라고 하였고, 五代 때에 비로소 女眞이라고 하였다. 後에 遼에 속하였는데, 遼의 임금 耶律宗眞의 이름을 諱하여 女直으로 개칭하였다.

72) 兀良哈 : 두만강과 압록강 북쪽의 建州衛 지역에 흩어져 살고 있었던 여진족을 말한다. 兀良介로도 표기하며, 烏梁海라고도 부른다.

73) 行都司衛所 : 都司衛所는 明代의 地方 軍事機構인데 府 · 州 · 縣이 설치되지 않은 곳은 그 지역의 民事를 겸하여 다스렸다. 行都司衛所는 明代에 나타나는데, 도사위소가 설치되지 않은 곳에 설치하여 도사위소의 역할을 한 것으로 보인다. 太宗 때에 遼水 너머 여러 곳 및 野人과 烏梁海의 땅에 행도사위소를 설치하여 관리를 두어 300여 곳을 다스렸다는 기록이 있고, 宣宗 宣德 10년(1435)에 陝西行都司衛所가 설치되었다는 기록이 있고, 憲宗 12년(1476)에 鄖陽府에 行都司衛所가 설치되어 流民을 살게 하였다는 기록이 보인다.(≪弇山堂別集≫ 권1 〈盛事述1 成祖功德〉, ≪明會典≫ 권27 〈戶部十二 經費 諸司職掌〉, ≪明史≫ 권14 〈憲宗本紀〉)

74) 軍衛 : 明나라 때 군대의 編制 명칭이다. 京衛, 南京衛가 있다. 京衛 내에는 錦衣衛, 旗手衛, 金吾前衛, 金吾後衛, 羽林左衛 등 26개의 衛가 있었고, 南京衛 내에는 留守左衛, 鎭南衛, 水軍左衛 등 49개의 衛가 있었다. 淸나라 때에도 명나라의 衛 제도를 沿用하여 요충지에 衛를 설치하였는데, 대체로 5,600명이 1衛가 되고, 五軍都督府에 예속되었다. 일반적으로 주둔하는 지역의 이름을 사용하였는데, 예를 들어 威海衛 · 金山衛 등으로 명칭하였다.(≪明史≫ 권76 〈職官5〉)

75) 安南 : 옛 交阯 땅으로 현재의 越南이다. 唐나라 이전에는 모두 中國에 속해 있었고, 五代 때 土人 曲承美가 점거하였으며, 宋나라 초에 丁部領을 交阯郡王으로 봉하였다. 洪武 원년(1368)에 안남왕 陳日煃가 표문을 올려 입조하였는데, 그 후 國相 黎季犛가 권력을 잡고 왕을 시해한 다음 명령을 받지 않자, 永樂 4년(1406) 勳臣 張輔와 沐晟을 보내어 평정하였다. 이때 노

평정하여 그 땅에 郡縣을 설치하였고, 특히 北虜가 反覆해서 자주 변방의 우환이 되자 친히 六師를 거느리고 정벌하여 사막 밖으로 몰아내니 北虜가 마침내 감히 남쪽으로 내려오지 못했다. 三代 이래로 漢나라 高帝와 唐나라 文皇과 宋나라 太祖의 관대하고 어진 큰 도량과 총명하고 문부를 겸한 능력과 원대한 규모와 剛健한 결단력을 태종이 모두 겸하여 갖추고 있었으니, 이 때문에 功烈의 성대함이 전대의 제왕 중에 짝할 사람이 적었다."

德威廣被하야 四裔君長이 無間小大遠邇히 朝覲貢獻하야 請授官爵於闕下者 無虛日하고 海外若榜葛剌滿剌加忽魯謨斯等處에 新受朝命爲王者 殆三十國이요 東踰遼水韃靼女直野人兀良哈之地하야 立行都司衛所하야 設官統治 幾百處요 直西部落數百種이 皆重譯來附하야 其請置官府者 蓋三之二요 西南羌夷에 建宣慰宣撫安撫司하야 各軍衛郡縣이 視舊增益數倍라 安南爲逆이어늘 一擧削平之하야 而郡縣其地하고 獨北虜反覆하야 數爲邊患이어늘 親率六師征之하야 驅諸絶漠之外하니 虜遂不敢南嚮이라 蓋三代以來로 若漢之高帝와 唐之文皇과 宋之太祖 其寬仁大度와 聰明文武와 閎遠之規와 乾剛之用을 上皆兼而有之하니 是以로 功烈之盛이 前古鮮儷焉이러라

인들은 "안남은 본래 중국 땅이니 內地로 귀속시켜 달라."고 하자 그들의 말을 따라 군현을 설치하여 안남의 이름을 교지로 고친 다음 三司를 설치하고 都督僉事 呂毅로 都司事를 삼아 총독하게 했었는데, 그 후 다시 반란으로 인하여 폐지되었다.(≪明史≫ 권321 〈外國2〉)

본받을 만한 善政 善可爲法

國朝(明나라)

仁宗[1] 昭皇帝

33-1-1

仁宗 敬天體道純誠至德弘文欽武章聖達孝昭皇帝는 太宗 文皇帝의 嫡長子이니 母后는 仁孝文皇后이다. 인종은 어릴 때부터 성품이 단아하고 침착하여 말과 행동에 법도가 있었다. 4, 5세 무렵에는 宮中에서 책 읽는 소리를 듣고 문득 기뻐하여 이때부터 서책과 필묵을 손에서 놓지 않았다. 조금 자라서는 활쏘기를 익혔는데 며칠 만에 기예가 정밀해져서 활을 쏘면 맞추지 못함이 없었으니, 左右의 사람들이 "어떻게 하면 이렇게 잘할 수 있습니까?"라고 물으면 "心志가 이미 바르게 되면 어려울 것이 없다."라고 대답하였다. 그러나 더 이상 말하지 않고 입을 닫아 스스로 자랑스러워하지 않았으

明 仁宗

1) 仁宗 : 1378~1425. 明나라의 제4대 황제로, 이름은 朱高熾이다. 3대 황제인 成祖 朱棣의 장남으로, 洪武 28년(1395) 燕世子에 책봉되고 永樂 2년(1404) 황태자가 되었으며 영락 22년(1424)에 즉위하였다. 재위 기간은 1424년에서 1425년까지이고, 연호는 洪熙이다. 어릴 때부터 文武에 빼어나 학문을 좋아하고 儒臣들과 담론하기를 즐겼다. 성조가 황위찬탈전・滿洲經略・몽골 정벌 등으로 外征을 나갔을 때, 국정을 맡아 처리하며 英才의 풍모를 보였다. 즉위한 후에는 名臣 楊榮・楊士奇・楊溥・蹇義・夏原吉 등을 중용하여, 영락제의 對外積極策에서 비롯된 흩어진 내치를 회복하였고, 관기의 숙정, 민생의 복리를 도모하는 한편, 황위를 빼앗긴 후에 냉대를 당하던 建文帝 일파의 사회적 복귀를 실현시켜 국내 감정의 융화에도 힘썼다. 시호는 敬天體道純誠至德弘文欽武章聖達孝昭皇帝이다.

니, 대개 말달리기와 활쏘기 및 교묘한 물건이나 오락에 쓰이는 물건은 모두 좋아하는 바가 아니었고 오직 학문을 좋아하여 날로 儒臣을 從遊하며 論說하기에 싫증을 내지 않았기 때문이다.

仁宗敬天體道純誠至德弘文欽武章聖達孝昭皇帝는 太宗文皇帝嫡長子니 母는 仁孝文皇后라 上은 自幼端重沈靜하야 言動有經이라 四五歲에 宮中聞讀書輒喜하야 自是書冊翰墨不去手하고 稍長에 習射한대 數日輒造精藝하야 發無不中하니 左右問何若是巧也오하면 曰 心志旣正이면 無難者라 然絶口不自矜하니 蓋於馳射及奇巧玩適之具에 悉非所好요 獨好學問하야 日從儒臣하야 論說不厭이라

洪武 28년(1395) 윤9월에 皇命으로 燕世子에 책봉되었는데, 太祖가 宗室 諸侯의 중요함을 생각하여 특별히 秦·晉·燕·周의 4명의 世子를 불러 아침저녁으로 친히 訓導하였다. 일찍이 이들에게 皇城 四門의 衛士들을 나누어 검열하라고 명한 적이 있었는데, 돌아갈 때 인종이 홀로 뒤에 가겠다고 아뢰었다. 태조가 그 까닭을 물으니, "이른 아침은 추위가 심하고 衛士들이 지금 밥을 먹고 있으니 그들이 밥을 다 먹기를 기다려 검열하겠습니다. 그러므로 뒤에 가겠다고 한 것입니다."라고 대답하였다. 이에 태조가 기뻐하며 이르기를, "능히 아랫사람을 體恤[2]하고 있으니, 이것이 나의 마음이다." 하였다.

또 조정과 지방의 臣民들이 올린 奏疏를 나누어 검토하라고 명하였는데, 인종이 홀로 병졸과 백성의 疾苦 및 宗社에 관계되는 절실한 내용들을 가져다 보고하니 태조가 살펴보고 칭찬하였다. 당시 인종은 奏疏 가운데 한 마디 말이나 한 글자라도 잘못된 것이 있으면 모두 버려두고 보고하지 않았는데, 태조가 지적해 보이며 "너는 이것들을 소홀히 보았는가?" 하였다. 이에 인종이 대답하기를, "단지 작은 과실로 皇上의 귀를 더럽힐 수 없었기 때문입니다." 하니, 태조가 기뻐하며 이르기를, "손자에게 人君의 풍도가 있구나." 하였다. 일찍이 묻기를, "堯임금 때 9년 동안 홍수가 나고 湯임금 때 7년 동안 가뭄이 들었는데[3] 당시 백성들은 무엇을 믿고 있었는가?"

---

2) 體恤 : 윗사람이 아랫사람의 곤란한 사정을 불쌍히 여겨 돌보아주고 구제해준다는 의미이다.

3) 堯임금……들었는데 : 堯임금과 湯임금 시대에 있었다는 극심한 홍수와 가뭄을 말한다. 《莊子》〈秋水〉에, "우임금이 治水할 때 10년에 9년은 홍수가 났으나 물이 더 범람하지 않았고, 탕임금 때는 8년에 7년은 가뭄이 들었으나 바닷가의 水位가 더 이상 줄어들지 않았다.〔禹之時 十年九潦 而水不爲加益 湯之時 八年七旱 而崖不爲加損〕" 하였다.

하니, 대답하기를 "聖人은 백성을 불쌍히 여기는 정치를 한다고 믿었을 뿐입니다." 하였다. 이때부터 더욱 태조의 신임을 받았다.

洪武二十八年閏九月에 命爲燕世子한대 太祖思宗藩之重하야 特召秦晉燕周四世子하야 朝夕親訓之라 嘗命分閱皇城四門衛士한대 上還奏獨後어늘 太祖問之하니 對曰(朝)〔旦〕[4)]寒甚하고 衛士方食하니 俟其旣食하야 乃閱之라 故後라한대 太祖喜曰 能體恤下人하니 是吾心也라하다 又命分閱中外臣民奏疏한대 獨取其切於兵民疾苦及關宗社者白之하니 太祖覽之稱善이라 其間有一語一字之謬者면 悉置之不以白한대 太祖指示之曰 爾忽之耶오 對曰 顧小過失을 不足以瀆天聽이라하니 太祖喜曰 孫有君人之度哉저하다 嘗問之曰 堯九年之水하고 湯七年之旱한대 當時百姓奚恃오하니 對曰 恃聖人有恤民之政耳라한대 自是益見重이라

太宗皇帝가 擧兵하여 變亂을 평정할 때[5)]에 命을 받들고 잔류하여 北平[6)]을 지켰는데, 당시 精銳 將士들은 모두 태종을 따라 출정하고 城中에 남은 사람들은 노약자들로 평소의 10분의 1도 되지 않았다. 그러나 인종이 아침저녁으로 도성을 수비할 장비와 적을 방어할 장비를 착실하게 보수하고 성중의 軍民을 어루만져 안정시키니 사람들이 모두 기뻐하였다. 그리고 兵旅 및 才識이 있는 文吏 가운데 노숙한 사람을 찾아 구하고 이들과 함께 일을 해서 정성을 미루어 대우하니 모두 성심을 다하였다.

인종은 매일 4鼓[7)]에 일어나 2鼓[8)]가 되어서야 쉬었는데, 左右의 사람들이 혹 지나치다고 말을 하면 대답하기를, "君父께서 몸소 어렵고 험한 일을 무릅쓰고 있으니, 지금이 어찌 자식으로서 느긋하고 안일하게 지낼 수 있는 때이겠는가? 또 근본이 되는 도성 땅은 적들이 반드시 달려올 곳이니, 어찌 미리 방비하지 않을 수 있겠는가?" 하고, 무릇 시행할 일이 있으면 모두 仁孝皇后에게 稟命하였다.

---

4) (朝)〔旦〕: 저본에는 '朝'로 되어 있으나, '朝'는 朝鮮 太祖 李成桂가 왕위에 오른 뒤 '旦'으로 개명하였기 때문에 조선에서는 避諱하여 '朝'로 쓴 것이다. 그러므로 원래 글자인 '旦'으로 돌려놓았다.

5) 擧兵하여……때 : 靖難의 變을 말한다. 태조가 각 요지에 자기 아들들을 封建한 뒤로 특히 북변의 諸王이 精兵을 거느리고 지방정권으로 성장하고 있었는데, 2대 황제인 惠帝가 削封策을 취하여 周王 등 5王을 폐하자 諸王 중 가장 큰 燕王 朱棣는 신변의 위험을 느끼고 1398년 승려 道衍을 謀士로 삼아 황제 옆의 간신을 제거하고, 명나라 왕조를 안전하게 한다는 명목으로 반란을 일으켰다. 그리고 그 후 3년 동안의 싸움 끝에 명나라의 환관이 燕王과 내통하여 南京은 점령당하고 혜제는 불에 타 죽었다고 한다. 1401년 燕王이 즉위하여 太宗이 되었다.

6) 北平 : 燕의 도성인 北京을 말한다.

7) 4鼓 : 4更에 치는 북소리로, 시간으로는 오전 1시에서 3시 사이를 말한다.

8) 2鼓 : 2更에 치는 북소리로, 시간으로는 오후 9시에서 11시 사이를 말한다.

얼마 지나지 않아 李景隆[9]이 병사 수십만을 인솔하여 北平城을 포위하였는데, 이때는 성중의 守備가 이미 완비되어 있었다. 또 비록 늙고 병들고 쇠약한 백성들이 萬人에 미치지 못하였지만 인종이 고무하고 격려하자 아래로 부인과 어린아이에 이르기까지 모두 분발하고 힘을 다하여 교대로 城에 올라가 밤낮으로 적을 막았는데, 비록 화살과 돌이 마구 쏟아졌으나 사람들의 마음은 변하지 않았다. 인종이 며칠 동안 밤에 사람을 보내 성문을 열고 나가 적의 진영을 습격하게 하니 적들은 놀라고 혼란한 와중에 스스로 목숨을 끊어서 혹 날이 밝고 나서야 진정되기도 하였는데, 그러다가 마침내 진영을 수십 리나 물렸다.

逮太宗皇帝擧兵靖難하야 奉命居守러니 時에 將士精銳者皆從征하고 城中所餘老弱不及什一이어늘 (朝)〔旦〕[10]暮에 督治守備及禦敵之具하고 撫綏城中軍民하니 人人忻悅하며 咨求老於兵旅及才識文吏하고 與之同事하야 推誠待之하니 皆爲盡心이라 每四鼓以起하야 二鼓乃息한대 左右或以過爲言者면 答曰 君父身冒艱險하니 此豈爲子優逸時리오 且根本之地는 敵人所必趨者니 豈得不爲預備리오하고 而凡有所施爲에 皆禀命仁孝皇后라 無幾에 李景隆引兵數十萬하야 圍北平城한대 是時에 城中守備已完하고 雖老疾孱弱이 不及萬人이나 上鼓舞激勸하니 下至婦人小子히 皆奮效力하고 更番乘城하야 晝夜拒敵한대 雖矢石交下나 人心不變이라 數夜遣人하야 開門斫敵營하니 敵驚亂自殺하야 或至明乃定이라가 遂退營數十里라

•

太宗皇帝는 大位에 즉위하고 나서 北平을 北京으로 승격시켰는데, 그곳은 땅이 광대하고 백성이 많으며 또 오랫동안 藩邸[11]로 삼았던 지역이라는 이유로 인종에게 잔류하여 北京을 지키라고 명하였다. 그러다가 永樂 2년(1404) 2월 隆平侯 張信과 永春侯 王寧을 파견하여 인종을 南京으로 부른 뒤에 皇太子로 책봉하였다. 당시 太宗皇帝는 천하 사람들의 마음이 모두 인종에게 귀의하게 하고자 하여 무릇 관대한 정사를 시행할 일이 있으면 모두 인종에게 맡겨 시행하게 하였다. 인종 역시 부지런

---

9) 李景隆 : 1369~1429. 明 太祖 朱元璋의 생질인 李文忠의 아들로, 자는 九江이다. 부친의 작위를 물려받아 曹國公에 봉해졌는데, 惠帝에게 중용되어 左軍都督府事, 太子太傅, 大將軍, 奉天輔運推誠宣力武臣, 光祿大夫, 左柱國 등을 역임하였다. 靖難의 變 때 태종을 토벌하러 갔다가 도리어 연전연패하고, 태종이 南京을 압박하여 공격하자 金川門에서 적을 막았으나 결국 지키지 못하고 항복하였다.(≪明史≫ 권4 〈恭閔帝本紀〉)

10) (朝)〔旦〕: 저본에는 '朝'로 되어 있으나, '朝'는 朝鮮 太祖 李成桂가 왕위에 오른 뒤 '旦'으로 개명하였기 때문에 조선에서는 避諱하여 '朝'로 쓴 것이다. 그러므로 원래 글자인 '旦'으로 돌려놓았다.

11) 藩邸 : 藩國王의 저택을 이르는 말인데, 여기서는 황제가 즉위하기 전에 웅거하던 지역을 의미한다.

히 노력하여 오직 어진 정사를 시행하였으니, 혹 가뭄과 기근이 들어 兵民들이 살 곳을 잃는 일이 있으면 근심하며 진휼하기를 생각하지 않은 적이 없었다.

매번 文武 大臣들에게 유시하기를, "경들은 마땅히 至尊의 성스럽고 어진 정사를 깊이 체득하여 백성들에게 은혜를 베풀어야 할 것이고, 가혹하고 각박한 정사를 시행하여 나라의 근본을 흔들지 말아야 할 것이다." 하였는데, 그 후 國政을 맡아 처리할〔監國〕 때[12] 아랫사람을 덮어준 은혜가 매우 두터웠기 때문에 천하의 사람들이 모두 마음을 의탁하였다. 永樂 22년(1424)에 太宗皇帝가 오랑캐를 정벌하다가 行在所에서 세상을 떠났는데, 이보다 앞서 인종으로 하여금 황제에 즉위하게 하라는 遺命을 남겼다. 8월에 文淵閣 大學士 楊榮[13] 등이 遺命을 전하러 北京에 이르자 인종은 慟哭하며 거의 기절하였다가 억지로 일어나 命을 받았다. 다음 날 親王 및 文武 군신들이 누차 箋文을 올려 나아가기를 권하니, 인종이 이에 직접 태종의 几筵에 고한 다음 황제에 즉위하여 천하에 크게 사면령을 내리고 다음 해를 洪熙 元年으로 改元하였다.

太宗皇帝旣正大位하고 升北平爲北京한대 以其地大民衆하고 且藩邸之舊로 仍命居守러니 永樂二年二月에 遣隆平侯張信永春侯王寧하야 召上至南京하야 立爲皇太子하다 時에 太宗皇帝欲天下皆歸心於上하야 凡有寬貸면 悉付上行之하고 上亦孜孜하야 惟仁之施하니 或有水旱飢饉兵民失所면 未嘗不戚焉하야 思有以賑恤之라 每諭文武大臣曰 卿等宜深體至尊聖仁하야 以惠黔黎하고 勿爲苛刻하야 以搖邦本이라한데 其後監國에 所惠被下人甚厚라 故天下咸屬心焉이라 永樂二十二年에 太宗皇帝以征虜寇라가 上賓于行在한대 先日에 遺命上卽皇帝位라 八月에 文淵閣大學士楊榮等이 傳遺命至北京하니 上慟哭幾絶이라가 强起拜受命이라 翌日에 親王及文武群臣이 累箋勸進하니 上乃躬告几筵하고 卽皇帝位하야 大赦天下하고 改明年爲洪熙元年이라

12) 國政을……때 : 유사시에 임금이 도성을 비우는 일이 있으면 王世子에게 군주의 권한을 임시로 부여하여 일시적으로 나랏일을 대행하게 하는 것을 監國이라 한다. ≪春秋左氏傳≫ 閔公조에 "태자는 임금이 싸움터에 가면 조정에 남아서 지키고, 조정을 지킬 사람이 있으면 임금을 따라 나간다. 따라 나가는 것을 撫軍이라 하고 남아서 지키는 일을 監國이라 하는데, 이것은 옛 제도이다.〔冢子 君行則守 有守則從 從曰撫軍 守曰監國 古之制也〕"라고 한 데서 온 말이다.

13) 楊榮 : 1371~1440. 明나라 초기의 大臣으로, 자는 勉仁, 초명은 子榮이고, 시호는 文敏이다. 建文 2년(1400) 진사시에 합격하여 翰林院編修에 임명되었다. 태종의 두터운 신임을 받아 文淵閣大學士에 올랐으며, 태종의 北征에 항상 수행하여 중요한 군무를 맡았다. 仁宗 때는 謹身殿大學士, 工部尙書를 지냈고, 宣宗・英宗까지 네 명의 황제를 섬기면서 지모와 결단력을 보여주었다. 楊士奇, 楊溥와 함께 三楊으로 불리며 국가원로로서 정계의 예우를 받았다. 저서에 ≪後北征記≫・≪楊文敏集≫이 있다.

33-1-2

永樂 7년(1409) 봄 3월에 인종이 皇太子가 되어 南京의 國政을 맡아 처리하였는데, 당시 戶部侍郎 古朴[14]에게 이르기를, "지금 여름 기운이 장차 이르려 하니 농사일이 실로 급한 시기이다. 그런데 부세를 輸納하러 간 사람들이 京師에 모여서 오래도록 돌아오지 못한다고 하니, 이는 반드시 해당 관사의 아전들이 뇌물을 탐하기 때문에 백성들의 생업이 지체되고 있는 것이다. 속히 榜을 걸어 曉諭를 선포하여, 무릇 부세를 싣고 지나가는 곳의 관사에서 즉시 통과시키지 않는 일과 도착하는 창고의 관원이 즉시 受納하지 않는 일이 있거든 모두 용서하지 말고 治罪하도록 하라." 하였다.

○永樂七年春三月에 上爲皇太子하야 監國南京이러니 謂戶部侍郎古朴曰 今夏氣將至하니 農事正急이어늘 聞輸賦之人이 聚於京師하야 久不得歸하니 此必所司貪賄라 故生事阻滯로다 其速榜諭하야 凡運賦所過官司不卽放行과 所至倉官不卽收受者를 皆罪不貸하라하다

33-1-3

여름 5월에 解州의 儒學教諭 白威가 말하기를, "安邑은 백성들이 굶주려 遊離乞食하는데 아전들은 구휼할 생각이 없고 가뭄이 들어 농작물이 한해를 입어도 부세의 징수를 그만두지 않고 있습니다. 稅糧을 청컨대 鈔帛으로 대신 거두어 백성들이 조금이라도 소생할 수 있게 해주소서." 하였다.

인종이 이르기를, "守令은 백성의 부모인데 백성들이 어렵고 힘들어 고통을 겪고 있어도 구휼할 생각이 없고 게다가 가혹하게 세금을 징수하고 있으니, 어찌 백성의 부모 된 도리이겠는가?" 하고, 戶部에 명하여 稅糧의 징수를 그만두게 하고 御史로 하여금 縣官의 죄를 다스리게 한 뒤에 吏部에 명하여 백위를 安邑의 知縣으로 삼게 하였다.

○夏五月이라 解州儒學教諭白威言 安邑은 民飢流徙어늘 吏不知恤하고 旱傷田稼나 而科徵不已하니 其稅糧을 乞折收鈔帛하야 庶少蘇息之라하니 上曰 守令은 民之父母어늘 艱難困苦而不知

---

14) 古朴 : ?~1428. 明나라 河南 陝西 사람으로, 자는 文質, 호는 素軒이다. 洪武 연간에 太學生의 신분으로 군현의 田賦와 문서를 잘 처리하여 工部主事에 제수되었다가 누차 천거되어 郎中이 되었다. 建文 3년(1401)에 발탁되어 兵部侍郎이 되었다가 永樂 8년(1410)에 戶部尙書가 되었다.

恤하고 又重以徵斂하니 豈爲民父母之道리오하고 命戶部停徵稅粮하고 令御史治縣官罪하고 命吏部以威爲安邑知縣이라

33-1-4

6월에 江西道 監察御史 方恢가 부친의 상을 당하여 居喪하지 않았는데, 인종이 이르기를, "御史는 朝廷의 綱紀을 수립하는 직임이다. 저 사람은 이미 효도를 다하지 않았으니, 어떻게 조정의 신료들을 규찰하여 바로잡을 수 있겠는가?" 하고, 行在所로 호송하라고 명한 다음 그를 치죄하라고 奏請하였다.

○六月이라 江西道監察御史方恢父喪에 不丁憂어늘 上曰 御史는 朝廷綱紀之職이라 彼既不孝하니 何以糾正百僚리오하고 命送行在하야 奏請罪之하다

33-1-5

都督 譚青[15]이 官軍을 데리고 北京으로 부임할 때 하직하였는데, 인종이 유시하였다.

"將官이 되었을 때는 마땅히 號令이 엄중하고 명확하며 部伍가 정돈되고 엄숙하게 해야 하는데, 근래 軍士들이 지방에 있으면서 왕왕 횡포를 부려 백성을 유린하고 財物을 약탈한다고 하니, 이는 모두 장관이 되어 검속하지 못한 잘못이다. 대저 병사는 포악함을 제거하여 백성을 보호해야 하는데, 도리어 백성들에게 횡포를 부려서야 되겠는가? 경계하고 단속하여 스스로 罪責을 초래하는 일이 없게 하라."

○都督譚青이 率官軍赴北京할새 陛辭어늘 上諭之曰 爲將에 宜號令嚴明하고 部伍整肅이어늘 近聞軍士在外하야 往往暴橫擾民하고 剽奪財物하니 此皆爲將하야 不能約束之過라 夫兵은 以除暴衛民이어늘 乃爲暴厲民이 可乎아 其戒約之하야 毋自取罪責하라하다

33-1-6

永樂 8년(1410) 봄 2월에 廣德州의 知州 楊翰이 公事의 처리 기한을 넘겨〔稽程〕[16]

15) 譚青 : 明나라 江西 南豊 사람으로 자는 彦白이다. 建文 연간에 鄕薦으로 雷州訓導가 되었다가 永樂 연간에 旌德知縣이 되고 工科給事中에 발탁되어 江淮로 사신을 다녀왔다.

16) 처리 기한을 넘겨〔稽程〕: 공문서의 처리 기한은 小事는 5일, 中事는 10일, 大事는 20일이다.

체직되었는데, 광덕주의 백성 가운데 耆老 200여 인이 대궐에 이르러 말하기를, "양한은 州民을 잘 慰撫하여 백성들이 의지하고 있으니, 청컨대 죄를 용서하고 복직시키소서." 하였다.

이에 인종이 이르기를, "기로 200여 인이 그의 善政을 말하니 반드시 백성에게 은혜를 베푼 政事가 있는 것이다. 公事를 지체시킨 일은 작은 과실이니 용서하도록 하라." 하고, 마침내 行人[17]을 파견하여 詔書를 가지고 길을 떠나 그에게 효유한 다음 복직시키게 하고, 이어 鈔 300貫을 하사하였다.

인종이 都察院[18] 左都御史 陳瑛[19]에게 이르기를, "五城兵馬[20]가 京城의 巡警을 전담하고 있는데, 만일 權勢를 두려워하고 피하여 간악한 짓을 자행하게 한다면 장차 小人이 뜻을 얻고 선량한 사람이 피해를 받게 될 것이다. 그대는 경계하고 면려하여 각기 맡은 바 직무를 수행하게 하라." 하였다.

○八年春二月에 廣德州知州楊翰이 以公事稽程被逮어늘 州民耆老二百餘人이 詣闕言 翰善於撫字하야 百姓賴之하니 乞貸罪還職이라하니 上曰 耆老二百餘人言其善하니 必有及民之政矣라 稽緩公事는 小過니 可恕也라하고 遂遣行人하야 賫書就道하야 諭之復職하고 仍賜鈔三百貫이라 上謂都察院左都御史陳瑛曰 五城兵馬가 專以巡警京城이어늘 若畏避權勢하야 縱惡長奸이면 將小人得志하고 善良受害하리니 爾其戒勵之하야 使各修厥職하라하다

이 기한이 넘도록 완료하지 못하는 것을 '稽程'이라 한다.〔文案 小事五日程 中事十日程 大事二十日程 此外不了 是名稽程〕(≪大明律直解≫ 권1 〈名例律 公事失錯〉)

17) 行人 : 朝覲과 聘問을 담당하는 관직의 이름으로, 大行人과 小行人의 두 가지 종류가 있다. ≪周禮≫ 권10 〈秋官 下〉에 "대행인은 大賓, 즉 要服 이내의 제후들이나 大客, 즉 孤와 卿들의 예의를 관장하여 제후들과 친하게 지내는 일을 한다.〔大行人 掌大賓之禮及大客之儀 以親諸侯〕" 하였으며, "소행인은 크고 작은 나라의 빈객들의 禮籍을 관장하여 사방의 사신들을 접대한다.〔小行人 掌邦國賓客之禮籍 以待四方之使者〕" 하였다. 즉 대행인은 제후국의 친선·방문 및 위무의 일을 맡아 시행하는 최고 관직을 말하고, 소행인은 대행인을 보좌하여 제후국의 빈객을 접대하는 禮籍, 즉 사신의 이름과 지위가 적힌 문서를 관장하는 직책을 말한다.

18) 都察院 : 明나라의 관제로, 都御史, 副都御史, 僉都御史의 직제가 있고, 또 13개 道에 監察御史를 두었다. 도어사는 모든 관사에 대한 糾劾을 전담하고, 13도 감찰어사는 내외의 관원들의 잘못을 규찰하는 일을 주로 하였다.(≪明史≫ 권73 〈職官志2〉)

19) 陳瑛 : ?~1411. 明나라 滁州 사람으로, 洪武 연간에 御史에 발탁되었고, 建文 元年(1399)에 北平僉事가 되었다. 永樂 元年(1403)에 左都御史가 되어 능력을 발휘하였다.

20) 五城兵馬 : 五城兵馬指揮司의 줄임말이다. 永樂帝가 북경으로 수도를 옮긴 후 동서남북과 중앙의 다섯 곳에 설치하여 치안과 방화, 하수구 및 거리 청소 등을 담당하게 하였다. 지금의 베이징 시에서 수도 경비를 맡은 군부대인 衛戍區 및 치안을 담당하는 公安局의 기능을 합친 기구라고 할 수 있다.

33-1-7

3월에 左都御史 陳瑛이 아뢰기를, "蘇州府의 妖婦가 邪神이 내렸다고 백성들을 誣罔하니, 국법을 적용하면 絞刑에 처해야 합니다.[21] 그런데 그 아들이 누차 대신 죽겠다고 청하였습니다." 하였다.

인종이 이르기를, "이는 人情으로 보아 교형에 처하기는 어려운 일이니, 특별히 그 자식의 정성을 참작하여 죽을죄를 너그럽게 용서해주도록 하라. 그러나 요망한 사람을 죄주지 않으면 징계를 보일 방법이 없다." 하고, 杖을 친 뒤에 석방하게 하였다.

○三月에 左都御史陳瑛啓 蘇州府妖婦誣降邪神하니 法當絞어늘 其子累乞代死라하니 上曰 此人情所難이니 可特以子之故로 曲宥其死라 然妖人不罪면 無以示懲이라하고 杖而釋之하다

33-1-8

副都御史 虞謙과 給事中 杜欽이 아뢰기를, "潁州와 潁州衛의 軍民이 끼니를 잇지 못하고 있으니, 청컨대 창고를 열어 賑貸하소서." 하니, 인종이 사람을 보내어 달려가 諭示하게 하기를, "軍民이 困乏하여 울부짖으며 먹여주기를 기다리고 있는데 경들은 오히려 느긋하게 啓請하고는 回報를 기다리고 있으니, 汲黯[22]은 어떤 사람이었던가? 속히 창고를 열어 구휼하게 하되 시일을 늦추지 말도록 하라." 하였다.

○副都御史虞謙給事中杜欽啓 潁州及潁州衛軍民缺食하니 請發廩賑貸라한대 上遣人馳諭之曰 軍民困乏하야 待哺嗷嗷어늘 卿等尙從容啓請待報하니 汲黯은 何如人也오 急發廩賑之勿緩하라하다

---

21) 국법을……합니다 : ≪大明律直解≫ 권11 〈祭祀 禁止師巫邪術〉에 "法師나 무당이 邪神이 내렸다고 가탁하여 부적을 쓰고 물을 떠놓고 주문을 외우고 방울을 흔들며 신령에게 기도하거나, 스스로 端公·太保·師婆라 일컫거나, 彌勒佛·白蓮社·明尊敎·白雲宗 등의 종류를 거짓으로 칭하거나, 일체의 左道로 正道를 어지럽히는 술법을 부리거나, 圖像을 은밀히 보관하거나, 향을 피워 무리를 모으거나, 밤에 모였다가 새벽에 흩어지거나, 겉으로는 착한 일을 하는 척 꾸미고 人民을 부추겨 현혹시키면 首犯은 絞刑이고 從犯은 각각 杖 100에 流 3000리이다.〔凡師巫假降邪神 書符呪水 扶鸞禱聖 自號端公大保師婆 及妄稱彌勒佛白蓮社明尊敎白雲宗等會 一應左道亂正之術 或隱藏圖像 燒香集衆 夜聚曉散 佯修善事 扇惑人民 爲首者 絞 爲從者 各杖一百流三千里〕" 하였다.

22) 汲黯 : 前漢 濮陽 사람으로 자는 長孺이다. 성품이 강직하여 임금에게 直諫을 잘하였다. 漢 武帝 때 왕명으로 河南 지방을 살피러 갔다가 가난한 백성 천여 家戶가 水災와 旱災를 당하여 父子가 서로 잡아먹는 지경에 이른 것을 보고는 임의대로 符節을 가지고 하남 창고의 官穀을 풀어 빈민들을 진휼하였다. 그런 뒤에 조정으로 돌아와 詔勅을 가탁한 죄를 청하니, 무제는 그를 어질게 여겨 용서하였다고 한다.(≪史記≫ 권120 〈汲黯列傳〉)

33-1-9

刑科右給事中 耿通[23])이 아뢰기를, "驍騎營 등 여러 衛司의 창고가 허물어져서 운송해온 군량을 露積하였기 때문에 시간이 오래 지나 缺損되는 양이 많습니다. 그런데 工部侍郎 陳壽 등이 미리 수리하지 않았으니, 의당 그 죄를 바로잡아야 할 것입니다." 하였다.

인종이 이르기를, "어찌 군량만 결손될 뿐이겠는가? 또한 농사에도 방해가 될 것이다." 하고, 진수 등에게 속히 창고를 수리하여 군량을 수납하게 한 다음 백성들을 돌려보내어 농사를 짓게 하였다.

○刑科右給事中耿通言 驍騎等衛倉壞하야 運粮至者露積이라 久而虧折者多어늘 工部侍郎陳壽等이 不預修理하니 宜正其罪라한대 上曰 豈獨虧粮이리오 又妨農務라하고 令壽等亟修倉收納하고 遣民歸治農하다

33-1-10

吏科給事中 陶瑋에게 죄가 있어서 下獄하였다. 당시 도위가 같은 고을에 사는 工匠 한 사람이 公役에 나오지 않고 사사로이 外邑에서 장사하였다고 아뢰었다.

인종이 이르기를, "그대는 이를 충성이라 여기는 것인가? 朝廷에서 六科[24])를 설치한 이유가 비록 관리들의 政績을 규찰하여 奏章을 올림으로써 속임수나 폐단을 막으려는 것이지만, 또한 政事의 缺失과 백성의 休戚에 대한 말을 들으려는 것이기도 하다. 지금 朝廷의 政事와 兵民의 休戚에 어찌 말해야 할 것이 없겠는가? 그런데 그에 관한 일들은 모두 그대의 말에서 들을 수 없고 자잘하게 이런 내용들만 언급하고 있으니, 아마 그대에게 사사로운 감정이 있었던 것인가?" 하고, 刑部에 명하여 그 공장을 불러 訊問하게 하였다.

이에 형부가 아뢰기를, "그 공장은 이미 公役을 마치고 돌아가려 하여, 잠시 장사하여 路費를 대고자 하였습니다. 다만 그 사람의 집이 도위와 이웃하고 있는데다가

23) 耿通 : ?~1412. 明나라 山東 齊東 사람이다. 洪武 23년(1390) 鄕試에 합격하여 襄陽教授가 되고 永樂 초에 刑科給事中으로 승진하여 左右給事中을 역임하였다. 성격이 강직하여 과감하게 進言하였기 때문에 조정 사람들이 모두 꺼렸다.

24) 六科 : 명나라의 관제로 吏科, 戶科, 禮科, 兵科, 刑科, 工科를 말한다. 侍從, 規諫, 補闕, 拾遺 및 六部의 모든 관사를 稽察하는 일을 담당하였다. 직제로는 都給事中, 左給事中, 右給事中, 給事中이 있었다.(≪明史≫ 권74 〈職官志3〉)

평소 사사로운 원한이 있었으므로, 대개 도위가 誣告한 것이었습니다." 하니, 마침내 도위를 하옥하였다.

○吏科給事中陶瑋有罪下獄하다 時瑋啓其鄕一工匠不赴公役而私賈於外한대 上曰 爾以是爲忠邪아 朝廷置六科가 雖以考察奏牘으로 防閑欺蔽나 亦欲聞政事之缺失과 下人之休戚이라 今朝廷政事兵民休戚에 豈無當言者리오마는 皆未聞汝言而瑣瑣及此하니 豈汝嘗有私憾乎아하고 命刑部召匠訊之하니 刑部啓云 匠已役滿將歸라 暫賈하야 以給路費어늘 其家居與瑋隣하고 素有私忿하니 蓋誣之라하니 遂下瑋獄하다

33-1-11

윤12월에 戶部가 아뢰기를, "廣東府와 雷州府에 9월에 태풍이 불고 폭우가 내려서 遂溪縣과 海康縣에서 백성들의 廬舍 1600여 間이 무너지고 밭의 곡식 838頃이 쓰러졌으며 백성이 1600여 인이 溺死하였는데, 府와 縣에서 그 사실을 은닉하고 보고하지 않았습니다." 하였다.

인종이 이르기를, "守令은 백성의 부모이다. 그런데 백성의 근심을 구휼하지 않고 게다가 보고도 하지 않았으니, 이 어찌 어진 마음이 있는 것이라 하겠는가?" 하고, 御史로 하여금 按察한 뒤에 鞫問하여 治罪하게 하였다.

○閏十二月에 戶部言 廣東雷州府에 九月颶風暴雨하야 遂溪海康二縣에 壞民廬舍千六百餘間과 田禾八百三十八頃하고 民溺死者千六百餘人이어늘 府縣匿不以聞이라하니 上曰 守令은 民之父母어늘 不恤其患하고 又不以聞하니 是豈有仁心이리오하고 令御史按視鞫治之하다

33-1-12

永樂 14년(1416) 7월에 刑科給事中 李能勑이 아뢰기를, "河南 布政司[25]의 左參議 王徵이 백성의 고충을 巡視할 때 이르는 곳마다 貪酷한 짓을 자행하여 新鄭 등 縣의 관리와 백성 數人을 杖殺하였으니, 청컨대 그 죄를 다스리소서." 하였다.

인종이 이르기를, "백성의 고충을 순시하는 것은 사람을 고통에서 구하여 구휼하

25) 布政司 : 각 省의 행정과 재정을 관장하던 明代의 지방관으로 1376년(洪武 9) 行中書省을 고쳐서 承宣布政使司라 하였다. 뒤에 전국을 兩京과 13개 포정사로 나누고, 司마다 좌·우포정사 각 1명씩을 두어 정치·재정을 관장하게 하였다. 중앙 곧 北京과 南京 부근에는 포정사를 두지 않고 直隸를 설치하여 중앙정부가 직할하였다.

는 일인데, 도리어 사욕을 부려 사람을 죽였으니 그 죄를 어찌 용서할 수 있겠는가?" 하고, 都察院에 명하여 追鞫하게 하였다.

○十四年七月에 刑科給事中李能劾啓 河南布政司左參議王徵이 巡視民瘼에 所至恣貪酷하야 杖殺新鄭等縣吏民數人하니 請治其罪하소서하니 上曰 巡視民瘼은 求以恤人이어늘 乃縱私殺人하니 罪奚可容이리오하고 命都察院追鞫之하다

33-1-13

永樂 18년(1420) 겨울 10월에 인종이 滁州를 지날 적에 琅琊山에 올라 學士 楊士奇[26]를 가리키며 이르기를, "이곳은 醉翁亭[27]의 옛터이다." 하고, 인하여 탄식하기를, "歐陽脩가 조정에 서서 바른말을 했던 일은 쉽게 얻을 수 있는 것이 아닌데, 요즘 사람들은 그 사람의 문장을 좋아할 줄만 알지 그 사람의 충성을 아는 이가 드물다." 하였다.

醉翁亭圖

26) 楊士奇 : 1365~1444. 士奇는 明나라 초기의 대신 楊寓의 자이다. 호는 東里先生이다. 惠帝 建文 초에 천거를 받아 翰林에 들어가 ≪太祖實錄≫을 편찬했다. 永樂帝(成祖)가 즉위한 뒤 編修에 임명되고, 내각제도가 정착하자 楊榮과 함께 입각하여 정무에 참여했다. 이후 5대에 걸쳐 내각에 있으면서 輔臣으로 40여 년을 봉직했다. 禮部侍郎 兼 華蓋殿大學士에 올라 兵部尙書를 겸했는데, 청렴하고 유능함으로 천하의 칭송을 들었다. 양영·楊溥와 함께 三楊으로 불렸다. 시호는 文貞이다. 저서에 ≪東里全集≫·≪文淵閣書目≫ 등이 있다.(≪明史≫ 권148 〈楊士奇列傳〉)

27) 醉翁亭 : 北宋의 구양수가 滁州知事로 재임할 때 지은 정자이다. 그는 저주가 강호를 끼고 있는 절경인 데다 政事가 잘 다스려졌으므로 이 정자를 지어 백성과 함께 잔치를 벌인 뒤에 그 일을 기록하여 〈醉翁亭記〉를 지었다.

대개 인종은 문장을 지을 때 구양수의 문체를 매우 좋아하여 매번 이르기를, "三代 이하의 文人 가운데 구양수만이 雍容하고 和平한 氣象이 있다." 하였는데, 그 간절하고 강직한 奏議를 더욱 사랑하여 일찍이 구양수의 문장을 간행하도록 명하여 여러 신하들에게 하사하고 또 諭示하기를, "구양수의 어진 점은 문장에만 그치지 않으니, 경들은 그가 임금을 섬긴 까닭을 상고하여 힘쓰도록 하라." 하였다.

○十八年冬十月에 上過滁州할새 登琅琊山하야 指示學士楊士奇曰 此醉翁亭故趾也라하고 因歎歐陽脩立朝正言不易得이어늘 今人知愛其文而知其忠者鮮矣라하다 蓋上爲文章에 尤善脩하야 每曰 三代以下文人에 獨脩有雍容和平氣象이라한대 尤愛其奏議切直하야 嘗命刊脩文하야 以賜群臣하고 且諭之曰 脩之賢은 非止於文이니 卿等은 當考其所以事君者而勉之하라하다

33-1-14

11월에 인종이 鳳陽[28)]을 지날 적에 皇陵을 拜謁한 뒤에 陵 주변을 두루 돌아보다가 仁祖 淳皇帝[29)]께서 남긴 石農器를 보고는 侍郎 張本[30)]과 學士 楊士奇를 돌아보며 이르기를, "國家의 帝業이 여기에서 비롯되었다." 하고, 오랫동안 徘徊한 뒤에 물러났다. 이미 물러난 후에 陵 아래에서 耆老들이 進謁하였으므로 모두에게 酒饌을 하사하여 위로하였는데, 그 가운데 태조께서 王業을 일으킬 때의 일을 아는 사람이 있어서 그곳에 머무르며 저녁이 될 때까지 조용히 이야기를 나눈 다음 후하게 하사품을 더해주었다. 이윽고 양사기 등을 돌아보며 탄식하기를, "당시의 일을 아는 사람이 더욱 드물어졌구나." 하였으니, 대개 인종이 祖宗의 일을 중시한 것이 대략 이와 같았다.

○十一月에 上過鳳陽할새 謁皇陵畢하고 周顧陵旁이라가 見仁祖淳皇帝所遺石農器하고 顧侍郎張本學士楊士奇曰 國家帝業所自也라하고 徘徊久而後退라 旣退에 陵下耆老進謁이어늘 悉賜酒饌慰勞之한대 有知太祖龍興時事者하야 留從容與語至夕하고 加賜優厚하다 已而顧楊士奇等歎曰 知當時事者益鮮矣라하니 蓋上重祖宗事率如此러라

---

28) 鳳陽 : 安徽省 淮河 유역의 지명이다. 明나라 개국 황제인 태조 朱元璋의 고향으로, 성의 남쪽에는 태조의 부모를 매장한 孝陵이 있다. 홍무 14년(1381)에 中都留守司를 설치하고 鳳陽衛, 鳳陽中衛, 鳳陽右衛, 皇陵衛, 留守左衛, 留守右衛, 長淮衛, 懷遠衛 등 8위를 통솔하여 선친의 무덤인 皇陵을 지키게 하였다.(≪明史≫ 권76 〈職官志〉)

29) 仁祖 淳皇帝 : 朱世珍(1283~1344)은 明 太祖의 부친으로 추존 황제이다. 가난한 농부였다고 한다.

30) 張本 : 1367~1431. 明나라 山東 東阿 사람으로 자는 致中이다. 洪武 연간에 國子生의 신분으로 江都知縣이 되고, 宣德 初에 南京 兵部尙書가 되었다.

33-1-15

인종이 鄒縣을 지날 적에 男女가 길에 가득 광주리를 가지고 풀씨〔草實〕를 줍는 광경을 보고는 말을 멈추고 어디에 쓸 것이냐고 물어보니, 백성들이 무릎을 꿇고 대답하기를, "흉년이 들어 식량으로 삼을 것입니다." 하였다. 인종이 측은하게 여기며 조금 나아가다가 말에서 내려 민가에 들어가 그 집 사람들이 모두 몸도 가리지 못하는 누더기를 입고 있고 부엌에는 솥이 기울어져 넘어져 있어도 고치지 않은 것을 보고는 탄식하기를, "백성의 고통을 위로 보고하지 않은 것이 이와 같구나!" 하였다. 그런 뒤에 中官을 돌아보며 鈔를 하사하라 하고 고을의 耆老들을 불러 고충을 물었는데 모두 사실대로 대답하니, 밥을 먹다 말고 그 음식을 내려주었다.

당시 山東의 布政使 石執中이 와서 맞이하니, 그를 문책하며 이르기를, "牧民官이 되어서 백성의 고통을 보살피기를 이와 같이 하였으니, 또한 마음이 움직이지 않았는가?" 하였다. 석집중이 말하기를, "무릇 재해를 입은 곳에 대해서는 모두 上奏하였으니, 청컨대 금년 가을의 부세를 면제해주소서." 하니, 인종이 이르기를, "백성이 굶주리고 또 죽는 상황에서 오히려 부세를 징수할 수 있겠는가. 그대는 가서 郡縣을 감독하여 속히 飢餓를 견디고 있는 백성의 숫자를 조사하여 가까운 곳은 3일로 기약하고 먼 곳은 5일로 기약하여 모두 官穀을 내어 진휼하도록 하라. 이는 늦출 수 없는 일이다." 하였다. 석집중이 1인당 3斗씩 지급해주기를 청하니, 인종이 이르기를, "6斗씩 지급하도록 하라. 그대는 마음대로 창고의 곡식을 내었다고 두려워하지 말 것이니, 내가 황제(태종)를 만나면 마땅히 직접 上奏할 것이다." 하였다.

○上過鄒縣할새 見男女持筐하야 盈路拾草實者하고 駐馬問所用하니 民跪對曰 歲荒以爲食이라 上惻然稍前下馬하야 入民舍視男女皆衣百結不掩體竈釜傾仆不治하고 歎曰 民隱을 不上聞若此乎아하고 顧中官하야 賜之鈔하고 而召鄉之耆老하야 問所苦한대 具以實對하니 輟所食하야 賜之하다 時에 山東布政使石執中來迎하니 責之曰 爲民牧而視民窮如此하니 亦動念否乎아한대 執中言 凡被災之處皆已奏하니 乞停今年秋稅라하니 上曰 民饑且死어늘 尙及徵稅耶아 汝往督郡縣하야 速取勘飢民口數하야 近地約三日하고 遠約五日하야 悉發官粟賑之하라 事不可緩이라하니 執中請人給三斗한대 曰 且與六斗하라 汝毋懼擅發廩이니 吾見上에 當自奏也호리라하다

33-1-16

永樂 19년(1421) 봄 정월에 禮部尙書 呂震[31)]이 인종에게 말하기를, "殿下께서 南京에 계실 때 자주 中官 進保를 파견하여 上奏하는 서찰을 올렸습니다. 당시 그는 매번 황제(태종)에게 이를 때마다 전하의 過失을 보고하였는데 모두 요망한 말이었으니, 이제는 이 사람을 멀리해야 할 것입니다." 하였는데, 인종이 이르기를, "어찌 나에게 과실이 없을 수 있겠는가? 지금 至尊께서 이미 그의 말을 믿지 않고 있는데, 내가 다시 이 사람과 굳이 計較할 필요가 있겠는가?" 하고 마침내 그대로 두었다.

○十九年春正月에 禮部尙書呂震言於上曰 殿下前在南京에 數遣中官進保하야 進奏牘이어늘 每至에 輒以殿下過失上聞而皆其妄言하니 今宜疏此人이라한대 上曰 過失吾豈能無리오 今至尊旣不信之어늘 我又可與此人計較耶아하고 卒寘之하다

33-1-17

永樂 21년(1423) 가을 8월에 인종이 戶部尙書 郭資[32)]에게 유시하기를, "금년 南北 直隷[33)]와 山東 지역 郡縣의 수해와 한해를 입은 곳에 군량과 말먹이가 모두 소출이 없는데, 有司에서 徵索하기를 그치지 않아서 백성들이 조정을 매우 원망하고 있다. 모두 蠲減하도록 하라." 하였다.

○二十一年秋八月에 上諭戶部尙書郭資曰 今年南北直隷幷山東郡縣水旱之處에 粮芻皆無所出이어늘 而有司徵索不已하야 甚爲朝廷斂怨하니 其悉蠲之하라하다

33-1-18

永樂 22년(1424) 여름 5월에 浙江 台州府 臨海縣에서 아뢰기를, "廣濟 등의 지역에 河道가 진흙으로 막혀 水門이 무너졌으니, 청컨대 수리하고 준설하고자 합니다."

---

31) 呂震 : 1365~1426. 자는 克聲으로 陝西省 臨潼縣 사람이다. 洪武 19년(1386)에 과거에 합격하여 太學에 들어갔으며, 北平按察司僉事 등을 지냈다. 燕王 朱棣가 起兵하자 투항하였고, 명을 받아 세자를 모셨다. 영락제 때 刑部尙書·禮部尙書 등을 지냈으며 인종이 즉위하여 太子少傅로 삼았다.(≪明史≫ 권151 〈呂震列傳〉)

32) 郭資 : 1361~1434. 明나라 河南 武安 사람으로 자는 存仁이다. 洪武 18년(1385)에 進士가 되고 여러 차례 옮겨 北平左布政使가 되었다. 成祖가 靖難兵을 일으켰을 때 곁에서 도와 공을 세웠기 때문에 즉위 후 戶部尙書에 발탁되었다.

33) 直隷 : 중앙에서 직접 관할하는 직할령을 뜻하는 말로, 京師, 즉 北京과 南京을 가리킨다.

하였는데, 인종이 工部의 신하에게 유시하기를, "≪春秋≫에 백성의 힘을 신중하게 써야 한다 하고 때에 맞지 않게 쓴 것을 기롱하였으니,[34] 농한기에 修築하게 하도록 하라." 하였다.

○二十二年夏五月에 浙江台州府臨海縣啓 廣濟等處에 河道淤塞하야 水閘頹壞하니 乞修浚이라한대 上諭工部臣曰 春秋愼用民力而譏不時하니 可令農隙修築하라하다

33-1-19

9월에 인종이 工部의 신하에게 유시하였다.

"옛날에는 田土에 대한 賦稅를 토지에서 생산되는 物種에 따라 부과하고 생산되지 않는 물종에 대해서는 강제로 부과하지 않았는데, 근년에는 丹漆이나 石青 같은 종류에 대하여 주관하는 官司에서 물종이 생산되는 땅을 따지지 않고 일률적으로 郡縣에 부과하여 징수하고 있다. 이에 군현에서는 힘없는 백성들을 핍박하여 金幣를 모아 거두어들인 다음 京師로 가서 물건으로 바꾸어 輸納하는데, 장사치들이 時勢에 편승하여 財利를 謀取하기 때문에 物價가 수십 배나 급등하였다.

게다가 부정한 官吏들이 이를 기회로 간악한 짓을 자행하고 있으니, 백성들이 내는 비용으로 계산해보면 朝廷에서는 그 가운데 천이나 백 분에 열이나 하나를 얻을 뿐이고 나머지는 아랫사람들만 살찌우고 있다. 이제 마땅히 이런 폐단을 경계하여 무릇 사용해야 할 물종에 대해서는 반드시 그 물종이 생산되는 지역에서 시가대로 계산하여 사들여야 할 것이다. 만일 예전의 버릇을 그대로 답습하여 일률적으로 부과하여 백성들에게 해독을 끼치는 자가 있을 것 같으면 반드시 용서하지 않고 誅罰할 것이다."

○九月에 上諭工部臣曰 古者土賦를 隨地所産하고 不强其所無러니 比年如丹漆石青之類를 所司更不究物産之地하고 一槩下郡縣徵之라 郡縣逼迫小民하야 鳩斂金幣하야 詣京師博易輸納한대 而商販之徒가 乘時射利하니 物價騰踴數十倍라 加有不肖官吏가 夤緣爲奸하니 計民所費컨대 朝廷

34) 春秋에……기롱하였으니 : 程頤가 ≪春秋≫의 의리를 부연한 말이다. ≪近思錄≫ 권8 〈治本〉에 "≪春秋≫에 '백성의 힘을 쓴 것'을 반드시 기록하였으니 工役을 일으킨 것이 때에 맞지 않고 義에 해로우면 진실로 죄가 되기 때문이다.〔春秋 凡用民力 必書 其所興作 不時害義 固爲罪也〕" 하였고, "≪춘추≫에 때에 맞지 않게 쓴 일을 기록한 것은 예컨대 隱公 7년 여름에 中丘에 築城한 따위이고, 의롭지 않은 일을 기록한 것은 莊公 23년에 桓公의 사당에 기둥을 丹青한 따위이다.〔春秋 書不時者 如隱公七年夏 城中丘之類 書不義者 如莊二十三年 丹桓宮楹之類〕" 하였다.

得其千百之十一하고 其餘悉肥下人이라 今宜戒此弊하야 凡合用之物을 必於出產之地計直市之하라 若仍蹈故習하야 一概科派하야 以毒民者는 必誅不宥하리라하다

33-1-20

禮部尙書 兼 太常寺卿 呂震이 上奏하기를, "太宗皇帝의 遺命에 喪服은 한결같이 太祖 高皇帝께서 漢나라 제도를 본받아 날수를 달수로 환산하여 服喪한 것[35]처럼 하라고 하셨습니다. 지금 이미 27일이 지났으니, 청컨대 衰服을 벗고 紗冠과 素服에 黑角帶 차림으로 朝會에 임하소서." 하였는데, 인종이 이르기를, "梓宮이 아직 殯所에 있는데 짐이 어찌 차마 갑자기 바꿀 수 있겠는가?" 하고, 이때부터 素冠에 麻衣와 麻絰 차림으로 朝會에 임하고 조회에서 물러나면 그대로 衰服을 입었다.

○禮部尙書兼太常寺卿呂震奏 太宗皇帝遺命에 喪服一如太祖高皇帝倣漢制以日易月이라 今已踰二十七日하니 請釋衰服하고 服爲紗冠素服黑角帶臨朝하소서한대 上曰 梓宮在殯이어늘 朕何忍遽易이리오하고 自是臨朝에 素冠麻衣麻絰하고 朝退仍衰服이라

33-1-21

鳳陽 五河 등의 지역에서 上奏하기를, "빗물로 전답의 작물이 물에 잠겼습니다." 하니, 인종이 戶部尙書 夏原吉[36]에게 이르기를, "농민들이 수고스럽게 애쓰다가 가을 수확기가 되었을 때 수해를 당하여 이미 自給할 수 없게 되었으니, 다시 그들의 부세를 징수해서는 안 될 것이다. 사람을 파견하여 실상을 조사한 다음 금년의 군량과 말먹이를 모두 蠲減하도록 하라." 하였다.

○鳳陽五河等處奏 雨水沒田稼라하니 上謂戶部尙書夏原吉曰 農民勞苦라가 至秋成爲水所傷하야 既無自給하니 不可復徵其稅라 其遣人覈實하야 今歲粮芻悉蠲之하라하다

---

35) 漢나라……것 : 帝王은 국사가 중하기 때문에 喪期를 단축하기 위해 한 달을 하루로 환산하여〔以日易月〕 상복을 입던 제도로, 斬衰 3년인 경우 27개월 동안 상복을 입어야 하지만 27일 동안만 상복을 입고 脫喪하는 것을 말한다. 漢나라 文帝가 처음으로 시행하였다.(≪漢書≫ 권4 〈文帝紀〉)

36) 夏原吉 : 1366~1430. 明初의 대신으로 자는 維哲이다. 鄕薦으로 태학에 들어갔으며 禁中書制誥에 뽑혀 들어가 태조의 신임을 받았다. 建文帝 때 戶部右侍郎 등을 지내며, 청명한 정치를 하여 백성들이 기뻐하며 따랐다. 영락제가 즉위하여 중임을 맡겼다. 仁宗과 宣宗 代에서도 재상으로서 훌륭하게 보좌하여 치적이 뛰어났다. 시호는 忠靖이다.(≪明史≫ 권149 〈夏原吉列傳〉)

33-1-22

또 翰林 儒臣에게 이르기를, "政事를 시행하면서 크게 근심해야 하는 일은 윗사람과 아랫사람의 情이 소통되지 않는 것이다. 근래 조정과 지방의 여론은 어떠한가? 무릇 軍民의 일 가운데 흥기시켜야 할 이로운 것과 개혁해야 할 해로운 것이 있거든 경들은 모두 짐을 위해 말하도록 하라. 마땅히 그 可否를 살핀 다음 즉시 시행하여 백성의 고충을 조금이라도 늦추어야 할 것이다." 하였다.

○又謂翰林儒臣曰 爲政所大患者는 上下之情不通이라 比來朝野物議何如오 凡軍民中利有當興 害有當革者어든 卿等悉爲朕言하라 當審其可否即行之하야 庶幾少紓人困하리라하다

33-1-23

少傅 兼 吏部尙書 蹇義[37]와 少保 兼 華蓋殿大學士 楊士奇와 太子少傅 兼 謹身殿大學士 楊榮과 太子少保 兼 武英殿大學士 金幼孜[38]에게 각각 銀 印章 하나씩을 하사하였는데, 그 印章에 "繩愆糾繆(허물을 다스리고 잘못을 바로잡는다.)"라는 글이 새겨져 있었다.

이어 유시하기를, "경들은 모두 國家의 舊臣이니, 20여 년 동안 공경히 先帝를 섬기고 또 春宮에서 朕을 섬겨 숙달되고 老成한 사람들이다. 이제 짐이 즉위한 초기에 軍國의 업무에 있어서 거듭 경들의 협력과 보좌가 필요하니, 무릇 政事에 缺失이 있거나 신료들이 諫言해도 짐이 윤허하지 않거나 경들의 간언을 짐이 따르지 않는 일이 있거든 모두 이 印章을 찍은 다음 비밀리에 疏狀을 올려 보고하되, 두 번 세 번 말하는 것을 꺼리지 말라. 임금과 신하 사이에 성심을 다해 함께해서 거의 조정에 缺失된 政事가 없고 백성이 살 곳을 잃는 일이 없어서, 짐과 경들이 모두 祖宗께서

---

37) 蹇義 : 1363~1435. 明나라 太祖・惠帝・成祖・仁宗・宣宗 때 사람이다. 초명은 瑢, 자는 宜之, 호는 退思齋, 시호는 忠定이다. 벼슬은 中書舍人・吏部尙書 등을 지냈다.

38) 金幼孜 : 1368~1431. 明나라 江西 新淦 사람으로, 이름은 善이고 자는 幼孜인데, 자로 행세하였다. 호는 退閣이다. 建文 2년(1400) 진사시에 합격하여 戶科給事中에 제수되었고, 成祖가 즉위하자 翰林檢討가 되어 解縉 등과 함께 文淵閣에서 근무하다가 侍講으로 옮겼다. 永樂 7년(1409) 황제를 따라 북경으로 가서 다음 해 北征에 참여하였으며, 18년(1420) 문연각대학사가 되었다. 22년(1424) 成祖가 환군 도중 병사하자 상여를 호송하여 환궁하였다. 황제의 명으로 胡廣, 楊榮 등과 ≪四書五經大全≫과 ≪性理大全≫ 등을 修撰하였는데, 특히 ≪春秋≫를 좋아하여 ≪春秋直指≫와 ≪春秋要旨≫ 등을 저술하였다. 그 밖의 저서에 ≪北征錄≫과 ≪金文靖集≫이 있다. 시호는 文靖이다.

부탁한 중임을 저버리는 일이 없어야 할 것이다." 하였는데, 건의 등이 머리를 조아리고 命을 받았다.

○賜少傅兼吏部尙書蹇義少保兼華蓋殿大學士楊士奇太子少傅兼謹身殿大學士楊榮太子少保兼武英殿大學士金幼孜銀圖書各一한대 其文曰 繩愆糾繆라 仍諭之曰 卿等皆國家舊臣이니 祗事先帝二十餘年하고 又事朕於春宮하야 練達老成이라 今朕嗣位之初에 軍國之務를 重須卿等協心贊輔하니 凡政事有缺失이어나 或群臣言之而朕未允이어나 或卿等之言朕有不從이어든 悉用此印하야 密疏以聞호대 其毋憚於再三言之하라 君臣之間에 盡誠相與하야 庶幾朝無缺政하고 民不失所하야 而朕與卿等이 皆不負祖宗付託之重이라한대 義等頓首受命하다

33-1-24

忠勇王 金忠[39])을 太子太保에 加封하여 두 가지 봉록을 모두 유지하게 하였다. 인종이 吏部尙書 蹇義에게 유시하기를, "짐이 즉위한 이래로 文武 大臣들이 모두 職品이 승진하였으므로 이 사람도 班列에 있으면서 바라는 뜻이 없지 않을 것이니, 또한 그 마음을 慰安해주어야 할 것이다." 하였는데, 건의가 대답하기를, "漢北에서 歸附한 사람 가운데 京師에 사는 자가 매우 많으니, 지금 모두 조정에서 이 사람을 어떻게 대우하는지 바라볼 것입니다. 하사품이 이미 많았지만 名號와 爵位로 또한 優待하는 뜻을 대략 보여야 할 것이니, 이것이 바로 멀리 변방 사람들을 德으로 회유하는 방법입니다." 하니, 인종이 이르기를, "그렇다. 다른 관직은 그가 알지 못할 것이고 虜人이 아는 바는 오직 三師[40])를 중하게 여길 터이니, 太子太保의 관직을 주도록 하라. 다만 職事에는 관여하지 못하게 해야 할 것이다." 하였다.

○加忠勇王金忠太子太保하야 二俸俱支하다 上諭吏部尙書蹇義曰 朕嗣位以來로 文武大臣이 皆有進職이라 此人在列하야 不無希覬之意이니 亦宜有以慰安其心이라한대 義對曰 漢北歸附之人居京師者甚衆하니 今皆瞻望朝廷待此人如何라 雖賜賚已厚나 然名爵亦宜略示優待니 此懷遠之道也라하니 上曰 然하다 其他職은 渠所不諳이요 虜人所諳者는 惟三師爲重하니 可與太子太保라 但不令預職事耳라하다

39) 金忠 : ?~1431. 明나라 때 蒙古 王子로, 원래 이름은 也先土干이다. 永樂 21년(1423) 成祖가 漢北을 정벌할 때 처자와 部屬을 이끌고 항복하여 金忠이라는 성명을 하사받고 忠勇王에 봉해지고, 仁宗이 즉위한 후 太子太保에 加封되었다. 宣德 3년(1428) 兀良哈을 공격하여 포로 수십 명을 잡고 馬牛 수백 필을 노획하여 太保에 올랐다.

40) 三師 : 三公과 같은 말로, 太師·太傅·太保의 관직을 가리킨다.

33-1-25

겨울 10월에 인종이 兵部尙書 李慶[41] 등에게 유시하였다.

"성곽과 해자는 백성들의 保障이다. 지금 천하에 변고 없는 날이 오래 지속되어 성곽이 무너지고 해자가 막혔는데 해당 관사는 무사안일에 빠져 수리할 줄 알지 못하고 있으니, 한 번 위급한 警報가 있으면 어떻게 백성들을 보호할 수 있겠는가. 의당 각 都司[42]에 하달한 다음 각 衛所[43]를 督令하여 正官이 맡아 巡視하게 하되, 성곽과 해자에 무너지고 막힌 곳이 있으면 軍士들이 농사짓는 여가에 工匠들과 함께 수리하게 함으로서 견고하게 하는 데 힘써야 할 것이다. 만일 변경에 있는 성곽과 해자의 경우에는 농한기를 기다리지 말고 즉시 수리하게 하도록 하라."

○冬十月에 上諭兵部尙書李慶等曰 城池는 爲民保障이라 今天下無事日久하야 城墮池湮한데 所司玩愒하야 不知修治하니 一有警急이면 何以衛民이리오 宜下各都司하야 督令各衛所하야 委正官巡視호대 城池有傾塞者어든 於軍士農種之暇에 倂工修理하야 務令堅固라 若臨邊境이면 則不俟農暇하고 卽日修治하라하다

33-1-26

衍聖公[44] 孔彦縉[45]에게 京師의 집을 하사하였다.

---

41) 李慶 : ?~1427. 北平行省 順天府 順義縣 사람으로 자는 德孚이다. 洪武 연간에 國子生의 신분으로 右僉都御史에 발탁된 뒤에 刑部員外郎, 紹興知府로 옮기고, 永樂 元年(1403)에 刑部侍郎이 되었다가 뒤에 左副都御史가 되었다. 영락 18년(1420)에 工部尙書가 되고 仁宗이 즉위했을 때 兵部尙書, 太子少保가 되었다.

42) 都司 : 明代의 지방 軍政 長官인 都指揮使司의 약칭이다. 明나라의 兵制인 衛所 제도는 洪武帝가 처음 실시한 것으로, 여기에 도위지휘사사를 설치하고 지방의 군사를 통할하게 하였다. 1375년(홍무 8)에는 중앙의 오군도독부 밑에 13개의 도지휘사사와 3개의 행도지휘사사를 지방 요지에 설치하였다. 후에 도지휘사사의 수가 16개로 증가하였으며, 이 도지휘사사의 장관을 '도지휘사'라고 하였다. 도지휘사는 2명의 都指揮同知와 4명의 都指揮僉事의 보좌를 받았다. 행정을 관할하는 布政司와 사법을 관할하는 按察司와 더불어 '三司'라 칭하였다.

43) 衛所 : 明나라 때 군대의 編制였던 衛와 所를 가리킨다. ≪明史≫ 〈兵志〉에 "명나라가 무력으로 천하를 통일한 후 옛 제도를 개혁하여 서울에서부터 지방 郡縣에까지 모두 위와 소를 설치했는데, 요해지로서 1개 군에 관계되는 곳에는 소를, 여러 군에 관계되는 곳에는 위를 설치하되 대략 5600명이 위, 1120명이 千戶所, 112명이 百戶衛였다." 하였다.

44) 衍聖公 : 孔子의 적계 후손에게 내려지던 세습봉호로, 前漢 平帝 元始 元年(A.D. 1)에 禮敎를 널리 선양하기 위해 공자의 후예를 褒成侯에 봉하면서 시작되었다. 그 후 각 왕조를 거치면서 봉호의 명칭과 직위에 조금씩 변화가 있었는데, 宋나라 仁宗 至和 2년(1055)에 이르러 '연성공'으로 바뀌고 그것이 계속 이어졌다.

공언진이 자주 來朝하였는데 매번 백성의 집에서 유숙하니, 인종이 그 말을 듣고 近臣을 돌아보며 이르기를, "四夷에서 朝貢하는 사신이 京師에 이를 때도 모두 公館이 있는데 先聖의 子孫이 도리어 민가에서 유숙하니, 어떻게 유학을 숭상하는 뜻을 일컬을 수 있겠는가." 하고, 마침내 工部에 명하여 집을 하사하게 하였다.

○賜衍聖公孔彦縉宅於京師하다 彦縉數來朝한대 皆館於民하니 上聞之하고 顧近臣曰 四夷朝貢之使至京師에 皆有公館이어늘 先聖子孫이 乃寓宿於民家하니 何以稱崇儒之意리오하고 遂命工部賜宅하다

33-1-27

인종이 禮部의 신하에게 유시하였다.

"皇考(明 太宗)께서 재위하실 때는 자주 有司에게 조서를 내리려 의지할 곳 없는 백성들을 存恤하게 하시어 郡邑에 모두 養濟院이 있었다. 그런데 근래 듣건대, 대체로 法文만 갖추고 있을 뿐 居室은 허물어지고 음식과 의복을 제때 지급하지 못하여 그들이 불안에 떨며 추위와 굶주림을 면치 못하는데도 수령들은 아무도 여기에 유의하지 않고 있다고 한다. 그대 禮部에서는 즉시 경계하고 단속하여 삼가 보살피고 구휼하되 진실한 은혜를 베풀게 하고 그들이 살 곳을 잃는 지경에 이르지 않게 하라."

○上諭禮部臣曰 皇考臨御에 數詔有司하야 存恤鰥寡하야 郡邑에 皆有養濟院러니 比聞率是文具하야 居室敝壞하고 肉粟布絮를 不以時給하야 栖栖飢寒이어늘 而守令漠不留意하니 爾禮部는 即戒約之하야 令謹視遇호대 施實惠하고 勿致失所하라하다

33-1-28

山東布政使司가 아뢰기를, "登州와 萊州의 여러 郡이 올해 비가 내려 보리가 수해를 입었으니, 지난해에 납부하지 않은 租税를 청컨대 백성들로 하여금 다른 物種으로 대신 輸納하게 하소서." 하였는데, 인종이 戶部에 유시하여 너그럽게 해줄 만한 방법을 의논하게 하였다. 호부가 아뢰기를, "지금 國用이 부족합니다." 하니, 인종이 이르기를, "임금과 백성은 한 몸이다. 백성의 가난을 어찌 구휼하지 않을 수 있겠는가. 말한 대로 따라야 할 것이다." 하였다.

---

45) 孔彦縉 : 1401~1455. 明나라 曲阜 사람으로 자는 朝紳이다. 孔子의 59대손이다.

○山東布政使司言 登萊諸郡이 今歲雨水傷麥하니 其前歲所逋稅를 乞令民以他物代輸하소서한대 上諭戶部하야 議所以寬貸之하다 戶部言 今國用不足이라하니 上曰 君民一體라 民貧豈可不恤이리오 宜從所言하라하다

33-1-29

인종이 吏部에 유시하여 서울에 있는 7品 이상 文官과 지방에 있는 5품 이상 文官 및 5품 이하에서 임관된 知縣 및 軍民 가운데 德性이 淳篤하고 行止가 端方하거나 혹 材能이 出衆하고 政績이 顯著하거나 혹 文學이 칭송되고 識見이 優遠함으로 천거된 사람들에 대해 재능을 헤아린 다음 발탁하여 임용하고, 만일 훌륭한 인재를 숨기거나 함부로 천거한 자가 있으면 국법에 따라 論罪하며, 천거된 사람이 이후로 贓罪를 범한 경우에는 천거한 자를 連坐하게 하였다.

또 유시하기를, "朝廷에서는 근년에 자주 詔書를 내려 훌륭한 인재를 천거하게 하였다. 그런데 奉行하는 자들이 대부분 사사로운 정을 따르고 公法을 저버려서 뇌물을 받고 천거하거나 친분을 가지고 천거하였기 때문에 진실한 인재를 얻은 비율이 10분의 3, 4도 되지 않았으니, 政事가 어디를 말미암아 다스려질 것이며 백성이 어디를 말미암아 안정되겠는가? 지금부터는 반드시 擧主連坐法[46]을 엄격히 시행하여 진실한 인재를 얻을 수 있도록 해야 할 것이다." 하였다.

○上諭吏部하야 令在京七品在外五品以上文官及知縣於五品以下見任官及軍民中訪擧德性淳篤行止端方或材能出衆政績顯著或文學有稱識見優遠者를 量材擢用하고 若有蔽賢及濫擧者어든 論罪如律하며 所擧之人이 後犯贓罪면 擧者連坐하다 又諭之曰 朝廷比年數下詔擧賢이어늘 而奉行者率多徇私背公하야 或以賄賂擧하고 或以親故擧라 所得實材가 十不三四하니 政事何由而理며 生民何由而安이리오 自今必嚴擧主連坐之法하야 庶得實材하라하다

46) 擧主連坐法 : 천거된 사람, 즉 擧人이 국법을 범하였을 때 薦擧한 사람도 함께 처벌한다는 법률이다. 거인을 벼슬에 제수할 때는 그 告身에 천거된 사유와 천거한 사람의 성명을 기록해 두었다가 후일 그 행적이 천거한 내용과 같지 않을 경우 본인은 물론 천거한 사람도 벌을 받는다. 그러나 거인이 변절하거나 법을 어길 염려가 있으면 천거한 사람은 그 잘못 천거한 실수를 자수하고 그 죄를 면하였다.(≪宋史≫ 〈選擧志〉)

33-1-30

大理寺[47]에서 중죄수를 처결하겠다고 아뢰니, 인종이 이르기를, "人命은 매우 소중한 것이니, 帝王은 사람을 사랑하는 마음으로 德을 삼는다. 경들은 刑獄을 다스릴 때 의당 德政을 보좌하여, 無辜한 사람이 원통한 마음을 품고 죽어서 國家의 和氣가 손상되게 하지 말아야 할 것이다. 옛날 法을 집행하는 관리 가운데 死獄[48]에서 죄수를 살릴 방도를 찾은 사람이 있었는데, 하늘이 확실하게 보답하되 그 사람에게 복을 내리지 않고 그 후손에게 복을 내렸으니, 경들은 면려하도록 하라." 하고, 마침내 五府와 六部 및 通政司와 六科에 명하여 三法司와 함께 承天門에 모여 審理하게 하였다.

그렇게 한 다음 특별히 大學士 楊士奇와 楊榮과 金幼孜를 불러 榻前에 이르게 하고 유시하기를, "근년에 法司에서 형벌을 남용하고 있다는 사실을 朕은 잘 알고 있었다. 그들이 大逆不道의 죄목으로 擬議한 바가 왕왕 誣告[49]하고 고문한 결과로 나온 것이어서 先帝께서 자주 절실히 경계하였기 때문에 死刑에 대해 4, 5차례 覆奏[50]하였다. 그런데 法司에서 대체로 여기에 留意하지 않고 기꺼이 酷吏가 하는 짓을 자행하면서도 부끄러움이 없었으니, 이제부터는 무릇 중죄수를 審理하여 처결할 때 경들 세 사람이 가서 함께 심리하여 원통하고 억울한 자가 있거든 비록 작은 이유라도 반드시 보고하도록 하라." 하고, 마침내 三法司에 명하여 "지금 이후로 중죄수를 심리하여 처결할 때는 반드시 三學士가 모여서 함께 심리하도록 하라." 하였다.

○大理寺(시)奏決重囚하니 上曰 人命甚重하니 帝王以愛人爲德이라 卿等理刑에 宜贊輔德政하야 罔俾無辜含寃地下하야 傷國家之和氣라 昔法吏有於死獄求生道者어늘 天有顯報호대 不在其身하고 在其後人하니 卿等勉之하라하고 遂命五府六部通政司六科하야 同三法司하야 於承天門會審하고 特召大學士楊士奇楊榮金幼孜하야 至榻前諭曰 比年法司之濫을 朕未嘗不知라 其所擬大逆不道가

---

47) 大理寺 : 刑獄의 일을 관장하는 官署이다.

48) 死獄 : 사형수에 관계되는 獄事를 말한다.

49) 誣告 : 원문의 羅織는 그물〔羅〕처럼 얽어 짠다는 말로, 無辜한 사람을 誣陷하여 죄에 얽어 넣는다는 의미이다. 唐나라 武后 때 혹독한 법관인 來俊臣과 萬國俊이 죄수를 고문하고 유도 심문하여 어떻게든 죄를 만드는 방법을 기술한 ≪羅織經≫을 지었는데, 이 책 이름에서 유래한 말이다. ≪通鑑節要≫ 권39 中宗 丙戌年(686) 조에, "내준신이 만국준과 함께 ≪나직경≫ 수천 자를 지어 그 무리들로 하여금 무고한 이를 그물로 잡아 反狀을 엮게 하였다.〔來俊臣與萬國俊 共撰羅織經數千言 教其徒 網羅無辜 織成反狀〕" 하였다.

50) 覆奏 : 啓覆과 같은 의미로, 사형수에 대해 세 차례에 걸쳐 심리하는 것을 말한다. 사형수에 대해서는 그를 죽이는 것이 합당한지 여부에 대해 임금과 신하가 모여 논의하기 위해 세 차례 啓覆을 시행하였는데, 3차 계복에서도 사형으로 최종 결론이 나면 형을 집행하였다.

往往出於羅織煅煉하야 先帝數切戒之라 故死刑至四五覆奏어늘 而法司略不留意하고 甘爲酷吏而無愧하니 自今凡審決重囚에 卿三人往同審하야 有寃抑者어든 雖細故必以聞하라하고 遂命三法司하야 今後審決重囚에 必會三學士同審하라하다

33-1-31

山西 渾源州에서 上奏하기를, "逃徙[51]한 백성이 100여 戶나 되는데 그 荒田의 稅額이 아직 면제되지 않았으니, 청컨대 현재 남아 있는 백성들에게 골고루 분배하소서." 하였다.

인종이 이르기를, "백성들이 너무도 곤궁했기 때문에 逃徙하였는데, 지금 이것을 현재 남아 있는 백성에게 분배하는 것은 그들이 모두 곤궁함을 이기지 못해 逃徙하게 하려는 것이다. 戶部에 명하여 속히 稅額을 면제하도록 하라. 만일 백성들 가운데 농사짓기를 원하는 자가 있거나 혹 逃徙한 자가 다시 돌아와 농사를 짓는 경우에는 3년이 지난 뒤에 세액을 징수하도록 하라." 하였다.

○山西渾源州奏 民逃徙者百餘戶어늘 其荒田稅額未除하니 請以均分見(현)在之民이라하니 上曰 民窮甚故逃어늘 今以分見在之民은 是欲其皆窮而逃也라 命戶部速除稅額하라 若民有願耕者어나 或逃者復歸就耕이어든 則三年後徵稅하라하다

33-1-32

인종이 西角門으로 나와 조회를 보았는데, 마쳤을 때 날씨가 추워지자 翰林의 신하들을 돌아보며 이르기를, "짐과 경들은 겹겹이 성안에서 생활해도 오히려 이처럼 추위를 느끼는데, 변경을 지키는 將士들은 밤낮 삼엄하게 경비를 서고 있으니 거의 추위를 이길 수 없을 것이다." 하고, 마침내 조서를 내려 使臣을 파견하고 鈔幣을 緣邊의 將士들에게 하사하게 하였다.

戶部尙書 夏原吉 등이 말하기를, "朝廷에서 변경의 장수들을 대우함이 두터우니, 이미 추위 막을 장비를 미리 지급하였는데 다시 이처럼 은혜를 입게 되었습니다. 옛날 楚子가 추운 날씨에 三軍을 순찰하며 어루만지니 군사들이 모두 솜옷을 입은 것

---

51) 逃徙 : 가난한 백성들이 곤궁함을 이기지 못해 관청의 허락 없이 몰래 다른 지역으로 이사하여 거주하는 것을 말한다.

처럼 따스함을 느꼈다고 하였습니다.[52] 초자는 한갓 온화한 말로 군사들을 어루만졌는데도 사람들이 오히려 감동하여 勉勵하였는데, 더구나 지금은 실질적인 은혜를 받게 되었으니 감히 은혜에 보답하지 않을 수 있겠습니까. 다만 원컨대, 陛下께서는 항상 이 마음을 미루어 잊지 마시기 바랍니다." 하였다.

인종이 이르기를, "人君은 天下의 萬物을 一體로 여기는 법이다.[53] 더구나 將士들은 國家를 위해 몸소 수고로운 직임을 부지런히 수행하는 사람들이니, 어찌 감히 잠시라도 잊을 수 있겠는가. 짐이 행하는 바에 혹 미치지 못하는 점이 있으면 모름지기 경들이 보좌해야 할 것이다. 옛사람의 말에, '군주가 되고자 할진댄 군주의 도리를 다해야 하고 신하가 되고자 할진댄 신하의 도리를 다해야 한다.' 하였으니,[54] 짐과 경들은 각각 자신의 도리를 다해야 할 것이다." 하였다.

○上御西角門視朝어늘 罷時風寒하니 顧謂翰林臣曰 朕與卿等은 居重城中이라도 猶覺凜凜如此한대 守邊將士는 晝夜嚴警하니 殆不可勝이라하고 遂命書勑遣使하야 以鈔幣賜緣邊將士하다 戶部尙書夏原吉等曰 朝廷待守邊者厚矣니 旣預給禦寒之具어늘 復蒙恩如此로소이다 昔楚子以寒巡拊하니 三軍皆如挾纊이라 彼徒施溫言이라도 人猶感勵어든 況今受實恩하니 敢昧報效아 但願陛下常推此心不忘耳라하니 上曰 人君視天下萬物爲一體라 況將士爲國家躬勤勞瘁하니 豈敢須臾忘之리오 朕所行或有不及이면 須卿等翼輔이라 古人有言 爲君盡君道하고 爲臣盡臣道라하니 朕與卿等은 各盡其道可也라하다

---

52) 楚子가……하였습니다 : 원문의 挾纊은 솜옷을 입는다는 말로, 임금의 은혜를 뜻한다. 춘추시대 楚子가 蕭를 정벌할 때 申公巫臣이 왕에게 말하기를 "군사들이 추위에 떨고 있으니 왕께서 삼군을 순찰하시고 군사들을 위로해주신다면 군사들은 다 솜옷을 입은 것〔挾纊〕처럼 따스함을 느낄 것입니다.〔師人多寒 王巡三軍 拊而勉之 三軍之士 皆如挾纊〕"라고 하였는데, 楚子가 이 말대로 하니 군사들이 사기충천하여 전투에 임하였다고 한다.(≪春秋左氏傳≫ 宣公 12년)

53) 人君은……법이다 : 程顥가 말하기를 "어진 사람은 천지 만물을 일체로 여기니, 자신이 아님이 없다. 자신이 됨을 인식한다면 어찌 지극하지 않음이 있겠는가. 만약 자신의 몸에 두지 않으면 자연 자신과 상관이 없어지니, 수족이 불인함에 기가 관통하지 못해서 모두 자신에게 속하지 않는 것과 같다.〔仁者 以天地萬物爲一體 莫非己也 認得爲己 何所不至 若不有諸己 自不與己相干 如手足不仁 氣已不貫 皆不屬己〕" 하였다.(≪近思錄≫ 권1 〈道體〉)

54) 옛사람의……하였으니 : 孟子가 이르기를, "군주가 되고자 할진댄 군주의 도리를 다할 것이요, 신하가 되고자 할진댄 신하의 도리를 다해야 하니, 두 가지를 모두 堯·舜을 법받을 뿐이다. 舜이 堯를 섬기던 것으로써 군주를 섬기지 않는다면, 그 군주에게 不敬하는 자요, 堯가 백성을 다스리던 것으로써 백성을 다스리지 않는다면, 그 백성을 해치는 자이다.〔欲爲君 盡君道 欲爲臣 盡臣道 二者 皆法堯舜而已矣 不以舜之所以事堯事君 不敬其君者也 不以堯之所以治民治民 賊其民者也〕" 하였다.(≪孟子≫ 〈離婁 上〉)

33-1-33

인종이 吏部尙書 蹇義에게 유시하였다.

“예로부터 군주는 자신의 신하를 후대하여 반드시 그 사정을 體諒하여 부모에게까지 미치게 하였다. 그러므로 후세에 推恩과 封贈의 恩典을 두었는데, 지금 武臣들은 모두 祖考에 대한 封贈의 은전을 얻지만 文臣들은 그 은전을 얻는 경우가 매우 적다. 太祖와 太宗 시대에 이미 모두 시행하여 吏部의 職掌에 분명하게 드러내었으니, 대개 善을 표창하고 功을 권하여 忠과 孝로 사람의 마음을 권면한 뜻이 여기에 있었다. 이제 이를 거행하되, 다만 成憲을 넘어서 함부로 적합하지 않은 사람에게 미치는 일이 없도록 해야 할 것이다.”

○上諭吏部尙書蹇義曰 自古人君厚其臣하야 必體其情而及其父母라 故後世有推恩封贈之典이어늘 今武臣皆得封贈祖考호대 文臣得者甚少라 太祖太宗之世에 旣皆行之하야 明著吏部職掌하니 蓋褒善勸功하야 勵人心於忠孝者在此라 其擧行之호대 但無越成憲하야 濫及匪人耳라하다

33-1-34

11월에 禮部尙書 呂震에게 御札을 내리며 이르기를, “建文[55] 연간의 奸臣들은 그 正犯이 이미 모두 공개 처형되었고, 家屬은 애초에 教坊司[56]와 錦衣衛[57]와 浣衣局[58]에 分屬시켜 모두 기술을 익히게 하거나 功臣家의 노비가 되게 하였지만 지금 남아 있는 자들은 이미 大赦免을 거쳤으니, 용서하여 백성이 되게 한 뒤에 田土를 돌려주도록 하라. 그리고 무릇 言事가 마땅함을 잃어서 유배되어 充軍[59]된 자는 또한 용서하여 백성이 되게 하라.” 하였다.

---

55) 建文 : 明나라 제2대 황제인 惠帝의 연호로, 1399년에서 1402년까지이다. 惠帝는 太祖 朱元璋의 적손으로 즉위하였으나 숙부인 燕王 朱棣에게 황위를 찬탈당하고 살해되었으며, 그의 충신인 方孝孺, 齊泰, 黃子澄 등도 모두 살해되었다. 연왕 주체는 뒤에 成祖가 되었고 연호를 永樂이라 하였는데, 인종의 父王이다.

56) 教坊司 : 궁중의 妓樂을 담당하는 관서이다.

57) 錦衣衛 : 명나라 洪武 15년(1382)에 설치한 관서로 원래 이름은 錦衣親軍都指揮使司이다. 처음에는 황궁을 호위하는 親軍으로서 황제의 출입 때 儀仗을 관리하는 관서였는데, 이후 刑獄을 아울러 관장하면서 순찰과 체포 등의 권한을 갖게 되었다.

58) 浣衣局 : 明代에 죄 지은 여자들이 복역하는 빨래하는 곳을 말한다.

59) 充軍 : 죄를 지은 벼슬아치를 軍役에 編入시키거나, 죄를 지은 平民을 賤役軍에 편입하던 일종의 형벌을 말한다.

○十一月에 御札付禮部尙書呂震曰 建文中奸臣은 其正犯已悉受顯戮하고 家屬初發敎坊司 錦衣衛 浣衣局 幷習匠하고 及功臣家爲奴나 今有存者는 旣經大赦하니 可宥爲民하고 給還田土하고 凡前爲言事失當謫充軍者를 亦宥爲民하라하다

33-1-35

인종이 禮部의 신하에게 유시하였다.

"太學은 천하의 선비들을 모아 관리의 임용에 대비하는 곳이니, 대개 이미 이루어진 학업으로 인하여 더욱 관리를 충원하는 것이다. 지금 郡縣의 歲貢生[60]들은 대부분 진부한 말이나 記誦하면서 僥倖을 도모할 뿐 실재의 학문을 구해보면 백에 한둘도 찾을 수 없으니, 그대들 禮部에서는 의당 有司를 신칙하여 學官을 독려하고 가르침을 엄격히 하여 반드시 경서에 능통한 인재를 이루게 해야 바야흐로 관리에 충원할 수 있을 것이다. 대개 학자는 먼저 鄕學에서 근본을 수립한 연후에 나아가 태학에서 학문을 확충하는 것이니, 만일 향학에 있으면서 전혀 이루지 못하고 國學에서 성취하기를 바란다면 어찌 이런 이치가 있겠는가?"

○上諭禮部臣曰 太學聚天下之士하야 以備任用하니 蓋因其已成而益充之라 今郡縣歲貢生은 率記誦陳言하야 以圖僥倖이요 求其實學인댄 百無一二라 爾禮部宜勑有司하야 督學官하고 嚴誨訓하야 必通經成材라야 方得充貢이라 蓋學者先立根本於鄕學然後에 進而充廣於太學이니 若在鄕學에 全未有成而望有成於國學이면 焉有此理리오하다

33-1-36

인종이 侍從臣에게 이르기를, "守成의 군주[61]가 움직일 때마다 祖宗의 사업을 본보기로 삼는다면 과실이 적을 것이니, ≪書經≫에 이르기를, '先王이 이루어놓은 法을 보시어 길이 잘못이 없게 하소서.'[62] 하였다. 그런데 후세에 왕업을 계승한 군주들은 왕왕 스스로 총명하다 여겨서 옛 법도를 어지럽히다가 마침내 國運이 喪敗되

---

60) 歲貢生 : 해마다 지방 장관이 秀才를 선발하여 중앙에 올려 보내는 貢生을 말한다. 공생은 그런 學者를 말한다. 明淸 兩代에 매년 혹은 2, 3년 만에 府·州·縣의 學者 가운데 秀才를 선발한 다음 國子監으로 보내 학업을 익히게 하였다.

61) 守成의 군주 : 선대가 이루어놓은 왕업을 계승하여 지키는 군주를 말한다.

62) 先王이……하소서 : 商나라 賢相 傅說이 高宗에게 한 말이다.(≪書經≫ 〈商書 說命 下〉)

어도 구하지 못하는 지경에 이르기도 하였으니 귀감으로 삼을 만하다.

朕은 10여 세 때 太祖 高皇帝를 곁에서 모시면서 태조께서 조종의 교훈을 진작하시어 누차 改易한 이후에 서책으로 이루는 것을 직접 보았으니, 당시 秦·晉·周의 世子들이 모두 함께 있었다. 太祖께서는 한가한 틈이면 太孫과 여러 世子들을 앞에다 불러놓고 조목을 나눈 다음 일에 따라 상세하게 해설해주셨으니, 그 내용은 모두 자신을 수양하고 집안을 가지런히 하여 천하를 다스리는 데 이르는 중요한 도리이다. 天子가 되고 藩王이 되어서 每事에 이를 준수할 수 있다면 어찌 福祿을 영원히 누리지 못할 사람이 있겠는가. 짐은 자나 깨나 잊지 못하겠다. 지금 이미 司禮監[63]에 명하여 刊印하게 하였으니, 장차 諸子 및 弟姪에게 하사하려 한다." 하였다.

侍臣이 대답하기를, "陛下의 이러한 마음은 바로 太祖 高皇帝의 마음과 같습니다." 하였다.

○上謂侍臣曰 守成之主動法祖宗이면 斯鮮過失이니 書曰 監于先王成憲하사 其永無愆하소서하다 後世爲嗣君者는 往往作聰明亂舊章이라가 而卒至喪敗不救하니 可爲鑑戒라 朕十餘歲에 侍太祖高皇帝側하야 親見作祖訓하사 屢經改易而後成書하니 是時秦晉周世子皆在라 太祖閒暇에 卽召太孫及諸世子於前하야 分條逐事하야 委曲開諭之하시니 皆持身正家以至治天下之要道라 爲天子爲藩王하야 能每事遵守면 豈有不福祿永遠者리오 朕寤寐不忘이라 今已命司禮監刊印하니 將賜諸子及弟姪하노라하니 侍臣對曰 陛下此心은 卽太祖高皇帝之心也로소이다하다

33-1-37

監察御史 湯棨 등 14인을 파견하여 천하를 나누어 순행하며 官吏들을 考察하게 하였다. 인종이 유시하기를, "나라는 백성을 근본으로 여기니 백성이 편안하면 나라가 편안한 것이다. 근년에 지방에 있는 牧守[64]의 관원들이 백성을 근심하는 조정의 뜻을 체득하지 못하고 침탈하여 擾害하는 바람에 백성들이 의지하여 살아갈 수 없게 되었다. 그러므로 그대들을 파견하여 나누어 순행하며 고찰하게 하는 것이다. 그러나 사람의 材器는 같지 않아서, 오로지 脂韋[65]처럼 아첨만 일삼고 政事를 다스리

63) 司禮監 : 明나라 때 환관의 최고 관청이다. 환관은 본래 吏部의 관할하에 있었는데, 영락제 때부터 사례감이 환관을 관할하게 되었다.
64) 牧守 : 州郡의 長官을 말한다. 州官을 牧이라하고, 郡官을 守라 한다.
65) 脂韋 : 미끈미끈한 기름과 무두질하여 연해진 가죽처럼 유약하게 군다는 뜻으로, 구차하게 時俗에 영합하여 아첨하는 사람들에 대한 비유로 쓴 말이다. ≪楚辭≫ 〈卜居〉에 "차라리 청렴함

지 않아 백성에게 재앙이 미치게 하는 사람이 있고, 침착하고 독실하여 아첨을 잘하지는 못하지만 시행하는 정사가 簡易하여 백성이 悅服하게 하는 사람이 있고, 형벌을 포학하게 시행하고 세금을 교묘하게 거두어 공을 이루는 사람이 있고, 청렴결백하고 사심이 없어서 謹身하며 스스로 지키지만 政務를 거행하지 못하는 사람이 있다. 따라서 그대들은 명백하게 사실을 갖추어 보고하되, 小人에게 미혹되지 말고 권세 있는 사람에게 굴복하지 말고 親屬에 대한 사심을 두지 말아서, 여러 사람에게 자문하고 공론에 따라 결단하는 것이 옳을 것이다." 하였다.

그런 다음 각각 鈔 20錠을 하사하여 道里費〔路資〕로 삼게 하고 또 유시하기를, "御史는 짐의 耳目이니 마땅히 부지런히 짐의 마음에 부합하여 반드시 먼저 스스로를 다스려야 바야흐로 사람을 다스릴 수 있을 것이다. 만일 廉恥를 버리고 禮法을 어긴다면 짐 또한 그대들을 용서하지 않을 것이니, 그대들은 가서 면려하도록 하라." 하였다.

○遣監察御史湯熒等十四人하야 分巡天下하야 考察官吏하다 上諭之曰 國以民爲本하니 民安則國安이라 比年在外牧守之官이 不體朝廷恤民之意하고 侵削擾害하야 民不聊生이라 故遣爾等分行考察이라 然人材器不同하야 有專爲脂韋諂媚하고 而政事不理하야 殃及於民者하고 有沈靜篤實하야 不善逢迎이나 而爲政簡易하야 民悅服之者하고 有虐於用刑하고 巧於取索하야 而能集事者하며 有廉絜無私하야 謹身自守나 而政務不擧者하니 爾等明白具實以聞호대 無惑於小人하고 無屈於勢要하고 無私於親故하야 詢之於衆하고 斷之以公可也라하다 各賜鈔二十錠하야 爲道里費하고 又諭之曰 御史는 朕之耳目이니 當勉副朕心하야 必先自治라야 方可治人이라 若棄廉恥하고 違禮法이면 則朕亦不汝貸하리니 汝往勉之하라하다

33-1-38

조정의 신하 가운데 上奏하여 관원을 천거한 사람이 있었는데, 인종이 유시하기를, "군주는 어진 이를 구하는 일을 급선무로 여기고 신하는 어진 이를 천거하는 일을 충성으로 여기는 법이다. 비록 聖人이 사람을 등용함에 완비되기를 구하지 않아서 재주의 大小에 따라 모두 등용하는 바가 있었지만, 그러나 천하는 광대하니 그 사이에 어찌 皐陶와 夔, 顔子와 曾子 같은 사람이 없다고 할 수 있겠는가? 진실로 그런

과 정직함을 고수하여 내 몸을 깨끗이 할까. 아니면 미끈한 기름이나 무두질한 가죽처럼 모난 데 없이 원만하게 처신하여 세상에 영합하며 아첨할까.〔寧廉潔正直 以自淸乎 將突梯滑稽 如脂如韋 以絜楹乎〕"라고 하였다.

사람 1人을 얻을 수 있다면 보통 사람 千人 百人보다 나을 것이다. 그대들은 조정의 신하가 되었으니, 의당 짐의 이러한 뜻을 體認하여 성심을 다해 찾아 구해야 할 것이요, 구차히 사사로운 정을 따라서 公義를 돌아보지 않아서는 안 될 것이다. 옛사람이 이르기를, '천거한 자가 관직을 잘 수행하면 이는 너희가 능한 것이며, 천거한 자가 훌륭한 사람이 아니면 이는 너희가 책임을 감당하지 못하는 것이다.[66] 하였으니, 짐이 또한 이로써 그대들을 살펴볼 것이다." 하였다.

마침내 吏部에 명하여 "지금부터 천거로 이르는 사람이 있거든 반드시 시험한 뒤에 등용하도록 하라." 하였다.

○廷臣有奏擧官者어늘 上諭之曰 君以求賢爲務하고 臣以薦賢爲忠이라 雖聖人用人不求備하야 隨才大小하야 皆有所用이나 然天下之大하니 其間豈無庶幾皐夔顔曾之徒리오 誠得一人이면 勝千百人이라 爾等爲朝臣하니 宜體朕此意하야 悉心訪求하고 勿苟徇私情而不顧公義하라 古人云 擧能其官이면 惟爾之能이요 稱匪其人이면 惟爾不任이라하니 朕亦以此觀爾라하고 遂命吏部하야 自今以薦擧至者어든 必試而用之하라하다

33-1-39

인종이 西角門에 행차하여 京官들의 誥詞를 살펴보고, 大學士 楊士奇와 楊榮과 金幼孜를 돌아보며 이르기를, "경들 3人과 蹇尚書[67]·夏尚書[68]는 모두 先帝께서 친히 임용한 舊臣들이다. 짐은 바야흐로 이에 따라 경들에게 짐을 돕게 하노니, 무릇 짐이 행하는 바를 경들은 아침저녁으로 함께 보아서 盡善하지 못한 점이 있거든 모두 기탄없이 다 말해야 할 것이다.

짐이 보건대, 전대의 군주 가운데는 한 번 帝位에 오르고 나면 문득 스스로 尊大하다 여겨서 直言을 듣기 싫어하는 사람들이 있었다. 그랬기 때문에 비록 평소 가까이하고 믿는 左右의 신하들이라도 또한 두려워하며 군주의 뜻에 따라서 입을 다물

---

66) 천거한……것이다 : ≪書經≫ 〈周書 周官〉에 "어진 이에게 미루고 능한 이에게 사양하면 모든 관원들이 和하고 화하지 않으면 정사가 잡될 것이니, 천거한 자가 관직을 잘 수행하면 이는 너희가 능한 것이며, 천거한 자가 훌륭한 사람이 아니면 이는 너희가 책임을 감당하지 못하는 것이다.〔推賢讓能 庶官乃和 不和政厖 擧能其官 惟爾之能 稱匪其人 惟爾不任〕" 하였는데, 蔡沈의 주석에 "옛날에 대신이 인재를 선발함으로써 임금을 섬김에 그 책임이 이와 같았다.〔古者 大臣以人事君 其責如此〕" 하였다.

67) 蹇尚書 : 吏部尙書 蹇義를 말한다.

68) 夏尚書 : 戶部尙書 夏原吉을 말한다.

고 비위를 맞추기도 하였으며, 혹 어진 신하들이 가만히 있을 수 없어 한두 번 말을 하였지만 받아들여지지 않아서 또한 물러나 입을 닫고 스스로 안위를 도모하기도 하였으니, 君臣의 사이에 각각 영원히 富貴를 누린다고 하였지만 오래지 않아 모두 화란과 패망을 초래하고 말았다. 짐과 경들은 모두 이를 깊이 경계로 삼고 임금과 신하가 한 몸이 되어서 시종 같은 마음이 되기에 힘써야 거의 국가의 안위를 도모할 수 있을 것이다." 하였다.

마침내 다섯 사람의 誥詞를 취합하고 인종이 친히 붓을 들어 두 마디 말을 보태기를, "지위가 높아서 諫言이 들어가지 않을 것이라 이르지 말고, 따르거나 따르지 않는 바가 있다고 하여 혹 태만히 하지 말라." 하고, 이르기를, "이것은 짐의 實心이니, 경등은 권면하도록 하라." 하였다. 양사기 등이 머리를 조아리며 "이것은 陛下의 盛德이니, 신들이 어찌 감히 권면하지 않을 수 있겠습니까." 하니, 인종이 기뻐하였다.

○上御西角門하야 閱京官誥詞하고 顧大學士楊士奇楊榮金幼孜曰 卿三人及蹇尙書夏尙書는 皆先帝親任舊臣이라 朕方倚以自輔하니 凡朕所行을 卿等朝夕共見하야 有未盡善이어든 皆當盡言하라 朕見前代人主有一履帝位면 輒自尊大하야 惡聞直言이라 左右之人 雖素所親信이나 亦畏威順旨하야 緘默取容이어나 或賢良之臣 不肯默默하야 言之一再나 而不見聽하야 亦退而絶口하야 以圖自全하니 君臣之間에 各謂永享富貴나 然未久皆致禍敗라 朕與卿等은 皆深以爲戒하고 君臣一體하야 務始終同心이라야 庶幾可以共圖利安이라하시고 遂取五人誥詞하고 上親御宸翰하야 增二語云 勿謂崇高而難入하고 勿以有所從違而或怠하라하고 曰 此朕實心이니 卿等勉之하라하다 士奇等稽首曰 此陛下盛德이니 臣等豈敢不勉이리오하니 上悅하다

33-1-40

太子太保 呂震이 上奏하기를, "冬至節에 청컨대 正殿에 행차하시어 賀禮를 받으소서." 하니, 인종이 이르기를, "梓宮이 殯殿에 있고 山陵의 일을 아직 마치지 않았으니, 시절로 인하여 尊慕하는 감정이 일어나 애통한 마음이 더욱 절실하다. 慶賀의 禮를 어찌 말해서야 되겠는가." 하고, 하례는 생략하라고 詔勅을 내렸다.

○太子太保呂震奏 冬至節에 請御正殿受賀라하니 上曰 梓宮在殯하고 山陵未終하니 因時興慕하야 哀慟愈切이라 慶賀之禮를 豈所宜言이리오하고 勅免賀하다

33-1-41

인종이 戶部尙書 夏原吉에게 유시하였다.

"옛날에는 兵卒을 농사일에 붙여 편제하여[69] 농사짓는 시기를 빼앗지 않았으니, 때문에 백성이 다른 지역에서 양식을 수송해오는 수고로움이 없어도 군사와 양식이 충분하였다. 후세에는 漢나라의 屯田[70]보다 좋은 제도가 없었고 先帝께서 설립한 屯田法이 매우 좋았으니, 대개 마음 씀씀이가 또한 매우 지극하였다. 다만 이후로 해당 관사에서 자주 徭役을 징발하는 일로 어지럽히는 바람에 백성들이 농사짓는 시기를 잃어버려서 마침내 그 효과가 사라졌으니, 저축한 양이 10분의 2, 3에도 미치지 못하여 유사시에 백성들이 수고롭게 다른 지역에서 양식을 수송해올 수 밖에 없었다. 천하의 衛所로 하여금 무릇 屯田의 軍士를 지금부터는 마음대로 차출하여 농사일에 방해가 되게 하지 말고, 이를 어기는 자는 重法으로 처결하도록 하라."

○上諭戶部尙書夏原吉曰 古者寓兵於農而不奪其時하니 所以民無轉輸之勞而兵食足이라 後世莫善於漢之屯田이요 先帝所立屯田法甚善하니 蓋用心亦甚至라 但後來所司 數以征徭擾之하야 旣失其時하야 遂無其效하니 所儲蓄十不及二三하야 有事不免勞民轉輸矣라 其令天下衛所로 凡屯田軍士를 自今不許擅差하야 妨其農務하고 違者處以重法하라하다

楊溥

33-1-42

翰林學士 楊溥[71]가 비밀리에 疏狀을 올려 정사에 대

69) 兵卒을……편제하여 : 兵事를 農事에 포함시킨다는 말로, 농민들에게 군사 훈련을 시키면서 평상시에는 농사에 종사하게 하다가 유사시에는 전투에 참여하게 하는 兵農合一 제도를 말한다.

70) 屯田 : 변경이나 요충지에 주둔하는 軍隊의 軍糧을 확보하기 위해 설치한 토지를 말한다. 병사들이 직접 경작하는 경우와 농민에게 경작하게 하여 수확량의 일부를 거두어가는 경우가 있었다. 漢 宣帝 때 趙充國의 건의에 따라 시행하였는데, 이것이 후일 屯田制의 근본이 되었다.

71) 楊溥 : 1372~1446. 明나라의 名臣으로, 자는 弘濟이다. 惠帝 때 진사에 급제하여 편수에 올랐으며, 成祖 때 황태자를 모시면서 洗馬가 되었다. 성조가 태자로 하여금 監國하게 할 때 정사를 담당하였는데, 태자가 성조에게 영접사를 늦게 보내는 바람에 성조의 노여움을 사서 錦衣獄에 구금되었다. 이후 10년 동안 여러 차례 죽을 고비를 넘기면서 감옥에서 經史諸子를 반복하여 독파하였다. 태자였던 仁宗이 즉위하자 감옥에서 풀려나 翰林學士 등에 기용되었으며, 宣宗이 즉위하자 내각으로 불려 들어가 楊士奇 등과 함께 機務를 관장하였다. 이후 예부상서, 무영전 대학사 등의 관직을 역임하였다. 양사기・楊榮과 함께 '三楊'으로 칭송되었는데, 당시 양사기는

해 말하였는데, 인종이 嘉納하고 御札을 내려 장려하며 유시하였다.

"경이 上奏한 말을 살펴보니 국가를 위한 계책이 참으로 짐의 마음에 합치한다. 다만 바라건대, 경은 시종일관 아는 것은 말하지 않음이 없어서 짐을 도와 治世를 이루어 하늘의 아름다운 명을 받들도록 하라. 경의 忠懇에 감격하고 특별히 酬報의 恩典을 베풀어 지금 경에게 綵幣 1雙과 鈔 1000貫을 하사하니, 경은 사양하지 말고 받도록 하라."

○翰林學士楊溥密疏言事한대 上嘉納之하고 御札獎諭之曰 覽卿所奏하니 爲國家之計 誠合朕心이라 但望卿始終如一하야 知無不言하야 相朕致治하야 以承天休하라 感卿忠懇하고 特用酬報하야 今賜卿綵幣一雙과 鈔一千貫하니 卿其領之하라하다

33-1-43

인종이 右順門에 행차하여 楊士奇에게 유시하기를, "근래 여러 신료들의 意思가 매우 좋다는 것을 알았다. 짐이 혹 기분이 좋은 상태에서 처결하여 일에 잘못된 점이 있었다가 조회에서 물러나 생각해보고 스스로 후회할 때면 외부에서 이미 진언하는 글이 와 있었는데 짐의 마음에 매우 흡족하였다." 하였다.

양사기가 대답하기를, "宋나라 신하 富弼[72]이 말하기를, '원컨대, 의견이 서로 다른 것 때문에 기뻐하거나 노여워하지 말고, 기쁨과 노여움 때문에 사람을 등용하거나 버리지 말아야 할 것입니다.'[73] 하였습니다." 하니, 인종이 이르기를, "그렇다. '말이 임금의 마음에 거슬리거든 반드시 도리에 맞는 것인지 찾아보소서.'[74] 하였으니, 짐은 단지 이 마음을 보존하고 있으면서 신하들의 말이 짐의 뜻에 거슬리는 점이 있는 것

學行이 있고 양영은 才識을 갖추었으며 양부는 雅操가 있다는 평을 들었다. 시호는 文正이다.

72) 富弼 : 北宋 仁宗 때의 名相으로, 자는 彦國이고 시호는 文忠이다. 鄭國公에 봉해졌기 때문에 富鄭公이라고도 부른다. 인종 때 과거에 급제하여 知制誥, 樞密使 등을 거쳐 中書門下侍郞平章事가 되어 守成에 힘써 賢相이라 일컬어졌다.(≪宋史≫ 권313 〈富弼傳〉)

73) 원컨대……것입니다 : 富弼이 神宗에게 올린 疏狀에서 "원컨대, 폐하께서는 신하들을 대하실 때 의견이 서로 다른 것 때문에 기뻐하거나 노여워하지 말고, 기쁨과 노여움 때문에 사람을 등용하거나 버리지 말아야 할 것입니다.〔願陛下待羣臣 不以同異爲喜怒 不以喜怒爲用捨〕"라고 한 데서 온 말이다.(≪三朝名臣言行錄≫)

74) 말이……찾아보소서 : 伊尹이 太甲에게 "말이 임금의 마음에 거슬리거든 반드시 도리에 맞는 것인지 찾아보고, 말이 임금의 마음에 거슬리지 않거든 반드시 도리에 어긋나는 것인지 찾아보소서.〔有言逆于汝心 必求諸道 有言遜于汝志 必求諸非道〕"라고 한 데서 온 말이다.(≪書經≫ 〈商書 太甲〉)

을 들으면 짐은 물러나 반드시 스스로 생각해보고, 혹 짐의 말에 과실이 있으면 후회하지 않은 적이 없었다." 하였다.

이에 양사기가 대답하기를, "成湯께서는 허물을 고치기에 인색하지 않았으니,[75] 그 때문에 聖人이 된 것입니다." 하니, 인종이 이르기를, "짐은 善하지 못한 점이 있으면 그것을 알지 못할까 근심할 뿐이고 알면 고치기를 어려워하지 않았으니, 이것은 경이 아는 바이다." 하였다.

○上御右順門하야 諭楊士奇曰 近日覺得群臣意思甚好라 朕或乘快意發落하야 事有過處라가 朝退思之方自悔면 而外間已進文字來한대 甚愜朕心이라한대 士奇對曰 宋臣富弼有言호대 願不以同異爲喜怒하고 不以喜怒爲用舍라하니이다하니 上曰 然하다 有言逆于汝心이어든 必求諸道라하니 朕但存此心하야 聞群臣所言有咈意者면 朕退必自思하고 或朕言有失이면 未嘗不悔라하다 士奇對曰 成湯改過不吝하시니 所以爲聖人이니이다하니 上曰 朕有不善이면 患未知耳요 知之不難於改니 此卿所知也니라하다

33-1-44

12월에 인종이 吏部의 신하에게 유시하였다.

"師儒의 직임은 함부로 제수할 수 없다. 이는 사람의 才德을 성취하게 하려는 것이니, 옛날에는 이 직임을 模範이라 칭송하였다. 모범이 바르지 못하면 기량을 성취하게 하면서 어떻게 공정함을 확보할 수 있겠는가? 근래 國子生 가운데는 實學에 힘쓰는 자가 매우 적고, 대체로 여러 관사에 두루 일하며 구차하게 세월을 지연시키다가 出身하기를 도모하고 있으니, 진실로 이는 學者들의 志趣가 비루한 것이지만 또한 師範이 직무를 제대로 수행하지 못하기 때문에 생기는 결과이다. 매번 선발된 國子監의 관원을 引見할 때마다 모두 資格에 따라 승격된 사람들이었지 한 사람도 道德을 갖춘 老成한 선비를 擧用했다는 말은 듣지 못했으니, 어떻게 太學의 사범에 모두 적임자를 얻기를 바랄 수 있겠는가. 지금부터는 의당 선발에 신중을 기하도록 해야 할 것이다."

---

75) 成湯께서는……않았으니 : 《書經》〈商書 仲虺之誥〉에 "湯王은 음악과 여색을 가까이하지 않고 재화와 이익을 증식하지 않으시며, 덕이 많은 자에게는 관직을 성대하게 내리고 공이 많은 자에게는 상을 성대하게 내리시며, 사람을 등용하되 자신으로 생각하고, 잘못을 고치되 인색하지 않으시어 능히 너그럽고 능히 인자하여 밝게 드러내서 백성들에게 믿음을 받으셨습니다.〔惟王 不邇聲色 不殖貨利 德懋懋官 功懋懋賞 用人惟己 改過不吝 克寬克仁 彰信兆民〕" 하였다.

○十二月에 上諭吏部臣曰 師儒之職은 不可濫授니라 此欲其成就人才德이니 古以模範稱之라 模範不正이면 其所造器에 何由得正이리오 比來國子生務實學者甚少하고 大率於諸司歷事하야 苟延歲月이라가 以圖出身하니 固是學者志趣卑下로대 亦由師範失職所致라 每引選國子監官에 皆循資格陞之요 不聞擧一道德老成之士하니 如何望太學之師皆得人이리오 自今宜愼重其選하라하다

33-1-45

吏部가 興州左屯衛의 經歷 李能이 喪事를 만났다고 거짓말을 하였다는 내용으로 奏聞하였다.

인종이 이르기를, "孝子가 어버이를 섬길 때는 오직 날이 부족한 것을 근심하고, 불행히 이미 세상을 떠났더라도 처음에는 오히려 살아 있을 때처럼 섬겨서 차마 갑자기 어버이가 세상을 떠났다고 생각하지 않는다. 그런데 지금 어버이가 살아 있는데도 오히려 세상을 떠났다고 거짓말을 하여 조정을 기만하였으니, 不孝와 不忠이 이보다 더 큰 경우가 어디 있겠는가." 하고 法司에 내려 治罪하게 하라고 명하였다.

○吏部擧奏興州左屯衛經歷李能詐丁憂事하니 上曰 孝子事親에 惟日不足하고 不幸已死라도 初猶以生事之하야 不忍遽死其親이어늘 今親在에 乃詐言死하야 以誑朝廷하니 不孝不忠이 孰大於此리오하고 命付法司治之하다

33-1-46

禮科給事中 黃驥[76]가 극력 진달하기를, "西域의 장사꾼들이 關門으로 들어와 貢物을 바치는 바람에 서쪽 지역 사람들이 피해를 받고 있으니, 청컨대 그들이 바치는 貢物을 혁파하소서." 하였는데, 인종이 嘉納한 뒤에 上奏한 내용을 禮部尙書 呂震에게 보여주며 이르기를, "황기는 일찍이 使命을 받들고 서역에 다녀왔기 때문에 서쪽 지역의 사정을 갖추어 진달한 것이다. 경은 陝西 사람인데도 그런 사정을 알지 못하였는가? 大臣이 되었으면 마땅히 國體를 보존하고 백성의 곤궁함을 구휼하여 국가의 근본이 侵削되게 하지 말아야 할 것이다. 황기가 말한 내용을 따르도록 하라." 하였다.

76) 黃驥 : 1374~1428. 明나라 廣西 全州 사람이다. 洪武 29년(1396)에 과거에 급제하여 沙縣 敎諭에 임명되고 永樂 연간에 禮科給事中에 발탁되었는데, 일찍이 西域으로 세 번 사신을 다녀왔다. 나중에 右通政으로 옮겨 李琦 등과 함께 交阯를 慰撫하면서 皇命을 성공적으로 수행하였다.

○禮科給事中黃驥 極陳西域賈胡入貢에 西人受害하니 乞罷其貢이라한대 上嘉納之하고 以其奏示禮部尙書呂震曰 驥嘗奉使西域이라 故具悉西事라 卿陝西人이어늘 有不悉邪아 爲大臣하야 當存國體恤民窮하야 毋侵削根本이니 驥所言其從之하라하다

33-1-47

刑部尙書 金純[77]과 太子少保 兼 都察院左都御史 劉觀[78] 등이 刑名에 대해 上奏하기를 마쳤을 때 인종이 유시하였다.

"짐은 刑法을 적용할 때 감히 기쁨과 노여움 때문에 刑을 더하거나 줄인 적이 없었다. 경들도 獄事를 鞫問할 때 마땅히 허심탄회하게 살피고 그 실정을 헤아려서 죄가 있는 경우에 요행히 죄를 면하게 해서는 안 되고 죄가 없는 경우에 함부로 用刑해서는 안 될 것이니, 법의 집행을 밝고 미덥게 하면 사람들이 두려워하는 바가 있어서 감히 죄를 범하지 못할 것이다. 만일 그 실정을 명확하게 알지 못하는 상태에서 마음대로 輕重을 헤아리거나 혹 짐의 뜻에 영합하여 사람으로 하여금 원한을 품게 하는 자가 있다면 이는 짐이 미워하는 바이니, 경들은 이를 경계하도록 하라. 경들은 모두 국가의 大臣들이니 스스로 獄事를 긍휼히 여기는 마음을 두어야 할 뿐만이 아니라, 만일 짐이 한때 미워하는 마음이 지나쳐서 형법의 처결에 中道를 잃는 경우가 있더라도 경들은 모름지기 中正의 도리를 지키되 짐의 뜻을 어기는 것을 염려하지 말아야 할 것이다."

○刑部尙書金純太子少保兼都察院左都御史劉觀等이 奏刑名畢에 上諭之曰 朕於刑法에 未嘗敢以喜怒增損이라 卿等鞫獄之際에 亦當虛心聽察하고 量其情實하야 有罪不可幸免하고 無罪不可濫刑이니 持法明信이면 則人有所畏而不敢犯이라 若不明其情而任己輕重이어나 或迎合朕意하야 使人含寃抱恨者는 朕之所惡니 卿等其以爲戒하라 卿等皆國大臣이니 非獨自己當存矜獄之心이라 如朕一時過於嫉惡하야 處法失中이라도 卿等更須執正호대 毋以乖迕爲慮也라하다

---

77) 金純 : ?~1440. 明나라 鳳陽府 泗州 사람으로, 자는 德修다. 洪武 연간에 國子監生으로 吏部 文選司郎中이 되고, 외직으로 나가 江西右參政이 되었다. 永樂 연간에 刑部右侍郎을 지내고, 左侍郎으로 옮겼다. 宋禮同과 함께 會通河를 다스렸고, 또 徐亨 등과 함께 魚王口 黃河의 古道를 준설하였다. 관직은 禮部尙書까지 올랐다. 宣德 3년(1428)에 탄핵을 받아 致仕하였다.

78) 劉觀 : 雄縣 사람이다. 洪武 18년(1385)에 진사시에 합격하여 太谷縣丞에 제수되었다가 監察御史에 발탁되고, 30년(1397)에 左僉都御史로 옮겼다. 永樂 元年(1403)에 雲南按察使에 제수되고, 이후 戶部右侍郎, 左副都御史, 禮部尙書, 左都御史, 太子賓客, 太子少保 등을 역임하였다.

33-1-48

奉天門 西序[79)]에다 각 都司·布政司·按察司 관원의 성명을 적었다.

이보다 앞서 인종이 吏部尙書 蹇義와 兵部尙書 李慶에게 유시하기를, "庶官이 어진지 그렇지 못한지는 軍民들의 休戚에 관계되는 바이다. 唐나라 太宗은 병풍에다 刺史의 이름을 적어두고 아침저녁으로 살펴보면서 그들이 善政을 펼친다는 말을 들으면 각각 그 성명 아래에다 해당 내용을 註疏하였다. 그러므로 당시 임용한 사람들이 모두 분발하여 治效를 이루기를 생각하여 쌀 한 말에 값이 3錢에 불과하고 백성들이 사립문을 닫지 않았으니, 皇考(명 태종)께서도 일찍이 武英殿 南廊에다 서울과 지방 관원들의 성명을 적어두고 한가할 때 살펴보셨다.

지금 5府와 6部의 신하들은 아침저녁으로 친히 볼 수 있기 때문에 그들이 어진지 그렇지 못한지 물어 살필 수 있지만, 도사·포정사·안찰사의 관원 같은 경우에는 짐이 그 사람들을 다 알지 못하고 또 그들의 성명을 모른다. 그리고 비록 그들의 賢否와 邪正에 대해 들었더라도 이미 오래되어 모두 기억할 수가 없으니, 신하가 善政을 펼치더라도 임금이 잊어버린다면 누가 기꺼이 스스로 면려하려 하겠으며, 이와 같다면 國家가 어찌 治效를 기대할 수 있겠는가? 그대들 吏部와 兵部에서는 각 都司·布政司·按察司 관리의 성명과 이력을 갖추어 西序에 개시하도록 하라. 짐이 능히 한가할 때 살펴보고 그 行事를 考察하여 黜陟을 행할 것이다." 하였는데, 이때에 이르러 이름을 모두 적었다.

또 건의 등을 돌아보며 이르기를, "경들은 다시 마음을 써서 治世를 도모하는 짐의 뜻에 부응하도록 하라." 하였다.

○書各都司布政司按察司官姓名於奉天門西序하다 先是에 上諭吏部尙書蹇義兵部尙書李慶曰 庶官賢否는 軍民休戚之所係라 唐太宗書刺史之名於屛하고 朝夕省覽하야 聞其有善政이면 則各疏于下라 故當時所用之人 皆思奮勵致治效하야 斗米三錢하고 外戶不閉하니 皇考亦嘗書中外官姓名於武英殿南廊하고 閒暇觀之라 今五府六部之臣은 朝夕親見하야 得詢察其賢否나 若都司布政司按察司官은 朕旣不盡識其人하고 又不悉其姓名하며 雖或聞其賢否邪正이라도 旣久不能不忘하니 爲臣有善而上忘之면 誰肯自勉이며 如此면 國家何以望治效리오 爾吏部兵部는 具各都司布政司按察司官姓名履歷하야 揭諸西序하라 朕得閑暇觀之하고 以考察其行事而黜陟焉하리라한대 至是悉書之하다 又顧義等曰 卿等更須用心하야 以副朕圖治之意하라하다

79) 西序 : 궁전 서쪽에 있는 廂房으로, 조석으로 정사를 보던 곳이다.

33-1-49

海子[80])에서부터 西湖[81])에 이르기까지 巡視官을 혁파하였다. 대개 西湖는 房山의 물을 받아들이고 서호에서 흐르는 물이 城 남쪽을 지나 海子로 유출되는데, 그 길이는 모두 30여 리이다. 그 사이에는 관청에서 항상 사람을 파견하여 왕래하며 순시하게 해서 백성이 물고기를 잡지 못하고 아전이 중간에서 농간을 부리지 못하게 금하였기 때문에 그 물줄기 근방에 자라는 초목과 田地에 대는 물을 백성들은 모두 손댈 수 없었다.

그러다가 이때에 이르러 인종이 吏部에 명하여 모두 혁파하게 하고, 尙書 蹇義에게 이르기를, "옛날에는 산림이나 못에서 생산되는 이익을 모두 백성들과 공유하였다. 짐의 마음은 무릇 미루어 백성들을 이롭게 할 수 있는 것이 있으면 비록 府庫에 저장해둔 곡식이라도 아끼지 않는데, 더구나 산림이나 못에서 생산되는 물건이야 더 말할 것이 있겠는가?" 하였다.

○罷海子至西湖巡視官하다 蓋西湖受房山之水하고 流經城南하야 出注海子한대 凡三十餘里라 官常遣人往來巡視하야 禁民不得取魚而竝緣爲奸者하야 其旁近之草及灌田之水를 民皆不得取러니 至是上命吏部悉罷之하고 謂尙書蹇義曰 古者山澤之利를 皆與民共이라 朕之心은 凡有可推以利民者면 雖府庫之儲不吝이온 況山澤所産哉아하다

33-1-50

禮部尙書 呂震이 上奏하기를, "황명으로 衍聖公 孔彦縉에게 1品의 관직과 金織衣를 하사하게 하였습니다. 衍聖公은 2품의 관직에 있으니, 황명과 같이 하사하는 것은 지나칩니다." 하였다.

인종이 이르기를, "朝廷에서는 孔子의 道를 사용하여 집안과 국가와 천하를 다스리고 있다. 지금 공자의 문도 가운데 관직에 있는 사람은 1품의 관직에 있는 사람이 있고 공자의 후손들은 襲封하여 先師의 제사를 받들고 있으니, 1품의 관직을 하사하

80) 海子 : 북경 남쪽에 새와 짐승을 놓아먹이고 과수를 심어둔 곳으로, 호수가 매우 넓어 바다와 같은데 그곳에 離宮이 있다고 한다.

81) 西湖 : 浙江省 杭州의 성 밖 서쪽 孤山 곁에 있는 호수로 錢塘湖라고도 하는데, 경치가 아름답기로 유명하다. 북송 때 西湖處士 林逋가 은거하면서 더욱 유명해졌는데, 그가 이곳에 매화를 심고 학을 길러 짝을 삼자 당시 사람들이 '梅妻鶴子'라 칭송하였다. 임포는 서화와 시에 능하였고 특히 매화시가 유명하다.(≪宋史≫ 권457 〈林逋列傳〉)

는 것이 어찌 지나치겠는가? 또 先帝 당시에 5품의 儒臣 가운데 2품의 관직을 하사받은 자가 있으니, 또한 어찌 지나치다 할 수 있겠는가? 그대로 하사하여 짐이 儒學을 숭상하는 뜻에 부합하게 하도록 하라." 하였다.

○禮部尚書呂震奏 有旨賜衍聖公孔彦縉一品金織衣라 衍聖公是二品이니 如旨賜之過矣라한대 上曰 朝廷用孔子之道하야 治家國天下라 今孔子之徒在官有一品服者하고 孔子之後襲封承先師之祀하니 服之何過리오 且先帝時에 五品儒臣有賜二品服者하니 亦何過哉리오 其賜之하야 用稱朕崇儒之意하라하다

33-1-51

洪熙 元年(1425) 봄 정월에 인종이 奉天門에 행차하여 여러 신하들의 朝會를 받고 禮部 鴻臚寺[82]에 명하여 음악을 연주하지 못하게 하고 여러 신하들은 五拜三叩頭의 禮[83]만 행하게 하였다.

이보다 앞서 禮部尚書 呂震이 청하기를, "폐하께서 처음 大寶[84]에 오르시어 천하의 文武 群臣 및 海外 여러 나라가 모두 와서 조회하였으니, 의당 경하를 받고 음악을 연주하기를 大朝[85]의 儀禮와 같이 해야 할 것입니다." 하였는데, 따르지 않았다.

다음날 呂震이 굳이 청하였는데, 大學士 楊士奇·楊榮·金幼孜·黃淮가 나아와 말하기를, "폐하의 말씀이 옳습니다." 하니, 인종이 이르기를, "山陵의 일을 이제 겨우 마쳤는데 차마 갑자기 卽吉[86]할 수 있겠는가? 짐은 내일도 여러 신하들을 보고자 하지 않는다." 하였다.

여진이 말하기를, "四方 모든 나라의 사람들이 멀리 와서 새 황제에게 조회하고 모두 한 번 天顔을 우러러 보고자 하니, 실로 폐하의 효심이야 참으로 지극하지만 또한 의당 아랫사람들의 情을 힘써 따라야 할 것입니다." 하니, 인종이 양사기 등 4人을 돌아보며 이르기를, "禮가 지나치다." 하였다. 이에 양사기 등이 대답하기를, "참으로

82) 鴻臚寺 : 漢나라에서부터 淸나라 말까지 설치되었던 관청인데, 朝賀와 慶弔에 대한 禮를 贊導하는 일을 관장하였다. 鴻은 소리이고 臚는 전달한다는 뜻이다.
83) 五拜三叩頭의 禮 : 다섯 번 엎드려 절하고 세 번 이마를 땅에 대고 절하는 것으로, 가장 공경하는 뜻을 나타내는 의식이다.
84) 大寶 : ≪周易≫ 〈繫辭傳 下〉에 "천지의 큰 덕을 생이라 하고, 성인의 큰 보배를 지위라 한다.〔天地之大德曰生 聖人之大寶曰位〕"라고 한 데서 온 말로, 황제의 지위를 가리킨다.
85) 大朝 : 왕세자가 攝政하는 分朝 혹은 小朝에 상대되는 말로, 임금이 주재하는 正統의 조정을 의미한다.
86) 卽吉 : 喪服을 벗고 吉服으로 바꾸어 입는 것으로, 곧 탈상을 가리킨다.

폐하의 말씀과 같습니다. 반드시 아래로 輿情을 따르려 한다면 또한 禮를 다 갖추지 않아야 할 것입니다." 하니, 인종이 그대로 따르고, 마침내 이렇게 명하였다.

○洪熙元年春正月에 上御奉天門朝群臣하고 命禮部鴻臚寺(시)不作樂하고 群臣止行五拜三叩頭禮하다 先是에 禮部尙書呂震請曰 陛下初登大寶하사 天下文武群臣及海外諸國皆來朝하니 宜受賀作樂如大朝之儀라한대 不從이라 次日에 震固請之한대 大學士楊士奇楊榮金幼孜黃淮進曰 陛下言是라하니 上曰 山陵甫畢事어늘 忍遽卽吉가 朕은 明日亦不欲見群臣이라하다 震曰 四方萬國之人遠朝新主하고 皆欲一睹天顔하니 固聖孝誠至이나 亦宜勉徇下情이라하니 上顧士奇等四人曰 禮過矣라하다 對曰 誠如聖諭라 必欲俯徇輿情인댄 亦不宜備禮라하니 上從之하고 遂有是命이라

33-1-52

大學士 楊士奇・楊榮・金幼孜・黃淮을 召見하고 유시하기를, "군주가 되어서는 直言을 받아들이는 것이 어질고 신하가 되어서는 직언을 할 수 있는 것이 충성스러우니, 直言을 받아들이지 않으면 과실이 더욱 많아지고 직언을 할 수 없으면 충성을 다할 수 없는 것이다. 만일 지난날 조회에서 呂震이 청한 바를 따랐다면 지금 후회한들 무슨 소용이겠는가? 경들이 마음을 함께하여 직언해준 덕분에 마침내 이런 후회를 면하게 되었다. 지금부터 경들은 짐의 行事에 합당하지 못한 점이 있는 경우를 만나거든 다만 직언을 해줄 것이고, 짐의 뜻을 따르지 않는 것을 근심하지 말라." 하고, 각각 鈔 1000貫과 文幣(비단 옷감) 1表裏를 하사하였다.

○召大學士楊士奇楊榮金幼孜黃淮하고 諭曰 爲君以受直言爲賢하고 爲臣以能直言爲忠이니 不受直言이면 則過益增이요 不能直言이면 則忠不盡이라 如昨日朝會從震所請이면 今悔何及이리오 賴卿等同心하야 遂免此悔라 自今卿等遇朕行有未當이어든 但直言之하고 毋以不從爲慮하라하고 各賜鈔一千貫文幣一表裏하다

33-1-53

2월에 인종이 華蓋殿 大學士 楊士奇 등에게 유시하였다.

"東宮에 講筵을 개설하는 이유는 대체로 皇太子가 매일 正道를 들어서 德性을 養成하게 하려는 것이다. 講官은 마땅히 大經大法[87]이 되는 내용을 進說해야 할 것이

87) 大經大法 : 帝王이 알아야 할 공명정대한 윤리와 법칙을 가리키는 말로, 일반적으로 ≪書經≫

고, 전대의 역사에 실려 있는 것 중에 治世에 도움이 되지 않는 聖賢의 道가 아닌 내용은 말하지 말아야 할 것이다."

○二月에 上諭華蓋殿大學士楊士奇等曰 東宮開講筵은 蓋欲皇太子日聞正道하야 養成德性이라 講官은 當以大經大法進說이요 其前史所載에 非聖賢之道無益於治者는 勿言하라하다

33-1-54

3월에 인종이 吏部의 신하에게 유시하였다.

"刑獄은 사람의 生死에 관계되는 일이다. 그런데 근래 刑官 가운데는 뇌물을 탐하여 형옥을 어지럽히는 자가 있고 처분을 각박하게 하여 형옥을 어지럽히는 자가 있으니, 대개 是非가 전도되어 백성이 억울함에 고통을 받으면 하늘의 재앙과 사람의 譴罰을 저들은 반드시 면할 수 없을 것이다. 단지 선발을 거쳐 임용되었다는 이유만으로 또한 그 허물을 피할 수 있겠는가? 지금부터 刑官은 반드시 청렴하고 공정하고 謹厚한 선비 중에 가려 뽑아서 간사한 사람으로 하여금 지나치게 형벌을 남용하게 하는 일이 없도록 하라."

○三月에 上諭吏部臣曰 刑獄係人死生이어늘 近日刑官有以貪賄敗者하고 有以深刻敗者하니 蓋顚倒是非하야 民苦寃抑이면 天災人譴을 彼必不免이라 但簡用之者 亦得辭其咎歟아 自今刑官은 必擇廉明公正謹厚之士하야 無俾憸人得肆枉濫하라하다

33-1-55

인종이 刑部尙書 金純과 都察院 左都御史 劉觀과 大理寺卿 虞謙에게 유시하였다.

"옛날에는 法司가 공평하고 寬厚한 뜻 없이 오히려 無辜한 사람을 誣陷하여 죄에 얽어 넣는 것을 功能이라 여겼기 때문에 한 마디 말이 國事에 관계되는 점이 조금이라도 있기만 하면 문득 비방하는 내용으로 논하여 서울과 지방이 서로 이것을 본받아 풍조를 이루었다. 그래서 어질고 선한 이에게 재앙을 전가하려는 간악한 백성들이 매번 誣罔하는 말을 날조하고 비방하는 말을 하여 여기에 한 번 이름이 걸리기만 하면 자신과 집안이 파멸되어 더 이상 시비를 변명할 기회가 없었는데, 지금 며칠 동안 이런 풍조가 다시 싹트는 것을 느꼈다. 대저 治道에 있어서 시급한 점은 直言

의 〈堯典〉, 〈舜典〉, 〈大禹謨〉, 〈皐陶謨〉, 〈益稷〉 등의 내용에 잘 갖추어져 있다고 한다.

을 구하는 일이고 근심해야 할 점은 直言을 꺼리는 일이다. 더구나 지금은 시급하게 여길 점이 백성들과의 소통에 있으니 더 말할 것이 있겠는가. 경들은 의당 짐의 마음을 體認하여 지금부터 비방에 대해 고하는 것은 모두 治罪하지 말도록 하라."

그리고 大學士 楊士奇 등을 돌아보며 이르기를, "이 일은 반드시 詔書로 시행하도록 하라." 하였다.

○上諭刑部尙書金純都察院左都御史劉觀大理寺卿虞謙曰 往者에 法司無公平寬厚之意하야 尙羅織爲功能이라 稍有片言涉及國事면 輒論誹謗하야 中外相師成風하야 奸民欲嫁禍良善者 輒飾造誣罔하고 以誹謗爲說하야 一罣名於此면 身家破滅하야 莫復辨理어늘 今數日覺此風又萌이라 夫治道所急者求言이요 所患者以言爲諱어늘 況今所急者在於通下情이라 卿等宜體朕心하야 自今告誹謗者悉勿治하라하고 顧大學士楊士奇等曰 此事必以詔書行之하라하다

33-1-56

5월에 인종이 少師 兼 吏部尙書 蹇義에게 유시하기를, "御史는 朝廷의 귀와 눈에 해당하는 직임이니, 오직 정치의 요체를 아는 老成한 사람이라야 이 직임에 임용할 수 있다. 신진 후생이 갑자기 이 직임에 제수되어 정치의 요체에 통달하지 못한 상태에서 御史의 권한을 가지게 되면, 일을 만났을 때 거침없이 처리하여 기쁨과 노여움으로 賞罰을 행하고 좋아하고 싫어하는 감정으로 是非를 결정할 것이며 심한 경우에는 비할 데 없이 탐욕스럽고 더러워져서, 賢人 君子가 정직하여 영합하지 않다가 왕왕 능욕을 당하기도 하고 小人이 아첨하며 비위를 맞추면 서로 膠漆처럼 긴밀한 관계가 될 것이다. 따라서 政事의 得失과 軍民의 利病에 대해서는 조금도 마음을 쓰지 않게 될 것이니, 그 귀가 되고 눈이 되는 의미가 어디에 있겠는가? 그대 吏部에서는 지금부터 모름지기 신중하게 선발하여 風紀를 맑게 해야 할 것이다." 하였다.

이윽고 탄식하며 이르기를, "都御史는 12道의 儀表이다. 만일 도어사가 모두 청렴결백하고 공정하다면 各道의 御史가 비록 간간이 재능 없는 사람이 있더라도 또한 두려워하고 꺼릴 줄 알 것이니, 지금의 재능 없는 자는 두려워하고 꺼릴 것이 없다. 그대는 임용할 만한 都御史를 물어 찾아서 보고하도록 하라." 하였다.

○五月에 上諭少師兼吏部尙書蹇義曰 御史는 朝廷耳目之官이니 惟老成識治體者可任이라 新進小生遽受斯職하야 未達政治之體而有可爲之權이면 遇事風生하야 以喜怒爲威福하고 以好惡爲是

非하며 甚者貪穢無藉하야 賢人君子正直不阿라가 往往被其淩辱하고 小人阿順從臾之면 則相與爲膠漆이라 其於政事得失과 軍民利病에 略不用心하니 安在其爲耳目也리오 爾吏部는 自今須愼選擢하야 以淸風紀하라하다 旣又歎曰 都御史는 十二道之表라 如都御史皆廉淸公正하면 各道御史雖間有不才나 亦當知畏憚이니 今之不才者는 無畏憚矣라 爾其咨訪可任都御史者以聞하라하다

33-1-57

인종은 재위기간이 10개월이었고 향년은 48세였다. 獻陵에 장사지냈다.

○上在位十閱月이요 壽四十有八이라 葬獻陵하다

33-1-58

史臣은 절하고 머리를 조아리며 아룁니다.

"인종께서는 天稟이 순수하고 명철하였으며 효성스럽고 우애로운 행실이 지극한 성품에서 우러나온 것이었으니, 太宗 文皇帝와 仁孝文皇后께서 매우 사랑하였습니다. 처음 東宮에 있을 때는 빠짐없이 民情을 다 살폈고 이미 즉위하고 나서는 뜻한 바를 모두 실행하였으니, 매번 詔書를 내릴 때마다 軍民들이 가뭄에 단비가 내리고 飢渴에 飮食을 얻은 것처럼 기뻐하며 손뼉을 쳤습니다. 가뭄을 만나면 반드시 齋戒한 다음 기도를 드리고 郡縣에서 飢餓와 흉년으로 上言하면 즉시 사람을 파견하여 진휼하고 조세를 감면하게 하였으며 백성의 급한 일을 급하게 여기기를 늘 미치지 못할 듯이 하였습니다. 또 政事에 임하고 국가의 大體를 만나서는 이익을 계산한 적이 없었으니, 항상 이르기를, '이익을 미루어 百姓을 두터이 할 수 있으면 國家가 장차 큰 이익을 누릴 수 있을 것이다.' 하였습니다.

史臣은 拜手稽首言曰 上天禀純明하고 孝友之行이 出於至性하니 太宗文皇帝仁孝文皇后 深所鍾愛라 初在東宮에 備悉民情하고 旣卽位에 悉行所志하니 每詔書下에 軍民歡抃을 如旱得雨하고 如飢渴得飮食이라 遇水旱이면 必齋戒致禱하고 郡縣上言飢荒이면 卽遣人賑恤寬貸하며 急民之急을 恒若不及하고 臨政務當大體하야 未嘗計利하니 恒曰 能推利以厚百姓이면 國家將享大利焉이라하더라

인재를 알아보는 감식안이 밝아서 조정 신하들의 才行과 文學의 高下를 마음으로 명료하게 알고 緩急에 따라 임용함에 합당하지 않음이 없었으니, 조금이라도 장점

이 있어 임용할 만하면 모두 버리지 않았고 만일 名義를 범하면 비록 재능이 있더라도 반드시 내쳐서 일찍이 좋아하고 미워하는 마음으로 是非의 공정함을 옮기지 않았습니다.

將帥를 임용할 때는 장점을 취하고 단점을 버렸으며 변경의 방비를 엄중하게 하여 원대한 계획을 잊지 않았으니, 변경으로 부임하는 장수가 하직할 때 매번 유시하기를, '民力이 피폐해졌으니, 삼가 功을 탐하여 사단을 만들지 말라. 오랑캐들이 변경에 이르렀을 때는 순종하면 어루만지고 거역하면 막고 몰아내야 할 뿐이니, 화란의 단서를 열어서 명을 어기고 功을 구하려 하지 말라. 내가 장려하는 일이 아니다.' 하였습니다.

功이 있는 자에게 시상하여 그 공덕을 표창하는 일은 〈薄하게 하기 보다는〉 차라리 厚하게 하였고, 贓吏를 미워하여 누차 法司에 경계하기를, '장리는 백성을 괴롭혀 자신이 부유해지려고 힘쓰는 자이니, 국가가 백성을 구휼하는 일은 반드시 장리를 제거하는 것부터 시작해야 한다. 그러므로 일찍이 용서한 적이 없었다.' 하였습니다.

學校를 중시하고 薦擧를 엄중히 하여 매번 해당 관사에 유시할 때, 인재를 등용할 때는 반드시 實材를 찾고 관직을 제수할 때는 반드시 實效를 구하게 하였습니다.

直言 듣기를 좋아하여 말한 바가 이치에 절실하면 대부분 칭찬하는 대답을 들었고, 간혹 거슬리는 말이 있으면 비록 잠시 불편한 마음이 들긴 하였으나 조금만 지나면 문득 알아듣고 다시 하사품을 더해주었으며, 기쁨과 노여움이 혹 조금 지나치기라도 하면 후회하지 않은 적이 없었고 후회가 되면 고치기에 인색하지 않았습니다.

明於知人하야 在廷之臣其才行文學高下를 瞭然於心하고 緩急用之에 靡不曲當하니 寸長可用이면 咸所不棄하고 苟犯名義면 雖才必黜하야 未嘗以所愛惡로 移是非之公이라 於用將帥에 取長棄短하고 嚴謹備邊하야 不忘遠略하니 邊將陛辭에 每諭之曰 民力罷矣니 愼勿貪功生事하라 夷虜至塞下에 順則撫之하고 逆則禦之驅之而已니 毋爲首禍하야 違命獲功하라 吾所不賞이니라하다 賞功褒德은 寧過於厚하고 惡贓吏하야 屢戒法司曰 贓吏는 務厲民裕已하니 國家恤民은 必自去贓吏始라 故未嘗貸之라하다 重學校嚴薦擧하야 每諭所司에 用人必求實材하고 授官必責實效라 樂聞直言하야 所言切理면 多見褒答하고 間有咈逆이면 雖暫齟齬나 無幾輒悟하고 更加賜賚하며 喜怒或小過면 未嘗不悔하고 旣悔면 改之不吝이라

평소 儒學에 뜻을 두고 부지런히 學問하여 여러 經典을 모두 通讀하고 《書經》에

더욱 익숙하였으니, 일찍이 이르기를, '정치를 하는데 이 책을 근본으로 하지 않으면 비록 小康[88]을 이루더라도 구차할 따름이다.' 하였습니다. 또 ≪春秋≫에 대해서는 탄식하기를, '先王의 禮가 무너졌으니, 이 책은 그 때문에 지어진 것이다.' 하였습니다. 卜筮는 세속의 占法을 사용하지 않고 반드시 ≪周易≫에서 바른 도리를 취하였는데, 卦爻와 彖象의 내용 및 程子와 朱子의 설명을 반복하여 매우 돈독하게 믿었습니다. 또 옛 制度를 즐겨 연구하여 聖人의 뜻을 구하였습니다. 贊善 陳濟[89]는 博洽多聞이 한 시대에 으뜸이어서 자주 모시고 論議하였는데, 물러나 동료들에게 말하기를, '殿下께서는 天資가 명철하시니 신하들이 미칠 바가 아니다.' 하였습니다.

學問하여 터득한 것은 반드시 여러 가지 行事에 드러내었고, 文章을 지을 때는 彫琢과 修飾을 일삼지 않아서 뜻이 전달되면 그만두었습니다. 贊善 王汝玉[90]이 일찍이 '詩를 지을 때는 法이 있습니다.' 하였는데, 인종이 이르기를, '≪詩經≫ 300篇 가운데 作詩法에 따라 지은 시가 어디에 있던가?' 하였습니다. 특별히 좋아하는 일은 없었고 오직 經籍과 法書를 매우 많이 쌓아두고 한가할 때 손에서 책을 놓지 않았습니다. 의복은 넉넉하여 儒者의 옷과 같았습니다.

雅志儒術하고 務學問하야 諸經皆通하고 於書尤熟하니 嘗曰 爲治不本此書면 雖獲小康이나 苟焉而已라하고 於春秋하얀 歎曰 先王之禮壞하니 此書所由作也라하다 卜筮不用俗占法하고 必取正周易한대 反覆卦爻彖象之辭及程朱氏之說하야 信之甚篤하고 喜考古制度하야 以求聖人之意라 贊善陳濟는 博洽冠一時하야 數侍論議한대 退語其僚曰 殿下天資明睿하니 非群臣所及이라하다 學問所得은 必見諸行事하고 爲文章에 不事雕飾하야 達意而止러라 贊善王汝玉嘗言作詩有法한대 上曰 三百篇何所法哉리오하다 無他嗜好하고 惟畜經籍法書甚富하야 閒暇에도 手不釋卷이라 被服寬博하야 類儒者러라

어릴 때 곁에서 太祖를 모시며 天象에 대해 깨우쳤는데, 장성한 뒤에는 더욱 탐구하여 혹 欽天監[91]에서 아뢴 말 가운데 諱避하는 내용이 있으면 번번이 추궁하고 힐

88) 小康 : 儒家에서 理想으로 삼는 大同社會의 전 단계로, 소란하던 세상이 어느 정도 안정된 시기를 말한다.(≪禮記≫ 〈禮運〉)

89) 陳濟 : 1363~1424. 明나라 常州府 武進 사람으로, 자는 伯載이다. 博覽强記하여 經史와 百家의 저서에 통달하였다. 永樂 초에 대신들의 천거를 받아 布衣로 ≪永樂大典≫의 편찬에 都總裁를 맡았고, 책이 완성되자 左春坊 右贊善에 올랐다. 황태자의 존경을 받아 다섯 皇孫이 모두 그에게 경전을 공부하였다. 저서에 ≪書傳補≫, ≪通鑑綱目集覽正誤≫, ≪思齋集≫ 등이 있다.

90) 王汝玉 : ?~1415. 明나라 蘇州府 長洲 사람으로 호는 靑城山人이다. 17세에 浙江鄕試에 합격하였다. 洪武 末에 郡學敎授에 천거되어 翰林五經博士에 발탁되었다. 永樂 初에 春坊贊善이 되어 ≪永樂大典≫ 撰修에 참여하였다. 저서에 ≪靑城山人集≫ 등이 있다.

문하였습니다. 즉위한 뒤에는 대궐 안에 천문대를 지어놓고 때로 관찰하면서 미리 길흉의 감응을 말하여 묘하게 적중한 적이 많았는데, 灾變을 만나면 반드시 警飭하였습니다.

스스로 儉薄하게 생활하면서 항상 국가를 창업하신 祖宗의 부지런함을 생각하여 매사에 반드시 조종의 法이 어떠하였는지 물었고, 또 이르기를, '조종의 법을 따르는 자는 마땅히 조종의 마음을 밝게 알아야 한다.' 하였습니다. 일찍이 侍臣을 소집하여 太祖께서 직접 지은 皇陵碑文을 적게 한 다음 여러 아들에게 주어 익숙히 읽게 하며 이르기를, '이것을 알면 거의 富貴를 보전하는 방법에 대해 알 수 있을 것이다.' 하였습니다. 또 일찍이 명하여 眞德秀의 ≪大學衍義≫를 간행하게 한 다음 여러 아들에게 내려주면서 이르기를, '윗사람이 되어서 이 책의 내용에 대해 알지 못해서는 안 되고, 신하가 되어서 이 책의 내용에 대해 알지 못해서는 안 된다.' 하였습니다.

少侍太祖하야 曉識天象이러니 長益探究하야 或欽天監所陳有諱避者면 輒見窮詰이라 旣卽位에 作臺禁中하고 時自觀察而預言休咎之應하야 多奇中이러니 遇灾變에 必警飭이라 自奉儉薄하야 恒念祖宗創業之勤하야 每事에 必問祖法如何하고 又曰 循祖宗之法者는 當明祖宗之心이라하다 嘗集侍臣하야 錄太祖親製皇陵碑文하고 授諸子俾熟讀曰 知此면 庶幾知保富貴라하다 又嘗命刊眞德秀大學衍義賜諸子曰 爲人上에 不可不知此書요 爲人臣에 不可不知此書라하다

20년 동안 儲位에 있으면서 군주의 도리에 매우 밝았으므로 당시 천하의 민심이 모두 귀의하였는데, 皇位를 계승하기에 미쳐서는 뜻을 가다듬어 治世를 도모하고 정성을 미루어 인재를 등용하였으며, 매번 이르기를, '人君이 되어서는 仁에 그칠 뿐이다.'[92] 하였습니다. 그러므로 가뭄 끝에 쏟아지는 단비와 같이 은택을 크게 베풀어 科買[93]를 모두 혁파하고 逋欠[94]을 탕감하였으며, 백성의 고충에 대해 묻고 농사일

91) 欽天監 : 明淸時代에 天文曆數의 관측을 맡은 관아로, 천문 계산, 月曆 계산, 曆書의 편수, 時報 등, 천문・기상 현상의 관측과 기록을 관장하였다.

92) 人君이……뿐이다 : 仁의 경지에 이른 뒤에는 거기서 멈추어 옮기지 않는다는 의미이다. ≪大學≫ 傳 3章에서 文王의 덕을 찬미하며 "人君이 되어서는 仁에 그치시고, 人臣이 되어서는 敬에 그치시고, 人子가 되어서는 孝에 그치시고, 人父가 되어서는 慈에 그치시고, 國人과 더불어 사귐엔 信에 그치셨다.〔爲人君止於仁 爲人臣止於敬 爲人子止於孝 爲人父止於慈 與國人交止於信〕"라고 한 데서 온 말이다.

93) 科買 : 국가에서 필요한 물품을 민간에 할당하여 강제로 사들이는 것을 말한다.

94) 逋欠 : 租稅나 還穀의 滯納 등으로 官物에 결손이 생기게 하는 것 또는 그 물품을 말한다. 흉년 등의 이유로 여러 해에 걸친 포흠이 있는 경우에는 蕩減을 의논하게 된다.

을 시급하게 여겼으며, 전일의 노고를 표창하고 문란한 법도를 바로잡았으며, 문관과 무관의 봉록을 인상하고 軍士의 食米를 보충하였으며, 舊政을 改修하였다.

그런 다음 文臣에게 誥命하는 칙서를 내리고 歸省을 청하면 허락하되 귀성하는 사람에게는 하사품을 내리는 데 일정한 제도를 마련하였으며, 誹謗에 대해 고하는 풍조를 금지하였습니다. 또 自宮(스스로 거세하는 것)의 금법을 더욱 엄중히 하고 사람에게 宮刑을 가하는 것을 금지하였으며, 누차 法司에 신칙하여 寬厚함을 숭상하고 각박함을 경계하여 오직 날로 백성의 구휼을 급선무로 삼았습니다. 재위 기간은 겨우 10개월이었지만 德政이 더욱 많았기 때문에 遺詔가 처음 내려졌을 때 百姓들이 마치 자애로운 아비를 잃은 것처럼 슬퍼하였습니다. 廟號를 仁宗이라 하였으니, 이는 天下의 공론이었습니다."

在儲位二十年에 深明君人之道라 是時에 天下皆已嚮心이러니 曁嗣位에 勵志圖治하고 推誠任人하며 每曰 爲人君止於仁耳라하다 故弘施霈澤하야 悉罷科買하고 已逋責하며 詢民隱하고 急農事하며 褒舊勞하고 擧墜典하며 增文武官俸하고 加軍士食米하며 修舊政하야 賜文臣誥勅하고 予歸省告而歸省者는 賜賚有制하며 禁告誹謗하고 申嚴自宮之禁하고 及禁加人宮刑하며 屢飭法司하야 崇寬厚戒深刻하야 惟日以恤人爲務이라 在位僅十月이나 而德政加多라 故遺詔初下에 百姓如喪慈父라 廟號曰仁이라하니 天下之公言云이러라

본받을 만한 善政　善可爲法

國朝(明나라)

宣宗[1] 章皇帝 上

34-1-1

宣宗 憲天崇道英明神聖欽文昭武寬仁純孝章皇帝는 仁宗 昭皇帝의 嫡長子이다. 母后는 誠孝恭肅明德弘仁順天啓聖昭皇后이니, 기묘년(1399) 2월 9일에 北京에서 선종을 낳았다. 선종이 태어날 때 여러 사람들의 눈에 宮中의 內殿 위로 오색 광채가 솟아오르는 광경이 보였다. 太宗皇帝가 황위를 계승할 때 선종은 겨우 4세였다. 仁孝皇后가 선종을 데리고 南京에 이르렀을 때 간혹 나와 신료들을 만나보았는데, 당시 선종의 儀容이 의젓하고 신실하여 마치 巨人처럼 우뚝하니 신료들이 우러러보며 놀랍고 신기하게 여겼다.

明 宣宗

1) 宣宗 : 1399~1435. 明나라 제5대 황제로, 재위 기간은 1426년에서 1435년까지이다. 이름은 朱瞻基, 시호는 章皇帝, 연호는 宣德이고 宣宗은 묘호이다. 太宗 成祖 永樂帝의 장자인 仁宗 洪熙帝와 誠孝昭皇后 張氏의 장남으로 어려서부터 영민하여 조부와 부친의 사랑을 받았다. 永樂 9년(1411) 어린 나이로 皇太孫에 책봉되어 제왕학을 배웠고, 여러 차례 태종을 따라 蒙古 원정을 다녀왔다. 洪熙 원년(1425)에 仁宗의 뒤를 이어 즉위하였다. 재위 중에 楊士奇, 楊榮, 楊浦, 蹇義, 夏原吉, 張輔, 於謙, 周忱 등의 인재들을 발탁하여 정치를 안정시키고 경제를 발전시켰는데, 科擧法을 고치고 巡撫官을 설치하고 軍制와 學制를 개혁하는 등 內治에 힘쓰는 한편 弛緩된 中期의 명나라를 바로잡으려고 애썼다. 仁宗과 宣宗의 통치 기간은 모두 합쳐 11년에 불과했지만 업적은 탁월하여 사회 경제적인 번영을 누렸기 때문에 역사서에서는 '仁宣之治'라고 일컬으며 前漢의 '文景之治'에 비견하였다.

조금 장성해서는 宮中에 있었는데, 孝敬이 날로 지극해지고 書冊을 좋아하였다. 처음 나가 外傅에게 就學할 때[2] 太宗皇帝가 華蓋殿의 동쪽에 講席을 마련하라고 명하고 太子少師 姚廣孝[3] 및 翰林과 內閣의 신하들로 하여금 가서 모시고 講讀하게 하였다. 그 후 武英殿에서 강독할 때 太宗皇帝와 仁宗皇帝가 때로 친히 임하여 살펴보았는데, 智識이 더욱 넓어지고 흉금과 도량이 더욱 커졌다.

宣宗憲天崇道英明神聖欽文昭武寬仁純孝章皇帝는 仁宗昭皇帝嫡長子라 母는 誠孝恭肅明德弘仁順天啓聖昭皇后니 以己卯歲二月九日에 生上於北京이라 生時에 衆望見光氣五采騰於宮闈之上이라 太宗皇帝嗣大位할새 上甫四歲라 仁孝皇后以至南京에 間出見群臣한대 儀容儼恪하야 屹如巨人하니 群臣瞻望驚異라 稍長에 在宮中한데 孝敬日隆하고 而喜書冊이라 初出就學에 太宗皇帝命設講席於華蓋殿之東하고 令太子少師姚廣孝及翰林內閣之臣往侍講讀이라 後講讀於武英殿할새 太宗皇帝仁宗皇帝 時親臨視한대 其智識益廣하고 襟度益弘이라

永樂 7년(1409) 車駕가 北京을 巡狩할 때 선종에게 隨行하게 하였는데, 지나가는 길에 太宗皇帝가 친히 선종으로 하여금 田家를 방문하여 농기구와 농민들이 입고 먹는 것을 두루 살펴보게 하고 또 농민들이 수고롭게 고생하는 일을 諭示한 다음 이르기를, "이것은 帝王이 몰라서는 안 되는 일이다." 하고, 마침내 ≪務本之訓≫[4]을 편찬하여 선종에게 주었다.

또 농사의 수고로움과 王業의 어려움 및 무릇 無逸, 祭祀, 爲政, 睦親, 用人, 賞罰, 內治, 外戚, 宦寺, 飮食, 防衛, 理財 등의 일을 갖추어 이야기한 다음 이르기를, "이것은 帝王의 절실하고도 긴요한 도리이다." 하였다. 또 儒臣에게 명하여 聖學의 心法을 채집하게 한 다음 모두 직접 서문을 지어서 하사하였는데, 선종이 그 교훈을 부지런히 가슴에 새겨 忠心으로 信奉하였다.

永樂七年에 車駕巡狩北京할새 以上隨行한대 道途所經에 太宗皇帝親以上過田家하야 徧覽農具

2) 나가……때 : 옛날에 子弟들은 9세까지는 집안에서 기본예절을 배우다가 10세가 되면 비로소 외부의 스승에게 나아가 집 밖에 기거하며 공부하였다고 한다.(≪禮記≫ 〈內則〉)

3) 姚廣孝 : 1335~1418. 成祖를 황제로 옹립하는 데 공을 세운 승려로, 자는 斯道, 호는 天禧·逃虛·獨庵이고, 법명은 道衍이다. 1404년 太師少師의 관직에 올랐으며, 復姓하여 요광효, 통칭 姚少師라 불렸다. 儒家의 불교 격하에 대해서 ≪道餘錄≫을 지어 반론을 폈다.

4) 務本之訓 : 明나라 太祖의 창업 과정 및 과거의 흥망성쇠를 채록하여 편찬한 책으로, 太宗이 太孫인 宣宗을 가르치기 위해 만든 책이라고 한다.(≪明史≫ 권98 〈志74 藝文3〉, ≪千頃堂書目≫ 권11 〈儒家類〉, ≪淵鑑類函≫ 권59 〈太孫2〉)

及其衣食하고 且諭以農民勤苦之事曰 此爲帝王者不可不知也라하고 遂作務本之訓以授上하고 具言農事之勤勞와 王業之艱難과 與凡無逸祭祀爲政睦親用人賞罰內治外戚宦寺飮食防衛理財等事하고 曰 此帝王切要之道라하다 又命儒臣集聖學心法하고 皆親製序以授한대 上服膺惟謹이라

선종은 천품이 총명하여 책을 읽을 때 한 번에 몇 줄을 보면서도 大義를 명료하게 파악하였고 매번 책을 볼 때마다 반드시 끝까지 읽으면서도 그 내용을 잊지 않고 기억하였는데, 五經에 실린 治道와 여러 역사서에 보이는 治亂과 興亡의 요체에 대하여 더욱 유의하였고 諸子百家에서 道理에 관계되는 내용들도 모두 확연하게 이해하였다.

太宗皇帝가 일찍이 선종에게 유시하기를, "책을 읽을 때는 마땅히 大義를 구해야 할 것이고, 循行數墨[5]하며 한갓 정신만 허비하는 書生들의 행태를 본받아서는 안 될 것이다." 하였는데, 선종은 공경히 가슴에 새겨 잊지 않았다. 出閣[6]한 지 얼마 지나지 않아 태종황제가 帝王의 心法이 있는 바를 물었는데, '精一執中'[7]으로 대답하니 태종황제가 크게 기뻐하였다. 조금 여유가 있을 때 곁에서 모시면서 應制[8]로 詩賦를 지었는데, 누차 장려하고 하사품을 내리는 恩典을 받았다.

上天資明睿하야 讀書一目數行호대 大義瞭然하고 每覽必盡卷호대 輒記不忘한대 五經治道諸史治亂興亡之要에 尤所留意하고 諸子百家言涉理道者도 咸領會之라 太宗皇帝嘗諭上曰 讀書當求大義요 不可效書生循行數墨하야 徒費精神耳라한대 上敬佩服이라 出閣未幾에 太宗皇帝問帝王心法所在한대 以精一執中對하니 太宗皇帝大悅이라 稍暇에 侍側하야 應制作詩賦한대 屢承奬賚라

永樂 8년(1410) 太宗皇帝가 친히 북쪽 오랑캐를 정벌할 때 선종에게 명하여 남아 北京을 지키게 하고 尙書 夏原吉[9]로 하여금 보좌하게 하였다. 당시 여러 官司에 政

5) 循行數墨 : 글줄이나 찾고 글자나 헤아린다는 '尋行數墨'과 같은 말로, 곧 文字에만 매달려 문자 뒤에 숨어 있는 깊은 뜻은 깨닫지 못한다는 의미이다.
6) 出閣 : 皇子가 나가 封國으로 가는 것을 말한다. '出閤'이라고도 한다.
7) 精一執中 : 舜임금이 禹임금에게 천자의 자리를 선양하면서 말한 "인심은 위태롭고 도심은 은미하니, 오직 정밀하고 전일하여야 진실로 그 중도를 잡으리라.〔人心惟危 道心惟微 惟精惟一 允執厥中〕"라는 16글자의 心傳을 가리킨다. 이후 宋나라의 朱熹가 이것을 儒家의 道統이라 강조한 이래 宋나라와 明나라의 儒者들에 의해 개인의 도덕 수양과 治國의 원리로 중시되었다.(≪論語≫ 〈堯曰〉, ≪書經≫ 〈虞書 大禹謨〉)
8) 應制 : 임금의 명에 따라 詩文을 짓는 것을 말한다.
9) 夏原吉 : 1366~1430. 明初의 대신으로 자는 維哲이다. 鄕薦으로 태학에 들어갔으며 禁中書制

務가 산적해 있고 또 師行하는 즈음에 물자의 운송을 조정하는 일이 번거로웠으므로 左右에서 어려움이 많을 것이라고 말하는 사람이 있었는데, 선종이 이르기를, "皇祖께서 모두 成法을 마련해두셨으니, 오직 遵行하기만 하면 된다." 하였다.

이때부터 태종황제가 北京을 巡狩하고 오랑캐를 정벌할 때 모두 從行하게 하였다. 仁宗皇帝가 황위를 계승했을 때 선종을 책봉하여 皇太子로 삼은 다음 中外에서 올리는 啓事를 모두 선종에게 위임하여 재량하여 처리하게 하였다.

永樂八年에 太宗皇帝親征北虜할새 命上留守北京하고 以尙書夏原吉贊輔라 時諸司政務塡委하고 且師行之際에 調度輓運事煩이라 左右有言艱大者어늘 上曰 皇祖悉有成法하니 惟遵行之耳라 自是太宗皇帝巡狩北京及征胡虜에 皆從行이라 仁宗皇帝嗣位에 冊上爲皇太子하야 中外啓事를 悉歸裁處라

洪熙 元年(1425) 봄에 南京에서 누차 地震이 발생했다고 上奏하였는데, 신하들 가운데 혹 親王 및 重臣에게 명하여 가서 지키게 하라고 청하는 사람이 있었다.

그러자 仁宗皇帝가 이르기를, "皇太子가 아니면 할 수 없는 일이다. 태자는 仁德과 威望이 사람의 마음을 감복하게 할 만하니, 사람의 마음이 편안하게 되면 곧 하늘의 뜻이 안정될 것이다. 더구나 太祖皇帝의 陵寢에 참배하지 못한 지가 오래되었으니, 짐은 아침부터 저녁까지 생각이 여기에 있다. 지금 황태자가 가면 거의 내가 가는 것이나 같을 것이다." 하고, 마침내 선종을 불러 계획하게 하였다. 그러자 선종이 눈물을 흘리며 이르기를, "진실로 슬하를 떠나는 것은 원하지 않지만 그러나 宗社의 大計가 있는 일이니 감히 사양하지 못하겠습니다." 하고, 마침내 決行하였다.

洪熙元年春에 南京屢奏地震한대 群臣或請命親王及重臣往守者하니 仁宗皇帝曰 非皇太子不可라 太子仁德威望足以服人心하니 人心安卽天意定矣라 況太祖皇帝陵寢奉違已久하니 朕夙夜在念이라 今皇太子往이면 庶幾如朕往也라하고 遂召上計之하니 上泣曰 固不願違離膝下나 然宗社大計所在니 不敢辭라하고 遂決行하다

南京에 도착하여 孝陵[10]에 배알하였는데, 仁宗皇帝가 병이 들어 옥새를 찍은 서

誥에 뽑혀 들어가 태조의 신임을 받았다. 建文帝 때 戶部右侍郎 등을 지내며, 청명한 정치를 하여 백성들이 기뻐하여 따랐다. 영락제가 즉위하여 중임을 맡겼다. 仁宗과 宣宗 대에서도 재상으로서 훌륭하게 보좌하여 치적이 뛰어났다. 시호는 忠靖이다.

10) 孝陵 : 明 太祖 朱元璋의 능으로, 南京의 紫禁山에 있다.

신으로 선종에게 급히 소명을 내려 돌아오게 하니, 선종이 그날 바로 길에 올랐다. 당시 南京에서 인종황제가 승하했다는 소식을 전해왔지만 신하들이 감히 그대로 보고하지 못하고 다만 "지금은 실로 엄중하게 경계해야 할 시기이니, 마땅히 군사들의 호위를 정비한 뒤에 길을 떠나야 할 것입니다." 하였다. 또 어떤 사람은 선종에게 권하여 샛길을 따라가게 하였는데, 선종이 이르기를, "君父께서 황위에 계시어 천하가 마음으로 귀의하고 있으니, 어찌 다른 근심이 있겠는가? 또 나는 이제 막 도착했다가 급히 돌아가는 것이니, 사람들이 알 수 있는 일이 아니다. 더구나 君父께서 부르시는데 어찌 조금이라도 지체할 수 있겠는가?" 하고, 마침내 驛道를 거쳐 급히 돌아왔다.

여름 6월 辛丑日에 선종은 北京에 이르러 인종황제가 승하했다는 소식을 듣고 거의 기절할 정도로 慟哭하였다. 이보다 앞서 인종황제가 선종에게 遺詔를 내려 일찍 大位를 바로잡아야 한다고 하였는데, 선종은 북경에 도착한 후 이달 庚戌日에 皇帝에 즉위하고 조서를 내려 다음 해를 改元하여 宣德[11] 元年이라 하였다.

既至南京謁孝陵이어늘 仁宗皇帝不豫하야 以璽書馳召上還하니 上卽日就道하다 時南京頗傳言仁宗皇帝上賓이어늘 臣下未敢以聞하고 但言玆正戒嚴之時니 宜整兵衛而後行이라하고 或勸上從間道行한대 上曰 君父在上하야 天下歸心하니 豈有他虞리오 且予始至遽還하니 非衆所測이라 況君父召하시니 豈可稍遲리오하고 遂由驛道馳還하다 夏六月辛丑에 上至北京하야 聞仁宗皇帝上賓하고 慟哭幾絶이라 先是에 仁宗皇帝遺詔上하사 早正大位라한대 上既至에 以是月庚戌卽皇帝位하고 詔改明年하야 爲宣德元年이라

34-1-2

선종은 처음 즉위하고 4일이 지나도록 슬픔 때문에 바깥으로 나오지 않았는데, 신료들이 누차 청하자 비로소 西角門에서 聽政하였다.

○上初卽位四日에 以哀戚未出한대 群臣屢請하니 始聽政于西角門하다

34-1-3

巡按浙江監察御史 尹崇高가 上奏하기를, "朝廷에서 근래 內官과 內使를 浙江으로

11) 宣德 : 宣宗의 연호로, 1426년에서 1435년까지이다.

差遣하여 여러 가지 물품을 구매하게 하였는데, 구매하는 품목마다 局을 설치하여 蒐集하는 사람은 동요하게 하고 공급하는 사람은 번거롭게 만들고 있습니다. 그러므로 조정에서 구하는 물품은 매우 적은데 民間에서 드는 비용은 매우 많습니다." 하였는데, 선종이 尙書 吳中[12] 등에게 유시하기를, "中人을 差遣하는 것은 원래 임시방편으로 나온 생각이니, 이렇게 번거롭고 동요하게 될 줄 어찌 알았겠는가? 지금 詔書에서 이미 여러 가지 물건을 구매하는 일을 혁파하였으니, 만일 구매가 완료된 물품이 있으면 즉시 서울로 회수하게 하고 완료되지 않은 물품은 모두 그만두게 하라." 하였다.

○巡按浙江監察御史尹崇高奏 朝廷近差內官內使於浙江하야 市買諸物한대 每物置局하야 拘集動擾하고 供給繁勞라 朝廷所需甚微하고 民間所費甚大라한대 上諭尙書吳中等曰 差遣中人은 本出權宜니 豈知勞擾如此리오 今詔書已罷買諸物하니 若買完者면 卽令回京하고 未完者는 悉皆停止하라하다

34-1-4

河南新安知縣 陶鎔이 上奏하기를, "백성들의 식량 사정이 매우 어려워져서 국가와 민간에 비축된 양이 없는데 유독 函關驛에는 자못 비축해놓은 식량이 있으니, 조정에 上申한 다음 回報를 기다린 연후에 공급하여 구제하려 하였습니다. 그러나 백성의 목숨이 매우 위태로웠기 때문에 이미 먼저 1728石의 식량을 차용하여 백성들에게 공급하였으니, 가을걷이를 기다려 官庫에 반환하게 하려 합니다." 하였다.

선종이 尙書 夏原吉에게 이르기를, "知縣이 시행한 바가 참으로 훌륭하다. 짐은 듣건대, 近年에 有司가 人情을 體認하지 못하여 만일 흉년이 들기라도 하면 반드시 上申하여 보고하기 때문에 반복하여 사실을 조사하다가 진휼의 시기를 놓친다고 하였다. 그런데 知縣은 백성의 구휼을 시급하게 여겨 먼저 식량을 공급한 뒤에 보고하였으니, 이는 직임을 잘 수행한 것이다. 경으로 하여금 文法에 구애되지 말고 마음대로 조처한 일에 대해 責善하게 하노라." 하였다.

○河南新安知縣陶鎔奏 民食甚艱하야 公私無儲어늘 獨函關驛은 頗有儲粮하니 欲申明待報하고 然後給濟나 然民命危在(朝)〔旦〕[13]夕이라 已先借粮一千七百二十八石給民하니 俟秋成還官이라한대

12) 吳中 : 1373~1442. 明代 초기의 관료이자 토목건축가로, 자는 思正이고 武城縣 사람이다. 永樂・洪熙・宣德・正統 4朝의 工部尙書를 지냈다. 북경의 궁전과 長陵・獻陵・景陵의 공사를 주관하여 조성하였다.

上謂尙書夏原吉曰 知縣所行良善이라 朕聞近年有司不體人情하야 苟有饑荒이면 必須申報라 展轉勘實이라가 賑濟失時어늘 知縣急於濟人하야 先給後聞하니 是能稱任이라 使卿毋拘文法하고 責其專擅하노라하다

34-1-5

安平縣丞 耿福緣이 누차 불필요한 관원으로 汰去[14]될 상황이 되었는데 백성들이 그의 은혜를 그리워하며 누차 上奏하여 留任시켜주기를 청하였다.

선종이 行在吏部의 신하에게 유시하기를, "州縣의 관원이 백성을 자식처럼 사랑하면 백성들도 그를 부모처럼 사랑하고, 만일 貪虐無道할 것 같으면 백성들이 원수처럼 바라볼 것이다. 어찌 기꺼이 保留[15]를 청하여 두 번 세 번 그치지 않는 데에 이를 수 있겠는가? 경복연을 승진시켜서 安平知縣으로 삼도록 하라." 하였다.

○安平縣丞耿福緣累以冗員當汰어늘 民懷其惠하야 累奏乞留之하니 上諭行在吏部臣曰 州縣官愛民如子면 則民亦愛之如父母하고 若貪虐無道면 民視之如仇讎니 豈肯保留하야 至於再三不已리오 其陞福緣하야 爲安平知縣하라하다

34-1-6

7월에 行在都察院 右副都御史 弋謙[16]이 말하기를, "有司가 民間에서 여러 가지 물품을 買辦하여 그 값이 떨어지게 하는 경우가 많습니다." 하였는데, 선종이 살펴보고 侍臣에게 이르기를, "여러 가지 물품을 科買[17]할 때 매번 실제 물건값을 주어서 그 값이 떨어져 백성들이 손해를 입게 하는 것은 有司의 잘못이다. ≪周易≫에 '위를 덜어 아래에 더해주면 이익이 되고[18] 아래를 덜어 위에 더해주면 손해가 된다.'[19]

---

13) (朝)〔旦〕: 저본에는 '朝'로 되어 있으나, '朝'는 朝鮮 太祖 李成桂가 왕위에 오른 뒤 '旦'으로 개명하였기 때문에 조선에서는 避諱하여 '朝'로 쓴 것이다. 그러므로 원래 글자인 '旦'으로 돌려놓았다.

14) 汰去 : 罪科가 있거나 불필요한 관원을 가려내어 파면하는 것을 말한다.

15) 保留 : 身元을 보증하여 유임시킨다는 말이다.

16) 弋謙 : ?~1451. 明나라 山西 代州 사람이다. 永樂 9년(1411) 進士試에 합격하여 監察御史가 되었다. 江西를 安撫하다 말로 聖旨를 건드려 峽山知縣으로 좇겨났다가 사면을 받고 돌아왔다. 仁宗이 즉위하자 大理少卿이 되었다. 직언을 많이 하여 황제가 처음에는 그의 말이 거칠어 화를 냈다가 차츰 淸直함을 가상히 여겨 副都御史에 발탁했다. 宣德 연간에 交趾右布政使가 되었다.

17) 科買 : 국가에서 필요한 물품을 민간에 할당하여 강제로 사들이는 것을 말한다.

하였다. 의당 戒律을 속히 시행해야 할 것이니, 고치지 않는 자가 있으면 반드시 죄를 더할 것이다." 하였다.

○七月에 行在都察院右副都御史弋謙言 有司於民間에 買辦諸物하야 多虧價直(치)라한대 上覽之하고 謂侍臣曰 科買諸物에 每令實與價直하야 虧價損民은 有司之過라 易에 損上益下則爲益이요 損下益上則爲損이라하니 宜速行戒約이니 有不悛者면 必加之罪하리라하다

34-1-7

章丘縣 儒學訓導 張居傑이 임기가 차서 陞品해야 하는데 學者들이 留任을 청하였다. 그러자 선종이 명하여 給事中[20]으로 삼게 하고, 인하여 少師 吏部尙書 蹇義[21]에게 유시하기를, "前代에 관리를 임명할 때는 내직과 외직을 교대로 역임하게 하였는데, 근래 자못 외간의 말을 들으니 벼슬하는 자가 한 번 教官이 되면 곧 學校에서 노년을 맞이하기 때문에 世用에 뜻이 있는 자는 대부분 이 직임에 나아가기를 좋아하지 않는다고 하였다. 지금부터는 관리를 임용할 때 한쪽만 고집하지 못하게 하라." 하였다.

○章丘縣儒學訓導張居傑考滿當陞이어늘 學者乞留하니 上命以爲給事中하고 因諭少師吏部尙書蹇義曰 前代命官은 內外更踐이어늘 近頗聞外間言컨대 仕者一爲教官이면 卽老於學校라 有志於世用者는 多不樂就此職하니 自今用人에 不得執一하라하다

34-1-8

遼東總兵官 武進伯 朱榮[22]이 上奏하기를, "朶顔衛의 指揮 哈剌哈孫 등이 朝貢을 보내오지 않으니, 청컨대 그들을 습격하소서." 하였는데, 선종이 이르기를, "옛날에는 夷狄을 다스릴 때 오는 자들을 막지 않고 떠나는 자들을 쫓지 않았다. 지금 비록

18) 위를……되고 : ≪周易≫ 益卦 彖辭에 "益은 위를 덜어 아래에 더해주니 백성의 기쁨이 끝이 없다.〔益 損上益下 民說無疆〕"라고 한 데서 온 말이다.

19) 아래를……된다 : ≪周易≫ 損卦 彖辭에 "損은 아래를 덜어 위에 더하여 그 도가 올라가 행함이다. 〔損 損下益上 其道上行〕"라고 한 데서 온 말이다.

20) 給事中 : 明나라 관직으로, 이·호·예·병·형·공 六科가 있는데, 임금을 侍從하고 規諫하는 직책으로서 6部의 폐단과 과오의 감찰, 章奏의 논박, 制勅의 封還 등의 권한을 가졌다.

21) 蹇義 : 1363~1435. 明나라 太祖·惠帝·成祖·仁宗·宣宗 때 사람이다. 초명은 瑢, 자는 宜之, 호는 退思齋, 시호는 忠定이다. 벼슬은 中書舍人·吏部尙書 등을 지냈다.

22) 朱榮 : 1359~1425. 明나라 山東 사람으로 자는 仲華이다. 永樂 연간에 北征에서 兀良哈을 격파하고 武進伯에 封해졌다. 摠兵으로 遼東에 鎭守하였다.

朝貢을 보내오지 않더라도 또한 감히 변경을 소란하게 해서는 안 될 것이니, 갑자기 병력을 출동하는 것은 오랑캐를 회유하는 도리가 아니다." 하고, 마침내 주영에게 신칙하기를, "夷狄을 다스리는 일은 관대하게 해야 하고 用兵은 신중하게 해야 한다. 더구나 오랑캐는 속임수가 많으니, 경솔하게 대처해서는 안 된다. 단지 部伍[23]를 정돈하고 방비를 신중하게 해야 할 뿐이니, 그들이 오고 오지 않고는 계교할 필요가 없는 것이다." 하였다.

○遼東總兵官武進伯朱榮奏 朶(타)顔衛指揮哈剌哈孫等朝貢不至하니 請掩擊之라하야늘 上曰 古者馭夷狄에 來不拒하고 去不追라 今雖不朝貢이나 亦不敢擾邊이니 遽加以兵은 非懷柔之道라하고 遂勅榮曰 馭夷宜寬이요 用兵宜審이라 況虜多詐하니 未可輕忽이라 但整搠部伍하고 謹愼隄備니 其來不來는 不足計也니라하다

34-1-9

윤7월에 선종이 尙書 吳中 등에게 유시하였다.

"근래 듣건대 工部에서 差遣한 사람들이 물품을 마련하라고 독촉하는 여러 가지 일에서 대부분 포학하게 굴어 사람을 다치게 하는 경우가 있다고 한다. 그러나 여기에는 그만둘 수 없는 사정이 있으니, 또한 마땅히 여유를 가지고 사람들로 하여금 마련하게 해야 할 것이다. 만일 포학하게 굴면서 핍박한다면 조정이 원망을 받아 인심을 잃게 될 것이니, 의당 한두 사람을 조사한 다음 통렬히 다스려서 나머지를 경계해야 할 것이다."

○閏七月에 上諭尙書吳中等曰 比聞工部差人催辦諸事에 多有暴酷傷人이나 事有不可已者하니 亦當從容使人措辦이라 若暴酷逼迫이면 爲朝廷斂怨하야 失人心矣니 宜詢察一二人痛治之하야 以儆其餘라하다

34-1-10

선종이 行在吏部尙書 蹇義 등에게 유시하였다.

"전에 御史에게 명하여 지방에 있는 관리들을 考察하게 한 이유는 실로 어진 이를 임용하고 불초한 이를 물리쳐서 백성들이 그 은혜를 받게 하려는 생각에서였다. 그

23) 部伍 : 군대의 편제 단위인 部曲과 行伍를 가리키는 말로, 일반적으로 군대를 의미한다.

런데 근래 들으니, 고찰하는 관원 가운데 착실하게 직임을 수행하는 사람이 적어서 단지 한쪽 말만 믿고 다시 여러 사람에게 물어보지 않는다고 하였다. 그 때문에 자신의 직무에 근실하여 이치에 따라 공무를 집행하는 사람은 어쩔 수 없이 형벌을 시행하므로 小人들이 미워하여 포학하다고 무고하는 바람에 도리어 파직되어 물러나고,[24] 용렬하고 자격 없는 관리는 紀綱을 세우지 못하여 사람들이 親狎하고 혹은 뇌물을 탐하여 머리를 숙이고 기운을 낮추어 고분고분 순종하며 세월을 보내므로 小人들이 쉽게 친압할 수 있는 점을 탐하여 이에 다시 保留를 청한다고 하니, 이와 같은 것은 이치에 맞지 않는 일이다.

孔子께서 이르기를, '여러 사람이 좋아하고 미워하더라도 반드시 살펴보아야 한다.'[25] 하였다. 의당 엄중하게 경계하고 신칙하여 지극히 공정한 도리를 다하기에 힘쓰게 해서 정직한 사람으로 하여금 誣告를 받게 하고 小人으로 하여금 뜻을 얻게 해서는 안 될 것이니, 혹 이치에 맞지 않는 일이 있을 것 같으면 그에 대한 책임을 져야 할 것이다."

○上諭行在吏部尙書蹇義等曰 前命御史考察在外官은 正欲任賢退不肖하야 庶幾民受其惠어늘 近聞考察之官少能着實하야 但信偏言하고 更不博詢하야 其有勤於職業하야 因理公務는 不免施刑라 小人不喜하야 誣爲酷暴하야 今輒罷退하고 庸濫之官은 紀綱不立하야 人所狎玩하고 或貪贓賄하야 低首下氣하야 依阿度日라 小人貪其易與하야 乃更保留라하니 如此不當이라 孔子曰 衆好惡必察焉이라하니 宜嚴戒飭之하야 務盡至公하야 毋使正人受誣하고 小人得志니 如或不當이면 責有所歸라하다

34-1-11

8월에 行在工部에서 上奏하기를, "內府에 공급하는 紵絲와 紗羅 총 9000匹을 청컨대 蘇杭府 등에 내려주어 織造하게 하소서." 하였는데, 선종이 이르기를, "공급하는 물품이 비록 모자라서는 안 되지만 그러나 民力을 염두에 두어야 한다. 지금 百姓이 어려움에 처해 있으니, 반으로 줄여 織造하게 하도록 하라." 하고, 다시 尙書 吳中 등에게 유시하기를, "옛날 魏徵은 唐 太宗에게 고할 때 늘 백성을 불쌍히 여기

24) 도리어……물러나고 : 저본에는 '今輒罷退'로 되어 있는데, ≪欽定執中成憲≫ 권4 〈明宣宗章皇帝〉에 '反致罷退'라고 한 내용에 의거하여 번역하였다.
25) 여러……한다 : 孔子가 "여러 사람들이 다 미워하더라도 반드시 살펴보아야 하며, 여러 사람들이 다 좋아하더라도 반드시 살펴보아야 한다.〔衆惡之 必察焉 衆好之 必察焉〕"라고 한 데서 온 말이다.(≪論語≫ 〈衛靈公〉)

는 뜻으로 말하였으니, 경들은 이 뜻을 체인해야 할 것이다." 하였다.

○八月에 行在工部奏 內府供用紵絲紗羅計九千匹을 請下蘇杭等府織이라한대 上曰 供用之物雖不可缺이나 然當念民力이라 今百姓艱難하니 可減半造라하고 又諭尙書吳中等曰 昔魏徵告唐太宗에 每以恤民爲言하니 卿等은 其體此意하라하다

34-1-12

10월에 陝西行都司 土官都指揮同知 李英[26]이 서울에 와서 사로잡은 安定番의 童子 15人을 進上하였는데, 선종이 兵部의 신하에게 이르기를, "番人이 잘못을 했기 때문에 부득이 정벌하였으니, 그 首惡을 사로잡았으면 족하다. 동자들이 무슨 죄이겠는가? 즉시 本土로 돌려보내고서 의지할 부모가 없는 아이들을 각 衛에 回附하여 잘 양육하게 하라." 하였다.

○十月에 陝西行都司土官都指揮同知李英至京하야 進所獲安定番童一十五人한대 上謂兵部臣曰 番人作過에 不得已征之하니 得其首惡足矣라 童子何罪오 卽遣還本土하야 無父母可依者를 付各衛하야 令善養之하라하다

34-1-13

行在刑部尙書 金純[27]이 上奏하기를, "寶慶府 知府 李譽가 앞서 府의 아전들이 죄를 지었다고 上奏하였는데 마침 赦免令을 만났습니다. 그런데 아전들이 이예가 뇌물을 받았다고 고발한 일이 또한 사면령이 내리기 전에 있었으니, 이예도 鞫問을 면제해야 할 것입니다." 하였다.

선종이 이르기를, "이 사람은 국문해야 할 것이니, 이예에게 죄를 더하고자 하지 않지만 다만 분별하여 명백하게 해야 할 일이 있다. 대개 간사한 아전들이 고발하는 것을 그때마다 모두 믿을 수는 없다. 그러나 만일 고발한 일이 사실이라면 이예는

---

26) 李英 : 西番 사람이다. 그의 아버지 南哥가 洪武 연간에 무리를 데리고 歸附한 뒤에 西寧州 同知에 제수되어 누차 공을 세워 西寧衛 指揮僉事로 승진하였는데, 李英이 그 관직을 세습하였다.

27) 金純 : ?~1440. 明나라 鳳陽府 泗州 사람으로, 자는 德修다. 洪武 연간에 國子監生으로 吏部文選司郎中이 되고, 외직으로 나가 江西右參政이 되었다. 永樂 연간에 刑部右侍郎을 지내고, 左侍郎으로 옮겼다. 宋禮同과 함께 會通河를 다스렸고, 또 徐亨 등과 함께 魚王口 黃河의 古道를 준설하였다. 관직은 禮部尙書까지 올랐다. 宣德 3년(1428)에 탄핵을 받아 致仕하였다.

다시 임용해서는 안 될 것이고, 거짓이라면 곧 사사로운 생각을 가지고 함부로 고발한 죄를 다스려 小人들의 경계로 삼아야 할 것이다." 하였다.

○行在刑部尙書金純奏 寶慶府知府李譽先奏府吏犯法어늘 會赦免한대 吏告譽受賍事亦在赦前하니 譽當免問이라한대 上曰 此當問이니 非欲以罪加譽나 但事有當別白者라 蓋姦吏告訐을 未可輒信이나 如所告實이면 則譽不可復用이요 虛卽當治其挾私妄告之罪하야 以爲小人之戒라하다

34-1-14

都御史 劉觀[28]·王彰[29]·李素가 上奏하여 前 應天府尹 于潛[30] 등 재능 있는 선비 10여 인을 추천하였다.

선종이 이르기를, "경들은 大臣이니 천거한 이들이 반드시 정당한 사람들일 것이다. 옛날 孫抃(손변)[31]이 말하기를, '나는 國政을 보좌하는 데에 공이 없었지만 오직 한두 명의 臺臣을 천거한 일에는 부끄러움이 없다.' 하였으니, 경들은 반드시 이를

---

28) 劉觀 : 雄縣 사람이다. 洪武 18년(1385)에 진사시에 합격하여 太谷縣丞에 제수되었다가 監察御史에 발탁되고, 30년(1397)에 左僉都御史로 옮겼다. 永樂 元年(1403)에 雲南按察使에 제수되고, 이후 戶部右侍郎, 左副都御史, 禮部尙書, 左都御史, 太子賓客, 太子少保 등을 역임하였다.

29) 王彰 : 1366~1427. 明나라 河南 鄭州 사람으로, 자는 文昭이다. 洪武 20년(1387) 擧人이 되어 國子生이 되었다가 吏科給事中과 山西參政을 지냈다. 永樂 5년(1407)에 禮部侍郎으로 승진하고 戶部로 옮겼다가 右副都御史를 지냈다. 19년(1421) 給事中 王勵와 하남을 巡撫하면서 貪虐한 관리 백여 명을 해직할 것을 건의했다. 또 이재민이 되어 유랑하는 사람들을 구제했다. 평생 엄격하게 자신을 지켰지만, 법을 적용하는 것이 지나치게 각박했다.

30) 于潛 : 明나라 河南 鄢陵 사람으로, 자는 彦昭이다. 어릴 때부터 당당하여 志操가 있었고, 貢生으로 國子監에 들어갔다. 洪武 연간에 監察御史가 되고, 五軍都督府斷事로 옮겼다가 隆德과 昌樂의 知縣을 역임하였다. 청렴하고 성실한 자세로 관리와 주민들의 마음을 얻었다. 거듭 승진하여 建昌知府에 오르고, 應天府尹을 역임하였다.

31) 孫抃(손변) : 996~1064. 宋나라 眉州 眉山 사람으로 자는 夢得, 仁宗 天聖 8년(1030)에 진사시에 합격하고 絳州通判을 거쳐 開封府推官, 知制誥, 翰林學士 兼 侍讀學士, 吏部郎中이 되었다. 성품이 篤厚하고 말수가 적었으며 질박하여 威儀가 없었다. 仁宗이 그를 左諫議大夫로 임명하였을 때 諫官 韓絳이 "손변은 감찰하고 규정하는 재능이 없으므로 간관의 책임을 맡을 수 없습니다."라고 탄핵하자, 상소를 올려 "신이 보건대, 현재 인사들 중에 벼슬의 승진을 추구하는 사람은 많고 염치를 지키며 물러나려는 사람은 적습니다. 사건을 잘 적발해내는 것을 精神으로 삼고 남을 잘 공격하는 것을 風采로 여깁니다. 송사를 맡은 鄕官처럼 언변이 좋은 사람을 의논이 있다 하고 혹독한 관리처럼 각박한 사람을 정사가 있다고 합니다. 간관이 이른바 재능이라는 것이 이러한 것을 말한 것이 아닙니까? 만약 그렇다면 신은 정말로 그렇게 할 수 없습니다." 하였다. 인종이 상소의 말을 살펴본 다음에 속히 나와 근무하도록 재촉하고 知審官院으로 임명하니, 손변은 간관의 책임을 맡은 사람이 事局을 겸임해서는 안 된다는 이유를 들어 사양하였다.

알 것이다.” 하고, 다시 유시하기를, “옛날에 관직을 제수할 때는 천거한 사람의 姓名을 기록하고, 천거받은 사람이 탐욕을 부려 부정한 짓을 했을 때는 천거한 사람까지 連坐하게 하였으니,[32] 지금 또한 이 법을 따라야 할 것이다.” 하였다.

○都御史劉觀王彰李素奏擧才能之士前應天府尹于潛等十餘人한대 上曰 卿大臣이니 所擧必當이라 昔孫抃言吾輔政無功이나 惟薦一二臺臣無愧라하니 卿等必能知此라하고 復諭之曰 古者除官則署擧主姓名하고 貪穢則連坐하니 今亦當循此法이라하다

34-1-15

漳州衛 千戶[33] 甘斌은 처음에 外戚으로서 推恩되어 錦衣衛指揮가 되었다가 죄에 연좌되어 千戶로 강등되었는데, 이때에 이르러 赦免을 거쳐 옛 관직에 복관되기를 청하였다.

그러자 선종이 이르기를, “貴戚이 횡포를 부리면 패망에 이르지 않는 이가 드무니, 薄昭[34] 같은 사람도 이를 면하지 못하였다. 감빈은 횡포가 심하였으니, 백성의 田土를 強奪하고 임금의 詔旨를 거짓으로 전하는 등 하지 못하는 짓이 없다가 御史에 의해 劾奏되었다. 그럼에도 불구하고 皇考(明 仁宗)께서 天地와 같은 아량으로 법대로 처리하지 않고 강등시켜 罷黜하기만 하여 생명을 보전하게 해주었는데, 지금 오히려 감히 은총을 바라고 관직에 進出하기를 구할 수 있단 말인가? 국법은 사사로운 정 때문에 마음대로 적용해서는 안 되고 은총은 요행으로 얻어서는 안 되는 것이니, 즉시 漳州로 압송하도록 하라.” 하였다.

---

32) 옛날에……하였으니 : ≪通鑑節要≫ 권50 〈後周紀〉에 “〈世宗은〉 保任한 자들을 기록하게 한 것은 탐욕을 부려 부정한 짓을 하는 것을 막기 위해서였다.〔保任令錄 防貪穢也〕” 하였는데, 그 附註에 “혹은 아버지가 보증하여 관원이 되고 혹은 형이 보증하여 관원이 되는 것을 任子라 하니, 任 또한 보증하는 것이다. 乙卯年에 翰林學士院으로 하여금 스스로 천거하여 任子를 기록하게 하되 관직을 제수하는 날에 천거한 사람의 姓名을 연이어 쓰고, 만약 탐욕스럽고 간사하여 관직을 망치면 모두 連坐하게 하였다〔或以父任爲官 或以兄任爲官者 謂之任子 任亦保也 乙卯年令翰林學士院 自擧令錄 除官之日 仍署擧者姓名 若貪佞敗官 竝當連坐〕” 하였다.

33) 千戶 : 元代와 明代에 衛所의 官職 이름으로, 중요한 府·州에 주둔하며 군사 1000명을 통괄하였다. 行軍千戶·弩軍千戶·屯田千戶 등의 명칭이 있다. 指揮는 5000명, 百戶는 100명, 總旗는 50명, 小旗는 10명을 통괄하였다.

34) 薄昭 : 前漢 文帝 때의 大中大夫로, 문제의 어머니인 薄姬의 친동생이다. 代王으로 있던 문제를 황제로 옹립하고 장군에 올랐으나 황제의 사자를 죽였다가 문제로부터 자살하라는 압력을 받고 결국 칼로 목을 찔러 자결하였다.(≪史記≫ 권10 〈孝文帝本紀〉)

○漳州衛千戶甘斌 初以外戚推恩爲錦衣衛指揮라가 坐罪降千戶한대 至是經赦하야 乞復舊官하니 上曰 貴戚豪橫이면 鮮不至敗하니 如薄昭亦所不免이라 甘斌豪橫多矣니 强奪民田하고 詐傳詔旨하야 無所不至라가 爲御史劾奏나 皇考天地之量으로 不寘于法하고 但降黜之하야 以全其生이어늘 今尙敢希恩求進邪아 法不可以私縱이요 恩不可以倖得이니 卽押赴漳州하라하다

34-1-16

12월에 陝西行都司 所屬 衛卒이 官府의 낙타 270마리를 수송하였는데, 北京에 도착했을 때 斃死한 낙타가 35마리였다. 이에 有司가 제대로 사육하지 못했다는 이유로 上奏하여 치죄하기를 청하고 이어 낙타를 추징하여 관부에 상환하도록 하였다. 선종이 이르기를, "낙타 한 마리의 값은 말 몇 마리의 값과 같으니, 비록 10명의 衛卒이라 해도 상환할 수 없을 것이다. 또 甘肅에서 북경에 이르기까지 道路가 매우 머니, 그 사이에 어찌 다치거나 약해져서 폐사하는 것이 없겠는가? 치죄할 필요 없으니, 또한 추징하여 상환하도록 한 것은 면제해주라." 하였다.

○十二月에 陝西行都司所屬衛卒送官駞二百七十이어늘 至京死者三十五라 有司以其失於飼養奏請罪之하고 仍追駞償官한대 上曰 一駞價直(치)數馬니 雖十卒不能償이요 甘肅至京에 道路甚遠하니 其間豈無傷損而斃者리오 不必罪니 亦免追償하라하다

34-1-17

○宣德 元年(1426) 正月에 孔子·顔子·孟子 3氏의 子孫 10人이 조회하러 왔다가 하직하고 돌아갈 때 선종이 禮部尙書 呂震에게 이르기를, "朝廷에서 聖賢을 대우하는 것은 마땅히 두터워야 한다. 저들은 모두 聖賢의 子孫이니, 道里費〔路資〕를 지급하도록 하라." 하고, 또 여진에게 이르기를, "공자·안자·맹자 3氏에 대해서는 예전부터 敎官을 설치하여 子孫을 訓導하였으니, 반드시 단정하고 신중하며 學行이 있는 사람을 선발해야 할 것이다. 그리고 그대는 짐의 말로 吏部에 유시하여 잘 알게 하도록 하라." 하였다.

○宣德元年正月에 孔顔孟三氏子孫十人來朝辭歸할새 上謂禮部尙書呂震曰 朝廷待賢當厚라 彼皆聖賢子孫이니 其給道里費하라하고 又謂震曰 孔顔孟三氏는 舊設敎官하야 訓其子孫하니 必選端重有學行者하고 爾以朕言으로 諭吏部知之하라하다

34-1-18

行在太常寺가 祭祀에 대해 上奏하니, 선종이 유시하였다.

"國家의 祭祀는 禮部에서 관장하는데, 다시 태상시를 설치한 것은 더욱 그 일이 중요하기 때문이다. 경들은 짐을 보좌하여 天地를 섬기며 祖宗을 섬기고 있으므로 다른 職事에 비할 바가 아니니, 공손함을 합하고 공경함을 함께하여[35] 제사를 받들면 짐이 대개 의지할 바가 있을 것이다. 그러나 반드시 정성스럽고 공경하는 마음을 평소 수양하고 粢盛의 祭需를 매우 정결하게 마련해야 거의 神明이 歆格하고 生靈이 福을 받을 수 있을 것이니, 경들은 권면하도록 하라."

○行在太常寺(시)奏祭祀하니 上諭之曰 國家祭祀는 掌之禮部어늘 而復置太常은 尤重其事也라 卿等佐朕하야 事天地事祖宗이라 非他職事之比니 協恭同寅하야 以承祀事면 朕蓋有賴나 然必誠敬之心을 素有持養하고 粢盛之薦을 極于精潔이라야 庶幾神明歆格而生靈蒙福하리니 卿等勉之하라하다

34-1-19

2월에 邊衛의 軍士들에게 해마다 柴炭을 마련하게 하는 身役을 혁파하였다.

처음에 都督府에서 해마다 시탄을 공급하게 해서 그 身役이 변경의 군사들에게까지 미쳤는데, 이때에 이르러 陽武侯 薛祿[36]이 말하기를, "宣府, 懷安, 永寧 등 諸衛는 모두 변경에 있어서 將士들이 수비를 엄중히 해야 합니다. 그런데 이들에게 다시 시탄을 채취하여 마련하게 하는 바람에 달아나는 사람이 많이 발생하였으니, 청컨대 그 身役을 혁파하소서." 하였다.

선종이 行在工部尙書 吳中에게 유시하기를, "邊衛의 軍士는 오로지 守備에 힘써야 하는데, 어찌 다른 身役으로 고생시킬 수 있겠는가? 시탄이 비록 山谷에 있는 것이긴 하지만 그러나 運送하기가 매우 어려우므로 의당 달아나 피하는 자가 생길 것이니, 즉시 면제해주도록 하라. 그리고 지금부터는 무릇 軍民을 差用할 일이 있거든

35) 공손함을……함께하여 : 군주와 신하가 함께 공경하여 정사에 힘쓴다는 뜻으로, ≪書經≫ 〈虞書 皐陶謨〉에 "君臣이 공경함을 함께하고 공손함을 합하여 衷을 和하게 하소서.〔同寅協恭 和衷哉〕"라고 한 데서 온 말이다.

36) 薛祿 : ?~1430. 明나라 山東 膠州 사람이다. 燕王이 起兵하였을 때 누차 戰功을 세워 都督僉事에 발탁되었다. 智勇이 절륜하고 士卒을 잘 다스렸기 때문에 사람들이 기꺼이 귀의하였고, 전쟁에 나가면 반드시 승리하였다. 永樂 연간에 누차 황제를 따라 北征에 출정하였고 공을 세워 陽武侯에 봉해졌다. 宣德 初에 高煦의 반란을 평정할 때 선봉에서 활약하였다. 시호는 忠武이다.

반드시 상의한 뒤에 합당하면 시행할 것이고, 경솔하게 시행해서는 안 될 것이다." 하였다.

○二月에 免邊衛軍士歲辦柴炭이라 初에 都督府歲供柴炭하야 役及邊軍이러니 至是陽武侯薛祿言 宣府懷安永寧諸衛는 俱臨邊境하야 將士當嚴守備어늘 又令採辦柴炭하야 致多逋逃하니 乞罷其役이라한대 上諭行在工部尙書吳中曰 邊衛軍士는 專務守備어늘 何得勞以他役이리오 柴雖山谷所有나 然運送甚艱라 宜其有逃避者하니 其卽免之하고 自今凡有差用軍民이어든 必須計議하야 得當而行이요 不可輕率이라하다

34-1-20

선종이 侍臣에게 이르기를, "짐은 어릴 때부터 皇祖(明 太宗)의 총애를 받아 하루도 곁에서 모시지 않은 적이 없었는데, 당시 皇祖께서는 큰 謀猷와 훌륭한 智略을 일에 따라 訓導하셨다. 그리고 皇祖妣께서는 함께 어렵고 힘든 일을 겪으며 皇祖를 보필하여 國家를 이루셨는데, 짐의 몸을 보살펴 키워주시며 자애와 사랑이 지극하셨다. 우리 皇考(明 仁宗)께서는 德은 先烈을 계승하고 仁은 蒼生을 포용하셨는데, 帝位에 오르신 지 1년이 못 되어 갑자기 승하하셨으니 劬勞의 애통함[37]이 종신토록 사무친다. 지금 山陵이 눈앞에 있으니, 霜露之感[38]이 더욱 절실하다. 장차 淸明日에 展謁할 것이다." 하였다.

車駕가 天壽山[39]에 이르렀을 때 선종은 멀리 두 陵[40]의 松柏이 울창한 것을 보고는 인하여 오열하며 눈물을 흘렸는데, 능에 당도하여 알현하는 祭禮를 행한 뒤에 애통한 심정을 견디지 못하니, 좌우의 신하들이 또한 모두 감격하여 눈물을 흘렸다.

---

37) 劬勞의 애통함 : 낳아주고 길러주신 부모님의 은덕에 보답하지 못한 애통한 심정을 말한다. ≪詩經≫ 〈小雅 蓼莪〉에 "슬프고 슬프다 부모님이여, 나를 낳으시느라 몹시도 수고하셨도다.〔哀哀父母 生我劬勞〕"라고 한 데서 온 말이다.

38) 霜露之感 : 계절의 변화를 보고 돌아가신 부모를 그리는 서글픈 마음이 일어난다는 말이다. ≪禮記≫ 〈祭義〉에 "서리와 이슬이 내리면 군자가 그것을 밟고 반드시 슬픈 마음이 들게 마련이니, 이는 결코 추워서 그런 것이 아니다."라고 하였는데, 鄭玄은 이를 두고 "계절의 변화에 어버이 생각이 나서 그런 것이다."라고 해석하였다.

39) 天壽山 : 北京의 鎭山으로, 현재 北京市 昌平縣 북쪽에 있는 산이다. 成祖에서부터 懷宗까지 모두 13기의 왕능이 이곳에 있기 때문에 '明十三陵' 또는 '十三陵'이라 부른다. 성조가 北京으로 천도한 뒤 永樂 17년(1419) 5월에 천수산 일대를 산릉 후보지로 정하고 이후의 황제는 여기에 장사 지내게 하였다.

40) 두 陵 : 成祖(太宗)의 능인 長陵과 仁宗의 능인 獻陵을 가리킨다.

○上謂侍臣曰 朕自幼鍾愛於皇祖하야 未嘗一日不侍左右러니 弘謨偉略을 隨事訓教라 皇祖妣同歷艱難하사 弼成國家한대 撫育朕躬하야 慈愛備至라 我皇考德紹先烈하고 仁覆蒼生이러니 不期年而遽上賓하니 劬勞之慟終身이라 今山陵在望하니 霜露之感尤切이라 將以清明日展謁하리라하고 比車駕至天壽山에 上遙望二陵松柏鬱茂하고 因嗚咽流涕러니 詣陵行謁祭禮하고 不勝哀慟하니 左右亦皆感泣이러라

34-1-21

遼東義州備禦 都指揮同知 李信이 사사로운 감정을 품고 指揮 馬迅을 杖殺하자 都察院이 체포하여 국문한 결과 참형에 해당한다고 하였다.

선종이 이르기를, "草木이 비록 미천하지만 그래도 사랑하고 아끼는 마음을 가져야 하는데, 사람의 목숨은 지극히 중요하니 어찌 함부로 해칠 수 있단 말인가? 더구나 指揮는 조정에서 임명한 관원인데 都指揮가 사사로운 원한으로 杖殺하였으니, 士卒을 학대하는 것은 미루어 알 만하다." 하고, 律令대로 참형에 처하라고 명하였다.

○遼東義州備禦都指揮同知李信挾私杖殺指揮馬迅하니 都察院逮問當斬한대 上曰 草木雖微나 尙當愛惜이어든 人命至重이니 豈可枉害리오 況指揮는 朝廷命官이어늘 而都指揮以私忿殺之하니 則虐士卒可知라하고 命如律斬之하다

34-1-22

3월에 行在禮部가 上奏하기를, "錦衣衛 力士 甯直이 山西 中條山에서 膽礬(담반)이 생산된다고 하니, 청컨대 有司로 하여금 채취하여 진상하게 하소서." 하였다.

선종이 이르기를, "담반이 어찌 쓰임에 긴요한 물건이겠는가? 백성으로 하여금 농사짓게 하면 굶주린 배를 채울 수 있는 양식이 생기고 뽕나무를 심게 하면 추위를 막아줄 수 있는 비단이 생기니, 담반이 산처럼 쌓여 있은들 飢寒에 무슨 보탬이 되겠는가? 小人의 말은 들을 필요 없다. 옛날의 君主들은 오직 백성들이 부유하게 하고자 하여 무릇 산림이나 못에서 생산되는 이익에 대하여 모두 禁令을 풀어주었으니, 만일 담반이 백성을 이롭게 할 수 있을 것 같으면 스스로 채취할 수 있게 허락해주도록 하라." 하였다.

○三月에 行在禮部奏 錦衣衛力士甯直言山西中條山産膽礬하니 乞令有司採進하소서한대 上曰 膽

礬何切於用고 使民耕則有粟充飢요 桑則有帛禦寒이니 礬如山積인들 何益飢寒乎아 小人之言은 不足聽也라 古之人君은 惟欲民富하야 凡山澤之利를 皆弛其禁하니 若礬可利民이면 聽其自採하라하다

34-1-23

4월에 行在吏部尙書 蹇義 등이 上奏하여 관원을 선발하기를 청하였는데, 선종이 조용히 유시하였다.

"관리들이 현명한지 그렇지 못한지의 여부는 國家의 治亂에 관계되는 일이니, 銓衡을 맡은 사람은 현명한 이를 나아가게 하고 不肖한 이를 물리치는 것을 직분으로 삼아야 할 것이다. 한 가지 일이 적임자를 얻으면 한 가지 일이 다스려지고 하나의 고을이 적임자를 얻으면 하나의 고을이 편안해질 것이니, 이것을 여러 가지 政事에 미루어가면 天下의 모든 일에 이르기까지 그 이치가 다르지 않다.

짐은 祖宗의 大統을 계승함에 다스림의 이치를 새롭게 하여 백성들을 편안하게 하려 하니, 현명한 이를 선발하고 능력 있는 이를 임용하는 것이 더욱 긴요한 일이다. 古人은 鄕里에서 선비를 뽑되 그 道藝[41]가 평소 널리 알려진 사람을 선발하였는데[42] 後世에는 언변과 용모로 그 온축한 바를 구하니, 대개 또한 인재를 얻기 어려운 것이다. 더구나 독실한 선비는 대체로 조용히 물러나는 사람이 많고 便僻된 인재는 출세하는 데 재주를 발휘하니 더 말할 것이 있겠는가! 지극히 공정한 사람이 아니면 사사로운 감정을 이길 수 없고 지극히 밝은 사람이 아니면 사물의 이치를 궁구할 수 없으니, 선발과 천거를 엄중히 하여 쓸데없이 넘쳐나는 인력을 막고 조사와 검증을 정밀히 하여 허위와 거짓을 방지함으로써 小人으로 하여금 백성들에게 근심을 끼치게 하지 않는다면 훌륭한 일이 될 것이다. 옛날의 大臣들은 현명한 자질로 군주를 섬겼으므로 國家가 복을 받고 蒼生이 은혜를 받아서 아름다운 명성이 영원토록 전해졌으니, 경들은 권면하도록 하라."

○四月에 行在吏部尙書蹇義等奏請選官한대 上從容諭之曰 庶官賢否는 關國家之治亂이니 掌銓衡者는 以進賢退不肖爲職이라 一事得人則一事理하고 一邑得人則一邑安이니 推之庶政이면 達之

41) 道藝 : 학문과 기예를 뜻하니, 곧 禮·樂·射·御·書·數의 六藝를 말한다.

42) 古人은……선발하였는데 : 周나라에서 3년마다 鄕吏의 치적을 고찰하여 유능한 인재를 선발하던 大比, 즉 鄕試를 가리키는 말로, ≪周禮≫ 〈地官司徒 鄕大夫〉에 "3년마다 대비를 시행하여 덕행과 도예를 상고하여 현명한 사람과 유능한 사람을 선발한다.〔三年則大比 考其德行道藝而興賢者能者〕"라고 한 데서 온 말이다.

天下에 無二致也라 朕嗣承祖宗大統에 維新治理하야 以安民生하니 選賢任能이 尤爲切要라 古人은 取士於鄕호대 以其道藝著聞有素어늘 後世는 以言貌求其底蘊하니 蓋亦難矣라 況篤實之士는 率多恬退하고 便僻之才는 巧於進取아 非至公이면 無以勝私하고 非至明이면 不能格物하니 嚴選擧以遏冗濫하고 精考覈以防矯僞하야 毋俾小人貽患於民이면 斯其善矣라 古之大臣은 以賢事君이라 國家膺福하고 蒼生受惠하야 聲名流芳於永世하니 卿等勉之하라하다

34-1-24

선종은 典籍에 기록된 前代의 外戚 및 臣下들의 善惡이 족히 鑑戒가 된다고 생각하여 이에 그 事跡을 채록하여 ≪外戚事鑑≫과 ≪歷代臣鑑≫을 편찬하였는데, 이때에 이르러 책이 완성되자 群臣과 外戚에게 頒賜하고 유시하였다.

"짐은 생각건대, 천하를 다스리는 도리는 반드시 친한 이를 친히 여기는[43] 데에서 시작해야 할 것이니, 文武의 신하들에 이르기까지 또한 善으로 함께 돌아가려 해야 할 것이다. 그러나 지난 일을 잊지 않는 이유는 뒷일의 귀감이 되기 때문이다. 그러므로 한가한 날에 前代의 近戚 및 文武 群臣들의 善惡에 관한 事跡과 그들이 얻은 바 吉凶을 채집한 다음 종류별로 엮어 이 책을 편집하여 본보기와 경계를 보이노니, 善한 점을 택하여 따라서 길이 福祿을 보전하도록 하라."

○上以載籍所記前代外戚及臣下善惡足爲鑑戒하야 乃采其事하야 製外戚事鑑歷代臣鑑이러니 至是書成하니 頒賜群臣及外戚하고 諭之曰 朕惟治天下之道는 必自親親始니 至於文武之臣히 亦欲同歸於善이나 然前事之不忘은 後事之師也라 故於暇日에 采輯前代近戚及文武群臣善惡之跡과 與其所得之吉凶하고 類爲此書하야 用示法戒하노니 其擇善而從하야 以保福祿於悠久하라하다

34-1-25

山東 淸理軍伍의 大理寺卿[44] 湯宗[45]이 上奏하기를, "濟南府 등은 작년 7월부터 금

43) 친한……여기는 : ≪大學≫ 傳 3章에 "≪詩經≫에 '아, 전왕을 잊지 못한다.' 하였으니, 군자는 전왕의 어진 덕을 어질게 여기고 친히 해주심을 친하게 여기며, 소인은 즐겁게 해주심을 즐거워하고 이롭게 해주심을 이롭게 여기니, 이 때문에 돌아가서 세상에 없는데도 잊지 못하는 것이다.〔詩云 於戲 前王不忘 君子賢其賢而親其親 小人樂其樂而利其利 此以沒世不忘也〕"라고 한 데서 온 말이다.

44) 大理寺卿 : 刑獄과 司法에 관한 일을 관장하던 廷尉의 長官을 말한다.

45) 湯宗 : 1365~1427. 明나라 浙江 平陽 사람으로 자는 正傳이다. 洪武 말에 太學生의 신분으로 河南按察僉事에 발탁되었다. 建文 연간에 山東按察使로 옮겼다가 永樂 초에 大理寺丞이 되었

년 3월까지 눈과 비가 내리지 않아 보리와 벼가 말라 죽었는데, 工部에서 顔料를 派買[46]하는 것이 매우 급박하니, 청컨대 잠시 정지하게 하소서." 하였는데, 尙書 吳中이 말하기를, "안료는 모두 陵寢과 殿宇에 소용되는 물품입니다." 하였다.

선종이 이르기를, "山東의 백성은 祖宗의 백성이다. 백성의 고통이 이와 같은데, 祖宗께서도 차마 하지 못하는 일을 그대가 가혹하게 독촉하여 어지럽힐 수 있단 말인가? 모두 停罷하도록 하라." 하였다.

○山東淸理軍伍大理寺(시)卿湯宗奏 濟南等府는 去年七月至今年三月無雨雪하야 麥苗焦槁어늘 工部派買顔料甚急하니 乞暫停止라한대 尙書吳中言 顔料는 皆陵寢殿宇待用之物이라하니 上曰 山東之民은 祖宗之民也라 艱難如此어늘 祖宗所不忍을 爾可以苛急擾之邪아 其悉停罷하라하다

34-1-26

5월에 선종이 政務 처리를 마치고 나서 左順門에 행차하여 侍從臣에게 일렀다. "짐은 祖宗朝에 이루어놓은 法을 공경히 받드니, 여러 官司에서 의심나고 구애되어 奏請하는 일에 대해 반드시 옛 法典을 상고하라고 명한 이유는 대개 皇曾祖(太祖)께서 國家를 창건하고 皇祖(太宗)와 皇考(仁宗)께서 계승하여 法制가 자세하게 완비되어 있기 때문이다. 더구나 世務를 두루 섭렵하고 人情에 익숙히 통달하여 謀慮가 深遠하셨으니, 子孫이 준수하여 시행하더라도 오히려 미치지 못하는 점이 있을까 염려되는 데에야 더 말할 것이 있겠는가. 세상에 스스로 총명하다고 여겨 옛 法典을 어지럽혔다가 敗亡에 이른 경우는 지난 역사에서 본보기로 삼을 만한 일이 많이 있다. 古人이 이르기를, '商周의 자손들이 능히 先王의 법도를 지켰다면 지금까지도 존속할 수 있었을 것이다.' 하였으니,[47] 이 말이 참으로 確論이다."

○[48]五月에 上聽政罷하고 御左順門하야 語侍臣曰 朕祗奉祖宗成憲하니 所以諸司事有疑碍而奏

고, 仁宗 때에 南京大理寺卿이 되었다.

46) 派買 : 科買와 같은 말로, 국가에서 필요한 물품을 민간에 할당하여 강제로 사들이는 것을 말한다.

47) 古人이……하였으니 : 司馬光이 宋 神宗에게 "삼대의 임금들이 항상 우왕・탕왕・문왕・무왕의 법도를 지켰다면 지금까지도 존속할 수 있었을 것입니다.〔使三代之君 常守禹湯文武之法 雖至今存可也〕"라고 한 데서 온 말이다.(≪宋史≫ 권336 〈司馬光列傳〉)

48) ○ : 저본에는 '○'이 없으나, 四庫全書存目叢書本 ≪歷代君鑑≫(明景泰四年內府刊本)에 의거하여 보충하였다.

請者를 必命考舊典은 蓋皇曾祖肇建國家하시고 皇祖皇考相承하사 法制詳備라 況歷涉世務하고 練達人情하야 謀慮深遠하시니 子孫遵而行之라도 猶恐未至아 世之作聰明亂舊章라가 馴致敗亡은 往事多有可鑑이라 古人云 商周子孫能守先王之法이면 雖至今存可也라하니 此誠確論이로다하다

34-1-27

6월에 開平衛 指揮同知 方敏이 赤城에 주둔할 때 交遞하는 와중에 달아난 軍卒을 사람을 보내 押送하지 않아서 결국 도망자가 생기게 하자, 法司에서 논죄하기를, "방민은 그 죄가 杖刑에 처한 다음 강등하는 데에 해당합니다." 하였다.

선종이 이르기를, "짐이 일찍이 듣건대, 陽武侯 薛祿이 말하기를, '방민은 군졸을 보살피는 데 방도가 있고 변경의 일을 두루 잘 압니다.' 하였으니, 지금 작은 과실은 우선 용서하도록 하라." 하고, 또 이르기를, "짐이 매번 듣건대, '사람에게 한 가지 善한 점이 있으면 곧바로 기억하여 잊어버리지 말고, 무릇 한 가지 취할 만한 재주가 있으면 일찍이 작은 과실 때문에 경솔하게 버려서는 안 된다.' 하였으니, 방민에게 해당하는 것만은 아니다." 하였다.

○六月에 開平衛指揮同知方敏屯赤城에 交遞逃軍을 不遣人押送하야 致有逃者하니 法司論敏當杖降用이라하니 上曰 朕嘗聞陽武侯言敏撫軍有方하고 周知邊事라하니 今小過姑宥之하라하고 又曰 朕每聞人有一善이어든 輒識之不忘하고 凡有一才可取어든 未嘗以小過輕棄之라하니 不但敏也라하다

34-1-28

선종이 조회를 보고 물러나 便殿으로 행차하자 翰林儒臣이 侍從하다가 인하여 治世를 이루는 것은 인재를 등용하는 데 달려 있다는 말을 進言하였다.

선종이 이르기를, "≪周易≫ 否卦[49]와 泰卦[50]에 그 이치가 다 들어 있다. 君子가 나아가고 小人이 물러나서 上下가 情이 通하면 이것을 泰라 이르고, 소인이 나아가고 군자가 물러나서 상하의 정이 통하지 않으면 이것을 否라 한다. 泰의 시절에는 君主가 크게 훌륭한 일을 할 수 있는 까닭에 天地에 참여하여 化育을 돕는 功[51]을 이룰

---

49) 否卦 : 乾上坤下로 이루어진 괘인데 하늘이 위에 처하고 땅이 아래에 처하면 이는 천지가 가로막혀 서로 통하지 못하는 것이니 이 때문에 막히게 된다.

50) 泰卦 : 坤上乾下로 이루어진 괘인데 坤陰이 위에 있고 乾陽이 아래에 있으니 천지 음양의 기운이 서로 사귀어 화하면 만물이 생성되어 通하고 편안하게 된다.

수 있고, 否의 시절에는 군자가 벼슬에서 물러나니 훌륭한 일을 할 수 없다. 否와 泰의 단서를 구하는 것은 군자와 소인이 나아가고 물러나는 데 달려 있으니, 군주의 用舍가 世道와 관계되는 것이 이와 같다. 어찌 신중하지 않을 수 있겠는가. 다만 군자와 소인은 갑자기 판별하기 쉽지 않으니, 만일 짐이 인재를 등용하는 데에 합당하지 않은 점이 있으면 경들이 또한 直言을 하여 숨기지 말아야 할 것이다." 하였다.

○上視朝退御便殿하니 翰林儒臣侍라가 因進致治在用人之說한대 上曰 易否泰二卦盡之矣라 君子進하고 小人退하야 上下情通하면 斯謂泰요 小人進하고 君子退하야 上下之情不通하면 斯謂否라 泰之時엔 人君大有爲니 所以成參贊之功이요 否之時엔 君子引退니 則不可以有爲矣라 求否泰之端은 則在乎君子小人進退하니 人君之用舍有關世道如此라 豈可不愼이리오 但君子小人은 猝未易(이)辨하니 如朕所用有不當者어든 卿等亦宜直言勿隱이라하다

34-1-29

선종이 奉天門에 행차하여 三法司의 관원들에게 유시하기를, "짐이 간밤에 〈周書〉를 읽었는데, 〈立政〉篇에 이르기를, '그 행할 옥사를 공경하여 우리 왕국을 장구히 하였다.〔式敬爾由獄 以長我王國〕'[52] 하였으니 이 말에 매우 의미가 있다. 대개 능히 공경하고 신중하게 형벌을 적용하여 법을 어기고 남용하는 데 이르지 않는다면 仁愛의 恩德이 윤택하게 두루 미쳐서 국가의 근본을 견고하게 배양할 수 있을 것이니, 福祚가 어찌 오래도록 널리 이어지지 않겠는가? 지금 그 效驗에 대해서는 논할 필요가 없지만 다만 마땅히 공경을 위주로 하여 근심하는 마음으로 欽恤[53]하는 것이 바로 이 뜻이니, 경들은 의당 아침저녁으로 잊지 말아야 할 것이다." 하였다.

---

51) 天地에……功 : 만백성을 化育하는 임금의 敎化를 의미한다. ≪中庸章句≫ 제22장에 "오직 천하에 지극히 성실한 사람이어야 본성을 다할 수 있으니, 본성을 다하면 다른 사람의 본성을 다하게 할 수 있고 다른 사람의 본성을 다하면 만물의 본성을 다하게 할 수 있고 만물의 본성을 다하면 천지의 化育을 도울 수 있고 천지의 화육을 도우면 천지에 참여할 수 있다.〔惟天下至誠 爲能盡其性 能盡其性 則能盡人之性 能盡人之性 則能盡物之性 能盡物之性 則可以贊天地之化育 可以贊天地之化育 則可以與天地參矣〕"라고 한 데서 온 말이다.

52) 그……하였다 : 형벌을 신중하게 적용하였다는 의미이다. ≪書經≫ 〈周書 立政〉에, 周公이 太史에게 고하기를, "태사야, 사구인 소공이 그 행할 옥사를 공경하여 우리 왕국을 장구히 하였으니, 이에 본받아 조심하면 조목조목 나열하여 알맞은 형벌을 쓸 수 있을 것이다.〔太史 司寇蘇公 式敬爾由獄 以長我王國 玆式有愼 以列用中罰〕"라고 한 데서 온 말이다.

53) 欽卹 : 獄事를 다스림에 신중을 기하여 형벌을 남용하지 않고 백성들을 가엾게 여긴다는 의미이다. ≪書經≫ 〈虞書 舜典〉에 "공경하고 공경하여 형벌을 신중히 하셨다.〔欽哉欽哉 惟刑之卹哉〕"라고 한 데서 온 말이다.

都御史 劉觀 등이 모두 머리를 조아리며 말하기를, "신들이 감히 공경히 服膺하지 않을 수 있겠습니까?" 하였다.

○上御奉天門하야 諭三法司官曰 朕夜來觀周書한대 立政篇有云 式敬爾由獄하야 以長我王國이라하니 此深有意味라 蓋能敬愼用刑하야 不致枉濫이면 則仁恩浹洽하야 足以培固國本이니 福祚豈不靈長이리오 今不必論效驗이나 但當以敬爲主하야 有虞欽恤이 正是此意니 卿等은 宜夙夜勿忘하라하니 都御史劉觀等皆頓首曰 臣等敢不祗服이리잇가하다

34-1-30

7월에 선종이 奉天門에 행차하여 兵部尙書 張本[54] 등에게 유시하였다.

"근래 백성들 가운데는 充軍[55]에 잘못 분류되었다고 하소연하는 자가 있으니, 이것은 곧 有司의 잘못이다. 有司는 대체로 朝廷에서 중요하게 여기는 일은 군사에 있다고 생각하였겠지만, 백성이 바로 국가의 근본이란 점을 알지 못한 것이다. 대저 朝廷은 군사와 백성에 대하여 실로 배나 수레와 같이 여기나니, 짐을 실을 때 輕重을 치우치게 해서는 안 된다. 지금 이후로 경들은 모름지기 有司로 하여금 자세히 조사하여 軍卒은 軍丁이 되게 하고 백성은 백성이 되게 해서 허위로 기재하는 일이 생기지 않게 하라. 이를 어기는 자는 반드시 죄를 주어 용서하지 않을 것이다."

○七月에 上御奉天門하야 諭兵部尙書張本等曰 近來民有訴妄解充軍者하니 此乃有司之過라 彼意蓋謂朝廷所重在軍이나 不知民乃國家根本이라 夫朝廷於軍民에 正如舟車하니 任載不可偏有輕重이라 今後卿等須令有司審實하야 軍則爲軍하고 民則爲民하야 毋致妄冒하라 違者는 必罪不恕하리라하다

34-1-31

山東에 보리가 없다는 이유로 詔書를 내려 夏稅[56]를 면제하였다.

선종이 戶部尙書 夏原吉에게 이르기를, "산동 백성들의 식량은 太半이 보리에 의

54) 張本 : 1367~1431. 明나라 山東 東阿 사람으로 자는 致中이다. 洪武 연간에 國子生의 신분으로 江都知縣이 되고, 宣德 初에 南京 兵部尙書가 되었다.

55) 充軍 : ≪大明律≫의 徒刑·流刑에 준하는 형벌의 하나로, 賤役에 종사하는 軍丁으로 충원하여 勞役에 종사하게 하는 것을 말한다. 대개 변방에 충군한다.

56) 夏稅 : 明代의 徵稅法으로, 牟麥 등 夏穀에 부과하는 상반기의 租稅이다. 秋穀에 부과하는 하반기의 조세는 秋糧이라 하였다.

지하는데, 지금 오래도록 비가 내리지 않아 보리는 수확한 것이 없고 秋穀은 또한 기대할 수 없는 실정이니, 朕은 특별히 산동의 하세를 면제하노라.

다만 예전에 듣건대, 詔書를 내려 蠲減한 항목에 대해 戶部에서 매번 다시 징수를 독촉하되, '이미 관아에서 거두어들였습니다.' 하거나 '災傷이 그렇게 심하지 않습니다.' 하면서 여러 가지 방법으로 沮止하는 바람에 朝廷이 백성들의 신의를 잃게 되었다고 하였다. 稷은 천하에 굶주리는 자가 있으면 마치 자신이 그들을 굶주리게 한 것처럼 생각하였고,[57] 伊尹은 재상이 되었을 때 한 사람이라도 살 곳을 얻지 못하면 마치 자신이 시장에서 종아리를 맞는 것처럼 여겼다.[58] 경은 국가의 大臣이니, 의당 이런 마음을 體認하여 삼가 다시는 이전의 폐단을 답습하지 말도록 하라." 하였다.

○以山東無麥으로 下詔免其夏稅하다 上謂戶部尙書夏原吉曰 山東民食은 太半仰麥이어늘 今久不雨하야 麥已無收하고 秋穀亦未可知하니 朕特免其夏稅하노라 但舊聞詔書所蠲을 戶部每復催徵호대 或云 已收在官하고 或云 災傷未甚이라하야 多方沮格하야 致朝廷失信於民이라 稷思天下有飢者면 猶己飢之하고 伊尹作相에 一夫失所면 若撻於市라 卿은 國之大臣이니 宜體此心하야 愼勿復蹈前弊하라하다

34-1-32

선종이 行在工部尙書 吳中에게 이르기를, "전날 경이 上奏하기를, '內官監[59]이 民間의 어린 사내아이들을 데려다가 匠人의 기술을 배우게 하려 하여, 應天府[60]에 公

57) 稷은……생각하였고 : 孟子가 "禹王과 后稷과 顔回는 道가 같다."고 하면서 "우왕은 천하에 물이 빠진 자가 있으면 마치 자신이 그들을 빠뜨린 것과 같이 생각하였으며, 후직은 천하에 굶주리는 자가 있으면 마치 자신이 그들을 굶주리게 한 것처럼 생각하였다.〔禹思天下有溺者 由己溺之也 稷 思天下有飢者 由己飢之也〕"라고 하였는데, 여기서 온 말이다.(≪孟子≫ 〈離婁 下〉)

58) 伊尹은……여겼다 : ≪書經≫ 〈商書 說命 下〉에, "옛날 先正인 保衡이 우리 先王을 진작하여 이르기를 '내 君主로 하여금 堯舜 같은 君主가 되게 하지 못하면 마음에 부끄러워하여 시장에서 종아리를 맞는 것처럼 여겼으며, 한 사람이라도 살 곳을 얻지 못하면 이는 나의 잘못이다.'라고 하여, 나의 烈祖를 도와서 功이 皇天에 이르렀으니, 너는 부디 나를 밝게 保佐하여 阿衡으로 하여금 商나라에 아름다움을 독차지하게 하지 말라.〔昔先正保衡 作我先王 乃曰 予弗克俾厥后惟堯舜 其心愧恥 若撻于市 一夫不獲 則曰時予之辜 佑我烈祖 格于皇天 爾尙明保予 罔俾阿衡 專美有商〕"라고 한 데서 온 말이다. 保衡과 阿衡은 伊尹을 가리키는 말로, 임금이 의지하고 표준으로 삼는다는 의미이다. 후세에는 흔히 재상의 직위를 가리킨다.

59) 內官監 : 황궁 내의 토목·건축 공사를 관리하며 각 지방을 다스리는 왕의 주거지인 藩邸와 제후들의 능묘를 수리하는 일을 담당한 관청으로, 황제가 사용하는 器具와 종이 등도 관리하였다.

60) 應天府 : 南京의 옛 이름이다. 明나라 건국 후 남경을 수도로 삼아 元나라 때의 이름인 集慶路를 고쳐서 應天府라 하였다.

文을 보내 5000명을 선발하게 하였습니다.' 하였다. 저 어린아이들은 일에 익숙하지 못한데 技藝를 배우게 하면 잘하지 못했을 때는 반드시 督責이 더해질 것이니, 그 부모의 마음이 어떠하겠는가? 또한 사람 사는 집에 어린 자식 없는 곳이 어디 있겠는가? 그대는 이 마음을 體認하여 속히 정지하게 하라." 하였다.

○上謂行在工部尙書吳中曰 前日卿奏內官監欲取民間幼丁學匠藝하야 行移應天府하야 選取五千人이라하니 彼幼未諳事어늘 令習技藝면 不能則必加督責하리니 其父母之心如何오 且人家誰無幼子리오 爾其體此心하야 速止之하라하다

34-1-33

9월에 亦剌과 馬剌 등지에 사는 女直의 野人 刀兀 등 200여 명이 와서 조회하고 貢馬를 바치니, 명하여 指揮, 千戶, 百戶 등의 관직을 주게 하였다.

선종이 인하여 侍臣에게 이르기를, "夷狄의 근심이 예로부터 있었지만 宋나라처럼 심한 경우는 없었다. 만일 禍의 根本을 규명해볼 것 같으면, 대개 熙寧[61] 연간에서부터 宣和[62] 연간에 이르기까지 5, 60년 동안은 小人들이 用事하여 法度를 變易하는 바람에 백성들은 조세와 부역에 시달리고 군대에는 紀律이 사라져서 國家의 政事가 갈수록 쇠퇴하였고, 마침내 夷狄에게 모욕을 당하여 이런 禍가 이르고 말았다. 따라서 高宗이 남쪽으로 遷都하였을 때는 정사를 마땅히 충성스럽고 어진 신하에게 委任하여 옛 강토를 회복함으로써 큰 치욕을 설욕했어야 했는데, 도리어 다시 소인을 기용하고 힘써 和議를 주장하여 편안함을 훔치려는 생각을 하였다. 그래서 岳飛[63]의 충성으로도 끝내 秦檜[64]의 참소를 받고 죽게 되었으니, 소인이 국가를 패망

---

61) 熙寧 : 宋나라 神宗의 연호로, 1068년에서 1077년까지이다. 당시 신종은 북방 遼나라의 침입을 받아 국세가 위태로워지자 王安石을 재상으로 등용하여 과감한 개혁을 시도하였다. 이에 왕안석은 保甲法·保馬法·靑苗法 등 이른바 新法을 실시하여 부국강병을 꾀하였으나 너무 급진적인 개혁에 불안을 느낀 보수파 司馬光 등의 반대에 부딪혀 소기의 성과를 거두지 못하였고, 宋나라는 이후 수십 년 동안 新法黨과 舊法黨의 각축장이 되어 정국이 혼란에 빠지고 말았다.

62) 宣和 : 宋나라 徽宗의 연호로, 1119년에서 1125년까지이다. 당시 휘종은 金나라와 맹약을 맺고 남북으로 遼나라를 협공하여 빼앗겼던 燕雲 16주를 수복하고자 하였으나 이 과정에서 군사력의 약체를 드러내었고, 이를 간파한 금나라는 요나라를 멸망시킨 후 전쟁 배상금 지불을 미루고 금나라에 대한 도발과 견제를 지속하던 송나라를 치기 위해 군사를 일으켜 남하하였다. 이에 휘종은 해결책을 찾지 못하고 황위를 태자로 있던 趙桓(欽宗)에게 양위하고 남방으로 도피하고 말았다.

63) 岳飛 : 1103~1141. 南宋의 명장으로, 자는 鵬擧이다. 1126년에 金나라의 군대가 북송의 수

하게 한 것이 이와 같았다." 하였다.

○九月에 亦馬剌等處女直野人刀兀等二百餘人來朝貢馬하니 命爲指揮千百戶等官이라 上因謂侍臣曰 夷狄爲患이 自古有之호대 未有若宋之甚者라 若究禍之根本이면 蓋自熙寧至宣和五六十年은 小人用事하야 變易法度하야 民苦征徭하고 軍無紀律하야 國家政事가 日陵月替하고 遂爲夷狄所侮하야 致有此禍하니 高宗南渡엔 政宜委任忠良하야 恢復舊疆하야 洗雪大恥어늘 乃復用小人하고 力主和議하야 爲偸安之計하야 以岳飛之忠으로 卒死於秦檜之讒하니 小人之敗國家如此니라하다

34-1-34

11월에 선종이 順天府尹 王驥[65] 등에게 유시하였다.

"예로부터 仁政은 반드시 鰥寡孤獨에게 먼저 베풀었으니,[66] 朝廷에서 養濟院을 설치한 것은 그 뜻이 실로 이와 같은 것이다. 근래 듣건대, 京師에 자못 殘疾이 있거나 飢寒에 고생하며 의지할 곳 없는 사람들이 구걸을 다닌다고 하였다. 그대들은 백성을 다스리는 관리가 된 몸으로 어찌 만홀하여 성찰을 더하지 않을 수 있단 말인가? 모두 양제원으로 거두어들여 살 곳을 잃게 하지 말도록 하라."

○十一月에 上諭順天府尹王驥等曰 自古仁政은 必先鰥寡孤獨하니 朝廷設養濟院은 意正如此라 近聞京師頗有殘疾飢寒無依之人行乞이라 爾爲親民之官하야 何得漫不加省고 其悉收入

도인 開封을 점령하고 徽宗과 欽宗을 포로로 잡아가자 高宗과 함께 남쪽으로 퇴각하였다. 이후 金나라의 군대를 여러 차례 격파해 高宗으로부터 '精忠岳飛'라는 4글자를 하사받았으며, 다시 李成·劉豫 등을 격파해 太尉에 올랐다. 그 뒤에 招討使가 되어 금나라 군대를 대파한 뒤 황하를 건너 진격하려고 하였는데, 主和論을 주장하고 있던 간신 秦檜에 의해 갑자기 소환 명령이 내려져 군사를 돌렸다가 무고에 의해 체포되어 獄死하였다. 孝宗 때 武穆이라는 시호가 내려졌고, 寧宗 때 鄂王에 추봉되었다. 저서에 ≪岳武穆集≫이 있다.(≪宋史≫ 권365 〈岳飛列傳〉)

64) 秦檜 : 南宋 때의 재상으로, 간신의 대표적 인물로 불린다. 主戰派인 岳飛를 무고하여 죽이고 金나라와 굴욕적인 講和를 체결하였다. 이 화친 정책 이후로 남송의 國勢는 급격하게 무너졌고, 결국 나라가 멸망하게 되었다.(≪宋史≫ 권473 〈秦檜列傳〉)

65) 王驥 : 1378~1460. 明나라 保定府 束鹿 사람으로 자는 尙德이다. 永樂 4년(1406)에 진사시에 합격하여 兵科給事中이 되었다가 山西副使로 옮겼고, 宣德 연간에 여러 번 자리를 옮겨 兵部尙書가 되었다.

66) 예로부터……베풀었으니 : '鰥寡孤獨'은 천하에 하소연할 곳 없는 가장 곤궁한 백성을 말한다. 孟子가 "늙어서 아내가 없는 사람을 鰥이라 하고, 늙어서 남편이 없는 사람을 寡라 하고, 늙어서 자식이 없는 사람을 獨이라 하고, 어려서 부모가 없는 사람을 孤라 하니, 이 네 부류는 천하의 곤궁한 백성으로서 하소연할 곳이 없는 자들이다. 文王은 政事를 펴고 仁을 베푸시되 반드시 이 네 부류를 우선으로 하였다.〔老而無妻曰鰥 老而無夫曰寡 老而無子曰獨 幼而無父曰孤 此四者 天下之窮民而無告者 文王 發政施仁 必先斯四者〕"라고 한 데서 온 말이다.(≪孟子≫ 〈梁惠王 下〉)

養濟院하야 毋令失所하라하다

34-1-35

12월에 선종이 奉天門에 행차하여 侍從臣에게 이르기를, "이제 사방의 오랑캐가 順服하고 邊境이 안정되었다. 그러나 古人이 일찍이 이르기를, '우환이 없을 때 미리 경계해야 한다.'[67] 하였고, 또 이르기를, '재앙은 게으른 데에서 생긴다.'[68] 하였으니, 만일 변경을 지키는 將士가 점점 게으른 마음이 생겨서 조금이라도 방비가 허술해지면 장차 의외의 근심이 생길 것이다." 하고, 마침내 옥새를 찍은 서신을 보내 변경의 守將들을 경계하고 권면하여 하여금 성심을 다해 방비하여 지키되 태만하고 소홀히 하지 못하게 하였다.

○十二月에 上御奉天門하야 謂侍臣曰 今四夷順服하고 邊境晏然이나 古人嘗曰 儆戒無虞라하고 又曰 禍生於懈怠라하니 若守邊將士稍起怠心하야 少失防閑이면 將有意外之患이라하고 遂遣璽書하야 戒勵緣邊守將하야 令盡心防守호대 不可怠忽이라

34-1-36

宣德 2년(1427) 正月에 漢州 綿竹縣의 백성이 上奏하기를, "대대로 사냥을 생업으로 삼아 해마다 鹿皮를 貢納하고 있는데, 처음에는 田地가 황량하고 수풀이 우거졌으므로 사람이 적고 짐승이 많아 採納하는 것이 늘 넉넉하였습니다. 그런데 지금은 屯戍의 廢地를 모두 良田으로 만드는 바람에 짐승이 적어져서 사냥해도 잡기 어려우므로 세월이 오래되어 밀린 貢納이 많아졌으니, 청컨대 관대한 恤典을 내려주소서." 하였다.

---

67) 우환이……한다 : 益이 舜임금에게 건의하기를, "아! 경계하소서. 헤아림이 없을 때에 경계하시어 법도를 잃지 마시고 편안함에 놀지 마시고 즐거움에 지나치지 마시며, 어진 자에게 맡기되 두 마음을 품지 마시고 사악한 자를 제거하되 의심하지 마소서. 의심스러운 계책을 이루지 마셔야 백 가지 생각이 넓어질 것입니다. 道를 어기면서 백성들의 칭찬을 구하지 마시며 백성들을 거스르면서 자신이 바라는 것을 따르지 마소서. 게을리하지 않고 황폐하지 않으면 사방의 오랑캐들도 와서 王으로 받들 것입니다.〔吁戒哉 儆戒無虞 罔失法度 罔遊于逸 罔淫于樂 任賢勿貳 去邪勿疑 疑謀勿成 百志惟熙 罔違道 以干百姓之譽 罔咈百姓 以從己之欲 無怠無荒 四夷來王〕"라고 한 데서 온 말이다.(≪書經≫ 〈虞書 大禹謨〉)

68) 재앙은……생긴다 : 孔子가 曾子에게 "벼슬하는 자는 지위가 성취되는 데에서 게을러지고, 병은 조금 낫는 데에서 심해지며, 재앙은 게으른 데에서 생기고, 효도는 처자식에게서 쇠하나니, 이 네 가지를 살펴서 끝까지 처음처럼 삼가야 할 것이다.〔官怠於宦成 病加於小愈 禍生於懈惰 孝衰於妻子 察此四者 愼終如始〕"라고 한 데서 온 말이다.(≪說苑≫ 권10 〈敬愼〉, ≪小學≫ 〈明倫〉)

선종이 行在工部尙書 吳中에게 유시하기를, "田野가 개간되고 백성이 많아진 것은 좋은 일이다. 비록 羽毛와 齒革이 國用에 도움이 되지만 만일 과연 얻기 힘들다면 이치로 볼 때 당연히 蠲減해주어야 할 것이니, 이 때문에 백성들을 곤궁하게 만들어서는 안 된다." 하였다.

○二年正月에 漢州綿竹縣民奏 世以採捕爲業하야 歲納麂(궤)皮한대 初地荒林密라 人少獸多하야 採納常足이러니 今以屯戍廢地를 皆爲良田하야 獸少하야 捕之難得이라 歲久逋多하니 乞賜寬恤이라한대 上諭行在工部尙書吳中曰 田野闢人民衆은 此好事라 雖羽毛齒革以資國用이나 若果難得이면 理當除減이니 不宜以此困民이라하다

34-1-37

5월에 三法司가 輕罪囚와 重罪囚의 罪狀을 보고하니, 선종이 직접 살펴보고 그 奏牘에 대해 비답하기를, "叛逆罪와 强盜殺人罪 및 子孫이 부모를 誣告한 罪와 殺人謀議를 주동한 罪는 모두 律法에 따라 처결하고, 雜犯死罪[69]는 모두 감형하여 徒罪에 처하고, 徒罪·流罪·笞罪·杖罪는 輕重을 논하여 罰工[70]에 처하도록 하라." 하였는데, 무릇 심리하여 처결한 죄수가 2190여 명이었다.

대개 선종은 어질고 관대하여 死刑에 처하기를 좋아하지 않았으니, 범죄자에 대해서는 반드시 審理하고 訊問하여 원망함이 없은 연후에 죄를 주었으므로 일찍이 기쁨과 노여움 때문에 죄의 敬重을 결정한 적이 없었다. 그리고 혹한과 폭염에는 반드시 먼저 해당 官司에 신칙하여 죄수를 처결함에 혹 勞役으로 처벌하여 贖罪하게 하기도 하였으니, 대개 가벼운 쪽으로 처벌하는 경우가 많았다.

有司가 누차 執奏[71]하자, 선종이 이르기를, "무고한 사람을 죽이기보다는 차라리

---

69) 雜犯死罪 : 死罪에는 眞犯死罪와 雜犯死罪가 있는데, 十惡, 謀殺, 反逆緣坐, 監守自盜, 搶掠人口, 受財枉法 등 극악한 죄가 진범사죄이고 그 나머지는 대개 잡범사죄이다. 그 명칭은 唐代부터 있었으나 明代 洪武 연간에 일단 진범사죄와 잡범사죄가 정해졌고 1497년(弘治 10)에 정비되었다. 잡범사죄를 지은 죄인은 실제로 참형이나 교형에 처해지는 경우는 비교적 적고, 일단 斬監候나 絞監候의 판결을 받은 뒤 秋審이나 朝審을 거쳐 情實, 緩決, 可矜, 留養承祀 네 종류의 정상을 참작하여 비교적 가벼운 형벌을 받게 된다. 진범사죄와 잡범사죄 각각에 속하는 죄명의 자세한 목록은 ≪大明律集解附例≫에 보인다. 十惡은 謀反·謀大逆·謀叛·惡逆·不道·大不敬·不孝·不睦·不義·內亂을 말한다.(≪大明律直解≫ 권1 〈名例律〉)

70) 罰工 : 工役에 종사하게 하는 형벌을 말한다.

71) 執奏 : 論執하여 아뢰는 것으로, 주장하는 바를 밝혀 적어서 끈질기게 아뢰는 것을 말한다.

떳떳한 법대로 하지 않는 실수를 범하는 편이 나으니,[72] 저들이 능히 일로 인하여 과실을 고치면 곧 선량한 백성이 되겠지만, 만일 믿는 바가 있어서[73] 고치지 않으면 마침내 또한 죄를 면할 수 없을 것이다. 또 일찍이 이르기를, '唐 太宗은 명철한 군주라고 칭송되니, 斷趾法을 폐지하고 鞭背刑을 금지하였으며,[74] 張蘊古를 죽인 일[75]을 후회하였다.' 하였으니, 帝王의 用刑은 신중하지 않을 수 없는 것이다." 하였다.

○五月에 三法司上輕重繫囚罪狀하니 上親閱之하고 批其奏牘曰 叛逆强盜殺人子孫誣告父母謀殺人造意는 皆如律하고 雜犯死罪는 皆減就徒하고 徒流笞杖은 論輕重罰工하라한대 凡決遣二千一百九十餘人이라 蓋上仁恕不耆殺하니 犯罪者는 必審錄無寃然後罪之라 未嘗以喜怒爲輕重하고 隆寒盛暑엔 必先勅所司하야 決遣繫囚에 或罰輸作贖罪하니 蓋從輕典者多라 有司屢執奏한대 上曰 與其殺不辜론 寧失不經이니 彼能因事改過면 卽爲善良이나 若怙終不悛이면 終亦不免이라 又嘗

---

72) 무고한……나으니 : 살리기 좋아하는 임금의 덕을 말한다. 皐陶가 舜임금의 살리기 좋아하는 덕을 찬양하면서 "죄가 의심스러운 것은 가볍게 형벌하시고 공이 의심스러운 것은 중하게 상주시며, 무고한 사람을 죽이기보다는 차라리 떳떳한 법대로 하지 않은 실수를 범하셨다.〔罪疑惟輕 功疑惟重 與其殺不辜 寧失不經〕"라고 한 데서 온 말이다. 일컬은 말이다.(≪書經≫ 〈虞書 大禹謨〉)

73) 믿는 바가 있어서 : 배경을 믿고 의도적으로 죄를 짓는 경우를 말한다. ≪書經≫에 "과오와 불행으로 지은 죄는 용서하여 풀어주었지만, 믿는 데가 있어서 끝까지 再犯하는 자는 사형에 처하였다.〔眚災肆赦 怙終賊刑〕"라고 한 데서 온 말이다.(≪書經≫ 〈虞書 舜典〉)

74) 斷趾法을……금지하였으며 : 斷趾法은 뒤꿈치를 자르는 형벌로, 唐 太宗이 즉위하여 옛 율령을 정하게 했을 때 房玄齡 등이 "肉刑은 이미 폐지되었고 이제 笞刑·杖刑·徒刑·流刑·死刑을 다섯 가지 형벌로 삼았는데, 또다시 발을 벤다면 이는 여섯 가지 형벌입니다." 하여 단지법을 폐지하였다. 鞭背刑은 죄인의 등을 채찍으로 때리는 형벌로, 태종이 일찍이 ≪明堂針灸圖≫에 '사람의 五臟이 모두 등과 가까이 있어서 針灸할 때 제자리를 놓치면 그 폐해가 죽음을 초래한다.'라는 내용을 보고 탄식하기를 "채찍질은 다섯 가지 형벌 중에 가벼운 것이고 죽음은 사람이 중요하게 여기는 일이니, 어찌 지극히 가벼운 형벌을 범하여 혹 죽음에 이르게 할 수 있단 말인가." 하고, 편배형을 금지하게 하였다.(≪通鑑節要≫ 권36 〈唐紀 太宗皇帝 上〉)

75) 張蘊古를 죽인 일 : 張蘊古는 唐나라의 문장가로, 天子의 자리를 지키기가 어렵다는 내용의 〈大寶箴〉을 지어 太宗에게 격언으로 삼게 하였다. 당 태종이 즉위한 초기에 장온고가 이 〈대보잠〉을 지어 올려 諷諫을 하니, 태종이 가상하게 여겨 大理丞을 제수하였는데, 이때 河內 사람 李好德이 공개적으로 요망한 발언을 하자 태종이 그를 하옥하여 治罪하도록 명하였다. 이에 장온고가 "이호덕은 瘋疾을 앓고 있는 만큼 법률에 비춰 볼 때 치죄하는 것은 마땅하지 않습니다.'라고 上奏하니, 治書侍御史 權萬紀가 탄핵하기를 "장온고는 貫籍이 相州에 있고 이호덕의 형 李厚德은 相州의 刺史가 되었으니, 장온고의 마음이 이후덕에게 아첨하여 이호덕을 놓아주려는 데 있어서 일을 조사함이 진실하지 않습니다." 하자, 태종이 노하여 장온고를 시장에서 斬刑하도록 명하였다. 이후 태종은 자신의 경솔한 행동을 후회하고 크게 반성하면서, 앞으로 사형의 판결을 내려 처형할 때에는 三覆奏를 하도록 규정을 고치게 하고, 또 한걸음 더 나아가 판결 이틀 전과 하루 전에 두 번 복주하고 行刑하는 날에 다시 세 번 복주하는 五覆奏의 제도를 두게 한 고사가 전한다.(≪舊唐書≫ 권50 〈刑法志〉) 三覆奏는 死刑에 해당하는 죄인의 審理를 신중히 할 목적으로, 初覆, 再覆, 三覆 등으로 반복하여 조사를 해서 임금에게 보고하는 것을 말한다.

曰 唐太宗號稱明君하니 除斷趾法禁鞭背하고 而悔殺張蘊古라하니 帝王用刑은 不可不愼이라하다

34-1-38

渾州·源州의 知州 陳淵이 죄가 있어서 파직되어 백성이 될 처지에 놓였는데, 耆民[76] 수십 명이 대궐에 이르러 말하기를, "진연은 백성을 자식처럼 사랑하여 달아났던 백성들이 다시 생업에 종사하고 있습니다. 또 외적에 대한 방비 때문에 千戶 陳貴가 군사를 풀어 백성들의 집을 헐고 백성들이 田地를 점유하자 진연은 백성들이 피해 보는 것을 참지 못하여 진귀의 죄를 조목조목 上奏하였다가 진귀의 무함을 받았습니다. 진연이 離職한 뒤로 백성들은 所望을 잃었으니, 청컨대 진연을 復職시켜 주소서." 하였다.

선종이 吏部의 신하에게 유시하기를, "守令 가운데 일찍이 현명한 자가 없지 않았지만, 왕왕 小人들의 무함을 받고 法司에서 다시 그 是非曲直을 제대로 분별하지 못했으니, 또한 어찌 허물이 없을 수 있었겠는가? 백성들의 말을 따라 진연을 복직시키게 하라." 하였다.

○渾源州知州陳淵有罪하야 當罷爲民이어늘 耆民數十人詣闕言 淵愛民如子하야 逃亡復業하고 因備禦千戶陳貴縱軍하야 毁民室廬占民田地어늘 淵不忍民被害하야 列奏貴罪라가 爲貴所誣라 自淵離職으로 民失所望하니 乞復淵職이라한대 上諭吏部臣曰 守令中未嘗無賢者로되 往往爲小人所傷하고 法司又不能別白是非枉直하니 亦豈得無過리오 其從民所言하야 令淵復職하라하다

34-1-39

6월에 行在吏部가 上奏하여 工部員外郞 蘇起 등에게 誥命[77]을 내려주기를 청하니, 선종이 그대로 따르고, 尙書 蹇義 등에게 이르기를, "名號와 器物은 경솔하게 사람에게 빌려줄 수 없는 것이니, 경들은 조정을 위해 아껴야 할 것이다."[78] 하였다.

---

76) 耆民 : 耆老와 같은 말로, 나이가 많고 德이 있는 70세 이상의 노인들을 말한다.
77) 誥命 : 明淸代에 5品官 이상의 관리를 임명할 때 황제가 내려주는 職牒을 말한다.
78) 名號와……것이다 : 名號는 爵號를, 器物은 車服儀制 등을 가리키는 말로, 封建社會에서 尊卑貴賤을 구별하는 等級을 의미하는데, 여기서는 국가에서 제수하는 爵位를 가리킨다. 仲叔于奚라는 사람에게 상으로 邑을 주는 대신에 曲縣과 繁纓이라는 기물을 갖추고 조정에 나오게 했다는 말을 듣고 孔子가 "아깝다. 그에게는 차라리 읍을 많이 주는 편이 낫다. 기물과 명호는 사람에게 빌려줄 수 없는 것이다. 이는 임금이 주관하는 것이다.〔惜也 不如多與之邑 唯器與名 不可

○六月에 行在吏部奏給工部員外郎蘇起等誥命하니 上從之하고 謂尙書蹇義等曰 名與器는 不可輕假人이니 卿等當爲朝廷惜之라하다

34-1-40

7월에 선종이 少師 吏部尙書 蹇義 등에게 유시하였다.

"唐 太宗이 일찍이 말하기를, '사람을 등용할 때는 마땅히 德行과 學識을 근본으로 삼아야 한다.' 하였으니, 이 말이 매우 옳다. 지금 등용하는 사람들은 대부분 進士와 國子監의 儒生들이니, 저들은 책을 읽고 옛날의 사적을 알아서 반드시 德行에 힘쓰고 智識을 넓힐 수 있을 것이다. 그러나 간간이 人才가 있더라도 吏胥는 끝내 또한 要職에 있는 사람이 적으니, 대체로 사람을 등용하는 일은 실로 工匠이 材木을 사용하는 것과 같아서 크고 작고 길고 짧은 재목을 각각 합당하게 사용한 뒤에야 居室을 완성할 수 있다. 만일 인재의 등용이 합당하지 못하면 어떻게 다스림의 공효를 이룰 수 있겠는가?

경들은 의당 다시 더욱 자세히 살펴서, 높은 지위에 있더라도 德行과 學識이 걸맞지 않은 사람이 있으면 고쳐 등용하고 낮은 지위에 있더라도 덕행과 학식이 넉넉한 사람이 있으면 올려 등용해야 할 것이니, 그렇게 하면 지극히 공정한 도리에 합치될 수 있을 것이다."

○七月에 上諭少師吏部尙書蹇義等曰 唐太宗嘗言用人當以德行學識爲本이라하니 此語甚是라 今之所用은 多是進士監生이니 彼讀書知古하야 必能務德行廣智識이어니와 間有人才라도 吏胥는 終亦少在要職이니 大凡用人은 正如工匠用木하야 小大長短을 各當其宜然後에 能成居室이라 若用人不當이면 何以成治功이리오 卿宜更加詳察하야 有在高位而德行學識未稱이면 則改用之하고 有在下位而德行學識優長이면 則進用之라야 庶合至公이라하다

34-1-41

8월에 行在戶部가 上奏하여 한 해 동안 사용할 馬草를 징수하기를 청하니, 선종이 이르기를, "옛날에 總을 바치게 하고 銍을 바치게 하되 모두 지역의 멀고 가까움을 헤아려 납부하게 하였으니,[79] 백성들의 수고로움을 염려했기 때문이다. 의당 비용

以假人 君之所司也]"라고 비평한 데서 온 말이다.(≪春秋左氏傳≫ 成公 2년)

을 절감하는 쪽으로 징수하여 民力을 고달프게 하지 말아야 할 것이다." 하였다.

○八月에 行在戶部奏徵歲用馬草하니 上曰 古者에 納總納銍호대 皆量地之遠近하니 慮勞民也라 宜從減省하야 毋困民力이라하다

34-1-42

行在戶部가 上奏하기를, "光祿寺[80]에서 내년에 사용할 廚料는 청컨대 규례대로 民間에서 사들이소서." 하였다.

선종이 이르기를, "光祿은 祭祀와 賓客의 접대에 비용을 공급하는 관서이니, 없어서는 안 되는 곳이다. 그러나 민간에서 廚料를 많이 가져오기 보다는 차라리 검소하게 사용하여 財用을 넉넉하게 하는 편이 나으니, 경들은 의당 참작하고 조절하여 過中하게 소비해서는 안 될 것이다." 하였다.

○行在戶部奏 光祿寺(시)明年所用廚料는 請如例買之民間이라한대 上曰 光祿은 供祭祀賓客之費하니 固不可缺이나 然與其多取於民으론 莫若儉以足用이니 卿等宜斟酌撙節하야 不可過中이라하다

34-1-43

10월에 선종이 武英殿에 행차하여 唐 玄宗이 쓴 ≪孝經≫[81]을 살펴보고 侍臣을 돌아보며 이르기를, "堯임금이 萬邦을 화합하여 융화하게 하신 것은 九族을 친하게 여기는 데에서 비롯되었고[82] 舜임금이 堯임금을 계승하여 治世를 이룬 것은 능히

79) 옛날에……하였으니 : 지역의 멀고 가까움을 헤아려 賦稅에 輕重과 精粗를 두었다는 말이다. ≪書經≫ 〈夏書 禹貢〉에, 국토를 서울에서의 거리에 따라 다섯 등급 즉 侯服, 甸服, 綏服, 要服, 荒服으로 나눈 다음, "도성으로부터 500리까지는 전복이니, 100리까지는 곡식의 뿌리까지인 '總'을 바치고, 200리까지는 낫으로 벤 '銍'을 바치고, 300리까지는 짚의 거죽을 제거한 '秸'을 바치되 이상은 수송의 일을 겸하며, 400리까지는 곡식을 바치고, 500리까지는 쌀을 바친다.〔五百里甸服 百里納總 二百里納銍 三百里納秸服 四百里粟 五百里米〕"라고 한 데서 온 말이다.

80) 光祿寺 : 明淸代에 궁중의 제사나 조회 및 연회에 필요한 술과 음식의 조달을 전담하던 관서로, 장관인 卿과 그를 보조하는 少卿이 있었다.

81) 唐 玄宗이 쓴 孝經 : 唐 玄宗이 서문을 짓고 註解한 ≪御注孝經≫을 말한다. ≪孝經≫은 漢나라 초기 顏貞이 펴낸 ≪今文孝經≫과 漢 武帝 때 孔安國이 주석한 ≪古文孝經≫이 있었는데, 眞僞 문제를 둘러싸고 오랫동안 논쟁이 진행되어 오다가 天寶 2년(743) 唐 玄宗이 직접 다시 註解하여 천하에 반포하였으니, 이것이 ≪어주효경≫이다. 그 후 천보 4년(745)에 이 ≪어주효경≫을 어필로 직접 쓰고 네 개의 비석에 새겨 太學에 세웠으니, 이것이 이른바 ≪石臺孝經≫이다.

82) 堯임금이……비롯되었고 : ≪書經≫ 〈虞書 堯典〉에 "능히 큰 덕을 밝혀 구족을 친하게 대하시니 구족이 이미 화목하거늘, 백성을 고루 밝히시니 백성이 덕을 밝히며, 만방을 화합하여 융화하

孝로 화하게 하는 데에서 비롯되었으니,[83] 대개 帝王의 정치는 모두 친한 이를 친히 대하는 데에서부터 시작되었던 것이다." 하였다.

○[84]十月에 上御武英殿하야 觀唐玄宗所書孝經하고 顧謂侍臣曰 堯協和萬邦은 本於親九族하고 舜紹堯致治는 本之克諧以孝하니 蓋帝王之治는 皆自親親始라하다

34-1-44

선종이 한가할 때 少保 夏原吉과 이야기하다가 古人이 讒言을 믿었던 일에 대해 언급하였다.

선종이 이르기를, "간악한 마음으로 남을 참소하는 小人은 참으로 흰색을 검은색으로 변하게 할 수 있고 정직한 사람을 사악하다고 무고할 수 있으니, 그 말을 들으면 충성스러운 것 같지만 그 마음을 따져보면 사악하다. 그러므로 帝舜은 讒言을 미워하였고[85] 孔子는 아첨하는 사람을 멀리하였으며[86] 唐 太宗은 나라를 해치는 도적이라 여겼다. 짐은 이런 등의 일에 대해 매번 절실히 막되, 만일 이런 마음이 싹트기라도 하면 반드시 막고 끊어서, 간사한 말이 들어와 충성스럽고 어진 사람을 해치지 못하게 하였으니, 北齊에서 斛律光을 죽였다가 나라가 마침내 이 때문에 쇠약해졌던 일[87]을 짐은 항상 잘못이라 여겼다. 또 汲黯[88]이 正直함에 奸邪한 자들이 음

게 하시니 여민들이 아, 변하여 이에 화합하였다.〔克明俊德 以親九族 九族旣睦 平章百姓 百姓昭明 協和萬邦 黎民 於變時雍〕"라고 한 데서 온 말이다. 九族은 高祖로부터 玄孫까지의 친족을 말한다.

83) 舜임금이……비롯되었으니 : ≪書經≫ 〈虞書 堯典〉에, 四岳이 堯임금에게 舜임금을 추천하며 "소경의 아들이니, 아버지는 완악하고 後母는 어리석으며 이복동생인 象은 오만한데도, 능히 孝로 화하게 하여 점점 다스려서 간악한 데에 이르지 않게 하였습니다.〔瞽子 父頑母嚚象傲 克諧以孝 烝烝乂 不格姦〕"라고 한 데서 온 말이다.

84) ○ : 저본에는 '○'이 없으나, 四庫全書存目叢書本 ≪歷代君鑑≫(明景泰四年內府刊本)에 의거하여 보충하였다.

85) 帝舜은……미워하였고 : ≪書經≫ 〈虞書 舜典〉에 "짐은 讒言이 善行을 끊어 짐의 무리들을 진동하고 놀라게 하는 것을 미워한다.〔朕堲讒說殄行 震驚朕師〕"라고 한 데서 온 말이다.

86) 孔子는……멀리하였으며 : ≪論語≫ 〈衛靈公〉에, 顔淵이 나라 다스리는 일에 대해 묻자, 孔子가 "夏나라의 冊曆을 행하며, 殷나라의 수레를 타며, 周나라의 면류관을 쓰며, 음악은 韶舞를 할 것이요, 鄭나라 음악을 추방해야 하며 아첨하는 사람을 멀리할 것이니, 정나라 음악은 음탕하고 말 잘하는 사람은 위태롭다.〔行夏之時 乘殷之輅 服周之冕 樂則韶舞 放鄭聲 遠佞人 鄭聲淫 佞人殆〕"라고 한 데서 온 말이다.

87) 北齊에서……일 : 北齊의 명장 斛律光은 황후의 아버지로 北周와의 전투에 큰 공을 세워 대장군이 되었는데, 당시 북제의 재상 祖珽의 권세가 막중하자 그가 국가의 일을 그르칠까 두려워하여 견제하였다. 이에 조정은 "백승이 날아 하늘에 오르니 명월이 장안에 비친다.〔百升飛上天 明月照長安〕"라는 讖謠를 만들어 결국 곡률광을 반역으로 몰아 滅族시켰는데, 백승은 斛을

모를 꾸몄으니, 경들은 마땅히 힘써야 할 것이다." 하였다.

○上燕閒에 與少保夏原吉語及古人信讒事라 上曰 讒慝小人은 眞能變白爲黑하고 誣正爲邪하니 聽其言若忠이나 究其心則險하니 是以帝舜堲讒說하고 孔子遠佞人하고 唐太宗以爲國之賊이라 朕於此等에 每切防閑호대 若有其萌이면 必杜絶之하야 不使姦言得入하야 枉害忠良하니 齊殺斛律光이라가 國遂以弱을 朕常非之라 汲黯正直에 奸邪寢謀하니 卿等所宜務也라하다

34-1-45

○11월에 北京 太僕寺의 관원이 上奏하여 청하기를, "관원을 파견하여 말의 번식 상황을 점검하게 하소서." 하였다.

선종이 유시하기를, "말은 민간에서 기르므로 반드시 民力에 여유가 생긴 뒤에야 성과를 요구할 수 있는 것이니, 國家의 立法에 실로 일정한 規例가 있다. 말의 번식이 규정된 숫자[89]에 미치지 못하더라도 또한 누차 명을 내려 償還을 면제해주게 하여 일찍이 말 때문에 민력을 해친 적이 없었으니, 대개 農民들은 일 년 내내 부지런히 일하며 衣食을 마련하고 있는데 다시 말에 대한 비용을 상환하게 하는 것은 너무도 가련하기 때문이다. 그대들은 다만 舊典에 따라 勸懲을 보여야 할 뿐, 백성 가운데 가난하고 어려운 자가 있으면 의당 관대하게 구휼해야 할 것이다." 하였다.

○十一月에 北京太僕寺(시)官奏請遣官閱孳生馬하니 上諭之曰 馬畜於民間이라 必寬民力而後에 可責成效니 國家立法에 固有定規라 其孳生不及數者라도 亦屢下令免償하야 未嘗以馬傷民하니 蓋農民終歲勤動하야 以營衣食이어늘 又有償馬之費는 甚可憫也라 爾等但率舊典하야 以示勸懲이요 民有貧難者어든 宜寬恤之라하다

말하는 것으로 곡은 100승이 들어가는 용량의 그릇이니 바로 斛律氏를 의미하고 明月은 곡률광의 자이다. 곡률광이 죽었다는 소식을 듣자 북주의 武帝는 대대적인 사면령을 내리고 즉시 군대를 동원하여 북제를 쳐들어와 멸망시켰다.(≪北齊書≫ 권39 〈祖珽列傳〉)

88) 汲黯 : 漢나라 때 直諫을 잘하던 신하로, 성정이 매우 엄격하여 武帝가 옛날의 社稷의 신하에 가깝다고 하였다. 그는 당시의 權臣인 公孫弘·張湯 등을 거침없이 비판하였으며, 무제에게도 "폐하께서 안으로는 욕심이 많으면서 밖으로는 仁義를 베푸시니, 그러고서 어찌하여 堯舜의 善治를 본받고자 하십니까."라고 直諫하였다.(≪史記≫ 권120 〈汲黯列傳〉)

89) 규정된 숫자 : ≪大明律直解≫ 권16 〈兵律 廏牧 孳生馬疋〉에, "말 기르는 사람들이 관리하는 암말은 100마리를 한 무리로 하는데, 매년 불어난 망아지 100마리로 기준 삼아 1년 안에 망아지가 80마리만 생장하게 하면 笞 50이고, 70마리는 杖 60이다. 말 기르는 일을 관리하는 관원이 신경을 쓰지 않았으면 각각 3등급을 줄이고, 司僕寺의 관원은 다시 2등급을 줄인다."라고 하였다.

34-1-46

宣德 3년(1428) 正月에 行在工部에서 上奏하기를, "淮安에서 漕運船을 改修하였는데, 비용이 적지 않았습니다." 하였다.

선종이 유시하기를, "漕運은 국가의 큰일이니, 배를 改修하는 일에 어찌 비용을 아까워할 수 있겠는가? 옛날 劉晏[90)]은 江淮에서 漕運船을 건조할 때 모두 비용을 넉넉히 들였으므로 배가 완성되었을 때 세월이 오래 지나도 부서지지 않았다. 그런데 그 후 有司가 비용을 아껴 太半을 감축하는 바람에 조운선이 마침내 脆弱해져서 조운이 결국 폐지되고 말았으니, 이 일이 監戒가 될 만하다." 하였다.

○三年正月에 行在工部奏 淮安修改漕運船한대 所費不少라하니 上諭之曰 漕運은 國之大事니 修船에 豈可惜費리오 昔劉晏於江淮造船에 皆豐其貲라 船成에 經久不壞어늘 其後有司慳吝하야 減損太半하야 船遂脆薄하야 漕運竟廢하니 此事足爲監戒라하다

34-1-47

2월에 선종이 皇太后(仁孝皇后 張氏)를 모시고 西苑[91)]을 유람하였다. 대개 선종은 황태후를 받들어 섬겨서 효성과 공경을 극진히 하였으니, 늘 아침저녁이면 西宮에 이르러 배알하되 부드러운 안색으로 황태후의 뜻을 받들어 오직 미치지 못하는 점이 있을까 걱정하였다. 황태후는 인자함이 매우 지극하여 선종을 볼 때마다 기뻐하면서 조용히 政事와 공평하게 처결한 일에 대해 물었는데, 선종이 부연하여 이야기하고 명쾌하게 설명하면 황태후가 기쁜 표정을 지었으므로 무릇 軍國의 大政을 반드시 황태후의 命을 받들어 시행하였다. 또 四方에서 進獻하는 貢物은 비록 과일같이 조그만 물건이라도 반드시 먼저 황태후에게 바치고 황태후께서 혹 때로 부르는 일이 있으면 선종은 비록 급한 政務가 있더라도 반드시 멍에를 재촉하여 달려갔는데, 이때에 이르러 공경히 황태후에게 청하여 西苑을 유람하였던 것이다.

당시 皇后와 皇妃가 모두 시종하고 선종이 친히 황태후의 乘輿를 부축하여 萬歲

---

90) 劉晏 : 715~780. 唐나라 때 曹州 南華 사람으로, 자는 士安이다. 財利에 밝아 度支鹽鐵轉運使가 되어서 나라의 재정을 튼튼하게 하였으며, 뒤에 河南·江淮·山南의 漕運을 통하게 하여 물가를 안정시켰다.(≪舊唐書≫ 권123 〈劉晏列傳〉)

91) 西苑 : 北京 舊 皇城 西華門의 서쪽에 있는 황실 정원이다. 원래는 金나라의 離宮이었는데, 元나라에 와서는 大內에 두었고, 明淸代에는 大內의 서쪽에 있었으므로 '서원'이라 칭하였다. 그 안에는 太液池, 瓊華島, 廣華殿 등 여러 勝景이 있다.

山[92]에 올라 술잔을 받들어 축수를 올리고 詩를 올려 聖德을 송축하니, 황태후가 기뻐하며 술을 따라 선종에게 주고 다시 유시하기를, "지금 天下에 아무 일이 없어서 우리 모자가 이렇게 즐거움을 함께 할 수 있는 것은 모두 하늘과 祖宗께서 내려주신 것이다. 天下의 百姓은 모두 하늘과 조종의 赤子이니, 군주의 역할은 다만 백성을 보호하고 편안하게 해서 飢寒에 이르지 않게 하는 데에 있을 뿐이다. 그렇게 하면 우리 모자가 이 즐거움을 영원히 누릴 수 있을 것이다." 하였다. 이에 선종이 절하고 머리를 조아리며 대답하기를, "삼가 가르침을 받들겠습니다." 하였다.

이날 매우 즐겁게 지내다가 날이 저물어 갈 때 선종 및 황후와 황비가 西宮으로 돌아가는 황태후를 전송하였다.

○二月에 上奉皇太后遊西苑이라 蓋上尊事皇太后하야 極其孝敬하니 每旦暮에 詣西宮朝謁호대 愉色奉承하야 惟恐弗及이라 皇太后慈仁隆至하야 每見上則忻然하야 從容詢及政事及所平決한대 上敷陳明達이면 皇太后喜動顏色이라 凡軍國大政을 必禀命而行이라 四方貢獻은 雖瓜果之物이라도 必先以奉皇太后하고 皇太后或時召면 上雖有急務라도 必促駕而往이러니 至是하야 恭請皇太后遊西苑이라 皇后皇妃皆侍行하고 上親掖皇太后輿하야 登萬歲山하야 奉觴上壽하고 獻詩頌聖德하니 皇太后悅하야 酌酒賜上하고 且諭曰 今天下無事하야 吾母子得同此樂은 皆天與祖宗之賜也라 天下百姓은 皆天與祖宗之赤子니 爲人君但在保安百姓하야 使不至於飢寒이면 則吾母子斯樂可永遠矣리라하니 上拜稽首曰 謹受教라하다 是日甚樂이라가 將晚에 上及皇后皇妃送皇太后還宮하다

34-1-48

≪御製帝訓≫ 모두 25篇을 완성하였으니, 〈君德〉·〈奉天〉·〈法祖〉·〈正家〉·〈睦親〉·〈仁民〉·〈經國〉·〈勤政〉·〈恭儉〉·〈儆戒〉·〈用賢〉·〈知人〉·〈去邪〉·〈防微〉·〈求言〉·〈祭祀〉·〈重農〉·〈興學〉·〈賞罰〉·〈黜陟〉·〈恤刑〉·〈文治〉·〈武備〉·〈馭夷〉·〈藥餌〉이다. 이 책으로 子孫을 교육하였는데, 말이 간결하고 의리가 명쾌하여 修身齊家와 治國平天下의 도리에 있어서 大要가 구비되어 있었다. 또 직접 서문을 지어 간절한 뜻을 드러내었다.

○御製帝訓凡二十五篇하니 曰君德奉天法祖正家睦親仁民經國勤政恭儉儆戒用賢知人去邪防微求言祭祀重農興學賞罰黜陟恤刑文治武備馭夷藥餌라 以教子孫한대 詞簡義明하야 修身齊家

92) 萬歲山 : 西苑의 太液池 가운데 있는 인공산인 瓊華島를 말한다.

治國平天下之道에 大要備具라 又親爲序하야 以致惓惓之意云이라

34-1-49

3월에 行在工部尙書 吳中이 말하기를, "山西 지방의 人夫 가운데 京師에서 工役에 종사하는 자를 지금 교대하게 해주어야 합니다." 하였다.

선종이 이르기를, "山西 지방은 작년에 가뭄이 들어 먹고살기 어려운 백성들이 많으니, 自給할 형편도 못 되는데 어떻게 工役에 종사할 수 있겠는가? 무릇 旱災를 입은 곳에 대해서는 일체 정지하게 하고, 京師에서 工役에 종사하게 한 자들은 즉시 모두 돌려보내도록 하라." 하였다.

○三月에 行在工部尙書吳中言 山西人夫在京用工者를 今當更代라한대 上曰 山西去年旱하야 人民艱食者多하니 自給未能이어늘 安可役之리오 凡被灾之處는 一切停止하고 見役于京者는 即皆遣還하라하다

34-1-50

4월에 行在戶部에서 上奏하기를, "內府[93] 供用庫의 한 해 동안 사용할 香蠟과 銀硃[94] 등 물품 무릇 3만여 斤은 마땅히 郡縣에 하달한 다음 官錢을 지급하여 구매하게 해야 할 것입니다." 하였다.

선종이 이르기를, "구매하는 물품이 너무 많고 사용되는 바가 너무 사치스러우니, 會計한 뒤에 줄일 것은 줄이도록 하라. 또 듣건대, 물품을 구매할 때 지급하는 官錢을 근래 有司가 삭감하는 바람에 누차 고발하는 사람이 있었다고 하니, 반드시 공익을 따라서 이전의 폐단을 답습하지 말게 하라." 하였다.

○四月에 行在戶部奏 內府供用庫歲用香蠟銀硃等物凡三萬餘斤은 當下郡縣하야 支官錢買辦이라하니 上曰 所買太多하고 所用太侈하니 其會計하야 可省者省之하라 且聞買物支官錢을 近時爲有司剋減하야 屢有告訐者라하니 必令從公하야 毋蹈前弊하라하다

---

93) 內府 : 황제의 창고로, 황성의 禁地에 있다. 황제의 日用에 필요한 물품을 수납하는 內府庫는 1369년(洪武 2)에 설치되어, 1373년에 承運庫라 하였으며, 1384년에 다시 內承運庫라 하였다.(≪大明律例諺解≫ 권10 55장)

94) 銀硃 : 顔料의 이름으로, 朱砂를 정제하여 만들기도 하고, 혹 유황을 수은에다 섞어서 가열하여 만들기도 한다.

34-1-51

백성 가운데 "朝政에서는 마땅히 重農을 가장 급선무로 삼아야 합니다."라고 建言하는 자가 있었다.

선종이 侍臣을 돌아보며 이르기를, "이 말이 일리가 있다. 國家에서 농업을 중시하면 百姓이 힘을 다하여 천하가 富庶[95]해질 것이다. 옛날 농업을 중시한 시기로는 周나라만 한 때가 없었으니, 后稷은 백성들에게 稼穡을 가르쳐서 開國하였고,[96] 公劉는 능히 前人의 功烈을 돈독히 하였다.[97] 文王 때에는 농사짓는 사람이 소출의 9분의 1을 세금으로 바치게 하였고,[98] 武王은 백성의 食生活을 중시하였으며,[99] 周公은 〈豳風〉을 서술하여 成王을 경계하면서 農事의 어려움을 갖추어 말하였으니,[100] 당시에는 백성들이 후하게 교화되어[101] 정치가 天心에 부합하여 태평시대를 이루었다.

---

95) 富庶 : 나라가 부유하고 백성이 많다는 뜻이다. 孔子가 衛나라로 갈 때 "백성들이 많기도 하구나.〔庶矣哉〕" 하자, 冉有가 "이미 백성들이 많으면 또 무엇을 더하여야 합니까?〔旣庶矣 又何加焉〕"라고 물었는데, 이에 공자가 "富裕하게 해주어야 한다.〔富之〕"라 대답하였고, "이미 부유해지면 또 무엇을 더하여야 합니까?〔旣富矣 又何加焉〕"라고 물었을 때 공자가 "가르쳐야 한다.〔敎之〕"라고 대답했던 故事에서 온 말이다.(≪論語≫ 〈子路〉)

96) 后稷은……開國하였고 : ≪孟子≫ 〈滕文公 上〉에 "后稷이 백성들에게 稼穡을 가르쳐서 五穀을 심고 가꾸게 하셨는데, 오곡이 成熟함에 人民이 잘 길러졌다.〔后稷敎民稼穡 樹藝五穀 五穀熟而民人育〕"라고 한 데서 온 말이다. 후직은 周나라의 始祖로 이름은 棄이다. 堯임금 때 農師가 되고 舜임금 때 后稷이 되어 농사를 맡은 장관으로서 國政을 도왔는데, 후세에는 마침내 棄의 별칭으로 쓰이게 되었다.

97) 公劉는……하였다 : ≪書經≫ 〈周書 武成〉에 "아! 여러 제후들아 先王〔后稷〕이 나라를 세워 基業을 열어놓으셨는데, 公劉가 前人의 功烈을 돈독히 하고, 太王에 이르러 처음으로 왕업의 터전을 닦았으며, 王季가 王家의 일에 근로하셨다. 그리고 우리 文考이신 文王께서 능히 공을 이룩하시어 크게 天命에 응하여 四方의 中夏를 어루만지셨다.〔嗚呼群后 惟先王建邦啓土 公劉克篤前烈 至于大王 肇基王迹 王季其勤王家 我文考文王 克成厥勳 誕膺天命 以撫方夏〕"라고 한 데서 온 말이다. 공유는 周나라 시조인 后稷의 증손으로, 西戎의 땅에서 지금의 陝西省 旬邑인 豳으로 옮겨 살면서 이곳에서 백성들을 부유하게 하였다. 자세한 내용은 ≪詩經≫ 〈大雅 公劉〉에 보인다.

98) 文王……하였고 : 井田法을 가리킨다. 사방 1里의 농지를 井자 모양으로 9등분하여 중앙의 한 구역을 公田, 주위의 여덟 구역을 私田으로 하여 여덟 농가에 나누어 농사짓게 하였는데, 여덟 집에서 공전을 공동으로 경작하여 그 수확을 국가에 바치게 하였다.(≪孟子≫ 〈梁惠王 下〉·〈滕文公 上〉)

99) 武王은……중시하였으며 : ≪論語≫ 〈堯曰〉에 "〈武王께서〉 소중히 여겼던 것은 백성의 食生活과 喪禮와 祭禮였다.〔所重 民食喪祭〕"라고 한 데서 온 말이다.

100) 周公은……말하였으니 : 周公이 일찍이 豳 땅을 農政으로 잘 다스렸던 先祖 后稷과 公劉의 風化를 서술하고, 봉사인 樂師로 하여금 朝夕으로 이 詩를 成王 앞에서 외게 하며 농사의 어려움을 가르쳤던 고사에서 온 말이다.(≪詩經≫ 〈豳風 七月〉)

101) 후하게 교화되어 : 원문의 '阜成'은 '兆民을 후하게 이룬다.'라는 뜻의 '阜成兆民'의 준말로, 안팎으로 政敎를 밝혀서 백성을 후하게 化成한다는 말이다.(≪書經≫ 〈周書 周官〉)

周나라 이후로는 西漢 시기만 한 때가 없었으니, 高帝는 賈人에게 곤액을 당하여 상업을 억제하였고, 文帝는 20여 년 동안 농업을 권면하고 조세를 면제하는 데에 부지런하여 有司에게 詔書를 내렸으며,[102] 武帝는 비록 토목공사와 전쟁으로 백성을 수고롭게 하였지만 말년에 이르러서는 또한 농업을 권장하여 백성들이 편안히 생활하게 할 줄 알았다. 그러다가 元帝[103]와 成帝[104] 연간에 이르러 朝政이 실로 분열되었지만 백성은 생업을 편안히 여기며 태연자약하여 천하가 富庶를 누린 기간이 거의 200년에 이르렀다.

成周[105]가 國運을 누린 기간은 夏商[106]보다 길었고, 또 王莽[107]이 漢나라를 찬탈하였지만 끝내 백성의 마음이 漢나라를 잊지 못하여 國運을 회복하였으니,[108] 백성을 기르는 功德은 중대한 일이다. 그러므로 짐은 이 일을 잘 때나 먹을 때나 잊은 적이 없었다." 하였다.

○民有建言朝政當以重農爲首務者한대 上顧謂侍臣曰 此言有理라 國家重農이면 則百姓得盡力하야 天下富庶라 古之重農은 莫如周니 后稷은 以教民稼穡開國하고 公劉는 克篤前烈하고 文王時엔 耕者九一하고 武王은 重民食하고 周公은 述豳風하야 以戒成王하야 備言農事하니 當時에 民用阜成하야 治協泰和라 周以下는 莫如西漢하니 高帝는 困賈人하야 以抑其末하고 文帝는 二十餘年을 勤勤以勸農免租詔有司하고 武帝는 雖以土木兵戈勞民이나 至其末年하야 亦知勸農作하야 以休息民이러니 至於元成之間하야 朝政固有乖闕이나 而百姓安業自若하야 天下富庶가 幾二百年하니 成周享國이 過於夏商하고 王莽簒漢에 終以民心不忘而復之하니 養民之功大矣라 朕於斯事에 蓋寢食未嘗忘也라하다

102) 文帝는……내렸으며 : 文帝는 漢나라 제5대 황제로, 高祖 劉邦의 넷째 아들이고, 이름은 恒이다. 요역과 세금을 가볍게 하고 농경을 장려하여 경제를 회복시키고 사회를 안정시켜 태평성세를 이루었다. 문제는 등극한 다음날 농사를 중히 여기는 내용의 詔書를 반포하였고, 2년에는 籍田에서 勸農 의식을 행한 후에 그해 곡식을 절반만 거두는 半租의 명을 내렸으며, 12년에 다시 半租의 명을 내리고 이듬해에는 전답의 조세를 완전히 견감시킨 일이 있다.(≪史記≫ 권10 〈孝文本紀〉, ≪漢書≫ 권4 〈文帝紀〉)

103) 元帝 : 前漢의 제8대 황제로, 이름은 奭이다. 宣帝의 아들로 시비를 가리지 못하고 우유부단하여 선제의 遺業을 쇠퇴시켰다.

104) 成帝 : 前漢의 제9대 황제로, 이름은 驁이다. 실정을 하여 황제지배체제가 무너지기 시작하였는데, 외척이 권력을 잡았으며 특히 왕씨는 고관을 독점하여 王莽의 출현을 초래하였다.

105) 成周 : 周公이 成王을 보좌하여 천하를 다스렸던 周나라의 전성기로, 보통 西周의 美稱으로 쓰인다.

106) 夏商 : 夏禹와 商湯을 이르는 말로, 夏나라와 殷나라를 가리킨다.

107) 王莽 : 前漢 말기 新의 임금이다. 漢나라 哀帝를 폐하고 平帝를 독살한 뒤에 어린 아들 嬰을 세워 섭정하며 假皇帝라고 일컫다가 마침내 제위를 찬탈하고 스스로 천자가 되어 국호를 新이라 하였다. 後漢의 光武帝에게 멸망되었다.

108) 끝내……회복하였으니 : 後漢의 光武帝가 王莽을 격파하고 漢나라를 국운을 中興시킨 사실을 말한다. 광무제의 이름은 劉秀, 묘호는 世祖이고, 재위 기간은 27년에서 57년까지이다.

34-1-52

行在禮部에서 上奏하기를, "官民 가운데 建言하여, 六部尙書와 都御史와 六科給事中이 함께 會議한 다음 보고하게 하라고 청한 사람이 있었습니다." 하였다.

선종이 이르기를, "治世를 이루는 도리는 言路를 넓히는 것보다 시급한 일이 없으니, 대개 광대한 천하에서 관리의 治績의 得失과 民生의 休戚에 대해 사람들이 말하지 않으면 朝廷에서 어떻게 모두 알 수 있겠는가? 古人이 이르기를, '명철한 임금은 천하를 한 집과 같이 보니, 집에 가득 사람들이 술을 마실 때 한 사람이 구석진 모퉁이를 향해 울고 있다면 같은 자리에 있는 사람들이 모두 즐겁지 않을 것이다.'[109] 하였다. 만일 天下로 하여금 匹夫匹婦라도 살 곳을 얻지 못하게 한다면 실로 君主의 德에 累가 될 것이니, 무릇 백성의 고통에 대해 建言하는 사람이 있으면 경들은 꺼리지 말도록 하라. 말이 혹 과격하고 절박하더라도 또한 그 마음은 忠心에서 나온 것이니, 만일 그 말이 과격하고 절박하다고 하여 버린다면 누가 기꺼이 進言하려 하겠는가? 경들은 마땅히 이 뜻을 알아서 무릇 善한 말은 즉시 보고해야 할 것이다. 그렇게 한다면 거의 治世에 도움이 될 것이다." 하였다.

○行在禮部奏 官民建言請同六部尙書都御史六科給事中會議以聞한대 上曰 致理之道는 莫先於廣言路니 蓋天下之大에 吏治得失과 民生休戚을 人不言이면 朝廷何由悉知리오 古人謂明王視天下猶一堂이니 滿堂飮酒에 一人對隅而泣이면 則一座爲之不樂이라하니 若令天下有匹夫匹婦不得其所면 實爲君德之累니 凡有建言民瘼者면 卿等勿諱하라 言或激切이라도 亦其心發於忠이니 若以其言激切而棄之면 孰肯進言이리오 卿等은 宜悉此意하야 凡言之善者卽以聞이면 庶幾有補於治라하다

34-1-53

윤4월에 行在工部郎中 李新이 河南에서 돌아와 말하기를, "山西의 飢民 가운데 떠돌아다니다가 南陽의 여러 郡까지 이른 流民이 적어도 10만여 명이나 되는데, 有司와 軍衛에서 각각 사람을 보내어 체포하는 바람에 死亡하는 백성이 많습니다." 하였다.

---

109) 명철한……것이다 : 劉向의 ≪說苑≫에, "聖人이 천하를 다스릴 적에, 〈천하의 사람들을〉 비유하자면 한 堂 위에 있는 사람과 같이 여겼다. 지금 堂에 가득 사람들이 술을 마시는데 한 사람이 홀로 눈물을 흘리며 구석진 모퉁이를 향해 울고 있다면 온 堂에 앉은 사람들이 모두 즐겁지 않을 것이다.〔聖人之於天下也 譬猶一堂之上也 今有滿堂飮酒者 有一人獨索然向隅而泣 則一堂之人 皆不樂矣〕"라고 한 데서 온 말이다.(≪說苑≫ 권5 〈貴德〉)

선종이 行在戶部尙書 夏原吉 등에게 유시하였다.

"백성들이 굶주려 떠돌아다니는 것을 어떻게 하면 그치게 할 수 있겠는가? 仁人君子라면 마땅히 불쌍히 여겨야 할 일이다. 옛날 富弼은 知靑州가 되었을 때 유민을 存卹하여 飮食과 居處와 醫藥을 모두 조처하여 마련해주고 山林이나 河川에서 생산되는 이익을 유민들이 취하도록 허락하여 금하지 않았으니, 이에 목숨을 구한 사람이 50여만 명에 이르렀다.[110] 그런데 지금은 도리어 流民을 驅逐하여 살 곳을 잃게 하고 있으니, 매우 不仁한 일이다. 즉시 관원을 파견하여 가서 布政司 및 府縣의 관원들과 함께 더욱 유의하여 백성들을 慰撫하되, 창고를 열어 식량을 지급하고 이르는 곳에서 거주하게 하라. 감히 유민을 체포하는 자가 있으면 治罪할 것이다."

○閏四月에 行在工部郞中李新自河南還言 山西飢民流徙至南陽諸郡이 不下十萬餘口어늘 有司軍衛各遣人捕逐하야 民死亡者多라하니 上諭行在戶部尙書夏原吉等日 民飢流移를 豈其得已리오 仁人君子所宜矜念이라 昔富弼知靑州에 存卹流民하야 飮食居處醫藥을 皆爲區畫하고 山林河泊之利를 聽流民取之不禁하니 所活至五十餘萬人이어늘 今乃驅逐하야 使之失所하니 不仁甚矣라 其卽遣官하야 往同布政司及府縣官으로 加意撫綏호대 發廩給之하고 隨所至居住하라 敢有捕逐者罪之라하다

34-1-54

5월에 蘇松 等處의 巡撫使 大理寺卿 胡槪가 上奏하기를, "浙江의 嘉州·湖州·杭州 등 三府의 稅粮이 너무 많으므로 府縣에서 治農官이 稅粮을 주관하는 경우가 있으니, 의당 布政司의 관원 한 사람을 증원하여 총괄하게 해야 할 것입니다." 하였다.

선종이 行在吏部의 신하에게 이르기를, "稅粮은 원래 정기적으로 내는 일정한 賦稅이니, 國初 이래로 징수하고 수송하는 데에 이미 일정한 제도가 있다. 짐은 바야흐로 쓸데없는 자리를 억제하려 하고 있는데, 어떻게 더 설치할 수 있겠는가. 古語에 '일을 줄이는 것이 관원을 줄이는 것만 못하다.'[111] 하였으니, 上奏한 말은 윤허

110) 富弼이……이르렀다 : 富弼은 北宋 때의 재상으로 자는 彦國, 시호는 文忠이다. 仁宗 때 과거에 급제하여 知制誥, 樞密使 등을 거쳐 中書門下侍郞平章事가 되어 守成에 힘써 賢相이라 일컬어졌다. 그는 靑州刺史가 되었을 때에 公私의 집 10여만 채를 가려서 유랑하는 백성 50여만 명을 거처하게 하고 국가의 식량을 지급하였으며, 이들을 군사로 모집하여 1만여 명을 병졸로 삼으니, 천하에서는 미담으로 삼았다고 한다.(≪宋史≫ 권313 〈富弼傳〉)

111) 일을……못하다 : 荀勖이 "관리를 줄이는 것이 관직을 줄이는 것만 못하고, 관직을 줄이는

하지 않는다." 하였다.

○五月에 巡撫蘇松等處大理寺(시)卿胡槪奏 浙江嘉湖杭三府稅粮浩大라 府縣有治農官理辦稅粮하니 宜增布政司官一員以總之라한대 上謂行在吏部臣曰 稅粮은 自是常賦니 國初以來로 徵斂輸送에 已有定制라 朕方裁抑冗濫이어늘 豈得復設이리오 古語에 省事不如省官이라하니 所奏不允이라하다

34-1-55

10월에 直隸의 常州府에서 秈米(멥쌀)를 진상하고, 또 말하기를, "올해는 雨暘[112]이 순조로워 전답의 곡식이 풍성합니다." 하니, 선종이 尙書 胡濙(호영)[113]에게 이르기를, "금년에 각처에서 대부분 水災가 있다고 上奏하여 백성들이 먹고살기 힘들겠다고 매우 걱정하였는데, 常州에서는 유독 풍년이 들었다고 말하니 자못 짐의 마음에 위로가 된다." 하였다.

호영이 대답하기를, "陛下께서 백성을 사랑하시어 늘 풍년이 들기를 원하고 계시니, 聖心에서 바라는 바는 하늘이 반드시 따르는 법입니다." 하니, 선종이 이르기를, "하늘이 과연 따른다면 어찌 다른 지역에 水災의 근심이 있겠는가? 또한 善政이 지극하지 못하여 天心이 이르게 하지 못한 것이다. 지금부터 짐과 경들이 다시 면려해야 할 것이다." 하였다.

○十月에 直隸常州府進秈(선)米且言 今歲雨暘順調하야 田穀茂盛이라하니 上謂尙書胡濙曰 今年各處多奏水災하야 深慮百姓艱食이어늘 常州獨言豐熟하니 頗慰朕心이라하다 濙對曰 陛下愛民하야 常願豐稔하니 聖心所欲은 天必從之라하니 上曰 天果從之면 豈有他處水淹之患이리오 亦是爲善未至하야 不能格天也라 自今朕與卿等更當勉之라하다

것이 일을 줄이는 것만 못하고, 일을 줄이는 것이 마음을 맑게 하는 것만 못하다.〔省吏不如省官 省官不如省事 省事不如淸心〕"라고 한 데서 온 말이다.(≪晉書≫ 권39 〈荀勖列傳〉)

112) 雨暘 : 비가 내려야 할 때 내리고 볕이 나야 할 때 볕이 나는 것을 이르는 말로, 雨順風調를 의미한다.

113) 胡濙(호영) : 1375~1463. 明나라 常州府 武進 사람으로, 자는 源潔, 호는 潔庵이다. 建文 2년(1400)에 進士試에 합격하여 兵科給事中에 임명되었고, 永樂 元年(1403)에 戶科都給事中이 되었으며, 宣宗 때 예부상서를 지냈다. 선종의 '託孤 5대신'의 한 사람이다. 시호는 忠安이고, 저서에 ≪芝軒集≫이 있다.

본받을 만한 善政　善可爲法

國朝(明나라)

宣宗 章皇帝 下

35-1-1

宣德 4年(1429) 2월에 南京守備 襄城伯 李隆이 騶虞[1] 두 마리를 바치자 行在禮部尙書 胡濙 등이 表文을 올려 하례하고자 청하였다.

선종이 이르기를, "상서로운 조짐이 일어날 때는 반드시 實德이 있어야 거의 부응할 수 있는 것이다. 짐은 황위를 계승한 지 이제 4년이 되었으니, 中外에 임용한 사람들이 어찌 모두 적임자를 얻었겠으며 農畝(농촌)에 어찌 모두 수확이 있겠으며 民生이 어찌 모두 살 곳을 얻었겠는가? 짐은 아침저녁으로 편안히 쉴 겨를이 없으니, 추우의 상서로움에 있어서 짐은 德이 先人과 같지 못하다. 더구나 天道는 일정하지 않아서 治亂의 기미가 항상 서로 의지하고 숨어 있으니,[2] 어찌 근심하지 않을 수 있겠는가?

騶虞

唐 太宗이 일찍이 이르기를, '군주는 모름지기 지극히 공정함으로 천하를 다스려야 한다. 堯임금과 舜임금처럼 자리에 있는다면 백성들이 神明처럼 공경하고 부모처럼 사랑하여, 움직여 일을 일으킬 때 사람들이 모두 즐거워하고 명령을 내어 시행할 때 사람들이 모두 기뻐할 것이니, 이것이 큰 상서로움이다.' 하였으니,[3] 이 말이 또

1) 騶虞 : 성인의 덕에 감응하여 나타나는 전설상의 상서로운 동물이다. 모양이 白虎와 비슷한데 검정 무늬가 있으며 꼬리가 몸보다 긴 짐승으로, 생물을 잡아먹지 않고 생풀을 먹지 않는다 하여 기린과 함께 仁獸로 알려져 있다. 周나라 文王 때 나타났다고 한다.

2) 治亂의……있으니 : 治亂이 서로 인연하여 순환한다는 의미이다. ≪老子≫ 〈順化〉에 "화 안에 복이 의지해 있고, 복 안에 화가 숨어 있으니, 그 끝을 누가 알겠는가.〔禍兮福之所倚 福兮禍之所伏 孰知其極〕"라고 한 데서 온 말이다.

한 名言이다.

짐은 경들과 의당 함께 부지런히 해야 할 것이니, 하례하는 일은 그만두도록 하라." 하였다.

四年二月에 南京守備襄城伯李隆獻騶虞二하니 行在禮部尚書胡濙等請上表賀한대 上曰 禎祥之興엔 必有實德이라야 庶幾副之라 朕嗣位今四年이어니 中外所任豈皆得人이며 農畒豈皆有收며 民生豈皆得所리오 朕夙夜遑寧處하니 騶虞之祥에 於德弗類라 況天道無常하야 理亂之幾恒相倚伏하니 豈可不慮리오 唐太宗嘗曰 人君須至公理天下라 堯舜在上이어든 百姓敬之如神明하고 愛之如父母하야 動作興事에 人皆樂之하고 發號施令에 人皆悅之하리니 是大祥瑞라하니 此亦名言이라 朕與卿等으로 宜共謹之니 其免賀하라하다

說築傅巖圖

35-1-2

선종이 歐陽脩의 글을 읽다가 '꿈을 꾸고 점을 쳐서 賢者를 구하였다.'[4)]는 대목에 이르러 侍臣을 돌아보며 탄식하기를, "임금과 신하가 만나는 것이 어찌 우연한 일이겠는가? 殷나라 高宗이 공손하고 침묵하면서 治道를 생각하여 애타게 어진 재상을 생각해도 얻

3) 唐 太宗이……하였으니 : 唐 太宗이 상서로운 조짐을 上奏하지 말라고 하면서 侍臣들에게 이르기를, "무릇 군주는 모름지기 지극히 공정함으로 천하를 다스려 모든 백성의 환심을 얻어야 하니, 堯舜처럼 제왕의 자리에 있는다면 백성들이 天地처럼 공경하고 부모처럼 사랑하여, 움직여 일을 일으킬 때 사람들이 모두 즐거워하고 명령을 시행할 때 사람들이 모두 기뻐할 것이니 이것이 큰 상서로움이다.〔夫爲人君 當須至公理天下 以得萬姓之懽心 若堯舜在上 百姓敬之如天地 愛之如父母 動作興事 人皆樂之 發號施令 人皆悅之 此是大祥瑞也〕"라고 한 데서 온 말이다.(≪貞觀政要集論≫〈論災祥〉)

4) 꿈을……구하였다 : 어진 이를 찾기 위한 군주의 간절한 정성을 의미한다. 원문의 '夢卜'은 제왕이 어진 정승을 구하여 얻는다는 의미로, 殷 高宗은 꿈으로 인하여 傅說을 얻고 周 文王은 점을 쳐서 姜太公을 얻었다는 故事에서 온 말이다.

지 못하고 있을 때 傅說은 傅巖의 들에서 版築의 일을 하고 있었다.[5] 부열은 비록 致君澤民[6]의 뜻이 있었지만 스스로 顯達하지 못하다가 하루아침에 꿈속에서 고종을 만나 마침내 함께 학문을 강론하고 道를 논한 후에 功이 當時에 시행되고 後世에 드리워졌으니, 참으로 千載奇遇의 기회라 할 만하였다.

이로 말미암아 보건대, 군주가 성심을 다해 賢者를 구하면 진실로 얻지 못할 이치가 없으니, 文王이 사냥을 나갔다가 太公을 만난 것[7]이 또한 어찌 誠心이 서로 감응한 일이 아니겠는가? 대개 하늘은 國家를 保佑하여 반드시 賢哲을 낳아 輔翊이 되게 하니, 治道를 생각하는 고종의 마음이 대개 天心을 감동시켰던 것이다." 하였다.

또 이르기를, "고종의 마음이 있은 뒤에야 꿈을 말할 수 있고 부열의 현명함이 있은 뒤에야 재상이 될 수 있는 것이니, 漢 文帝가 꿈을 꾼 뒤에 鄧通을 얻은 일[8]과 光武帝가 讖緯說을 믿어 王梁을 임용한 일[9] 같은 경우는 어찌 잘못된 것이 아니겠는가?" 하였다.

○上覽歐陽脩文이라가 至夢卜求賢之說하야 顧侍臣歎曰 君臣相遇가 豈偶然哉리오 高宗恭默思道하야 渴想賢輔未得에 說(열)築傅巖하니 雖有致君澤民之志나 不能自達이라가 一旦得於夢寐間하야 遂相與講學論道하고 而功被當時垂後世하니 誠千載奇遇라 由此觀之컨대 人君誠心求賢이면 固無不

---

5) 殷나라……있었다 : 殷나라 高宗이 일찍이 글을 지어 고하기를, "나에게 사방을 바로잡게 하시므로, 나는 德이 先人과 같지 못할까 두려워 이 때문에 말을 하지 않고 공손하고 침묵하여 治道를 생각하였는데, 꿈에 上帝께서 나에게 어진 보필을 내려주셨으니, 그가 나의 말을 대신할 것이다.〔以台 正于四方 台恐德弗類 玆故 弗言 恭默思道 夢 帝賚予良弼 其代予言〕" 하고, 이에 그 꿈에 나타난 형상을 그림으로 그려 천하에 널리 찾게 하였는데, 傅巖의 들에서 版築의 일을 하며 은거하던 부열이 그 형상과 똑같았으므로 마침내 그를 초빙하여 재상으로 삼았던 데서 온 말이다.(≪書經≫ 〈商書 說命 上〉)

6) 致君澤民 : 자기 임금을 堯舜과 같은 성군으로 인도하여, 백성들이 실질적인 혜택을 받게 하는 것을 말한다.

7) 文王이……것 : 周나라 武王의 아버지인 文王이 사냥을 떠나려고 점을 치자, 그 卜辭에 "곰도 아니고 범도 아니고 貔貅(비휴)도 아니고 얻는 것은 霸王의 보좌이다."라고 나왔는데, 그날 사냥을 나가서 과연 渭水 북쪽에서 낚시하고 있던 姜太公을 얻어 재상으로 삼았다는 故事에서 온 말이다.(≪史記≫ 권32 〈齊太公世家〉)

8) 漢 文帝가……일 : 漢 文帝가 鄧通의 도움으로 하늘에 오르는 꿈을 꾸고 나서 그를 발탁하였던 故事에서 온 말이다. 등통은 前漢 南安 사람으로 문제에게 총애를 받아 太中大夫가 되고 蜀 땅의 銅山을 하사받아 그 산에서 생산되는 구리로 돈을 주조하여 큰 부자가 되었으나, 문제가 죽고 景帝가 즉위하자 죄를 받고 재산이 籍沒되어 끝내는 굶어 죽었다.(≪史記≫ 권125 〈佞幸列傳 鄧通〉)

9) 光武帝가……일 : 後漢의 光武帝는 왕업을 다시 회복한 뒤 讖緯說에 따라 관직을 제수하는 경우가 많았는데, 당시 북방 지역 野王 땅의 수령으로 있던 王梁을 발탁하여 참위설에 따라 大司空에 임용했던 故事가 있다.(≪後漢書≫ 권52 〈王梁列傳〉)

得之理니 文王因田獵遇太公이 亦豈非誠心相感이리오 蓋天佑國家하야 必生賢哲하야 爲之輔翊하니 高宗思道之心이 蓋有格於天矣라하고 又曰 有高宗之心然後에 可以夢言이요 有傅說之賢然後에 可以爲相이니 若漢文以夢得鄧通하고 光武以讖用王梁은 豈不誤哉아하다

35-1-3

3월에 行在都察院에서 上奏하기를, "山海衛 指揮 趙忠[10]이 군사를 거느리고 開平을 방어하다가 軍中의 재물을 거두어 뇌물을 써 回原衛가 되기를 구하면서 그 가운데 반을 사사로이 유용하였습니다. 일이 발각되었으니 마땅히 강등하여 임용해야 하는데, 지금 거느리고 있는 군사들이 조충은 아랫사람들을 잘 보살폈다고 하면서 복직시켜 주기를 청하고 있습니다." 하였다.

이에 선종이 이르기를, "저 사람이 아랫사람을 잘 보살폈다면 어찌 科斂[11]을 자행하고 그 가운데 반을 사사로이 유용할 수 있겠는가? 이는 반드시 뇌물로 자리를 구한 것이다. 조정의 賞罰은 지극히 공정한 것이니, 죄 있는 사람을 징계하지 않는다면 어떻게 대중을 다스릴 수 있겠으며, 小人이 감히 私情으로 公法을 어지럽히게 할 수 있겠는가?" 하고, 들어주지 않았다.

○三月에 行在都察院奏 山海衛指揮趙忠이 領軍備禦開平이라가 斂軍財行賂하야 求回原衛而私有其半이라 事發當降用이어늘 今所領軍이 以忠能恤下라하야 告乞復其職이라하니 上曰 彼能恤下면 曷爲科斂而私有其半이리오 此必以賄求之라 朝廷賞罰至公하니 有罪不懲이면 何以令衆이며 小人敢以私情撓公法耶아하고 不聽하다

35-1-4

聽選官 歐陽齊가 말하기를, "신은 浙江의 永康縣丞으로 오랫동안 복무하였습니다. 永康縣에 銅礦이 나는 산이 있으니, 마땅히 工匠을 파견하여 제련하게 해서 國用에 충당해야 할 것입니다." 하고, 또 말하기를, "京師에 있는 공장으로 도망한 자들 가

---

10) 趙忠 : 1404~1459. 明나라 蘇州府 長洲 사람으로 자는 行恕이다. 宣德 5년(1430)에 진사시에 합격하여 監察御史에 제수되었는데, 관직이 雲南參議에 이르렀다. 청렴결백하다고 칭송되었다.

11) 科斂 : ≪大淸律≫에 "科는 나누어 배당한다는 의미이고 斂은 거두어들인다는 뜻이니, 사람들에게 분배하여 거두어들이는 것을 과렴이라 한다.〔科者 分派之謂 斂者 聚斂之謂 分派於人 而聚斂之 曰科斂〕"(≪大淸律輯註≫ 下)

운데 한 차례 도망한 자는 刑을 確定하여 工役에 종사하게 하고, 두 차례 세 차례 도망한 자들은 마땅히 刺字[12)]하여 종신토록 罰工[13)]하게 해야 할 것이니, 그렇게 하면 징계되는 바가 있을 것입니다." 하였다.

선종이 行在工部의 신하에게 유시하기를, "이는 小人이 망령된 말로 등용되기를 바라는 것이니, 물리치도록 하라." 하였다.

○聽選官歐陽齊言 舊任浙江永康縣丞한대 縣有山產銅礦하니 宜發工匠烹鍊하야 以充國用이라하고 又言 在京工匠逃者一次는 的決令上工하고 二次三次者는 宜刺字罰工終身이면 則有所懲戒니이다하니 上諭行在工部臣曰 此小人妄言求進이니 其斥之하라하다

35-1-5

선종이 조회를 마치고 便殿으로 행차하여 儒臣들과 함께 역사에 대해 논하다가, 인하여 묻기를, "漢唐의 여러 임금 가운데 재위 기간 길었던 사람은 누구인가?" 하니, 대답하기를, "漢 武帝와 唐 玄宗이 모두 재위 기간이 길었습니다." 하였다. 이에 선종이 이르기를, "武帝는 큰 것을 좋아하고 功을 기뻐하여 천하가 피폐해졌으나 말년에 가서는 능히 지난날의 과실을 뉘우쳤고,[14)] 玄宗은 초년의 정사는 貞觀[15)]의 풍모가 있었으나 시간이 오래 지나면서 욕망에 사로잡혀 충신을 멀리하고 간신을 임용하여 마침내 禍亂을 초래하여 자신은 달아나고 나라를 잃었으니,[16)] 무제가 오히려 현종보다 훌륭하다." 하였다.

---

12) 刺字 : 죄인의 얼굴에 罪名을 새겨 넣는 형벌로, 黥面이라고도 한다.

13) 罰工 : 工役에 종사하게 하는 형벌을 말한다.

14) 武帝는……뉘우쳤고 : 무제는 前漢의 제7대 황제인 劉徹로, 유학을 바탕으로 국가를 다스렸으며 해외 원정을 펼쳐 흉노, 위만조선 등을 멸망시켜 당시 중국 역사상 가장 넓은 영토를 차지함으로써 전한의 전성기를 열었다. 그러나 일생 동안 서역을 개척하느라 국력을 크게 손상한 것을 만년에 이르러 깊이 후회하여 서역에서 탈취한 輪臺의 땅을 포기하였고 아울러 자신을 나무라는 조서를 내렸다고 한다.

15) 貞觀 : 唐나라 太宗의 연호로, 627년부터 649년까지의 재임 기간에 사용되었다. 태종은 房玄齡, 杜如晦, 魏徵과 같은 명신들의 보필을 받아, 중앙집권을 강화하고 각종 律令을 정비하였으며, 突厥과 吐蕃까지도 아우르는 성대를 이루었는데, 이때의 훌륭한 치적을 가리켜 '貞觀之治'라고 한다.

16) 玄宗은……잃었으니 : 현종은 唐나라 제6대 황제인 李隆基이다. 큰아버지인 중종이 시해당하자 군대를 끌고 궁으로 들어가 황후 韋氏와 安樂公主를 죽이고 위씨와 武氏 집안을 몰살하였으며, 睿宗을 이어 즉위시킨 뒤에는 '開元之治'라는 태평성세를 열었다. 그러나 이후로 며느리 楊玉環을 가로채어 貴妃로 삼고 환관 高力士와 간신 李林甫 등을 중용하여 결국 安史의 亂을 초래하였고, 안사의 난을 진압하는 과정에서 楊貴妃를 죽이고 자신도 제위에서 물러났다.

또 이르기를, "善心이 생겨나면 밝아지고 慾心이 생겨나면 어두워지는 것이다. 무제는 田千秋[17]를 어질다 여겼고 현종은 李林甫[18]를 어질다 여겼으니, 이것이 治世와 亂世로 달라진 이유이다." 하였다.

○上退朝御便殿하야 與儒臣論史라가 因問漢唐諸君은 在位孰久오하니 對曰 漢武帝唐玄宗이 皆在位久라한대 上曰 漢武好大喜功하야 海內費耗나 末年에 能懲前過하고 玄宗初政에 有貞觀之風이나 久而恣欲하야 疏忠任邪하야 遂致禍亂하야 竄身失國하니 武帝猶爲彼善於此라하다 又曰 善心生則明하고 慾心生則闇이라 武帝以田千秋爲賢하고 玄宗以李林甫爲賢하니 此治亂所由異也라하다

35-1-6

5월에 行在工部尙書 吳中[19]이 말하기를, "어제 山西 代州의 圓果寺에서 上奏하기를, '本寺는 古迹道場으로 국가를 위해 복을 비는 곳입니다. 本寺의 오래된 塔이 損壞되었으니, 청컨대 백성을 부려 개축하게 해주소서.' 하였습니다." 하였다.

선종이 이르기를, "경은 이것을 바탕으로 福을 구하려 하는가? 짐은 백성이 편안한 것을 복으로 여기니, 그만두어서 나의 백성을 수고롭게 하지 말도록 하라." 하였다.

○五月에 行在工部尙書吳中言 昨山西代州圓果寺奏 本寺是古迹道場으로 爲國祝釐之所라 舊塔損壞하니 乞役民爲之라한대 上曰 卿欲藉此求福乎아 朕以安民爲福하니 其止之하야 勿勞吾民하라하다

35-1-7

6월에 登州衛指揮 戚珪가 군사조련과 변경방비를 명목으로 軍士들에게 綿布 17,000여 匹을 科斂하였다가 일이 발각되어 山東按察司가 그 죄를 다스리기를 청하였다.

17) 田千秋 : ?~77. 전국시대 齊나라의 후예로 대대로 長陵에 살았다. 巫蠱의 옥사에 대해 漢 武帝에게 충직한 간언을 하여 그 공으로 무제의 신임을 받아 뒤에 승상에 오르고 富民侯에 봉해졌다. 늙어서 수레를 타고 궁궐을 출입할 수 있는 특혜를 누려 사람들이 이 때문에 車千秋라고 불렀으며, 자손들이 이로 인해 車氏가 되었다.(≪漢書≫ 권66 〈田千秋傳〉)

18) 李林甫 : 唐 玄宗 때의 權姦으로, 환관 및 妃嬪과 결탁하여 황제의 동정을 살피면서 아첨하여 총애를 얻은 뒤 19년 동안 제멋대로 권세를 휘두름으로써 安祿山의 난이 일어나게 하는 빌미를 만들었다.(≪新唐書≫ 권223 上 〈姦臣列傳 上 李林甫〉)

19) 吳中 : 1373~1442. 明代 초기의 관료이자 토목건축가로, 자는 思正이고 武城縣 사람이다. 永樂・洪熙・宣德・正統 4朝의 工部尙書를 지냈다. 북경의 궁전과 長陵・獻陵・景陵의 공사를 주관하여 조성하였다.

선종이 그대로 따르고, 右都御史 顧佐 등에게 유시하기를, "근래 듣건대, 軍衛의 과렴은 모두 月粮을 減除하는 것으로 이루어진다고 하니, 이는 國家에서 한갓 월양만 소비할 뿐, 軍士들은 식량을 얻지 못하게 되는 일이다. 이런 무리들은 위로 國法을 어기고 아래로 군사들의 마음을 잃은 자들이니, 징계하지 않을 수 없다." 하였다.

○六月에 登州衛指揮戚珪가 以操備科斂軍士綿布萬七千餘匹이라가 事覺하야 山東按察司請治其罪한대 上從之하고 諭右都御史顧佐等曰 近聞軍衛科斂은 皆是減除月粮이라하니 是國家徒費粮而軍士不得食이라 此輩는 上干國法하고 下失士心하니 不可不懲이라하다

35-1-8

7월에 行在兵部에서 上奏하기를, "錦衣衛帶俸百戶[20] 黃勝이 匠藝로 인하여 관직을 얻었다가 지금 나이가 많아 사직을 청하니, 청컨대 그 자식을 代任하게 하소서." 하였다.

선종이 이르기를, "武官은 모두 어려움을 겪으며 공적이 쌓인 것으로 말미암아 子孫에게 전하여 세습하게 하지만, 그러나 開國 초기부터 從軍하며 부지런히 복무하여 지금은 오히려 旗軍[21]이 된 사람도 있다. 그러나 이 경우는 工藝로 한때 특별한 은혜를 입은 것이니, 과연 무슨 공로가 있어 관직을 세습하려 한단 말인가?" 하고, 윤허하지 않았다.

○七月에 行在兵部奏 錦衣衛帶俸百戶黃勝이 因匠藝得官이라가 今告老하니 乞以子代라한대 上曰 武官皆由艱難積累하야 所以傳之子孫이나 然自開國之初로 從軍效勞하야 今尙有爲旗軍者하니 此以工藝一時蒙特恩이니 果何勞而欲世官가하고 不允하다

35-1-9

9월에 山西의 萬泉縣丞 王琦가 上奏하기를, "작년에 비가 적게 내려 耕作한 작물을 수확한 것이 없는데, 금년 봄부터 여름까지 또 가뭄이 들어 백성들이 대부분 먹고 살기가 어렵습니다." 하여, 선종이 上奏한 글을 戶部에 보여주었는데, 太子太師

20) 百戶 : 元代와 明代에 衛所의 官職 이름으로, 중요한 府·州에 주둔하며 군사 100명을 통괄하였다. 指揮는 5000명, 千戶는 1000명, 總旗는 50명, 小旗는 10명을 통괄하였다.
21) 旗軍 : 明代에 四衛營의 官軍을 말한다.

郭資[22]가 進言하기를, "山西의 다른 郡縣에서는 旱災와 飢饉을 아뢴 곳이 없으니, 마땅히 관원을 파견하여 살펴보아야 할 것입니다." 하였다.

이에 선종이 이르기를, "가뭄과 장마의 재앙은 하늘이 짐을 경계하는 것이니, 有司가 말한 것을 의심하지 말라. 즉시 그 租稅를 헤아려 감면하고, 이어 유사로 하여금 잘 어루만져 구휼하게 하라." 하였다.

○九月에 山西萬泉縣丞王琦奏 去年少雨하야 耕種無收러니 今春至夏亦旱하야 民多艱食이라하야 上以奏示戶部한대 太子太師郭資進曰 山西他郡縣은 未有奏旱飢者하니 當遣官察視라하니 上曰 旱澇之災는 天用儆朕이니 有司所言을 勿用致疑라 卽量免其租稅하고 仍令有司善撫恤之하라하다

35-1-10

宣德 5년(1430) 正月에 行在吏部에서 관원 선발 날짜를 물리자고 上奏하였는데, 선종이 인하여 侍從臣과 함께 前代의 官制에 대해 논하였다.

선종이 이르기를, "관원을 줄이는 것은 백성을 편안하게 하는 도리이다. 堯舜 시대에는 관원을 세우되 100명으로 하였고 夏나라와 商나라는 관원이 배로 늘어났으며[23] 秦漢 이후로는 하나라와 상나라에 비해 관원이 더욱 많았으니, 무엇 때문인가?" 하니, 侍臣이 대답하기를, "時世가 같지 않았기 때문입니다." 하였다.

선종이 이르기를, "唐虞三代[24]에는 일이 적고 백성이 순박하였으니 비교할 수 없거니와, 唐 太宗은 內外의 관원을 730명으로 정하였으니[25] 옛날과 시기가 멀지 않았으므로 또한 법으로 삼을 만하다." 하니, 시신이 대답하기를, "그러나 반드시 임금

22) 郭資 : 1361~1434. 明나라 河南 武安 사람으로 자는 存仁이다. 洪武 18년(1385)에 진사가 되고 여러 차례 옮겨 北平左布政使가 되었다. 成祖가 靖難兵을 일으켰을 때 곁에서 도와 공을 세웠기 때문에 즉위 후 戶部尙書에 발탁되었다.

23) 堯舜……늘어났으며 : ≪書經≫ 〈周書 周官〉에 "唐·虞가 옛날 제도를 상고하여 관원을 세우되 100명으로 하였으니, 안에는 百揆와 四岳이 있고 밖에는 州牧과 侯伯이 있어 모든 정사가 조화로워 萬國이 다 편안하였다. 夏나라와 商나라는 관원이 배가되었으나 또한 다스려졌으니, 明王이 정사를 세움은 오직 관원을 많게 하려는 것이 아니요, 오직 훌륭한 인물을 얻을 뿐이었다.〔唐虞稽古 建官惟百 內有百揆四岳 外有州牧侯伯 庶政惟和 萬國咸寧 夏商官倍 亦克用乂 明王立政 不惟其官 惟其人〕"라고 한 데서 온 말이다.

24) 唐虞三代 : 唐堯·虞舜·夏禹·殷湯·周 武王이 다스리던 시대로, 夏·殷·周 三代를 가리킨다.

25) 唐 太宗은……정하였으니 : ≪新唐書≫ 〈百官志〉에 "太宗이 내외의 관원을 줄여 730명으로 제정하고 말하기를, '내 이로써 천하의 어진 자와 유능한 자를 대우하면 충분하다.' 하였다.〔太宗省內外官 定制爲七百三十員曰 吾以此待天下賢才 足矣〕"라고 한 데서 온 말이다.

의 마음이 고요하면 일이 적어질 수 있고, 일이 적어지면 관원을 줄일 수 있고, 관원을 줄이면 백성이 편안한 것입니다. 만일 國家에 일이 많아서 政務가 번잡해지면 小人이 요행히 진출하여 無爲徒食하는 자들이 많아질 터이니, 백성이 번잡한 일을 면하게 해주고 싶어도 어려울 것입니다." 하였다.

선종이 이르기를, "이 말이 참으로 確論이니, 마음을 맑게 하는 것이 일을 줄일 수 있는 근본인 것이다." 하였다.

○五年正月에 行在吏部奏選官退어늘 上因與侍臣論前代官制하다 上曰 省官은 安民之道라 唐虞建官惟百하고 夏商官倍하고 秦漢以下는 視夏商官益增多하니 何也오하니 侍臣對曰 時世不同也라하다 上曰 唐虞三代는 事簡民淳하니 不可比擬어니와 唐太宗定內外官七百三十員하니 去古未遠이라 亦足爲法이라하니 侍臣對曰 然必(由)[26]君心靜則事可簡이요 事簡則官可省(생)이요 官省則民安矣라 若國家多事하야 政務煩雜이면 小人倖進하야 冗食者多하리니 欲百姓免於煩擾難矣라한대 上曰 此誠確論이니 淸心者가 省事之本이라하다

35-1-11

2월에 목재를 벌채하는 役事를 혁파하였다.

선종이 侍臣에게 유시하기를, "나라를 다스리는 도리는 農事가 가장 급선무이다. 지금 國家에 큰 營繕[27]이 없는데, 東作[28]의 시기를 맞아 工部에서 벌채와 운송, 식목 등의 일이 끊이지 않으니 어찌 농사일에 방해가 되지 않겠는가?" 하고, 마침내 詔書를 내려 尙書 李友直 등에게 勅諭하여, 무릇 이미 채벌한 목재는 그곳에 쌓아두고 軍夫는 모두 혁파하여 보내어 歸農하게 하였다.

○二月에 罷採木之役하다 上諭侍臣曰 爲國之道는 農事最急이라 今國家無大營繕이어늘 當東作之時하야 而工部採運木植이 未已하니 豈不妨廢農業가하고 遂命書勅諭尙書李友直等하야 凡已採之木은 隨處堆積하고 軍夫는 悉罷遣歸農하다

---

26) 必(由) : 저본에는 '必由'로 되어 있으나, ≪明史紀事本末≫ 권28 〈仁宣致治〉의 내용에 의거하여 '由'를 衍字로 처리하였다.

27) 營繕 : 건축물 따위를 신축하거나 수선하는 일을 말한다.

28) 東作 : 봄 농사를 가리키는 말로, '暘谷'이라고도 한다. ≪書經≫ 〈虞書 堯典〉에, "희중에게 따로 명하여 동쪽 바닷가 우이에 머물게 하니 그곳이 바로 양곡인데, 떠오르는 해를 공손히 맞이하여 봄 농사를 고르게 다스리도록 하였다.〔分命羲仲 宅嵎夷 曰暘谷 寅賓出日 平秩東作〕"라고 한 데서 온 말이다.

35-1-12

3월에 開平守將이 邊防의 事務 몇 가지 일에 대해 上奏하니 선종이 그 가운데 시행할 만한 조항을 들어 담당 관사에 회부하여 시행하게 하고, 인하여 侍臣에게 이르기를, "지금 천하가 조금 편안해졌지만 오직 쇠잔한 오랑캐들이 무시로 반란과 복종을 반복하고 있다. 古人이 夷狄을 제어하는 방법은 오직 守備에 있었으니, 만일 城堡가 堅固하고 군량과 말먹이가 충분하며 士卒이 잘 조련되고 경비가 엄중하고 부지런하다면 저들 오랑캐가 또한 어찌 근심이 될 수 있겠는가. 짐은 누차 이것으로 변경의 邊將을 경계하고 신칙하였지만, 다만 그들이 전례를 답습하여 세월만 보내지나 않을까 염려되었다. 이제 봄기운이 점점 깊어져가고 있으니, 실로 변경의 백성들이 경작할 시기이다. 이때에 한 번이라도 혹 농사에 방해가 된다면 秋收를 바랄 수 없어서 배와 수레로 운반하여 위로 도성에 공급하기가 수고로울 것이다." 하고, 마침내 邊將을 신칙하여 警備를 엄중히 하게 하였다.

○三月에 開平守將奏邊務數事하니 上擧其可行者하야 付所司施行하고 因謂侍臣曰 方今海內小康호대 惟殘虜叛服不常이라 古人制夷狄은 惟在守備하니 若城堡堅固하고 糧芻充足하며 士卒精錬하고 哨瞭嚴謹이면 彼亦何能爲患가 朕屢以此로 戒飭邊將이나 但慮其因循玩愒라 今春氣漸深하니 政邊民耕作之時에 一或農事妨廢면 秋收無望하야 仰給於轉輸則勞矣라하고 遂勑邊將嚴警備하다

35-1-13

4월에 建言하여 諫官을 설치하기를 청하는 사람이 있었다.

선종이 이르기를, "祖宗께서 정해놓은 제도를 고칠 수는 없다. 다만 짐에게 과실이 있으면 中外의 大小 臣僚들로 하여금 모두 간언을 할 수 있게 해서 어기지 않고 받아들일 것이니, 그렇게 하면 어찌 얻는 것이 많지 않겠는가?" 하고, 인하여 侍臣에게 이르기를, "三代 이후의 人君 가운데는 唐 太宗이 간언을 잘 받아들였고 당시의 신하들 가운데는 魏徵[29]과 王珪[30] 같은 사람들이 또한 간언을 잘하였으니, 이

29) 魏徵 : 580~643. 산동성 曲城 사람으로 자는 玄成, 시호는 文貞이다. 隋나라 말 혼란기에 李密의 군대에 참가하였으나 곧 唐 高祖에게 귀순하여 고조의 장자 李建成의 유력한 측근이 되었다. 황태자 건성이 아우 李世民(태종)과의 경쟁에서 패하였으나, 태종의 절대적인 신임을 받아 諫議大夫 등의 요직을 역임한 후 宰相에 중용되었다. 특히 굽힐 줄 모르는 直諫으로 유명하며, 北周・隋 등의 正史 편찬 사업과 ≪群書治要≫ 등의 편찬에도 큰 공헌을 하였다. 그가 죽자 태종은 거울 하나를 잃었다고 탄식하였다.

때문에 貞觀의 治世를 이루었다. 또 宋 太祖는 일찍이 이르기를, '당 태종은 사람들의 간언하는 上疏를 받을 때마다 늘 자신의 허물을 인용하며 부끄럽게 생각하지 않았다. 그러나 자신이 잘못을 저지르지 않아서 사람들로 하여금 간언할 것이 없게 하는 것만 못하다.' 하였으니, 두 사람 가운데 누가 더 옳은가?" 하니, 시신이 대답하기를, "송 태조가 한 말이 좋습니다." 하였다.

이에 선종이 이르기를, "송 태조의 말이 실로 근본에 힘쓰는 논의이긴 하지만, 사람이 행하는 바가 어찌 모두 옳을 수 있겠는가? 예컨대, 禹임금은 善한 말을 들으면 절하였고 湯임금은 간언을 따라서 어기지 않아 허물 고치기에 인색하지 않았으니, 우임금과 탕임금도 오히려 사람들에게서 善한 점을 취하였는데, 더구나 이분들보다 자질이 모자라는 사람이야 더 말할 것이 있겠는가? 짐의 생각에는, 군주가 된 사람은 마땅히 태종을 본받아야 한다고 여겨진다." 하였다.

○四月에 有建言請設諫官者어늘 上曰 祖宗定制不可改라 但朕有過失이면 令中外大小之臣皆得諫하야 而納之不爲迕니 豈不所得者多歟아하고 因謂侍臣曰 三代以下人君은 唐太宗善納諫하고 當時之臣은 若魏徵王珪亦善諫이라 故有貞觀之治라 宋太祖嘗曰 唐太宗受人諫疏에 常自引咎하야 不以爲恥로대 不若己不爲非하야 使人無可諫이라하니 二者孰是오하니 侍臣對曰 宋太祖所言爲優라한대 上曰 宋太祖固是務本之論이나 然人所行豈能皆是리오 若禹聞善言則拜하고 湯從諫弗咈하야 改過不吝하니 禹湯猶取善於人이어든 況其下者乎아 朕以爲君人者는 當以太宗爲法이라하다

35-1-14

重修한 玉牒[31)]이 완성되어 少傅 楊士奇[32)]와 太子少傅 楊榮[33)]이 책을 바쳤는데,

---

30) 王珪 : 571~639. 자는 叔玠이며 대대로 환관 가문 출신이다. 魏徵과 함께 태종을 섬겼는데, 태종의 諫官이 되어 간쟁을 잘하였으므로 直臣으로 유명하였다.

31) 玉牒 : 記載帝王의 譜系와 曆數 및 政令의 연혁을 기재한 書牒을 말한다. 宋代에는 매 10년마다 1번 改修하였다고 한다.

32) 楊士奇 : 1365~1444. 士奇는 明나라 초기의 대신 楊寓의 자이다. 호는 東里先生이다. 惠帝 建文 초에 천거를 받아 한림에 들어가 ≪太祖實錄≫을 편찬했다. 永樂帝(成祖)가 즉위한 뒤 編修에 임명되고, 내각제도가 정착하자 楊榮과 함께 입각하여 정무에 참여했다. 이후 5대에 걸쳐 내각에 있으면서 輔臣으로 40여 년을 봉직했다. 禮部侍郎 兼 華蓋殿大學士에 올라 兵部尙書를 겸했는데, 청렴하고 유능함으로 천하의 칭송을 들었다. 양영·楊溥와 함께 三楊으로 불렸다. 시호는 文貞이다. 저서에 ≪東里全集≫·≪文淵閣書目≫ 등이 있다.(≪明史≫ 권148 〈楊士奇列傳〉)

33) 楊榮 : 1371~1440. 明나라 초기의 大臣으로, 자는 勉仁, 초명은 子榮이고, 시호는 文敏이다. 建文 2년(1400) 진사시에 합격하여 翰林院編修에 임명되었다. 태종의 두터운 신임을 받아 文

선종이 살펴보고 나서 이르기를, "古人이 世譜를 중시한 이유는 대개 倫理를 바르게 하고 恩義를 돈독히 하고자 해서이니, 우리 國家에 宗族이 융성하게 된 것은 모두 祖宗께서 공덕을 쌓았기 때문에 생긴 결과이다." 하고, 또 이르기를, "지금 짐에게 비록 親疏의 차이가 있긴 하지만 그러나 근원을 거슬러 올라가면 실로 한 분에게서 근원하는 것이니, 짐이 어찌 감히 소홀히 할 수 있겠는가?" 하였다.

양사기 등이 대답하기를, "周나라는 后稷으로부터 이후로 대대로 忠厚를 쌓았습니다. 이 때문에 子孫이 많아지고 王業을 維持하여 지나온 年世가 가장 원대하게 된 것이니, 國家의 世德이 隆厚하였기 때문에 本支가 번성하였던 것입니다. 陛下께서 또한 멀리 帝堯를 종장으로 삼아 큰 덕을 밝혀 九族을 친히 하신다면 장래의 왕성한 福이 마땅히 周나라 宗室보다 뛰어나게 될 것입니다." 하니, 선종이 고개를 끄덕이며 이르기를, "그렇다." 하였다.

楊士奇

○重修玉牒成하야 少傅楊士奇太子少傅楊榮以進한대 上覽之曰 古人重世譜는 蓋欲正倫理篤恩義니 我國家宗族之盛은 皆由祖宗積德所致라하고 又曰 今於朕雖有親疏나 然泝所自면 實本於一人이니 朕何敢忽이리오하다 士奇等對曰 周自后稷以來로 世積忠厚하니 是以子孫衆多하고 維持王業하야 所歷年世最遠하니 國家世德隆厚라 故本支繁衍이라 陛下又遠宗帝堯하야 明峻德以親九族이면 將來盛福이 當過周家라하니 上頷之曰 然이라하다

35-1-15

5월에 行在都察院에서 御史를 差定하여 福建과 廣東을 巡按하게 하라고 청하였는데, 선종이 章杲와 陳汭에게 御史의 직임을 수행하라고 명하였다.

인하여 유시하기를, "御史가 나가 변방을 순시할 때는 먼저 모름지기 官吏들을 考察해야 하니, 官吏들이 법을 지킨 뒤에야 백성들이 복을 받을 수 있다. 무릇 악행을

淵閣大學士에 올랐으며, 태종의 北征에 항상 수행하여 중요한 군무를 맡았다. 仁宗 때는 謹身殿大學士, 工部尙書를 지냈고, 宣宗·英宗까지 네 명의 황제를 섬기면서 지모와 결단력을 보여주었다. 楊士奇, 楊溥와 함께 三楊으로 불리며 국가원로로서 정계의 예우를 받았다. 저서에 ≪後北征記≫·≪楊文敏集≫이 있다.

저질러 흔적을 남기는 자는 懲治하기가 쉽거니와, 탐욕스럽고 포학하여 백성을 괴롭히면서 억지로 변명하거나 거짓으로 남을 속이는 자 및 겉으로는 善하고 부드럽게 보이지만 마음이 실로 險惡한 자는 가장 먼저 명백하게 실상을 조사해야 할 것이다. 만일 사욕을 따르고 공정한 마음을 버려서 우물쭈물하며 우선의 편함만 구하거나 악행을 용인하고 간사한 마음을 길러서 백성들이 피해를 입게 한다면 그대들 모두에게 죄가 있을 것이다." 하니, 장고 등이 머리를 조아리고 명을 받들었다.

○五月에 行在都察院請差御史巡按福建廣東한대 上命章杲陳汭라 因諭之曰 御史出巡에 先須考察官吏니 官吏守法然後에 百姓受福이라 凡爲惡有跡者는 易於懲治어니와 其有貪暴虐民而强辯飾詐와 及外示善柔나 心實險惡者는 最要明白究實이니 若徇私廢公하야 媕婀姑息어나 容惡長奸하야 使百姓受害면 則爾罪均이라하니 杲等頓首受命이라

35-1-16

6월에 선종이 조회를 마치고 武英殿에 행차하여 侍臣과 이야기하다가 ≪禮記≫ 〈月令〉[34]에 대해 언급하였다.

선종이 이르기를, "古人의 나라 다스리는 도리는 대체로 〈月令〉에서 볼 수 있다." 하니, 시신이 대답하기를, "〈월령〉에는 夏·殷·周 三代 및 秦나라의 일을 뒤섞어 거론하였습니다. 예컨대 勸農, 講武, 祭祀, 刑賞은 모두 국가의 큰일이니, 능히 天時[35]에 순응하는 것이 귀합니다." 하였다.

선종이 이르기를, "나라를 다스리는 도리는 하늘을 공경하고 백성의 일에 부지런함이 근본이 되니, 堯임금이 해와 달과 별을 책력으로 기록하고 관찰한 것[36]과 舜임금이 七政을 고르게 한 것[37]과 周나라에서 五紀를 조화롭게 한 것[38]이 모두 농사

---

34) 月令 : ≪禮記≫의 篇名으로, 1년 12달의 政令을 기록하였다.

35) 天時 : 때에 따라서 돌아가는 자연 현상으로, 계절, 밤과 낮, 더위와 추위 등이 운행하는 規律을 말한다. ≪周易≫ 无妄卦 〈象傳〉에 "하늘 아래 우레가 행하여 물건마다 无妄을 주니, 선왕이 보고서 天時에 순응하여 만물을 기른다.〔天下雷行 物與无妄 先王 以 茂對時 育萬物〕" 하였다.

36) 堯임금이……것 : ≪書經≫ 〈虞書 堯典〉에 "이에 희화에게 명하여 하늘을 공경히 따라 해와 달과 별을 책력으로 기록하고 관찰하여 인시를 공경히 주게 하였다.〔乃命羲和 欽若昊天 曆象日月星辰 敬授人時〕"라고 한 데서 온 말이다.

37) 舜임금이……것 : ≪書經≫ 〈虞書 舜典〉에 "선기옥형을 살펴 칠정을 고르게 하였다.〔在璿璣玉衡以齊七政〕"라고 한 데서 온 말이다. 선기옥형은 天體를 관측하는 데 쓰는 기계로서, 즉 球形의 표면에 日月星辰을 그려 四脚의 틀 위에 올려놓고 이를 회전시키면서 천체를 관측하였다. 칠정은 日月과 五星을 가리킨다.

를 위한 일이었다. 國家의 政事를 계획할 때 天時를 기준으로 修擧하지 않으면 점차 쇠퇴해질 것이고 또 군사를 일으키고 백성을 움직이는 것 같은 일을 天時를 기준으로 하지 않으면 사람들이 그 폐해를 받을 것이니, 〈월령〉의 大意는 위로 天象을 관찰하고 아래로 萬物에서 징험하여 人事를 修擧하는 것일 뿐이다." 하고, 또 이르기를, "明堂[39]의 제도를 상고할 수 없지만, 대저 나라를 다스리는 도리는 실질적 혜택이 백성에게 미치는 것이 귀한 것이다." 하였다.

○六月에 上罷朝御武英殿하야 與侍臣語及禮記月令이라 上曰 古人爲治之道는 大概可見於此라하니 侍臣對曰 是雜擧三代及秦事하니 如勸農講武祭祀刑賞은 皆國之大務니 貴能順乎天時라하다 上曰 爲治之道는 敬天勤民爲本이니 堯曆象日月星辰하고 舜齊七政하고 周協五紀 皆爲民事라 計國家之政에 不以時修擧면 則漸至廢弛요 又如稱兵動衆을 不以其時면 則人受其弊하니 月令大意는 上觀天象하고 下驗庶物하야 以修人事耳라하고 又曰 明堂之制를 不可考로대 大抵爲政은 貴有實惠及民이라하다

35-1-17

永平衛 등의 衛와 河間府 靜海縣 등의 縣에서 蝗蟲이 발생했다고 上奏하자 尙書 郭敦[40]이 관원을 파견하여 가서 잡게 해야 한다고 청하였는데, 선종이 그대로 따르면서 이르기를, "관원을 파견할 때에 또한 모름지기 경계하고 신칙해야 할 것이다. 자못 듣건대, 지난해 조정에서 사람을 파견해서 독려하여 황충을 잡게 할 때 탐욕스럽고 잔혹하게 백성들에게 피해를 입힌 것이 황충의 피해보다 덜하지 않았다고 하니, 경들은 모름지기 이런 폐단을 알아야 할 것이다." 하였다.

이날 해가 저물었을 때 御製 捕蝗詩를 내어 곽돈 등에게 보여주며 이르기를, "황

---

38) 周나라에서……것 : ≪書經≫ 〈周書 洪範〉에 "조화롭게 하기를 다섯 가지 기율로 한다.〔協用五紀〕"라고 한 데서 온 말이다. 洪範은 武王이 殷나라를 이기고 나서 箕子에게 天道에 대해 물었을 때 기자가 아홉 가지로 나누어 진술한 내용으로, 이는 천하를 다스리는 아홉 가지 大法에 해당한다. 그 가운데 네 번째의 五紀는 하늘이 사람에게 보여주는 다섯 가지 기율, 즉 天時의 다섯 가지 기율이란 뜻으로, 歲, 月, 日, 星辰, 曆數를 가리킨다.

39) 明堂 : 고대 제왕들이 政事와 敎化를 선포하고 밝히는 집이란 의미로, 朝會·祭祀·褒賞·選·養老·敎育 등의 大典을 거행하는 곳이다. ≪孟子≫ 〈梁惠王 下〉에 "明堂은 王者의 殿堂이다.〔夫明堂者 王者之堂也〕"라고 하였다. 유래와 제도에 대해서는 ≪禮記≫ 〈明堂位〉에 상세하다.

40) 郭敦 : 1371~1431. 明나라 山東 堂邑 사람으로 자는 仲厚이다. 洪武 연간에 太學에 들어가 戶部主事가 되었다가 衢州知府로 옮겼다. 宣德 初에 戶部尙書가 되었는데, 陝西 지방에 가뭄이 들었을 때 張信과 함께 庶務를 보살피며 여러 가지 폐단을 개혁하였다.

충의 근심이 이 시에 구비되어 있으니, 경은 사람을 파견하여 가서 잡게 하기를, 마땅히 화재를 진화하고 물에 빠진 이를 건져주는 것처럼 급하게 하여 늦추어서는 안 될 것이다." 하였다.

○永平等衛及河間府靜海等縣奏蝗蝻生하니 尙書郭敦請遣官往捕한대 上從之曰 遣官之際에 亦須戒飭이니 頗聞往年朝廷遣人하야 督捕蝗者할새 貪酷害人이 不減於蝗이라하니 卿等須知此弊라하다 是日晩에 出御製捕蝗詩하야 示敦等曰 蝗之爲患은 此詩備矣라 卿遣人往捕를 當如救焚拯溺하야 不可緩也라하다

35-1-18

7월에 선종이 조회를 마치고 左順門에 행차하여 侍臣에게 이르기를, "민심을 안정시키게 하려고 파견한 郡縣의 守令 가운데 만일 어진 사람과 어리석은 사람이 뒤섞여서 격려하고 권면하는 바가 없으면, 보통의 재주를 가진 선비들이 모두 시속을 따라 흘러가서 돌아오기를 잊어버릴 것이다. 吏部는 人才를 나아오게 하고 물리치는 것을 직분으로 하는 관서인데, 또한 人才를 甄別한 바가 있다는 말을 듣지 못했으니 이는 무엇 때문인가?" 하고, 인하여 勅書를 내려 거듭 유시하게 하였다.

○七月에 上視朝罷하고 御左順門하야 謂侍臣曰 郡縣守令所使安民者가 若賢否混淆하야 無所激勸이면 則中才之士가 皆將流而忘返이라 吏部以進退人才爲職이어늘 亦未聞有所甄別하니 何也오하고 因降勅申諭之하다

35-1-19

8월 초하루에 일식이 있었는데, 구름이 끼고 비가 와서 보이지 않았다. 그러자 行在禮部尙書 胡濙 등이 말하기를, "이는 일식이 없는 것과 같으니, 청컨대 신하들을 거느리고 表文을 올려 하례하고자 합니다." 하였다.

선종이 윤허하지 않고 신하들을 신칙하기를 "예로부터 군주가 경계해야 할 일은 하늘의 경계〔天戒〕보다 큰 것이 없고, 일식은 또 하늘의 경계 가운데 큰 것이니, 오직 덕을 닦아 정사를 수행하여 어진 이를 임용하고 간사한 자를 내친 뒤에야 일식이 있을 때 일식이 보이지 않는 것을 논할 수 있다.

짐은 薄德한 사람으로 祖宗의 大統을 계승하였기에 政事를 다스리는 도리는 미흡하

고 백성의 생계는 안정시키지 못하여 三光[41]에 누를 끼쳤으니, 매우 조심스럽고 두려울 뿐이다. '일식이 없는 것'에 비유할 수 있겠는가! '君子의 허물은 일식·월식과 같아서 허물이 있으면 사람들이 모두 볼 수가 있고 허물을 고쳤을 때에는 사람들이 우러러본다.'[42]라고 ≪論語≫에서 말하지 않았던가! 지금 구름이 끼고 비가 와서 일식이 보이지 않는 것은 짐이 허물을 반성하는 데에 어두워서 그러한 것이 아니겠는가? 더구나 離明[43]은 사방을 비추니, 어두운 구름이 가리는 것은 한계가 있어서 京師에서는 보이지 않지만 사방에는 반드시 드러나는 곳이 있을 것이다. 그런데 '일식이 없는 것'에 비유를 하니, 하늘을 속일 수 있겠는가? 짐은 오히려 몸을 닦고 허물을 반성하여 위로 하늘의 뜻에 답하기를 도모하노니, 오히려 그대 群臣에게 의지하여 짐의 부족한 점을 바로잡으려 한다. 그만두고 하례는 행하지 말도록 하라." 하였다.

○八月朔에 日當食이어늘 陰雨不見하니 行在禮部尙書胡濙等以爲 卽同不食이니 請率群臣上表賀라한대 上不許하고 勅群臣曰 古者人君所謹은 莫大於天戒요 日食은 又天戒之大者니 惟能修德行政하야 用賢去邪而後에 當食不食이라 朕以菲德으로 嗣承祖宗大統이라 政理未洽하고 民生未遂하야 上累三光하니 祗懼惟甚이라 可比於是歟아 傳不云乎아 君子之過也는 如日月之食焉하야 過也人皆見之하고 更也人皆仰之라하니 今以陰雨不見은 得非朕昧於省過而然歟아 況離明照四方하니 陰雲所蔽有限하야 京師不見이나 四方必有見者어늘 比之不食하니 天可欺歟아 朕尙圖修省하야 以仰答天意니 尙賴爾群臣하야 匡其不逮라 其止勿賀하라하다

35-1-20

선종이 조회를 마치고 行在吏部尙書 郭璡[44] 등에게 이르기를, "東漢 초기에 竇融[45]이 河西을 保衛할 때 孔奮[46]을 姑臧의 長으로 삼았는데, 고장은 가장 부유한 고

41) 三光 : 세 가지 빛나는 것으로, 곧 日·月·星辰을 가리킨다.

42) 君子의……우러러본다 : ≪論語≫ 〈子張〉에 나오는 구절로, 子貢의 말이다.

43) 離明 : 밝은 해를 가리키는 말로, ≪周易≫ 〈說卦傳〉에 "离는 불이 되고 해가 된다.〔离爲火爲日〕"라고 한 데서 온 말이다.

44) 郭璡 : 1371~1447. 하북성 安新縣 사람으로, 자는 時用이다. 永樂 초에 태학생으로 戶部主事에 뽑혔으며 吏部左侍郎 등을 지냈고, 인종 즉위 후 詹事府少詹事를 겸직하였으며, 선종 때에는 吏部尙書를 지냈다.

45) 竇融 : B.C. 16~A.D. 62. 後漢 초기의 武將으로 字는 周公이고, 扶風 平陵 사람이다. 집안 대대로 河西 지방에서 벼슬하였는데, 王莽 때에 河西를 점거하고 五郡大將軍이라고 칭하면서 독자적인 세력을 형성하였다. 後漢의 光武帝가 隗囂와 公孫述과 대치하고 있을 때 河西 땅을 가지고 光武帝에게 귀순함으로써 광무제가 천하를 통일할 수 있게 하였다. 후에 涼州牧使와

을이었지만 공분이 홀로 청렴결백을 스스로 지키자 사람들이 모두 비웃으며 '그 자신이 기름진 곳에 있으면서도 제 몸 하나 윤택하게 하지 못한다.' 하였다고 하니, 光武帝가 그 사실을 알고 두융이 官屬을 거느리고 入朝하였을 때에 즉시 공분을 발탁하여 武都郡丞으로 삼은 다음 旌閭를 내렸다.

대저 선한 이를 장려하고 악한 이를 배척하는 것은 나라를 다스리는 도리이니, 가령 선한 이와 악한 이를 구별하지 못한다면 어떻게 천하 사람들을 권면하고 징계할 수 있겠는가? 광무제는 즉위한 지 얼마 지나지 않아 卓茂[47]를 기용하고 다시 공분을 발탁하였으니, 東漢에 循良한 관리[48]가 많은 것은 이로 말미암은 것이다.

지금 천하에 일찍이 청렴결백한 선비가 없지 않았으니, 경은 의당 짐을 위해 인재를 甄別하여 보고하도록 하라. 짐이 마땅히 정려를 내릴 것이다. 만일 사람에게 善行이 있는데 알려지지 않는다면 선행을 하는 자가 게을러질 것이다." 하였다.

○上罷朝하고 謂行在吏部尙書郭璡等曰 東漢之初竇融保河西에 以孔奮爲姑臧長한대 姑臧最富饒나 奮獨以廉潔自守하니 衆皆笑之하야 謂其身處脂膏호대 不能自潤이라하니 光武知之하고 及融率官屬入朝에 卽擢奮爲武都郡丞以旌之라 夫激揚淸濁은 爲治之道니 使淸濁無別이면 何以勸懲天下리오 光武卽位未幾에 擧卓茂하고 又擧孔奮하니 東漢多循良吏는 此之由也라 今天下未嘗無廉潔士하니 卿宜爲朕甄別以聞하라 朕當有以旌之라 若人有善而不知면 則爲善者怠矣리라하다

冀州牧使가 되고, 建武 12년(36)에는 大司空과 將作大匠에 이르렀다. 衛尉의 일을 집행하면서도 성격이 겸허하여 황제의 총애를 한몸에 받았고, 많은 후손들이 고관에 오르는 등 번영했다. 시호는 戴이다.

46) 孔奮 : 後漢 光武帝 때의 청백리이다. 姑臧이라는 부유한 고을에 4년 동안 수령으로 있으면서 재물을 탐하지 않고 청렴한 자세로 일관하자, 당시 사람들이 "기름 덩어리 속에 놔두었건만 제 몸 하나도 윤택하게 하지 못한다.〔置脂膏中 亦不能自潤〕"라고 조롱했다는 고사가 전한다. 竇融을 따라 황제에게 조회할 때에도 다른 수령들은 재물 실은 수레가 잇달았지만 공분만은 빈 수레 하나로 길에 오르니, 황제가 상을 내렸다고 한다.(≪後漢書≫ 권31 〈孔奮列傳〉)

47) 卓茂 : 前漢 末의 宛 땅 사람으로 字는 子康이다. 일찍이 法禮와 曆算을 익혀 通儒란 칭송을 받았으며, 平帝 때에 密縣의 令이 되어 善政을 베풀었다. 王莽이 簒位하자 연로함을 핑계로 사직하고 향리에 있었는데, 光武帝가 즉위하여 맨 먼저 탁무를 찾아 太傅를 삼고 褒德侯로 봉하였다.

48) 循良한 관리 : 行實이 順良하여 國法을 잘 지키고 훌륭한 치적을 세운 官吏를 말한다. ≪史記≫에 〈循吏列傳〉이 실려 있는데, 이에 대해 〈太史公自序〉에 이르기를, "법을 받들고 이치를 따르는 관리는 공로를 자랑하고 능력을 과시하지 않아 백성의 칭송도 없지만 또한 잘못된 행적도 없다.〔奉法循理之吏 不伐功矜能 百姓無稱 亦無過行〕" 하였다.

35-1-21

선종이 조회를 마치고 文華殿에 행차하였는데, 學士 楊溥 등이 侍從하였다.

이야기하다가 백성을 다스리는 일에 대해 언급하였을 때 선종이 이르기를, "백성들이 기뻐하고 슬퍼하는 것은 백관이 어진지 그렇지 못한지에 달려 있으니, 백관에 모두 적합한 인물을 얻을 수 있는 방법은 무엇인가?" 하니, 양부가 대답하기를, "薦擧를 엄중하게 하고 考課를 정미롭게 하면 얻지 못할까 근심하지 않을 것입니다." 하였다.

이에 선종이 이르기를 "어진 인재를 얻고자 한다면 마땅히 가르치고 양육하는 방법을 두터이 해야 할 것이니, 가르치고 양육하는 데에 도리가 있으면 人才는 절로 나올 것이다. 만일 다만 薦擧하고 考課하는 사이에서 실효를 거두려고만 한다면 대개 천백 명 가운데 열 명이나 한 명밖에 구하지 못할 것이다. 漢나라 董仲舒[49]가 말하기를, '평소 선비를 기르지 않고 賢者를 구하고자 한다면 이는 비유하건대 옥을 쪼아 다듬지 않고 文采가 나기를 구하는 것과 같다.'[50] 하였으니, 이 말이 참으로 근본을 아는 논의이다. 지금은 다만 마땅히 학문을 높이고 교육을 중시해야 할 것이다." 하였다.

○上罷朝하고 御文華殿한대 學士楊溥等侍라 語及治民事할새 上曰 民之休戚은 係乎庶官之賢否하니 何術可盡得其人고하니 溥對曰 嚴薦擧하고 精考課면 不患不得이라한대 上曰 欲得賢才면 當厚教養之法이니 教養有道면 人才自出이라 若但責效於薦擧考課之間이면 蓋求十一於千百也라 漢董仲舒言 素不養士而欲求賢은 譬猶不琢玉而求文采라하니 此誠知本之論이라 於今에 但當崇學重教니라하다

---

49) 董仲舒 : B.C. 197~B.C. 104. 廣川 사람이다. 前漢 때의 경학가로, 景帝 때 박사가 되었으며 武帝 때에는 江都相과 膠西相을 역임하였다. 〈賢良對策〉을 올려 유학을 존중하고 백가 사상을 배척할 것을 주장하여 경학의 지위를 높이는 데 큰 영향을 끼쳤다. 저서에 ≪春秋繁露≫ 등이 있다.

50) 평소……같다 : 董仲舒가 世宗에게 올린 策問에 "평소 선비를 기르지 않고 현자를 구하고자 하면, 이는 비유하건대 옥을 쪼아 다듬지 않고 文采를 구하는 것과 같습니다. 그러므로 선비를 기르는 데 있어 太學보다 중요한 것이 없으니, 태학은 어진 선비의 關門이고 교화의 근본입니다. 원컨대 태학을 일으키고 현명한 스승을 배치하여, 천하의 선비를 길러서 자주 상고하고 물어 그 재능을 다하게 하시면 英材와 俊傑들을 마땅히 얻을 수 있을 것입니다.〔夫不素養士而欲求賢 譬猶不琢玉而求文采也 故養士 莫大庠太學 太學者 賢士之所關也 教化之本原也 願興太學置明師 以養天下之士 數考問以盡其材 則英俊 宜可得矣〕"라고 한 데서 온 말이다.(≪資治通鑑≫ 권17 〈漢紀9 世宗孝武皇帝上之上〉)

35-1-22

9월에 行在都察院에서 上奏하기를, "前 金吾衛의 軍士는 응당 宣德 3년(1428)과 4년 겨울과 여름에 지급한 布를 받아야 했는데, 금년 5월에 이르러서야 바야흐로 지급하겠다고 상주하였으니, 청컨대 지급을 지체시킨 衛官의 죄를 다스리소서." 하였다.

선종이 그대로 따르고 나서 조정에 있는 武臣을 불러 유시하기를, "조정에서 軍士들의 가난을 걱정하였기 때문에 때에 맞추어 지급하게 하였으니, 軍官을 관리할 때는 마땅히 시일에 앞서 거행하게 해야 아랫사람들이 사용할 수 있을 것이다. 그런데 이자들은 편안히 앉아 俸祿을 받아먹으면서 위로는 조정의 뜻을 體認하지 못하고 아래로는 백성들의 信望을 잃었으니, 이미 都察院에 명하여 治罪하게 하였다. 그대들은 마땅히 군사들의 마음으로 자신의 마음을 삼아 이런 폐단을 답습하지 말아야 할 것이니, 만일 그렇지 않을 경우에는 國法이 그대들을 용서하지 않을 것이다." 하였다.

○九月에 行在都察院奏 金吾前衛軍士는 應得宣德三年四年冬夏布어늘 至今年五月方奏給之하니 請治衛官稽緩之罪라한대 上從之하고 召在廷武臣諭之曰 朝廷慮軍士貧難이라 故令及時給之하니 管軍官엔 當先時擧行이라야 庶下人得用이어늘 此輩安享俸祿하야 上不體朝廷之意하고 下失衆人之望하니 已命都察院罪之라 爾等은 當以軍士爲心하고 勿踵斯弊니 國法不爾貸也라하다

35-1-23

10월에 선종이 변경을 순시하여 洗馬林에서 멈추었다가 날이 저물어서야 幄殿[51]에 행차하였는데, 學士 楊榮 등이 侍從하였다.

선종이 묻기를, "군주가 세상을 다스리는 權衡 가운데 무엇이 중요한가?" 하니, 양영 등이 대답하기를, "德이 있는 사람에게 벼슬을 내리는 일[52]과 罪가 있는 사람을 討伐하는 일 이 두 가지가 중요합니다." 하였다. 이에 선종이 이르기를, "두 가지는 천하의 공변된 器物이니, 군주가 특별히 그것을 주관하는 것이다. 예컨대 舜임금께서 16相을 擧用하고 四凶을 誅伐하시자 天下가 悅服하였으니,[53] 이는 天下의 사

51) 幄殿 : 임금이 야외에 행차했을 때 遮日을 치고 사방으로 揮帳을 둘러막고 그 안에 임시로 御座를 설치한 幕次를 말한다.

52) 德이……일 : 원문의 '命德'은 '爵以命德'의 줄임말로, 蔡沈의 ≪書經集傳≫ 〈商書 說命 中〉의 注에 "爵位는 德이 있는 자에게 命하기 때문에 賢이라 하였다.〔爵以命德 故曰賢〕"라고 한 데서 온 말이다.

53) 舜임금께서……悅服하였으니 : 16相은 高陽氏의 여덟 才子와 高辛氏의 여덟 재자를 합한 16인

람들이 좋아하고 싫어하는 일을 자신의 좋아하고 싫어하는 일로 삼은 것이고, 齊나라 威王이 卽墨大夫에게 萬家의 邑을 封하고 阿大夫를 삶아 죽이자 제나라가 크게 다스려졌으니,[54] 이는 주변 사람들이 좋아하고 싫어하는 일을 자신의 좋아하고 싫어하는 일로 삼지 않은 것이다. 그러므로 爵賞과 刑罰은 지극히 공변되고 사사로움이 없게 된 뒤에야 천하의 사람을 열복하게 할 수 있는 것이다." 하니, 侍臣들이 모두 머리를 조아리며 말하기를, "참으로 성상께서 유시하신 말씀과 같습니다." 하였다.

○十月에 上巡邊하야 駐蹕洗馬林이라가 晩御幄殿한대 學士楊榮等侍라 上問 人君御世之權에 何者爲重고하니 榮等對曰 命德討罪二者是也라한대 上曰 二者는 天下之公器니 人君特主之耳라 若舜擧十六相하고 誅四凶하신대 而天下悅服하니 此以天下之好惡爲好惡也요 齊威王封卽墨大夫以萬家하고 而烹阿大夫하신대 齊國大治하니 此不以左右之好惡爲好惡也라 故爵賞刑罰은 至公無私然後에 能服天下라하니 侍臣咸叩首曰 誠如聖諭라하다

35-1-24

윤12월에 선종이 奉天門에 행차하여 行在戶部의 신하에게 유시하였다.

"백성을 구휼할 때는 반드시 실질적인 혜택이 있어야 하니, 만일 백성에게 은혜를 베풀면서 실질적인 혜택이 없다면 아랫사람을 구휼하는 정성이 아니다. 근래 郡縣 가운데 간혹 水災와 旱災가 든 곳이 있어서 稅粮이 많이 欠縮[55]났으므로 세월이 오래 지나면서 관아에 輸納할 수 없게 되었다. 그런데 有司에서 징수를 재촉하고 핍박하여 백성들이 더욱 곤궁하게 되었으니, 사방에서 조세를 체납한 백성들이 도망하였다고 上奏하는 것은 모두 이 때문이다. 그러므로 짐은 이런 말을 들을 때마다 측

의 善人을 가리킨다. 고양씨의 여덟 재자는 이른바 八愷로 불리던 蒼舒, 隤凱(퇴개), 檮戭(주연), 大臨, 尨降(방강), 庭堅, 仲容, 叔達이고, 고신씨의 여덟 재자는 이른바 八元으로 불리던 伯奮, 仲堪, 叔獻, 季仲, 伯虎, 仲熊, 叔豹, 季狸이다. 舜임금이 일찍이 이들의 후손들을 등용하여 훌륭한 정사를 펴게 하였다.(≪春秋左氏傳≫ 文公 18년) 四凶은 堯임금 때의 惡人인 共工, 驩兜, 三苗, 鯀을 가리킨다. ≪書經≫ 〈虞書 舜典〉에 "〈순임금께서〉 공공을 幽洲에 유배하고 환두를 崇山에 留置하고 삼묘를 三危에 몰아내고 곤을 羽山에 가두어 네 사람을 죄주시니, 천하가 다 복종하였다.〔流共工于幽洲 放驩兜于崇山 竄三苗于三危 殛鯀于羽山 四罪而天下咸服〕" 하였다.

54) 齊나라……다스려졌으니 : 상벌이 분명함을 말한다. 전국시대 齊나라 威王이 卽墨大夫를 불러 "그대를 헐뜯는 말이 들려왔으나 조사해보니 치적이 훌륭했다."라고 하며 萬家의 邑을 봉하여 주고, 阿大夫를 불러 "그대를 기리는 말이 들려와서 조사해보니 나의 좌우 사람에게 뇌물을 써서 칭찬하게 한 것이고 치적이 나빴다."라고 하며 아대부와 뇌물 먹은 자를 삶아 죽였다는 故事에서 온 말이다.(≪史記≫ 권46 〈田敬仲完世家〉)

55) 欠縮 : 일정한 수량에서 부족함이 생긴다는 의미로, '欠缺'이나 '虧欠'과 같은 말이다.

은한 마음이 생긴다. 이제부터 宣德 3년(1428) 이전에 백성들이 흠축낸 粮稅는 모두 鈔와 布와 絹으로 환산하여 거두게 할 것이니, 그대 戶部에서는 의논을 定하되 힘써 中道에 맞게 하여 백성들에게 해가 되지 않게 하라." 하였다.

호부에서 의논하되 10등분하여 3分은 闊布로 환산하고 3分은 闊絹으로 환산하고 4分은 鈔로 환산하는 것으로 정하였다.

이에 선종이 이르기를, "이렇게 하는 것이 좋기는 하지만, 다만 布와 絹을 闊幅으로 거두는 것 역시 그렇게 하기가 어렵다. 의당 민간에서 일상적으로 사용하는 物種으로만 환산하여 時價에 따라 거두어들이게 하면 백성들이 마련하기가 쉬울 것이니, 그렇게 하면 백성들이 실질적인 혜택을 받을 수 있을 것이다." 하였다.

○閏十二月에 上御奉天門하야 諭行在戶部臣曰 恤民은 必有實惠니 若惠民無實이면 非恤下之誠이라 比者郡縣에 間有水旱하야 稅粮多欠이라 積歲既久에 未能輸官이어늘 有司催徵逼迫하야 而民愈困하니 四方奏逃亡逋賦者는 皆以此라 故朕聞之惻然이라 其宣德三年以前民欠粮稅는 悉令折收鈔與布絹하리니 爾戶部定議호대 務得其中하야 無虧於民하라하니 戶部議以十分爲率하야 三分折闊布하고 三分折闊絹하고 四分折鈔한대 上曰 如此雖善이나 但布絹闊幅者亦難得이라 宜只隨民間所常用者하야 依時價收之면 則民易辦이니 庶幾民受實惠라하다

35-1-25

선종이 行在兵部尙書 張本[56]에게 유시하기를, "지난번 詔書에서 무릇 백성 가운데 나이 70 이상 및 篤疾・廢疾・殘疾에 걸린 사람은 한 명이 곁에서 봉양하게 하도록 하였는데, 지금 생각해보니 각처에서 군졸을 징집할 때 그 가운데 어찌 부모가 늙고 병든 獨子가 없겠는가? 만일 이런 사람으로 하여금 먼 곳에서 服役하게 한다면 부모는 살 곳을 잃을 수밖에 없을 것이다. 그러니 有司로 하여금 실상을 참작한 다음 充軍해야 하는 사람 가운데 부모의 나이가 70 이상이거나 독질・폐질・잔질에 걸린 자는 附近의 衛所에 充軍하게 하도록 하라." 하였다.

○上諭行在兵部尙書張本曰 前者詔書에 凡民年七十之上及篤廢殘疾者는 許一丁侍養이러니 今思各處取軍에 其中豈無獨子而父母老疾者리오 若令遠役이면 則父母不免失所리니 令有司勘實하야 應充軍之人而父母年七十之上及篤廢殘疾者는 許於附近衛所充軍이라하다

---

56) 張本 : 1367~1431. 明나라 山東 東阿 사람으로 자는 致中이다. 洪武 연간에 國子生의 신분으로 江都知縣이 되고, 宣德初에 南京 兵部尙書가 되었다.

35-1-26

宣德 6년(1431) 2월에 行在戶部에서 관원을 파견하여 백성의 고통을 巡視하게 하라고 上奏하니, 선종이 그대로 따르고 인하여 侍臣에게 이르기를, "'堂下가 천 리보다 멀다.'[57] 하였다. 군주는 구중궁궐에 깊이 거처하고 있으니, 어찌 백성의 고통을 다 알 수 있겠는가? 그러므로 사람을 파견하여 巡視하게 할 수 밖에 없는 것이니, 만일 파견하는 사람이 적임자가 아니라면 백성들의 상황이 오히려 다 전달되지 못하는 것이다." 하였다.

이에 侍臣이 대답하기를, "國家가 백성을 사랑하는 것은 오직 守令을 발탁하는 데에 달려 있으니, 수령에 적임자를 얻으면 田里의 백성들이 절로 편안해질 것입니다." 하니, 선종이 이르기를, "그렇다." 하였다.

○六年二月에 行在戶部奏遣官巡視民瘼하니 上從之하고 因謂侍臣曰 堂下遠於千里라하니 人君深居宮禁하야 豈能盡諳民隱이리오 故不免遣人巡視하니 若所遣非人이면 下情猶未能悉達이라한대 侍臣對曰 國家仁民은 惟在擇守令이니 守令得人이면 田里之民自安이라하니 上曰 然이라하다

35-1-27

3월에 선종이 조회를 보고 물러나 便殿으로 행차한 다음 翰林儒臣에게 명하여 進講하게 하였는데, ≪大學≫의 平天下章[58]을 講하여 마쳤을 때 선종이 이르기를, "天下와 國家를 다스리는 일은 財用이 없어서는 안 되니, '生之者衆'[59]과 같은 네 글자에 나아가 행해야 할 것이지, 진실로 포악하게 거두고 제멋대로 징수하면서 國用에 여유가 있기를 기필해서는 안 될 것이다." 하고, 또 이르기를, "〈秦誓〉[60]에 君子와 小人의 情狀을 곡진하게 설명하였으니, 군주가 이것을 잘 살피면 좋아하고 미워하고

---

57) 堂下가……멀다 : 군주의 총명을 가리는 폐해가 심하다는 의미이다. ≪管子≫ 〈法法〉에 "堂上이 백 리보다 멀고 堂下가 천 리보다 멀고 군주의 문이 만 리보다 멀다.〔堂上遠於百里 堂下遠於千里 門廷遠於萬里〕"라고 한 데서 온 말이다.

58) 平天下章 : ≪大學≫ 傳 10章을 말한다.

59) 生之者衆 : 생산하는 사람이 많아야 한다는 뜻이다. 財用을 잘 관리하는 방법 가운데 하나이다. ≪大學≫ 傳 10章에 "재물을 생산함에는 큰 도가 있으니, 생산하는 사람이 많고 먹는 사람이 적으며 만들기를 빨리하고 쓰기를 느리게 하면 재물이 늘 풍족할 것이다.〔生財有大道 生之者衆 食之者寡 爲之者疾 用之者舒 則財恒足矣〕"라고 한 데서 온 말이다.

60) 秦誓 : ≪書經≫ 〈周書〉의 篇名인데, ≪大學≫ 傳 10章에서 그 내용을 인용하여 군자와 소인의 성향에 대해 설명하였다.

등용하고 버리는 일이 마땅할 것이다. 후세에는, 예컨대 漢唐 中葉에는 小人이 요행히 지위를 차지하여 어진 이를 방해하고 나라를 병들게 하다가 마침내 재앙의 階梯가 되었으니, 聖賢의 말이 어찌 萬世의 龜鑑이 아니겠는가?" 하였다.

○三月에 上視朝退하고 御便殿하야 命翰林儒臣進講한대 講大學平天下章竟에 上曰 治天下國家는 不可無財用이니 卽如生之者衆四語行之요 固不必暴征橫斂而國用有餘矣니라하고 又曰 秦誓에 曲盡君子小人情狀하니 人君審乎此면 則好惡用舍當矣라 後世若漢唐中葉에 小人倖位하야 妨賢病國이라가 卒爲厲階하니 聖賢之言이 豈非萬世龜鑑이리오하다

35-1-28

4월에 行在吏部가 上奏하기를, "賢者를 구하여 천거된 관원 43人은 전례로 볼 때 마땅히 官司에 모아 考試해야 하는데, 그 가운데는 南海衛의 餘丁[61]이 있으니 전례대로 考試하기가 어렵습니다." 하였다.

선종이 이르기를, "古人은 賢者를 등용할 때 어떤 부류의 사람인지 따지지 않았으므로[62] 농사짓고 낚시하는 사람 가운데 임금을 보좌할 만한 인재가 있었으니,[63] 軍丁이라는 이유로 버려서야 되겠는가?" 하고, 전례대로 考試하라고 명하였다.

○四月에 行在吏部奏 求賢所擧官四十三人은 例當會官考試로대 中有南海衛餘丁하니 難與考例라하니 上曰 古人은 立賢無方이라 耕釣之中에 有王佐才하니 其可以軍丁棄之리오하고 命考試如例하다

35-1-29

9월에 行在戶部에서 말하기를, "宛平縣의 백성이 果園 땅을 崇國寺에 시주하였으니, 청컨대 조세를 蠲減해주소서." 하였는데, 선종이 이르기를, "백성의 땅은 衣食의 바탕인데, 이것을 승려에게 시주하고 다시 조세를 견감해주기를 구하는 것인가? 매우 어처구니가 없는 말이다." 하고, 속히 백성에게 돌려주게 하였다.

---

61) 餘丁 : 국가의 충원 계획에 따라 現役에 징집하고 남은 장정을 이르는 말이다.
62) 賢者를……않았으므로 : 훌륭한 인재를 등용할 때에 그 사람의 능력만을 보고 出身이나 貴賤, 親疎 등을 따지지 않았다는 의미이다. 《孟子》〈離婁 下〉에 "湯임금은 중도를 지키셨으며, 賢者를 등용할 때 어떤 부류의 사람인지 따지지 않으셨다.〔湯執中 立賢無方〕"라고 한 데서 온 말이다.
63) 농사짓고……있었으니 : 莘野의 들에서 농사지으며 은거하던 伊尹이 湯王의 초빙을 받아 재상이 되었던 일과 渭水 북쪽에서 낚시하며 은거하던 姜太公이 사냥 나온 文王을 만나 師傅로 추대되었던 일을 가리킨다.

○九月에 行在戶部言 宛平縣民이 以果園地施崇國寺하니 請蠲其稅라한대 上曰 民地는 衣食之資어늘 乃以施僧하고 又求免稅아 甚無謂라하고 令亟以還民하라하다

35-1-30

10월에 선종이 行在吏部尙書 郭璡 등에게 유시하기를, "朝廷에서 御史의 직임을 두고 耳目으로 의탁하여 무릇 政務의 闕失과 民生의 利病과 百官의 賢否를 모두 上奏하여 거론할 수 있게 하고 있으니, 어찌 적임자가 아닌 사람을 임용할 수 있겠는가? 근래 서로 朋黨이 되어 流俗에 동화되고 汚世에 영합하는[64] 자가 있고 세력에 의지하여 위엄을 부리면서 선량한 사람을 능멸하는 자가 있으며 심지어 탐욕스럽고 음란하고 더럽고 혼탁하여 말로 다하기 어려운 자까지 있으니, 이와 같다면 어찌 직임에 擧用되기를 바랄 수 있겠는가? 이런 사람들을 이미 축출하긴 했지만, 지금부터는 반드시 老成하고 謹厚하여 정치의 要體에 통달한 사람을 선택하여 보고하도록 하라. 짐이 장차 시험 삼아 등용할 것이다." 하였다.

또 유시하기를, "지방에 있는 按察司는 한 지역의 風紀를 관장하므로 또한 신중하게 선발해야 할 것이니, 적합한 재능이 아닌 사람을 임용해서는 안 될 것이다." 하였다.

○十月에 上諭行在吏部尙書郭璡等曰 朝廷置御史하고 託之耳目하야 凡政務闕失과 民生利病과 百官賢否를 皆得奏擧하니 豈可以任匪人이리오 比來에 有相朋比하야 同流合汚者하고 有依勢作威하야 淩蔑良善者하며 甚至貪淫穢濁하야 不可以言者하니 如此면 何望其能擧職이리오 雖已逐之나 自今必擇老成謹厚識達治體者以聞하라 朕將試用之하리라하고 又諭之曰 在外按察司는 掌一道風紀라 亦宜愼選이니 毋任非才라하다

35-1-31

副總兵 都督僉事 方政[65]이 새로 세운 龍門衛 및 龍門守禦 千戶의 所請으로 器械와 旗鼓 등의 물품을 지급해달라고 하였다.

선종이 行在工部에 명하여 수량대로 지급하게 한 다음 尙書 吳中에게 말하기를, "甲

---

64) 流俗에……영합하는 : 孟子가 鄕愿은 德을 해치는 적이라 하면서 "세속에 동화하고 더러운 세상에 영합한다.〔同乎流俗 合乎汚世〕"라고 한 데서 온 말이다.(≪孟子≫ 〈盡心 下〉)

65) 方政 : ?~1439. 明나라 滁州 사람으로 靖難의 兵役에서 공을 세워 都指揮僉事가 되었고, 正統 3년(1438)에 右都督으로 승진하였다.

冑가 견고하고 병기가 예리하게 갖추어진 뒤에야 도적을 제어할 수 있다. 그러나 地利가 人和만 못하다고 하였으니,[66] 더욱 모름지기 主將을 경계하고 勉勵하여 士卒을 잘 보살피게 해야 할 것이다. 人心이 화합하게 된 뒤에 수비를 하면 견고해지고 전쟁을 하면 승리할 것이니, 이렇게 해야 변경에 길이 우환이 없을 수 있을 것이다." 하였다.

○副總兵都督僉事方政이 以新立龍門衛及龍門守禦千戶所請으로 給器械旗鼓等物한대 上命行在工部하야 如數給之하고 語尙書吳中曰 兵甲堅利而後에 足以制寇나 然地利不如人和라하니 尤須戒勵主將하야 善撫士卒이라 人心旣和以守則固요 戰則勝이라야 邊境可永無虞라하다

35-1-32

宣德 7년(1432) 5월에 行在禮部尙書 胡濙이 山西에서 龍馬의 망아지를 進上한 일로 인하여 群臣들과 함께 表文을 올려 경하하기를 청하였는데, 선종이 이르기를, "2, 3년 사이에 水害와 旱害에 대한 보고가 끊임없이 계속 올라오고 있으니, 짐은 바야흐로 밤낮으로 경계하며 謹愼하고[67] 있다. 그런데 특이한 짐승 한 마리가 어찌 백성의 굶주림을 구제할 수 있다고 표문을 올려 경하하려는 것인가? 그만두도록 하라." 하였다.

○七年五月에 行在禮部尙書胡濙이 以山西進龍馬駒로 請偕群臣上表賀한대 上曰 二三年間에 水旱告災하야 繼踵而來하니 朕方日夕惕勵이어늘 一獸之異가 何救民飢而欲表賀리오 其止之라하다

35-1-33

6월에 御製 ≪官箴≫이 완성되었으니, 모두 35篇이었다. 이 ≪관잠≫을 百官에게 보여줄 때 선종이 유시하였다.

"짐이 帝位를 계승하여 만백성을 다스릴 때 실로 서울과 지방의 文武 群臣들이 마음을 함께하고 힘을 함께하여 보좌한 덕분에 국가를 다스리는 功業을 일으킬 수 있

66) 地利가……하였으니 : ≪孟子≫ 〈公孫丑 下〉에, "天時가 地利만 못하고, 지리가 人和만 못하다."〔天時不如地利 地利不如人和〕"라고 한 데서 온 말이다.

67) 경계하며 謹愼하고 : 나라에 큰 변괴나 재해가 발생했을 때 임금이 하늘을 두려워하고 스스로 경계하고 반성하는 뜻을 보이는 것이다. ≪周易≫ 乾卦 九三爻辭에 "군자가 종일토록 부지런히 힘써 저녁까지 삼가 두려워하면 허물이 없으리라.〔君子終日乾乾 夕惕若厲 无咎〕"라고 한 데서 온 말이다.

었다. 옛날 舜임금은 9官과 12牧[68]을 命하고 모두에게 부지런히 訓諭하였으니, 虞史[69]에 기록되어 있다. 대저 大舜이 임금이 되고 禹·皐陶·后稷·契과 같은 사람들이 신하가 되었는데도 불구하고 오히려 이와 같이 경계의 말을 전하였는데, 더구나 짐은 薄德하니 감히 마음을 다하지 않을 수 있겠는가?

그러나 멀리 있는 신하는 이미 자주 만나지 못하고 또 유시하지 못하며 가까이 있는 신하는 비록 아침저녁으로 만나기는 해도 또한 자주 말로 유시하지 못하므로, 인하여 古人이 箴을 지어 경계했던 의리를 취하여 무릇 서울과 지방의 여러 신하들이 각각 한 篇씩 지어 여러 廳事에 게시하게 하니, 아침저녁으로 살펴보면 거의 경계가 될 것이다. 그러나 옛날의 임금과 신하는 서로 간에 경계하는 도리가 있었으니, 무릇 직위에 있는 君子들은 훌륭한 계책이 있으면 짐에게 말하도록 하라. 그렇게 하면 짐은 더욱 즐겁게 들을 것이다."

○六月에 御製官箴成하니 凡三十五篇이라 以示百官할새 上諭之曰 朕承大寶하야 臨撫兆民에 實賴中外文武群臣同心同力하야 以興起治功이라 昔舜命九官十二牧하고 皆孜孜訓諭하니 虞史書之라 夫以大舜爲君하고 禹皐稷契輩爲之臣호대 猶致儆如此어늘 況朕菲薄하니 敢不究心이리오 然遠臣既不得數見而(人)〔又〕[70]諭之하고 近臣雖朝夕相接이나 亦不得數以言諭라 因取古人箴儆之義하야 凡中外諸(司)〔臣〕[71]各著一篇하야 使揭諸廳事하고 朝夕覽觀이면 庶幾有儆이나 然古之君臣은 有交儆之道하니 凡在位君子有以嘉謨告朕者면 尤朕所樂聞也라하다

35-1-34

7월에 선종이 한가할 때 內庫의 書畫를 살펴보다가 元나라 趙孟頫[72]가 그린 〈豳風

68) 9官과 12牧 : 9官은 舜임금이 설치했던 아홉 가지 관직으로, 司空·后稷·司徒·士·共工·虞·秩宗·典樂·納言 등을 말한다. 12牧은 순임금 당시 12州를 다스리던 목민관을 말한다. (≪書經≫ 〈虞書 舜典〉)

69) 虞史 : ≪書經≫의 〈虞書〉를 가리키는 말로, 〈堯典〉·〈舜典〉·〈大禹謨〉·〈皐陶謨〉·〈益稷〉 다섯 편으로 이루어졌다.

70) (人)〔又〕 : 저본에는 '人'으로 되어 있으나, ≪禮部志稿≫ 권8 〈聖諭〉의 내용에 근거하여 '又'로 바로잡았다.

71) (司)〔臣〕 : 저본에는 '司'로 되어 있으나, ≪禮部志稿≫ 권8 〈聖諭〉의 내용에 근거하여 '臣'으로 바로잡았다.

72) 趙孟頫 : 1254~1322. 元나라의 서화가이자 문신으로 자는 子昂, 호는 松雪이다. 宋나라 종실의 후손으로 元나라에서 벼슬하여 한림학사 등의 벼슬을 역임하였으며, 뒤에 魏國公에 봉해졌다. 楷書와 行書에 능했고, 山水를 잘 그려서 南畫의 宗으로 알려져 있다.

圖〉[73]를 얻었는데, 인하여 長篇詩 1章을 지어 翰林詞臣을 불러 보여주며 이르기를, "豳詩는 周公이 后稷과 公劉가 王業을 이룬 이유와 농사의 이르고 늦음의 마땅함을 진술하여 成王에게 고하여 농사의 어려움을 알게 하는 내용이니, 萬世의 군주는 모두 이 시를 귀감으로 삼아야 할 것이다. 짐은 이 그림을 좋아하여 시를 지은 다음 便殿의 벽에 揭示하고 아침저녁으로 살펴보면서 경계하고 면려하고자 하니, 그대들이 이런 내용을 그림의 오른편에 적어 넣도록 하라." 하였다.

○七月에 上燕閒에 閱內庫書畫라가 得元趙孟頫所繪豳風圖한대 因賦長詩一章하야 召翰林詞臣示之曰 豳詩는 周公陳后稷公劉致王業之由와 與民事早晚之宜하야 以告成王하야 使知稼穡艱難이니 萬世人君은 皆當鑑此라 朕愛斯圖爲賦詩하야 欲揭於便殿之壁하고 朝夕在目하야 有所儆勵하니 爾其書于圖之右라하다

豳風圖

35-1-35

선종이 萬歲山[74]에 올랐다. 廣寒殿에 앉아 翰林儒臣을 불러 侍從하게 하였는데, 명하여 京都와 畿內의 山川 形勢를 두루 둘러보게 하고 다 둘러보았을 때 선종이 유시하기를, "이곳은 元나라의 故都이다. 世祖는 사람을 알아보고 잘 임용하였으며 儒術을 信任하고 民力을 아껴 길렀기 때문에 능히 천하를 통일하여 帝業을 완성하였는데, 2대를 내려와 武宗 대에 이르러서

73) 豳風圖 : ≪詩經≫ 〈豳風〉을 소재로 그린 그림인데, 〈빈풍〉 맨 처음에 〈七月〉이 실려 있기 때문에 〈豳風七月圖〉라 하기도 한다. 〈빈풍〉은 周公이 豳 땅을 農政으로 잘 다스렸던 先祖 后稷과 公劉의 風化를 서술하여, 成王에서 농사의 어려움을 가르쳤던 것을 노래하고 있는데, 南宋의 馬和之와 元나라 趙孟頫, 明나라 文徵明 등이 그린 〈豳風圖〉가 유명하다. 公劉는 周나라 시조인 后稷의 증손으로, 西戎의 땅에서 지금의 陝西省 旬邑인 豳으로 옮겨 살면서 이곳에서 백성들을 부유하게 하였다.

74) 萬歲山 : 西苑의 太液池 가운데 있는 인공산인 瓊華島를 말한다. 西苑은 자금성의 西華門 서쪽 지역 일대를 일컫는데, 이곳은 원래 금나라의 離宮으로, 명나라와 청나라 때 궁궐의 서쪽에 있다 하여 '西苑'이라 불렀다. 太液池, 瓊華島, 廣寒殿 등 승경지들이 이곳에 있다.

는 元나라의 政事가 조금 변경된 점이 있었다. 그러다가 仁宗이 계승했을 때에는 공손하고 검소하며 백성을 사랑하여 즉위한 초기에 學校를 일으키고 風憲[75]을 면려하고 中書[76]를 맑게 하여 부지런히 정사하기를 한결같이 세조의 法을 준용하였으니, 어진 군주가 될 만하였다. 英宗은 사람을 죽이는 데에 과감하였으므로 奸黨들이 화가 미칠까 두려워하여 마침내 큰 변란을 일으켰고, 泰定帝 이후로는 모두 國祚를 오래 누리지 못하였다. 그러다가 順帝 대에 이르러서는 재위에 오른 지 오래되었을 때 방탕하고 荒淫無道하여 政事를 게을리하였고 그로 말미암아 紀綱과 法度가 무너져서 마침내 나라를 잃는 지경에 이르렀으니, 가령 순제가 능히 공손하고 검소하여 오래도록 세조와 인종의 法을 지켰다면 天下가 어찌 우리 祖宗의 소유가 될 수 있었겠는가." 하였다.

또 이르기를, "이 산과 이 구역은 순제가 날마다 잔치하며 노닐던 곳이니, 어찌 느낌이 없을 수 있겠는가." 하였는데, 侍臣들이 머리를 조아리며 말하기를, "紂의 행적을 周나라에서 살펴보았습니다." 하니, 선종이 이르기를, "그렇다." 하였다.

○上登萬歲山이라 坐廣寒殿하야 召翰林儒臣侍한대 命周覽都畿山川形勢하고 旣畢에 上諭之曰 此元之故都也라 世祖知人善任使하며 信任儒術하고 愛養民力이라 故能混一區宇하야 以成帝業이러니 再傳至武宗하야 元政稍有變更하고 仁宗繼之에 恭儉愛人하야 卽位之初에 興學校勵風憲淸中書하야 其孜孜爲治를 一遵世祖之法하니 足爲賢君이요 英宗果於殺戮이라 奸黨畏禍하야 遂構大變하고 泰定以後는 皆享祚不久라가 至順帝하야 在位旣久에 肆意荒淫하야 怠於政事하고 紀綱法度蕩然하야 遂致失國하니 使順帝能恭儉하야 長守世祖仁宗之法이면 天下豈爲我祖宗所有리오하고 又曰 玆山玆宇는 順帝所日宴遊者也니 豈不可感가한대 侍臣叩首曰 紂之跡을 周之監也라하니 上曰 然이라하다

35-1-36

9월에 장수들에게 명하여 병사를 거느리고 변경을 순시하게 하였다.

선종이 유시하기를, "지금 國家에 일이 없고 국경에 위급한 상황이 없어서 마음이 안일해질 수 있지만, 그러나 편안하게 생활할 때에 위태로운 상황을 염려하는 것[77]

75) 風憲 : 風敎와 憲章이라는 뜻으로, 백관의 비리를 탄핵하고 풍속을 바로잡는 직책을 이르는 말이다.

76) 中書 : 機務·詔勅·民政을 맡은 중앙 관청인 中書省을 말한다.

77) 편안하게……것 : 원문의 '居安慮危'는 '居安思危'와 같은 말로, ≪春秋左氏傳≫ 襄公 11년 조에 "逸書에 말하기를, '편안하게 생활할 때에 위태로운 상황을 미리 생각해야 한다.' 하였으니, 미리 생각하면 대비하게 되고, 대비하면 환란이 없을 것이다.〔書曰 居安思危 思則有備 有備無患〕"라고 한 데서 온 말이다.

이 바로 邦國을 보전하는 도리이다. 더구나 西北의 두 변경에 오랑캐가 항상 출몰하고 지금은 秋高馬肥의 시절[78)]이니, 의당 미리 警戒하여 防備해야 할 것이다. 다만 병사들이 행진할 때에는 모름지기 신중을 기하여 이익을 탐해 경솔하게 나가는 일이 없게 하고 멋대로 殺戮을 자행하는 일이 없게 해야 할 것이다. 軍令을 거듭 엄중하게 하여 部伍를 정돈하고 兵甲을 견고하고 예리하게 하여 威武를 떨침으로써 오랑캐로 하여금 두려워 복종하여 감히 침략하지 못하게 하고, 변경의 요충지 또한 封守를 견고히 한다면 이것이 좋은 계책이 될 것이다." 하였다.

○九月에 命將率兵巡邊이라 上諭之曰 今國家無事하고 邊塞無警하야 可以安逸이나 然居安慮危가 乃保邦之道라 況西北二邊에 虜常出沒하고 今秋高馬肥하니 宜預警備라 但師行須愼重하야 無貪利輕進하고 無肆殺戮이니 申嚴號令하야 整肅部伍하고 堅利兵甲하야 以振耀威武하야 使虜慴服하야 不敢侵掠고 而邊城亦固封守면 此良策也라하다

35-1-37

선종이 조회를 마치고 便殿으로 행차하여 侍臣에게 묻기를, "백성들은 어떤 일을 가장 괴로워하는가?" 하니, 시신이 대답하기를, "四民[79)] 가운데 농업이 가장 괴롭습니다." 하였다.

선종이 이르기를, "짐은 잘 알고 있다. 짐이 일찍이 田野를 지나다가 織婦가 뽕잎을 따서 누에를 기르고 고치에서 실을 뽑아 비단을 짜면서 한 마디 한 마디가 모인 뒤에 한 匹을 완성하는 것을 보았는데, 또한 매우 힘들어 보였다." 하니, 시신이 말하기를, "오직 陛下께서 明聖하시어 백성들의 어려움을 이렇게까지 아는 것입니다." 하였다.

이윽고 선종이 자신이 지은 〈織婦詞〉 1篇을 꺼내어 左右의 신하들에게 보여주며 이르기를, "짐은 문장 짓기를 좋아하지 않는다. 그러나 옛날 眞西山[80)]이 말하기를, '農桑은 衣食의 근본이다.' 하였으니, 군주는 마땅히 儒臣에게 詔書를 내려 農夫와 紅

---

78) 秋高馬肥의 시절 : 가을 기운이 맑고 청량하여 말이 살찌는 시절이라는 말로, 西北의 오랑캐가 활동하는 계절을 의미한다. 匈奴는 말이 살찌는 가을 무렵에 자주 남하하여 변경을 침노하였기 때문에 그렇게 말한 것이다.

79) 四民 : 士·農·工·商을 말한다.

80) 眞西山 : 南宋의 성리학자 眞德秀(1178~1235)를 말한다. 建州 浦城 사람으로, 자는 景元 또는 希元이고 西山은 그의 호이다. 시호는 文忠이다. 朱子의 문인 詹體仁에게 수학하였으며, 주자학을 계승 발전시키는 데 힘썼다. 저서에 《大學衍義》, 《文章正宗》, 《眞文忠公集》 등이 있다.

女[81]들이 농사짓고 양잠하는 수고로운 상황을 詩歌로 짓게 하여 사람으로 하여금 앞에서 읊게 하고, 또 그림으로 그려 宮掖에 게시하고 戚里에 배포하게 해서 모두에게 농사의 어려움과 衣食이 나오는 곳을 알게 해야 한다. 짐은 그러므로 이 〈직부사〉를 지은 것이다." 하였다.

○上視朝罷御便殿하야 問侍臣曰 民何事最苦오하니 侍臣曰 四民之中農最苦라하다 上曰 朕固知之라 朕嘗歷田野라가 見織婦採桑育蠶하고 繅絲製帛하야 累寸而後成匹한대 亦甚勞苦라하니 侍臣曰 惟陛下明聖하사 知民之艱難及此로소이다하다 已而요 上出所賦織婦詞一篇하야 以示左右臣曰 朕非好爲詞章이나 昔眞西山有言 農桑衣食之本이라하니 爲君者當詔儒臣하야 以農夫紅女耕蠶勞勤之狀作爲歌詩하야 使人誦於前하고 又繪爲圖하야 揭於宮掖하고 布之戚里하야 使皆知民事之艱衣食之所自라 朕所以賦此也라하다

35-1-38

10월에 八百大甸의 土官宣慰使 刀招散이 사람을 파견하여 方物을 貢獻하고, 또 上奏하기를, "波勒이 항상 土酉와 土雅의 병사를 동원해 침략하여 사람을 죽이고 재물을 약탈하고 있으니, 청컨대 병력을 동원하여 토벌해주소서." 하였다.

선종이 侍臣에게 이르기를, "듣건대, 팔백대전은 雲南과의 거리가 5000여 리나 된다고 하니, 荒服[82]의 지역이다. 파륵과 토유와 토아는 모두 歸化한 적이 없었으니, 짐이 어찌 中國 사람들을 수고롭게 하면서 멀리 있는 오랑캐를 위해 戰役을 일으킬 수 있겠는가? 또 오랑캐의 성품은 사나우니, 반드시 양쪽에 모두 善하지 못한 점이 있을 것이다. 어찌 모두가 파륵의 허물이겠는가? 의당 칙서를 내려 慰諭하여 敦睦하고 鄰好하게 함으로써 영토를 보호하고 백성을 편안하게 해야 할 것이다." 하였다.

○十月에 八百大甸土官宣慰使刀招散遣人貢方物하고 且奏云 波勒常以土酉土雅之兵來寇하야 殺人掠財하니 乞發兵討之라한대 上謂侍臣曰 聞八百大甸은 去雲南五千餘里니 荒服之地也라 波勒土酉土雅는 皆未嘗歸化하니 朕豈能勞中國之人爲遠夷役乎아 且夷性獷悍하니 必兩有未善이라 豈皆波勒之過리오 宜降勅慰諭하야 使敦睦鄰好하야 保境安民이라하다

---

81) 紅女 : 工女와 같은 말로, 베를 짜는 여인을 말한다.
82) 荒服 : 천자의 교화가 미치지 않는 먼 나라를 가리킨다. 중국 고대의 禹임금이 9州를 정할 때 王畿를 중심으로 甸服·候服·綏服·要服·荒服의 다섯 구역으로 나누었는데, 한 구간이 5백 리씩이었다. '要'는 文敎로 要束한다는 뜻이며 '荒'은 正敎가 거칠고 소홀하다는 뜻으로, 요복 이내의 땅을 '內服' 또는 '內地'라고 하여 황복 이외의 땅과 구분하였다.

35-1-39

11월에 朝鮮國王 李祹(世宗의 휘)가 陪臣 趙琠과 金玉振 등을 파견하여 절인 송이버섯과 매를 貢獻하였는데, 선종이 行在禮部의 신하에게 유시하였다.

"조선에서 貢獻을 자주하는 것은 이미 짐이 하고자 하는 바가 아닌데, 지금 또 송이버섯과 매를 공헌하였다. 그런데 버섯은 食物이지만 매는 어디에 쓰는 물건이란 말인가? 진기한 새와 기이한 짐승은 옛 사람들이 경계한 바이니,[83] 그 사신에게 諭示하여 지금부터 공헌하는 물건은 服食과 器用의 물건으로 한정하고, 매나 개 같은 동물은 더 이상 進獻하지 말게 하도록 하라."

○十一月에 朝鮮國王李祹遣陪臣趙琠金玉振等하야 貢醃松菌及鷹한대 上諭行在禮部臣曰 朝鮮貢獻頻數은 已非朕所欲이어늘 今又獻松菌及鷹하니 菌食物也어니와 鷹何所用가 珍禽奇獸는 古人所戒니 可諭其使하야 自今所貢은 但服食器用之物하고 若鷹犬之類는 更勿進獻이라하다

35-1-40

宣德 8년(1433) 正月에 車駕가 南郊의 祭壇에 이르렀다. 祖宗으로부터 이후로 모두 百官을 조회한 뒤에 남교로 갔는데, 이때에는 선종이 하루 전에 禮官에게 諭示하기를, "내일 아침에 남교로 가겠다."•하고, 조회를 보지 않았다. 남교에 이른 뒤에는 직접 神廚에 이르러 여러 가지 祭物을 일일이 점검하고 太常寺의 관원을 불러 유시하기를, "제물은 진실로 精潔하게 해야 하고 祭祀를 주관하는 관원은 모두 정성을 기본으로 진행해야 하니, 마땅히 寅淸[84]의 정성을 가지고 모든 執事를 거느려서 조금도 게을리하는 점이 없어야 거의 神明이 歆享하는 도리가 있을 것이다." 하였다.

---

83) 진기한……바이니 : ≪書經≫ 〈周書 旅獒〉에 "무익한 일을 하여 유익한 일을 해치지 않으면 공이 이에 이루어지며, 기이한 물건을 귀히 여기고 사용하는 물건을 천히 여기지 않으면 백성들이 이에 풍족하며, 개와 말을 그 지방에서 생산된 것이 아니거든 기르지 말며, 진기한 새와 기이한 짐승을 나라에서 기르지 마소서. 먼 지방의 물건을 보배로 여기지 않으면 멀리 있는 사람이 오고, 보배로 여김이 오직 현자이면 가까운 사람이 편안할 것입니다.〔不作無益害有益 功乃成 不貴異物賤用物 民乃足 犬馬非其土性不畜 珍禽奇獸 不育于國 不寶遠物 則遠人格 所寶惟賢 則邇人安〕"라고 한 데서 온 말이다.

84) 寅淸 : 言行을 경건하게 하고 마음가짐을 淸正하게 하여 정성을 다해야 한다는 의미이다. 舜임금이 三禮를 맡은 伯夷에게 "밤낮으로 공경하여 곧게 하여야 깨끗할 것이다.〔夙夜惟寅 直哉惟淸〕"라고 한 데서 온 말이다.(≪書經≫ 〈虞書 舜典〉) 三禮는 天神과 人鬼와 地祇에게 제사하는 예를 말한다.

저물녘에 齋宮에 행차하였을 때 旗手衛에서 奏請하기를, "밤에 故事에 따라 烟火를 발사하겠습니다." 하였는데, 따르지 않고 돌아보며 侍臣에게 이르기를, "짐이 아침에 조회를 보지 않은 까닭은 대개 정성을 다해 재계[85]하느라 다른 일을 할 겨를이 없었기 때문이다. 그런데 지금 다시 烟火를 볼 겨를이 있겠는가?" 하였다. 이날 늦게 먹구름이 사방에서 모여 저녁이 되자 눈이 내리다가 祭禮를 행할 때 눈이 그치고 바람이 고요하여 달과 별이 밝게 빛나고 天氣가 온화하였으며, 제례를 돕는 執事들이 모두 禮度에 맞게 일을 진행하니, 선종이 크게 기뻐하였다.

○八年正月에 車駕詣郊壇이라 自祖宗以來로 皆朝百官後乃行이어늘 至是하야 上先日諭禮官明(朝)〔旦〕[86]早行이라하고 不視朝라 既至南郊에 躬詣神廚하야 凡諸祭物을 一一閱視하고 召太常寺(시)官諭之曰 祭物은 固應精潔이요 典祭之官은 皆以虔誠爲本이니 宜秉寅淸以率百執事하야 分毫無慢이라야 庶幾神明有歆享之道라하다 晩御齋宮에 旗手衛奏請暮夜如故事放烟火라한대 不從하고 顧謂侍臣曰 朕早來不視朝之故는 蓋一心對越하야 無暇他及이어늘 今又暇觀烟火乎아하다 是晩에 陰雲四合하야 至夕雨雪이라가 行禮之際에 雲斂風靜하야 星月朗霽하고 天氣融和하며 助祭執事咸中禮度하니 上大悅이라

35-1-41

선종이 한가할 때 侍臣에게 王政에서 먼저 할 일이 무엇인지 물었다. 시신이 대답하기를, "教養이 먼저 해야 할 일입니다." 하니, 선종이 이르기를, "그렇다. 先王의 法制를 갑자기 회복하기는 어렵다. 그러나 後世에서 오직 농업을 중시하고 상업을 억제하며 徭役을 가볍게 하고 부세를 적게 거두면 국가가 富庶해질 수 있고, 學校를 일으키고 孝弟를 숭상하면 教化를 세울 수 있으니, 실로 모든 것을 옛날의 法制와 꼭 같이 할 필요는 없는 것이다." 하였다.

○上燕閒에 問侍臣王政所先한대 侍臣對曰 教養爲先이라하니 上曰 然하다 先王法制猝難復이나 後世惟重農抑末하고 輕徭薄稅면 足以致富庶요 興擧學校하고 惇崇孝弟면 足以立教化니 固不必盡合古制라하다

85) 재계 : 원문의 '對越'은 上帝를 우러러 마주하는 지극한 정성을 뜻하는 말이다. ≪詩經≫ 〈周頌 淸廟〉에, "하늘에 계신 분을 대하고 사당에 계신 神主를 매우 분주히 받든다.〔對越在天 駿奔走在廟〕"라고 한 데서 온 말이다.

86) (朝)〔旦〕: 저본에는 '朝'로 되어 있으나, '朝'는 朝鮮 太祖 李成桂가 왕위에 오른 뒤 '旦'으로 개명하였기 때문에 조선에서는 避諱하여 '朝'로 쓴 것이다. 그러므로 원래 글자인 '旦'으로 돌려놓았다.

35-1-42

4월에 선종이 侍臣에게 묻기를, "堯임금과 舜임금은 어떻게 성대한 治世를 이룬 것인가?" 하였는데, 시신이 대답하기를, "堯임금과 舜임금은 聖人이니, 德으로 천하를 다스렸습니다. 그러므로 성대한 治世를 이루었습니다." 하였다.

그러자 선종이 이르기를, "성스러운 임금이 있을 때는 또한 현명한 신하가 있는 것이 귀하니, 만일 당시에 禹·后稷·契·皐陶·伯益이 없었다면 요임금과 순임금이 혼자서 천하를 다스릴 수 있었겠는가? 임금과 신하는 반드시 서로 의지해야 하는 것이다. 다만 當時의 君臣은 또한 모두 서로 간에 경계하고 면려하여 감히 조금이라도 自滿하는 마음을 가지지 않았으니, 이것이 성대한 치세를 이룬 까닭이다. 萬世의 뒤에 요임금과 순임금의 성대한 치세를 논한다면 마땅히 여기에 근본해야 할 것이다." 하였다.

○四月에 上問侍臣曰 唐虞何以爲盛治오한대 侍臣對曰 堯舜은 聖人이니 以德爲治라 所以盛也라하니 上曰 有其君에 亦貴有其臣이니 使是時無禹稷契皐陶伯益이면 堯舜能獨治乎아 元首股肱必相資也라 但當時君臣은 又皆互相戒謹하야 不敢有一毫自滿之心하니 此其所以盛也니 萬世之下에 論唐虞盛治면 當本諸此라하다

35-1-43

宣德 9년(1434) 5월에 行在戶部에서 上奏하기를, "어제 江西 宜黃縣의 耆民 李崇政 등이 말하기를, '의황현의 백성들이 해를 이어 역병을 만나 사망한 사람이 많습니다. 그런데 官田에 租稅가 과중하여 징수하여 수납하기가 어려우니, 청컨대 예전의 規例처럼 의황현에서 생산되는 苧布로 환산하여 수납하게 함으로써 백성들이 편리하게 해주소서.' 하였습니다." 하였다.

선종이 이르기를, "예전의 규례에 布로 환산하게 한 것은 실로 조세가 과중하였기 때문이다. 더구나 지금 사망한 백성들이 많다고 하니, 어찌 차마 다시 米를 징수하여 살아남은 백성들로 하여금 거듭 곤궁하게 할 수 있겠는가? 의당 그의 말대로 따라야 할 것이다." 하였다.

○九年五月에 行在戶部奏 昨江西宜黃縣耆民李崇政等言 縣民連年遭疫하야 死亡者多어늘 官田重租하야 艱於徵納하니 乞如舊例하야 折納土産苧布하야 以爲民便이라한대 上曰 舊例折布는 正以租重故也라 況今民多死亡하니 何忍復徵米하야 使生者重困乎아 宜從其言하라하다

35-1-44

6월에 行在工部尙書 吳中이 말하기를, "湖廣 및 山西의 蔚州에서 木材가 생산되니, 그 山場에 대해서는 의당 백성들이 採伐하는 것을 금지해야 할 것입니다." 하였다.

선종이 이르기를, "국가를 위한 경의 계책은 그 뜻이 매우 두텁다. 다만 山林과 川澤에서 나는 이익을 옛날에는 백성과 함께 공유하였으니, 지금 군이 세세하게 설명할 필요가 없다. 그만두도록 하라." 하였다.

○六月에 行在工部尙書吳中言 湖廣及山西蔚州産木하니 山場을 宜禁民採伐이라한대 上曰 卿爲國計意甚厚나 但山林川澤之利를 古者與民共之하니 今不必屑屑이라 其已之라하다

35-1-45

7월에 行在刑部右侍郎 施禮가 上奏하기를, "어제 重罪囚 14명에 대한 처결을 청하였는데, 그에 대한 有旨에서 다시 관원들이 모여 再審하라고 명하셨습니다. 지금 詞狀[87]을 올린 자가 9명이고, 죄를 自服한 자가 5명입니다." 하였다.

선종이 시례에게 이르기를, "죄주어야 할 자에게 형벌을 시행하면 원통해하는 사람이 없거니와, 詞狀을 올린 자는 반드시 원통한 사정이 있을 터이니, 즉시 재차 조사하여 그 실상을 찾기에 힘써야 할 것이다. 그러나 또한 풀어줄 수는 없으니 죄가 있고 죄를 自服한 자를 모두 律法에 따라 처결하되, 처결하는 자리에서 또한 재차 조사하여 원통한 마음이 들게 하지 말아야 할 것이다. 짐이 이미 두 번 세 번 경들과 이야기하였으니, 만일 죄 있는 자를 풀어주거나 죄 없는 사람을 죽이는 일이 있으면 이는 경들의 허물이니, 삼가지 않아서는 안 될 것이다." 하였다.

○七月에 行在刑部右侍郎施禮奏 昨請決重囚十四人한대 有旨에 命再會官審覆이라 今有詞者九人이요 服罪者五人이라한대 上謂禮曰 刑當罪則人不寃이어니와 有詞者는 必有寃이니 卽再與覆勘하야 務求其實이나 然亦不可縱이니 有罪服罪者를 皆如律호대 臨決之際에 亦再審實하야 勿令有寃이라 朕已再三與卿等言하니 若縱有罪어나 殺無罪면 是卿等之咎니 不可不愼이라하다

87) 詞狀 : 訴訟을 제기하는 문서를 말한다.

35-1-46

12월에 說法[88]을 위해 寺院을 重修하여 폐하의 장수를 축원하고자 한다고 스스로 말하는 승려가 있었는데, 선종이 배척하였다.

조회를 마치고 나서 돌아보며 侍從臣에게 이르기를, "人情으로 볼 때 장수하고 싶지 않은 사람이야 있겠는가마는, 옛날의 군주 가운데 예컨대 殷나라 中宗·高宗·祖甲[89]과 周나라 文王[90]은 모두 國運을 오래도록 享有하였지만, 당시에 어찌 僧侶와 道士를 중시한 사람이 있었으며 어찌 神仙의 說을 좋아한 사람이 있었던가? 秦 始皇과 漢 武帝는 神仙術을 구하였고 梁 武帝는 부처를 섬겼으며 宋 徽宗은 道教를 숭상하였지만, 그 效驗을 지금 볼 수 있다. 그런데 세상 사람들은 끝내 깨우치지 못하고 있으니, 매우 한탄스러울 뿐이다." 하였다.

○十二月에 有僧自陳欲化緣修寺하야 祝延聖壽者어늘 上斥之라 既罷朝에 顧謂侍臣曰 人情莫不欲壽리오마는 古之人君若商中宗高宗祖甲周文王은 皆享國綿遠이나 其時에 豈有僧道며 豈有神仙之說이리오 秦皇漢武求神仙하고 梁武事佛하고 宋徽宗崇道나 效驗可見矣어늘 世之人終不悟하니 甚可歎也라하다

35-1-47

선종이 조회를 마치고 文華後殿에 행차한 다음 少傅 楊士奇 등을 불러 御書 洪範篇 및 御製 序文을 꺼내어 보여주고, 또 유시하기를, "논한 바가 혹 타당하지 않거든 경들은 마땅히 숨기지 말고 直言해야 할 것이다." 하니, 양사기 등이 대답하기를, "聖論이 모두 타당하니, 참으로 古人의 정밀함과 깊이를 얻었습니다." 하였다.

이에 선종이 이르기를, "짐은 궁중에 있을 때 비록 혹한과 무더위를 만나더라도 서책을 덮지 않았다." 하니, 양사기 등이 대답하기를, "帝王이 학문에 부지런하면 宗

88) 說法 : 원문의 '化緣'은 교화하는 인연을 가리키는 말로, 승려나 菩薩이 現世에서 하는 說法을 의미한다. 부처와 보살이 이 세상에 출현하는 것은 이런 인연이 있기 때문에 오는 것인데, 만일 이 인연이 다하면 곧 涅槃한다고 한다.

89) 中宗·高宗·祖甲 : 중국 殷나라의 어진 임금들로, 정치를 잘하여 나라의 운수를 오래 누린 임금들로 일컬어지는데, 각각 재위 기간이 75년, 59년, 33년이었다. 이들은 '三宗'이라 칭송되며 殷나라의 不遷位로 제향되었는데, 周公은 ≪書經≫ 〈周書 無逸〉에서 三宗과 文王의 德을 이야기하며 어린 成王을 깨우쳤다.

90) 文王 : 周나라를 세운 武王의 아버지 姬昌을 말한다. 천하의 3분의 2를 수습하여 周나라의 기초를 닦았다.

社와 生民에게 도움이 될 것입니다. 오직 원하건대, 폐하께서는 이 마음을 시종 유지하시기 바랍니다." 하였는데, 선종이 웃으며 이르기를, "경들 또한 항상 直言을 해야 할 것이니, 그렇게 하면 짐이 거스르지 않을 것이다." 하였다.

○上退朝하야 御文華後殿하야 召少傅楊士奇等하야 出御書洪範篇及御製序文示之하고 且諭之曰 所論或未當이어든 卿等當直言勿隱하라하니 士奇等對曰 聖論皆當하니 眞得古人精蘊이라한대 上曰 朕在宮中에 雖寒暑不廢書冊이라하니 士奇等對曰 帝王勤學問이면 則宗社生民有賴矣니 惟願陛下始終此心하소서한대 上笑曰 卿等亦常須直言이니 朕不爲忤라하다

35-1-48

江西 巡撫使侍郞 趙新[91])이 上奏하기를, "九江府에 해마다 할당된 蘆柴와 瑞州府의 鹽鈔[92])는 의당 詔書를 반포할 때 命하였던 규례대로 면제하여 징수를 정지해야 할 것입니다." 하였다.

선종이 尙書 吳中과 胡濙에게 이르기를 "詔書는 천하에 큰 믿음을 반포하는 것인데, 대신이라는 사람이 도리어 조정으로 하여금 믿음을 잃게 하려는 것인가? 모두 면제하도록 하라. 해마다 징수하고 염초를 발급했던 것은 본래 鹽法이 通行되게 하기 위하여 시행했던 일이니, 백성들이 굶주리고 가난해졌다면 모두 징수를 중지하여 백성들이 동요되게 하지 말아야 할 것이다." 하였다.

○巡撫江西侍郞趙新奏 九江府歲辦蘆柴와 瑞州府鹽鈔는 宜從詔書例하야 蠲免停徵이라한대 上謂尙書吳中胡濙曰 詔書는 布大信於天下어늘 爲大臣者가 乃欲使朝廷失信耶아 其悉免之하라 歲徵鹽鈔는 本欲鹽法通行하니 民旣飢窘이면 皆須停徵하야 毋爲苛擾라하다

35-1-49

선종은 재위 기간이 11년이었고, 향년은 37세였다. 景陵에 장사 지냈다.

○上은 在位十有一年이요 享年三十七라 葬景陵하다

---

91) 趙新 : 明나라 浙江 樂淸 사람이다. 經史에 널리 통달하여 洪武 연간에 樂淸訓導, 開封府知府, 山西右布政使가 되었다가 후에 翰林修撰이 되었다.

92) 鹽鈔 : 소금의 운송과 판매에 대해 관청에서 허가증을 말한다.

35-1-50

史臣은 절하고 머리를 조아리며 아룁니다.

"선종께서는 활달하고 도량이 컸으니, 효성을 다해 어버이를 높이 받들고 종족들과 화목하였습니다. 朝政에서 시행하는 政事에 있어서는 일이 있을 때마다 先王이 이루어놓은 法을 물었고, 백성을 구휼하는 일에 이르러서는 정성을 다해 어진 마음을 미루었습니다. 사방에서 홍수와 가뭄과 蝗蟲의 피해에 대해 上奏하면 즉시 사람을 파견하여 달려가 살펴본 뒤 진휼하여 구제하게 하고 租稅를 면제하게 하였으며, 江南의 힘없는 백성들이 困弊에 시달린다는 말을 들었을 때는 그 이유를 물어 宋元 이래로 官田의 租額이 과중하다는 사실을 알고 참작하여 蠲減하거나 면제하게 하였습니다.

人才를 사랑하고 아껴서 큰 허물이 있는 경우가 아니면 늘 자리를 보전하게 하여 인재 등용에 신중하였고, 조정의 신하 가운데 빈자리가 있으면 널리 사람들에게 자문을 구한 뒤에 제수하였으며, 方岳[93]과 郡守는 경솔하게 제수하지 않고 반드시 여러 신하들이 모여 천거하게 한 다음 令甲[94]에 드러내었습니다.

史臣拜手稽首言曰 上豁達大度하니 致孝尊親하고 惇睦宗族이라 朝政所施는 動咨成憲하고 至於恤下하야 惓惓推仁하니 四方奏水旱蝗灾면 即遣人馳視賑濟하고 除其租稅하며 聞江南細民困弊엔 詢厥所由하야 知自宋元來官田租額過重하고 量與減除라 愛惜人才하야 非有大過면 常保全之하야 愼於用人하고 廷臣有闕이면 博咨於衆而後授之하며 方岳郡守는 不輕付畀하고 必命群臣會擧하야 著於令甲이라

자주 천하에 詔書를 내려 賢者를 구하되 조정의 신하들이 賢者를 천거하지 않으면 누차 조칙을 내려 독촉하고 責勵하였으며, 친히 ≪官箴≫을 지어 여러 官司의 관원들을 면려하였습니다. 殺人을 즐기지 않아 法司에서 刑名을 아뢸 때면 항상 관대하게 용서하는 은전을 베풀었는데, 오직 贓吏에 대해서만은 조금도 용서하지 않으며 이르기를, '이런 자들은 백성을 좀먹는 도적이다.' 하였으니, 비록 貴近[95]이라도 贓罪를 범하면 반드시 처벌하였습니다. 또 風化를 해치는 자는 반드시 법대로 처벌

93) 方岳 : 監司의 직책을 말한다. 堯임금 시대에 四岳이 사방의 제후를 통괄하였으므로 이렇게 칭한 것이다. 관찰사 혹은 道臣이라고도 부른다.

94) 令甲 : 政令 또는 法令을 이른다. 원래 천자의 명령을 令이라 하여, 법령의 제1조를 令甲이라 하고 제2조를 令乙이라 했던 데서 온 말이다.(≪新書≫ 〈等齊〉)

95) 貴近 : 높은 지위에 있으면서 임금을 가까이 모시는 신하를 이른다.

하여 비록 親族이라도 용서하지 않으며 이르기를, '이 사람을 버리지 않으면 국가를 다스릴 수 없다.' 하였습니다.

數詔天下求賢호대 廷臣有不擧賢이면 屢勅督責하고 親作官箴하야 以勵百司라 不嗜殺人하야 法司奏刑名이면 常垂寬宥호대 惟贓吏不少假借曰 此百姓蟊賊이라하니 雖貴近有犯必罰하고 傷敗風化者는 必寘諸法하야 雖親不原曰 不去此不能爲治라하다

諫言을 聽取하는 데에 유의하여 말이 刻薄한 경우가 있으면 정색하고 배척하였는데, 혹 신하의 과실을 말하는 경우에는 반드시 자세히 살펴서 말이 信實하고 큰 허물이 없을 때는 그대로 두고 따지지 않았지만, 말이 신실하지 않을 때는 가벼운 사안에 대해서는 배척하였고 말하는 사안이 무거운 경우에는 엄히 다스려 징계하였습니다. 간간이 뜻에 거슬리는 直言이 있었지만 조금만 지나면 다시 깨닫고 우대하여 큰 은총을 베풀었습니다.

일찍이 侍臣에게 이르기를, '임금과 신하는 한몸이니, 팔다리가 머리의 명령을 듣는 것과 같다. 賢人君子라고 여겨 임용했으면 마땅히 信任해야 한다. 옛날 帝王은 赤心을 미루어 사람의 뱃속에 넣어두었으니,[96] 이 때문에 사람들이 기꺼이 임용되었던 것이다. 만일 이미 임용하고 나서 다시 의심한다면 윗사람과 아랫사람의 情이 소통되지 않을 것이니, 「임금과 신하는 한몸이다.」라는 의리가 어디에 있겠는가.' 하였습니다.

審於聽言하야 有言涉刻薄이면 正色斥之한대 或言臣下過失이면 必詳察之하야 言實而非大過엔 寘不問이나 言之不實엔 輕則疏斥하고 言者重則嚴治以懲하며 間有直言忤旨나 旋復覺寤하야 奬遇加隆이라 嘗謂侍臣曰 君臣一體니 猶元首之有股肱이라 以爲賢人君子而用之면 則當信任之니 古之帝王은 推赤心置人腹中하니 人樂爲用이라 若旣用而復疑면 上下之情不通이니 惡在其爲一體也리오하다

大臣을 공경하고 예우하여 매번 讌見[97]할 때마다 조용히 자문하되 반드시 그 뜻

96) 赤心을……넣어두었으니 : 나의 마음과 같이 다른 사람의 마음을 신뢰하였다는 의미이다. 後漢 光武帝가 銅馬와 싸울 때 이미 항복한 자들이 불안해하자 직접 말을 타고 부대를 순시하였더니, 항복한 자들이 서로 "蕭王이 적심을 미루어 사람의 뱃속에 넣어 두었으니, 어찌 목숨을 바치지 않을 수 있겠는가.〔蕭王推赤心置人腹中 安得不投死乎〕"라고 한 데서 온 말이다. 蕭王은 광무제를 가리킨다.(≪後漢書≫ 권1 〈光武帝紀〉)

을 다하게 하였고, 勳舊大臣을 대할 때는 더욱 厚德하여 일찍이 이르기를, '이들은 모두 先朝에 힘을 다 바쳤으니, 의당 국가와 함께 오래도록 복록을 누려야 할 것이다.' 하였습니다. 어진 이를 장려하고 능력 있는 이를 표창하여 賞功에 인색하지 않았고 일을 만나면 굳세고 과단성이 있어서 裁決하는 일이 모두 합당하였으니, 재위한 이후로 어진 인재를 선발 임용하여 田里에서는 생업을 편안히 여기고 사방의 제후들이 모두 귀의하여 복종하였습니다.

한가할 때는 늘 儒臣을 引見하여 道理에 대해 토론하여 학문을 즐겨 싫증 내지 않았고, 노닐며 쉬는 곳에는 대부분 典冊[98]을 비치하여 언제든 覽閱할 수 있게 하였으며, 문장을 지을 때는 반드시 正當한 道理를 전하여 聰明이 卓越하였으니, 참으로 영명한 군주라 할 만하였습니다."

敬禮大臣하야 每讌見에 從容咨訪호대 必使盡其意하고 待勳舊尤厚하야 嘗曰 是皆效力先朝하니 所宜與國家同享悠久라하다 而獎賢褒能하야 賞功不吝하고 遇事剛果하야 裁決悉當하니 臨御以來로 賢才進用하야 田里安業하고 四裔賓服이라 閒暇에 常引儒臣하야 商論理道하야 喜學不厭하고 所游息處에 率寘典冊하야 以備覽閱하며 爲文章에 必傳正義하야 聰明卓越하니 眞英主云이라

97) 讌見 : 皇帝가 內廷에서 臣下들을 召見하는 것을 말한다.
98) 典冊 : 典章과 制度 등을 기재한 중요한 서적을 말한다. '典策'이라고도 한다.

歷代君鑑 권36

경계할 만한 惡政 惡可爲戒

夏나라

太康[1)]

36-1-1

太康은 啓[2)]의 아들이다. 상을 치르면서 슬퍼하지 않고 農政을 정비하지 않으며 稷의 임무를 버리고 힘쓰지 않아서 편안히 즐기며 그 德이 사라지게 하자 신하들이 모두 배반하였는데, 그런데도 오히려 즐기고 놀기를 한없이 하여 洛水의 밖으로 사냥 가서 100일이 되어도 돌아오지 않았다. 이에 有窮의 임금인 羿가 백성들이 참아내지 못함으로 인하여 河水에서 막았다. 태강의 아우 다섯 사람이 어머니를 모시고 따라가서 洛水의 물가에서 기다렸는데, 다섯 사람이 모두 원망하여 禹임금의 警戒를 기술하여 노래를 지었다.

太康은 啓之子也라 居喪不哀하고 農政不修하며 棄稷不務하야 以逸豫로 滅厥德한대 群臣이 咸貳커늘 乃盤遊無度하야 畋于有洛之表하야 十旬을 弗反하니라 有窮后羿가 因民弗忍하야 距于河하니라 厥弟五人이 御其母以從하야 徯于洛之汭하더니 五子咸怨하야 述大禹之戒하야 以作歌하니라

그 첫 번째 노래에 이르기를, "皇祖께서 교훈을 남기셨으니, '백성은 가까이할지언정 얕잡아 보아서는 안 된다. 백성은 나라의 근본이니, 근본이 견고하여야 나라가 튼튼하다.' 하셨다. 내가 天下를 보건대 미련한 지아비와 부인들도 한 사람이 능히 우리를 이긴다고 하였다. 그런데 한 사람이 세 가지 잘못을 하였으니, 원망이 어찌

1) 太康 : 夏나라 3대 임금으로 禹임금의 손자이다. 斟鄩을 수도로 삼았는데, 정치에는 관심이 없고 사냥에 몰두하여 백성들이 모두 반심을 가졌다고 한다. 落水 주변으로 사냥 가서 1백 일이 지나도록 돌아오지 않자 대신인 有窮后 羿가 백성들의 반심을 이용하여 河水에서 태강을 막아 폐위하고 그 아우인 仲康을 왕위에 올렸는데, 태강은 권력을 잃고 하남에서 죽었다고 한다. 재위 기간은 29년이다.

2) 啓 : 夏나라 제2대 임금으로 禹임금의 아들이다. 재위 기간은 9년이다. 禹임금이 신하 益에게 전위하였으나, 益은 사양하고 백성들은 啓의 덕을 칭송하며 그에게 귀의하였다고 한다.(≪孟子≫ 〈萬章 上〉)

밝은 데에 있겠는가. 나타나지 않았을 때에 도모하여야 한다. 내 兆民들을 대하되 무섭기가 썩은 새끼줄로 여섯 말을 어거하는 것과 같으니, 백성의 윗사람이 된 자가 어찌하여 공경하지 않는가." 하였다.

其一曰 皇祖有訓하시니 民可近이언정 不可下니라 民惟邦本이니 本固라사 邦寧하나니라 予視天下컨대 愚夫愚婦도 一能勝予라하나니 一人이 三失이어니 怨豈在明이리오 不見(현)에 是圖니라 予臨兆民호대 凜乎若朽索(삭)之御六馬하노니 爲人上者는 柰何不敬고하다

遊畋失位

그 두 번째 노래에 이르기를, "敎訓에 있으니, 안으로 여색에 빠지거나 밖으로 사냥만 좋아하거나 술을 달게 여기고 음악을 좋아하거나 집을 높이 짓고 담장을 조각하거나 하여 이 중에 한 가지가 있으면 혹 망하지 않는 이가 없다." 하였다.

그 세 번째 노래에 이르기를, "저 陶唐으로부터 이 冀州 지방을 소유하셨는데, 이제 그 道를 잃어 紀綱을 문란하게 해서 끝내 멸망함에 이르렀다." 하였다.

그 네 번째 노래에 이르기를, "밝고 밝은 우리 先祖는 萬邦의 君主이시니, 典章과 法則을 마련하시어 자손들에게 남겨주셨다. 어디서나 통하는 石과 누구에게나 공평한 鈞이 王府에 있는데, 그 전통을 폐하고 실추시켜 宗族을 전복시키고 後祀를 끊는구나." 하였다.

그 다섯 번째 노래에 이르기를, "아! 어디로 돌아갈까. 내 마음의 서글픔이여! 만백성이 나를 원수로 여기니 내 장차 누구를 의지하겠는가. 슬프다. 내 심정이여! 얼굴이 두꺼워 부끄러운 마음이 있노라. 그 德을 삼가지 않았으니, 후회한들 이제 와서 어쩌겠는가." 하였다.

其二曰 訓에 有之하시니 內作色荒이어나 外作禽荒이어나 甘酒嗜音이어나 峻宇彫牆이어나 有一于此하면 未或不亡이니라하다 其三曰 惟彼陶唐으로 有此冀方하시니 今失厥道하야 亂其紀綱하야 乃底(지)滅亡이로다하다 其四曰 明明我祖는 萬邦之君이시니 有典有則(칙)하야 貽厥子孫이라 關石和(today)〔鈞〕[3]이 王府에 則有하니 荒墜厥緖하야 覆宗絶祀로다하다 其五曰 嗚呼曷歸오 予懷之悲여 萬姓이 仇予하나니 予將疇依요 鬱陶乎라 予心이여 顔厚有忸怩호라 弗愼厥德이어니 雖悔런들 可追아하다

太康이 이미 나라를 잃어 돌아올 수 없어졌을 때 有窮后 羿가 이에 太康의 아우 仲康을 세워 政事를 專斷하니 夏나라의 道가 마침내 쇠미해지고 말았다.

太康이 旣失國不得歸할새 后羿乃立太康之弟仲康而專其政하니 夏道遂微하니라

孔甲[4]

36-2-1

孔甲은 帝不降의 아들이다. 공갑은 즉위했을 때 귀신 섬기기를 좋아하고 음란한 일을 자행하였다. 〈破斧〉라는 노래를 지었는데 이는 東音으로 만든 노래이니, 諸侯들이 그 영향으로 동음을 사용하게 되었다. 하늘이 암수 2마리의 용을 내려주었는데,[5] 공갑은 이 용을 잘 먹일 수 없었고, 豢龍氏[6]도 찾지 못하였다. 陶唐氏[7]가 衰落하고 나서

3) (勻)〔鈞〕: 저본에는 '勻'으로 되어 있으나, 朝鮮 宣祖의 휘가 '鈞'이므로 피휘한 것이다. 이에 '鈞'으로 되돌렸다.

4) 孔甲 : 夏나라 14대 임금으로, 재위 기간은 31년이다. 성격이 음란하고 귀신을 좋아하여 인심이 멀어져갔다고 한다.

5) 하늘이……내려주었는데 : ≪春秋左氏傳≫에는 "夏나라 孔甲이 上帝를 잘 섬기자 상제가 수레를 끌 용을 하사하였는데, 黃河와 漢水의 용 두 마리씩으로 각각 암수였다.〔及有夏孔甲 擾于有帝 帝賜之乘龍 河漢各二 各有雌雄〕" 하였다.(≪春秋左氏傳≫ 昭公 29년)

6) 豢龍氏 : 舜임금 시대에 용을 기르던 사람이다. 옛날에 董父라는 사람이 용을 매우 좋아하여 용이 좋아하는 음식을 알아낸 뒤에 그것을 용에게 먹이자 많은 용들이 그를 따랐다. 그래서 용을 잘 기르는 능력으로 순임금을 섬겼는데, 이에 순임금이 董이라는 姓과 豢龍이라는 氏를 하사하

그 후손 가운데 劉累란 사람이 환룡씨에게 용을 잘 기르는 방법을 배워 이 능력으로 공갑을 섬겼는데, 공갑이 이를 가상히 여겨 御龍氏라는 성을 하사하고 豕韋[8]의 後孫을 대신하여 豕韋國을 다스리게 하였다. 그러다가 암용 한 마리가 죽자 몰래 그 용으로 젓을 담아 공갑이 먹게 하였는데, 공갑은 이 젓을 먹고 더 달라고 요구하였다. 그러자 유루는 두려워서 魯縣으로 옮겨갔는데, 이후 공갑은 세상을 떠나고 말았다.

孔甲은 帝不降之子也라 孔甲立에 好事鬼神하고 肆行淫亂이라 作破斧之歌한대 是爲東音이니 諸侯化之러라 天降二龍하니 有雌雄이어늘 孔甲不能食(사)하고 而未得豢龍氏라 陶唐既衰에 其後有劉累者 學擾龍于豢龍氏하야 以事孔甲한대 孔甲嘉之하야 賜之姓曰御龍氏라하고 以更豕韋之後러니 龍一雌死커늘 潛醢하야 以食孔甲한대 孔甲求之에 懼而遷于魯縣이어늘 孔甲崩이라

履癸[9]

36-3-1

履癸는 帝發의 아들이니, 이 사람이 桀이다. 孔甲 이래로 德政이 날로 쇠퇴하여 제후들이 많이 모반하였는데, 걸은 더욱 無道하였다. 그는 힘이 철을 꼬아 만든 쇠갈고리를 펼 수 있을 정도였는데, 그 힘을 믿고서 德政에 힘쓰지 않고 무력을 행사하여 백성에게 해를 끼치자 천하가 두려워하고 노여워하면서 근심하였다.

걸이 有施氏를 정벌할 때 유시씨가 딸 妺喜를 進貢하였는데, 걸은 말희를 총애하여 그녀가 말하는 것은 모두 들어주었다. 말희를 위해 瓊室·象廊·瑤臺·玉牀을 짓고 백성의 재물을 모두 빼앗아 이곳에 고기를 산처럼 쌓고 脯를 숲처럼 펼쳐놓았으니, 술로 채운 연못에는 배가 떠다닐 수 있고 술지게미는 둑을 이루어 10리 밖을 바라볼 수 있었다. 당시 북이 한 번 울리면 소처럼 엎드려 酒池의 술을 마시는 사람이

여 鬷川 가에서 살게 하고 제후로 봉하였다고 한다.(≪春秋左氏傳≫ 昭公 29년)

7) 陶唐氏 : 堯임금의 호이다. ≪十八史略≫ 〈五帝〉의 주에 "堯임금이 처음 唐侯였다가 나중에 천자가 되어 陶에 도읍하였기 때문에 호를 陶唐氏라 하였다." 하였다.

8) 豕韋 : 殷나라 시대에 있었던 제후국이다. 豕韋氏는 祝融의 후손으로 韋에 봉해졌는데, 五侯 가운데 侯伯이었다.

9) 履癸 : 夏나라 17대 마지막 임금인 桀을 말한다. 성은 姒, 이름은 履癸이다. 52년 동안 왕위에 있으면서 갖가지 포악한 짓을 저지르고 향락을 일삼았다. 商나라 湯王이 이끄는 군대의 공격을 받아 쫓겨났고, 결국 나라가 멸망하였다.

3천 명이었으니, 이것을 오락거리로 삼았다.

履癸는 帝發之子也니 是爲桀이라 自孔甲以來로 德政日衰하야 諸侯多叛이러니 桀尤爲無道라 能申鉤索鐵한대 負恃其力하고 不務德而武하야 傷百姓하니 天下顚怒而患之러라 桀伐有施氏에 有施氏進女妺喜어늘 桀嬖之하야 所言皆聽이라 爲瓊室象廊瑤臺玉牀하고 殫百姓之財하야 爲肉山脯林하니 酒池可以運舡하고 糟堤可以望十里하니 一鼓而牛飮者三千人하야 以爲戲劇이러라

脯林酒池

36-3-2

湯이 伊尹[10)]을 桀에게 나아가게 하였는데, 걸이 함께 술을 마시고 거나하게 취했을 때 〈여러 신하들 중에〉 취한 사람은 취하지 않은 사람을 붙들고 취하지 않은 사람은 취한 사람을 붙들고 서로 화답하며 노래하기를, "강물이 넘실거림이여! 떠가는 배를 부술 듯하네. 우리 왕의 문란함이여! 어찌 돌아가지 않겠는가! 薄[11)] 땅이 또

10) 伊尹 : 殷나라의 이름난 재상으로 湯王을 도와 夏나라의 桀王을 멸망시키고 善政을 베풀었다. 孟子는 이윤에 대해 "聖人 가운데 自任한 분이다.〔伊尹聖之任者也〕" 하였다.(≪孟子≫ 〈萬章 下〉)

11) 薄 : 亳와 통용된다. 亳는 商나라 湯임금 때의 都城이다.

한 광대하도다." 하였다.

이윤이 물러나 한가로이 거처할 때 음악의 깊은 뜻을 취하여 다시 이르기를, "즐겁고도 즐거움이여! 네 마리의 말이 늠름하도다. 여섯 가닥 고삐가 곱고 윤택함이여! 선명하고 산뜻하도다. 나의 큰 운명이 이름이여! 나쁜 곳을 버리고 좋은 곳으로 가리니, 어찌 즐겁지 아니한가!" 하였다.

이윤이 들어가 왕에게 말하기를, "큰 운명이 이를 것이니, 망국의 날이 멀지 않았습니다." 하니, 왕이 손뼉을 치고 빙그레 웃으며 이르기를, "그대가 또 요망한 말을 하는구나. 하늘에 태양이 떠 있는 것은 내가 백성을 가진 것과 같으니, 태양이 사라지는 날이 있겠는가? 태양이 사라져야 내가 이에 망할 것이다." 하였다.

躬見西邑圖

○湯進伊尹於桀한대 桀與之飮酒沈湎에 醉者持不醉者하고 不醉者持醉者하야 相和而歌曰 江水沛兮여 舟楫敗兮로다 我王廢兮여 盍歸乎리오 薄亦大矣로다 伊尹退而閑居할새 深取樂音하야 更曰 樂兮樂兮여 四牡蹻兮로다 六轡沃兮여 覺兮較兮로다 吾大命格兮여 去不善而從善하리니 何不樂兮리오 伊尹入告于王曰 大命之至니 亡無日矣라하니 王闟然抃啞然笑曰 子又訞言矣로다 天之有日은 猶吾之有民하니 日有亡乎아 日亡이라야 吾乃亡矣라하더라

36-3-3

桀은 宗族을 곤궁하게 하고 勳舊大臣을 부끄럽게 하고 賢良한 신하를 경시하고 의리를 버리고 참소하는 말을 들었으며, 卿士 干辛[12]은 諸侯를 능멸하였으며, 左師 曹

12) 干辛 : 于辛 또는 羊辛으로도 쓴다. 夏나라 말기 桀王 때의 佞臣으로, 천자를 의혹과 亂政에 빠지게 하는데, 권력을 등에 지고 제후와 백성들을 능멸하여 나라를 망국의 수렁에 빠뜨렸다.

觸龍은 재능 있고 지혜 있는 선비를 참소하고 시기하였다. 그러자 諸侯들이 자신의 자리를 위태롭게 여기고 大夫들은 자신의 道를 숨겼으므로 모든 일이 天命에 어긋나고 政令은 시대에 역행하게 되었다.

당시 瞿山에 샘물이 보일 정도로 땅이 갈라진 일이 있었는데, 인부를 동원하여 땅을 뚫어 黃河와 통하게 하자, 諫言하는 사람이 말하기를, "하늘의 기운이 새고 땅이 감추어 놓은 것이 나오면, 天子가 道理를 잃어 이후로 반드시 나라가 패망할 것입니다." 하였는데, 그 사람을 죽였다. 또 耆老 가운데 혹 諫言하는 사람이 있었는데 그 사람도 죽였다.

○桀窮其宗族하고 恥其勳舊하고 輕其賢良하고 棄義聽讒하며 卿士干辛은 凌轢諸侯하며 左師曹觸龍은 讒嫉才智하니 諸侯危其位하고 大夫隱其道라 擧事戾于天하고 發令逆于時러라 瞿山地裂及泉한대 發徒鑿之하야 通于河하니 諫者曰 洩天氣하고 發地藏하면 天子失道하야 後必有敗라한대 殺之하고 耆老或諫한대 又殺之라

이에 關龍逢[13]이 ≪黃圖≫[14]를 인용하며 諫言하였으니, 예컨대 "옛날의 군주는 겸손하고 공손하고 정중하고 신실하며 財用을 절약하고 사람을 사랑하였기 때문에 천하가 편안하고 社稷이 견고하였습니다. 그런데 지금의 군주는 아무리 써도 없어지지 않을 것처럼 재물을 사용하고 이루 다하지 못할 것처럼 사람을 죽이니, 백성들은 오직 군주가 더디 망할까 두려워하고 있습니다. 인심이 배반하고 나면 天命이 돕지 않을 것이니, 어찌 조금도 고치지 않는 것입니까?" 하였다.

桀이 간언을 듣지 아니하므로 관룡방이 버티고 서서 나가지 않았는데, 걸이 ≪황도≫를 불사르고 관룡방을 죽였다. 湯이 사람으로 하여금 弔問하게 하니 걸이 노하여 탕을 불러 夏臺[15]에 가두었는데, 얼마 뒤에 풀려날 수 있었다. 탕이 더욱 덕을 닦자 諸侯들이 귀의하였는데, 마침내 군사를 거느리고 걸을 정벌하니, 걸이 전쟁에서 패하여 南巢로 달아났다가 마침내 추방되어 죽었다.

關龍逢이 引黃圖進諫하니 若曰 古之人君은 謙恭敬信하고 節用愛人이라 故天下安而社稷固러니 今君은

---

13) 關龍逢 : 夏나라 桀王 때의 충신이다. 걸이 酒色에 빠져 정사를 돌보지 않자 直諫하다가 끝내 피살되었다.

14) 黃圖 : ≪三輔黃圖≫를 가리킨다. 唐代에 편찬된 것으로 추정되는 저자 미상의 地理書인데, 모두 6권이다. 이 책은 秦・漢 시대 長安의 지리와 宮殿・陵墓・學校・郊畤 및 周代 유적 등의 위치와 제도 및 그와 관계된 逸話를 자세히 수록하고 있다.

15) 夏臺 : 夏나라 때의 감옥 이름이다

用財若無窮하고 殺人若不勝하니 民惟恐君之後亡矣라 人心已去하면 天命不祐리니 盍少悛乎리오한대 不聽이라 龍逢立而不去한대 桀焚黃圖하고 殺龍逢이라 湯使人問之하니 桀怒하야 召湯囚之夏臺한대 已而得釋이라 湯益修德하니 諸侯歸之어늘 遂帥兵伐桀하니 桀兵敗 奔南巢라가 遂放而死하다

商나라

武乙[16]

36-4-1

武乙은 庚丁의 아들이다. 무을은 즉위했을 때 다시 河北으로 도읍을 옮겼다. 포학하고 無道하였다. 인형을 만들어 天神이라 부르며 이 천신과 바둑을 두었는데, 다른 사람에게 천신을 대신해서 바둑을 두게 하고 천신이 이기지 못하면 온갖 모욕을 주었다. 또 가죽 주머니를 만들어 피를 가득 채운 후 올려다보고 활을 쏘며 이것을 '射天'이라 命名하였다. 나라 안이 쇠퇴해지고 東夷가 차츰 번성해지자 백성을 나누어 淮水와 岱山으로 옮겨 점점 中土에서 살게 되었다.

당시 銘文을 새긴 사람이 있었는데, 그 명문에 이르기를, "보잘것없는 德行은 성취할 필요가 없으니, 자랑할 것도 못되고 단지 우환거리만 될 뿐이다. 보잘것없는 먹을거리는 탐낼 필요가 없으니, 건강에 도움도 되지 못하고 단지 재앙에 걸려들 뿐이다." 하였다. 무을은 河水와 渭水 사이에서 사냥하다가 갑자기 치는 벼락에 맞아 죽었다.

武乙은 庚丁之子也라 武乙立에 復遷都河北하고 暴虐不道라 爲偶人謂之天神이라하고 與之博한대 令人爲行하고 天神不勝이면 乃僇辱之하고 爲革囊盛血하야 仰而射之하고 命曰射天이라하더라 國內衰弊하고 東夷寖盛하니 分遷淮岱하야 漸居中土라 時有爲銘者曰 嗛嗛之德은 不足就也니 不可以矜而秪取憂也라 嗛嗛之食은 不足狃也니 不能爲膏而秪罹咎也라하다 武乙獵于河渭之間이러니 暴雷震死하다

16) 武乙 : 殷나라 제25대 왕으로 포악무도하여 天神을 모독하였는데, 뒤에 河水와 渭水 사이에서 사냥하다가 벼락 맞아 죽었다. 재위 기간은 4년이다.

革囊射天

紂辛[17)]

36-5-1

紂辛은 帝乙의 아들이다. 紂는 사람됨이 언변이 좋고 행동이 빨라서 보고 듣는 데에 매우 민첩하였고, 재주와 힘이 남들보다 월등하여 맨손으로 맹수를 때려잡았으며, 지혜는 諫言을 거부하여 물리칠 만하고 말솜씨는 자신의 잘못을 꾸며 감출 만하였으니, 신하들보다 능력이 있다고 자부하여 모두 자신보다 못하다고 생각하였다.

처음으로 상아 젓가락〔象箸〕을 만들었는데, 箕子[18)]가 탄식하며 말하기를, "저 사람이

17) 紂辛 : 殷나라의 마지막 임금인 紂王을 말한다. 본명은 受인데, 紂라고 부른다. 재위 기간은 33년이다. 妲己에게 빠져 주색을 일삼고 포악한 정치를 하여 周나라 武王에게 정벌되었다. 후대에 포악한 군주의 전형으로 夏나라의 桀王과 함께 '桀紂'로 병칭되었다.

18) 箕子 : 紂의 숙부로, 紂의 庶兄인 微子와 숙부인 比干과 함께 殷나라 말기의 '三仁'으로 일컬어진다. 미자는 주가 무도한 것을 보고 宗祀를 존속하기 위해 떠나갔고, 기자는 간언하다가 옥에 갇힌 뒤에 종이 되었고, 비간은 간언하다가 죽임을 당했는데, 이 세 사람의 일을 두고 孔

상아 젓가락을 만들었으니 반드시 질그릇에다 음식을 담아 먹지 않을 것이고 장차 옥 술잔을 만들 것이다. 옥 술잔과 상아 젓가락을 사용하면 반드시 명아주 나물국을 먹지 않고 짧고 거친 천으로 만든 옷을 입지 않고 띠집 아래에서 살지 않을 것이니, 그렇다면 아홉 겹 비단옷과 높고 너른 집에 살면서 여기에 맞추어 물건을 구할 것이니, 그렇게 되면 천하로는 부족하게 될 것이다. 따라서 먼 지역에서 나는 진귀한 물건을 요구하고 수레와 말, 宮室이 점점 사치스러워지는 것은 이로부터 시작될 것이다." 하였다.

紂辛은 帝乙之子也라 紂는 爲人資辯捷疾하야 聞見甚敏하고 材力過人하야 手格猛獸하며 知足以距諫하고 言足以飾非하니 矜人臣以能하야 以爲皆出己下라 始爲象箸한대 箕子歎曰 彼爲象箸하니 必不盛以土簋하고 將爲玉盃로다 玉盃象箸면 必不羹藜藿衣裋褐而舍茅茨之下니 則錦衣九重과 高堂廣室로 稱此以求하리니 天下不足矣라 遠方珍怪之物과 輿馬宮室之漸은 自此始라하다

紂가 有蘇氏를 정벌하였는데 유소씨가 妲己를 貢女로 바치니, 紂는 그녀를 총애하여 오직 달기의 말만 따랐다. 師涓[19]으로 하여금 음란한 소리인 北里의 舞曲과 靡靡의 음악을 만들게 하고, 부세를 많이 거두어 鹿臺[20]에 財用을 채우고 鉅橋[21]에 곡식을 축적하였다. 개와 말, 기이한 물건을 더욱 많이 거두어 宮室을 가득 채우고, 沙丘의 苑臺를 넓혀 들짐승과 날짐승을 많이 잡아다 그 안에 가두었으며, 술로 못을 만들고 고기로 숲을 만들어 밤새도록 술 마시며 놀았다.

上帝와 神祇를 섬기지 않고 宗廟의 祭祀를 지내지 않아서 犧牲과 粢盛을 흉악한 도적에게 이미 모두 빼앗기니, 백성은 원망하고 제후는 배반하였다. 달기가 "誅罰이 가볍고 약하면 위엄이 서지 않습니다." 하니, 주가 이에 刑律을 더욱 무겁게 만들었는데, 구리 기둥을 만든 다음 그 위에 기름을 발라 숯불 위에 걸쳐놓고는 죄를 지은 사람에게 그 기둥을 건너게 하고는, 주와 달기가 그 모습을 보고 크게 즐거워하며 이 형벌을 '炮烙之刑'이라고 명명하였다.

紂伐有蘇氏한대 有蘇以妲己女焉하니 紂愛之하야 惟妲己之言是從이라 使師涓作淫聲北里之舞靡

子가 "은나라에 세 사람의 어진 이가 있었다.〔殷有三仁焉〕"라고 하였다.(≪論語≫〈微子〉)

19) 師涓 : 殷나라의 樂官으로, 紂를 위해 음탕한 음악을 만들었다. 武王이 紂를 정벌하자 동쪽으로 달아나 樂器를 몸에 지닌 채 스스로 濮水에 몸을 던져 죽었다고 한다.

20) 鹿臺 : 紂王이 재물과 보화를 쌓아놓았던 창고 이름이다. ≪書經≫〈周書 武成〉 제8장에서, 문왕이 목야의 전투에서 승리한 후 녹대의 재물을 흩어서 주고, 주왕의 창고인 鉅橋의 곡식을 풀어서 四海에 베풀었다고 하였다.

21) 鉅橋 : 紂王이 백성들에게 수탈한 곡식을 보관하던 창고 이름이다

靡之樂하고 厚賦稅以實鹿臺之財하고 積鉅橋之粟이라 益收狗馬奇物하야 充仞宮室하고 廣沙丘苑臺하야 多取野獸蜚鳥置其中하고 以酒爲池하고 以肉爲林하야 爲長夜之飮이라 弗事上帝神祇하고 廢宗廟之祀하야 犧牲粢盛을 旣于凶盜하니 百姓怨望하고 諸侯有畔者러라 妲己以爲罰輕誅薄이면 威不立이라하니 紂於是重爲刑辟한대 爲銅柱以膏塗之하야 加於炭火之上하고 使有罪者緣之하고 紂與妲己以爲大樂하야 名曰炮烙之刑이라

妲己害政

36-5-2

紂가 일찍이 6월에 西土에서 사냥할 때 백성들을 동원하여 짐승을 쫓게 하였는데, 諫言하는 사람이 말하기를, “만물이 자라나는 시기에 天道를 거스르고 地德을 끊으며 사람을 해쳐서는 안 되니, 군주가 하루 동안 새싹을 밟으면 백성들은 100일의 양식을 잃게 됩니다.” 하였다.

그런데 주가 그 사람을 죽이니, 이에 하늘에 폭풍이 세차게 불어서 牛馬가 날리고 지붕이 날아가고 나무가 꺾여서 수십 일 동안 날아다녔다.

○紂嘗六月에 獵于西土할새 發民逐獸한대 諫者曰 長育之時에 不可逆天道絶地德而行人

賊이니 君踐一日之苗하면 民失百日之食이라한대 紂殺之하니 於是에 天大暴風하야 飄牛馬하고 發屋折木하야 飛揚數十里러라

36-5-3

紂가 無道하여 九侯와 鄂侯를 죽였는데,[22] 周侯 昌이 그 말을 듣고 탄식하자 紂가 이에 창을 羑里[23]에 가두었다. 그런데 창의 신하인 散宜生[24] 등이 美女와 진기한 보물을 구하여 進上하니 주가 크게 기뻐하면서 창을 석방하였다. 그 후 창이 물러나 德을 닦으니, 제후들이 대부분 주를 배반하고 창에게 귀의하였다. 창이 세상을 떠나자 그 아들 發이 군사를 동원하여 주를 정벌하였는데, 주는 발과의 전투에서 이기지 못하여 寶玉을 몸에 지니고 스스로 불에 타 죽었다.

○紂爲不道하야 殺九侯鄂侯한대 周侯昌聞之歎息하니 紂乃囚昌於羑里어늘 昌之臣散宜生之徒가 求美女珍寶進하니 紂大悅하야 乃釋昌이어늘 昌退而修德하니 諸侯多叛紂歸昌이라 昌卒커늘 其子發擧兵伐紂한대 紂與戰不勝하야 乃衣寶玉自焚死하다

周나라

厲王[25]

36-6-1

厲王의 이름은 胡이니, 夷王의 아들이다. 왕은 마음이 포학하고 이익을 좋아하여 榮夷公[26]을 가까이하였다.

---

22) 九侯와……죽였는데 : 九侯와 鄂侯는 모두 殷나라 紂 때의 諸侯였는데, 그들이 주의 비행을 諫하자, 주가 노하여 구후를 젓 담그고 악후를 脯 떠버렸다고 한다.

23) 羑里 : 殷나라의 감옥 이름으로, 相州 湯陰縣의 북쪽에 있다.

24) 散宜生 : 殷나라 때 사람으로, 文王이 紂에 의해 羑里의 獄에 갇히자, 閎夭 등과 함께 呂尙으로부터 황금 千鎰을 받아 이를 가지고 美女와 文馬를 사서 주에게 바치고 문왕을 석방시켰다. 뒤에 武王을 도와 주를 멸망시켰다.

25) 厲王 : 周나라의 제10대 왕으로, 이름은 姬胡이다. 榮夷公을 卿士로 삼아 이익만을 좇았으며, 포학하고 오만하여 제후들이 조회를 오지 않았다. 나라 사람들이 이를 비방하자 衛巫를 시켜 감시하게 하니 사람들이 서로 말을 하지 않게 되었다. 후에 화가 난 백성들이 난을 일으켜 공격하자 彘 땅으로 달아났고, 14년 후에 체 땅에서 죽었다.

大夫 芮良夫[27]가 諫하기를, "왕실이 장차 쇠미해질 것입니다. 대저 榮公은 이익을 독점하기 좋아하고 큰 어려움이 닥쳐올 것은 알지 못합니다. 대저 이익은 만물이 생성하고 천지가 싣고 있는 것인데, 한 사람이 독점하게 되면 그 폐해가 많아질 것입니다. 천지의 만물은 모든 사람이 함께 그 이익을 취해야 하는 것이니, 어찌 독점할 수 있겠습니까? 〈이익을 독점하면〉 노여워하는 사람이 매우 많아질 것인데도 큰 어려움을 피하지 않고 이것으로 왕을 가르치고 있으니, 왕께서 國運을 오래도록 누릴 수 있겠습니까?

대개 王이란 장차 백성을 이로운 쪽으로 인도하여 그 이익을 윗사람과 아랫사람에게 골고루 분배해주어야 하는 사람이니, 天神과 사람 및 만물로 하여금 모두 임금의 지극한 德을 얻게 하더라도 오히려 날마다 경계하고 두려워하며 원망을 초래할까 걱정해야 하는 것입니다. 그러므로 〈周頌〉에 이르기를 '훌륭한 文德을 간직하신 后稷이여, 저 하늘과 짝하여 계시도다. 우리 많은 백성에게 곡식을 먹게 한 것이, 그분의 지극한 德이 아님이 없네.' 하였고,[28] 〈大雅〉에 이르기를, '周나라에 베풀어 주셨네.' 하였으니,[29] 이는 이익을 백성에게 골고루 분배해주면서도 어려움이 이를까 두려워한 것이 아니겠습니까? 그러므로 능히 주나라에 베풀어주시어 지금까지 이를 수 있었던 것입니다. 그런데 지금 왕께서 이익을 독점하는 일을 배우셔서야 되겠습니까? 보통 사람이 이익을 독점하더라도 오히려 도적이라 이르는 것인데, 왕으로서 독점하는 일을 행한다면 귀의하는 사람이 적을 것입니다. 따라서 영공이 만일 重用된다면 주나라는 반드시 패망할 것입니다." 하였다.

그러나 왕은 이 말을 듣지 않고, 결국 영공을 卿士로 삼아 用事하게 하였다.

厲王名胡니 夷王之子也라 王心戾虐好利하야 近榮夷公한대 大夫芮良夫諫曰 王室其將卑乎저 夫榮公은 好專利而不知大難이라 夫利는 百物之所生也요 天地之所載也어늘 而有專之면 其害大矣라 天地百物은 皆將取焉이니 何可專也리오 所怒甚大어늘 而不避大難하고 以是敎王하니 王其能久乎잇가 夫

---

26) 榮夷公 : 제후국인 榮나라의 임금으로, 厲王의 총애를 받아 周나라의 卿士에 임용되었다. 여왕에 의해 중용된 뒤 그를 탐욕과 사치로 이끌어 결국 국난이 일어나게 되었고, 분노한 백성들에 의해 여왕이 쫓겨나는 데 주된 원인을 제공하였다.

27) 芮良夫 : 제후국인 芮나라의 임금으로, 자가 良夫이므로 예양부라고 부르는 것이다. 성은 姬이고, 周나라의 卿士이다. 厲王이 榮夷公을 경사로 삼으려 하자, 영이공은 이익을 좇기를 좋아하므로 그를 등용하면 周나라는 반드시 망하게 될 것이라고 하며 강력하게 저지하였다. 결국 받아들여지지 않자 벼슬을 그만두고 은거하였다.

28) 周頌에……하였고 : ≪詩經≫ 〈周頌 思文〉에 보이는 구절이다.

29) 大雅에……하였으니 : ≪詩經≫ 〈大雅 文王〉에 "힘쓰고 힘쓰신 문왕께서는, 아름다운 명예가 그치지 않았도다. 周나라에 베풀어 주시기를, 문왕의 자손들에게 하셨도다.〔亹亹文王 令聞不已 陳錫哉周 侯文王孫子〕"라고 한 데서 온 말이다.

王人者는 將導利而布之上下者也니 使神人百物로 無不得極이라도 猶日怵惕하야 懼怨之來也라 故頌曰 思文后稷이여 克配彼天이샷다 立我烝民이 莫匪爾極이라하고 大雅에 曰 陳錫載周라하니 是不布利而懼難乎잇가 故能載周하야 以至于今이어늘 今王學專利면 其可乎잇가 匹夫專利라도 猶謂之盜어늘 王而行之면 其歸鮮矣리니 榮公若用이면 周必敗也라한대 王不聽하고 卒以榮公으로 爲卿士用事하다

36-6-2

여왕이 포학하고 사치스럽고 오만하게 행동하자 나라 사람들이 왕을 비방하였다. 召穆公[30]이 諫하기를 "백성들이 왕의 명을 견디지 못하고 있습니다." 하니, 여왕이 노하여 衛巫[31]를 데려다 비방하는 사람을 감시하게 하고, 그가 보고하는 대로 지목하는 사람을 죽이니 비방이 줄어들었다. 諸侯들은 조회하러 오지 않고 여왕은 더욱 엄하게 하였지만, 나라 사람들은 아무도 감히 말하지 못하고 도로에서 눈짓만 주고받았다. 여왕이 기뻐서 召穆公에게 말하기를, "내가 능히 비방을 그치게 하였으니, 이에 감히 말하지 못하고 있소." 하였다.

소목공이 말하기를, "이는 막고 있는 것일 뿐이니, 백성의 입을 막는 것은 물을 막는 것보다 어렵습니다. 물길이 막혔다가 터지면 다치는 사람이 반드시 많이 생길 것이니, 백성도 이와 같습니다. 이 때문에 물을 다스리는 사람은 물길을 틔워서 통하게 하고 백성을 다스리는 사람은 생각을 드러내어 말하게 하는 것입니다. 그러므로 天子가 政事를 들을 때에는 公卿[32]에서부터 列士[33]에 이르기까지 詩를 바치게 하고, 소경인 樂師는 樂典을 바치게 하고, 外史는 三皇五帝의 典籍을 바치게 하고, 樂官인 小師는 箴言을 올리게 하고, 눈동자 없는 소경은 詩를 낭송하게 하고, 눈동자 있는 소경은 箴言을 외게 하며, 百工은 諫言을 올리게 하고, 庶民은 여론을 전달하게 하고, 近臣은 마음을 다해 規諫하게 하고, 宗親과 姻戚은 보좌하여 監察하게 하고, 소경인 太師와 太史는 〈音樂과 禮法으로〉 가르치게 하고, 노숙한 師傅는 修養하는 말을 하게 하고 그렇게 한 뒤에 王이 이를 참작하는 것이니, 그러므로 모든 일이 시행되어 이치에 어긋나지 않게 됩니다.

---

30) 召穆公 : 周나라 宣王 때의 賢臣인 召虎를 이른다. 中興의 공을 세웠으며, 시호는 '穆'이다. 宣王 때 淮水 가의 오랑캐가 자주 침입하자, 선왕이 召穆公에게 명하여 淮南의 오랑캐를 평정하였는데, 자세한 내용은 ≪試經≫ 〈大雅 江漢〉에 보인다.
31) 衛巫 : 衛나라 출신의 무당으로, 신통력이 있었다고 한다.
32) 公卿 : 三公과 九卿을 말한다.
33) 列士 : 上士와 中士, 下士의 통칭이다.

백성에게 입이 있는 것은 땅에 산과 내가 있는 것과 같으므로 財用이 여기서 생겨나고, 原隰과 衍沃[34]이 있는 것과 같으므로 衣食이 여기서 생겨나는 것이고 보면, 입으로 드러내어 말할 때에 政事의 得失이 이에 흥기되니 좋은 점을 시행하고 잘못된 점을 방비하는 것이 財用과 衣食을 생산하는 방법인 것입니다. 대저 백성은 마음속으로 생각하다가 입으로 말하고 〈생각과 말이〉 이루어진 뒤에 행동으로 드러내는 것이니, 만일 그들의 입을 강제로 막는다면 얼마나 오래도록 유지할 수 있겠습니까?" 하였다.

왕이 그 말을 따르지 않았다. 이에 나라 사람들이 아무도 감히 말을 꺼내지 못하였는데, 3년 만에 함께 모반하여 왕을 습격하니, 왕이 彘 땅으로 달아났다.

○王行暴虐侈傲하니 國人謗王이어늘 召穆公諫曰 民不堪命矣라하니 王怒하야 得衛巫하야 使監謗者하고 以告則殺之하니 其謗鮮矣라 諸侯不朝하고 王益嚴이나 國人莫敢言하고 道路以目이어늘 王喜하야 告召穆公曰 吾能弭謗矣니 乃不敢言이라하니 召穆公曰 是는 障之也니 防民之口는 甚於防水라 水壅而潰면 傷人必多하나니 民亦如之라 是故로 爲水者는 決之使導하고 爲民者는 宣之使言이라 故天子聽政에 使公卿至于列士獻詩하고 瞽獻典하고 史獻書하고 師箴하고 瞍賦하고 矇誦하고 百工諫하고 庶人傳語하고 近臣盡規하고 親戚補察하고 瞽史教誨하고 耆艾修之而後에 王斟酌焉하나니 是以로 事行而不悖라 民之有口也는 猶土之有山川也라 財用於是乎出하고 猶其有原隰衍沃也라 衣食於是乎生하나니 口之宣言也에 善敗於是乎興하니 行善而備敗가 所以產財用衣食者也라 夫民은 慮之於心이라가 而宣之於口하고 成而行之하나니 若壅其口면 其與能幾何오한대 王不聽이라 於是에 國人莫敢出言이러니 三年에 乃相與畔하야 襲王하니 王出奔于彘하다

幽王[35]

36-7-1

幽王의 이름은 宮涅(궁날)이니, 宣王의 아들이다. 즉위한 지 2년이 되었을 때 西

34) 衍沃 : 평탄하고 비옥한 토지를 말한다.
35) 幽王 : 재위 기간은 B.C. 782년에서 B.C. 771년까지이다. 西周의 마지막 왕으로, 성은 姬, 이름은 宮涅이다. 즉위한 후 虢石父(괵석보)를 卿에 임명하여 가혹한 정치를 시행하였다. 재위 기간에 지진이 일어나 三川이 마르고 岐山이 무너졌으며, 六濟의 오랑캐를 공격하였으나 실패하였다. 또 褒姒를 총애하여 아들 伯服을 낳고 정비인 申后와 태자 宜臼를 내쫓았는데, 이에 분노한 신후의 아버지 申侯가 유왕을 공격하여 살해하였다. 이후 諸侯들이 태자 의구를 옹립하였으니, 이 사람이 바로 平王으로 洛陽에 東遷하여 東周時代를 열었다. 그러나 이때부터 周나라 왕실의 힘은 약해지고 제후들이 서로 패권을 다투는 春秋時代로 접어들게 된다.

周의 三川[36]에 모두 지진이 일어났다.

伯陽甫[37]가 말하기를, "周나라는 장차 패망하게 될 것이다. 무릇 천지의 기운은 그 운행의 질서를 잃지 않으니, 만일 그 질서를 잃게 되면 백성이 혼란에 빠질 것이다. 陽이 잠복하여 밖으로 나오지 못하고 陰이 궁박하여 위로 오르지 못하면 이에 지진이 일어나니, 지금 三川에 실제로 지진이 일어난 것은 양이 제자리를 잃고 음에 막혀 있기 때문이다. 양이 제자리를 잃고 음에 있으면 근원이 반드시 막히게 되니, 근원이 막히면 국가는 반드시 패망하는 것이다.

대저 물이 흙을 윤택하게 적시어 만물이 생장하면 백성이 만물을 사용하는 것인데, 흙이 윤택하게 적셔지지 않으면 백성들은 財用이 부족하게 될 것이니, 그렇게 되면 국가는 결국 패망하게 될 것이다. 옛날에 伊水와 洛水[38]가 마르자 夏나라가 패망하였고 黃河[39]가 마르자 商나라가 패망하였다. 지금 周나라의 德은 이 두 나라의 말세와 같고 그 하천의 근원이 또한 막혀버렸으니, 근원이 막히면 반드시 마르기 마련이다.

대저 국가는 산과 하천에 의지하여 형성되는 것이니, 산이 무너지고 하천이 마르는 것은 국가가 패망할 조짐이다. 하천이 마르면 반드시 산이 무너지는 법이니, 만일 국가가 패망한다면 10년을 넘기지 못할 것이니 10은 숫자의 마지막이기 때문이다.[40] 하늘이 만물을 버릴 적에는 그 마지막인 10의 수를 넘기지 않는 법이다." 하였는데, 이해에 三川이 마르고 岐山[41]이 무너졌다.

幽王名宮涅이니 宣王之子也라 立二年에 西周三川皆震이어늘 伯陽甫曰 周將亡矣라 夫天地之氣는 不失其序하나니 若過其序면 民亂之也라 陽伏而不能出하고 陰迫而不能蒸이면 於是有地震하나니 今三川實震은 是陽失其所而塡陰也라 陽失而在陰이면 源必塞하나니 源塞이면 國必亡이라 夫水土演而民用也어늘 土無所演이면 民乏財用이니 不亡何待리오 昔伊洛竭而夏亡하고 河竭而商亡하니

36) 三川 : 岐山에서 발원하는 涇水・渭水・洛水의 세 하천을 말한다.
37) 伯陽甫 : 周나라 宣王과 幽王 때 太史를 지낸 인물로, 太史伯 또는 太史 伯陽이라고 한다.
38) 伊水와 洛水 : 지금의 河南省 登封縣 동남쪽 옛 夏나라 都邑인 陽城 근처에 있다. 伊水는 河南省 盧氏縣의 동남쪽 悶頓嶺에서 발원하여 伊陽・洛陽 등 여러 현을 거쳐 洛水에 닿고, 낙수는 陝西省에서 발원하여 洛陽市를 거쳐 黃河로 흘러들어간다.
39) 黃河 : 商나라 도읍을 가로질러 흐르는 물줄기이다.
40) 숫자의……때문이다 : 원문의 '數之紀'에서 紀는 숫자의 마지막인 10을 가리킨다. ≪國語≫ 〈周語上〉의 같은 구절에 대한 韋昭 注에 "수는 1에서 시작되어 10에서 마치는데, 10에 이르면 다시 바뀌어 시작되기 때문에 〈10은 수의〉 끝이라고 한 것이다.〔數起於一 終於十 十則更 故曰紀也〕" 하였다.
41) 岐山 : 陝西省 岐山縣 동북쪽에 있는 산으로, 周나라의 國運을 의미한다. 주나라의 先祖 古公亶父(太王)가 邠(豳)에서 狄人의 박해를 피하여 岐山 아래에 터를 잡아 周 王朝의 기틀을 다졌기 때문에 그렇게 말한 것이다.

今周德若二代之季矣요 其川源又塞하니 塞必竭이라 夫國必依山川이니 山崩川竭은 亡國之徵也라 川竭이면 必山崩하나니 若國亡인댄 不過十年하리니 數之紀也라 天之所棄는 不過其紀라한대 是歲也에 三川竭하고 岐山崩하니라

36-7-2

처음 夏나라가 쇠퇴할 무렵에 神龍 두 마리가 하나라 조정으로 내려와 말하기를, "우리는 褒나라의 두 君王이다." 하였는데, 하나라 임금이 그 용을 죽일지 내쫓을지 붙잡아 둘지에 대해 점을 쳐보니 아무것도 吉한 점괘가 없었다. 그래서 그 용의 침을 받아 보관하는 것으로 점을 쳐보니 점괘가 길하였으므로 이에 비단을 펼쳐놓고 簡冊에 사유를 적어 고하자 용은 사라지고 침만 남아 있었는데, 이것을 상자에 담아 보관하였다.

그 후 夏나라가 망할 때 이 상자를 殷나라에 전하고 은나라가 망할 때 다시 이 상자를 周나라에 전하였으니, 三代가 지나도록 감히 이 상자를 열지 못하였다. 그러다가 厲王 말년에 이 상자를 열어 살펴보았더니 침이 뜰에 흘러내려 닦아낼 수가 없었는데, 왕이 여인들에게 치마를 벗고 소리치게 하자 침이 검은 도마뱀으로 변하여 왕의 後宮으로 들어갔다. 후궁에 있던 어린 계집아이가 7세 무렵에 이 도마뱀과 마주치고 15세가 지나 임신하여 宣王 때에 딸을 낳았는데, 아비 없이 낳은 자식이었기 때문에 두려워하다가 마침내 내다 버리고 말았다.

당시 동요에 이르기를, "산뽕나무 활과 箕나무 箙筒을 가진 사람이 실로 周나라를 멸망시킬 것이다." 하였는데, 마침 이런 활과 箙筒을 파는 부부가 있어서 宣王이 그들을 잡아다 죽이게 하니, 그 부부는 달아나다가 길에서 지난날 후궁에 있던 어린 계집아이가 버린 갓난아이를 발견하였다. 부부는 갓난아이가 밤에 울고 있는 것이 불쌍하여 아이를 거두어 포나라로 달아났다. 그 후 포나라 사람이 죄를 지었을 때 옛날 어린 계집아이가 내다버린 여자아이를 유왕에게 바치고 贖罪하기를 청하여, 옛날에 버려졌던 여자아이가 이때 포나라에서 나타났으니, 이 아이가 바로 褒姒이다.

褒姒

○初夏之衰也에 有二神龍이 止于夏帝庭而言曰 予褒之二君也라한대 夏后卜殺之與去之與止之하니 莫吉하야 卜請其漦而藏之하니 吉이라 乃布幣而策告之한대 龍亡漦在어늘 櫝而藏之러니 夏亡에 傳此器殷하고 殷亡에 又傳此器周하니 比三代莫敢發이러라 厲王之末에 發而觀之하니 漦流于庭하야 不可除也어늘 王使婦人으로 不幃而譟之하니 漦化爲玄黿하야 入王後宮이라 後宮之童妾이 旣齔而遭之하고 旣笄而孕하야 當宣王時而生한대 不夫而育이라 懼而棄之하다 時에 童謠曰 檿弧箕服이 實亡周國이라한대 有夫婦鬻是器者하야 宣王이 使執而戮之하니 逃라가 於道而見鄉者後宮童妾所棄妖子라 夫婦哀其夜號而取之하야 逸逃於褒러니 褒人有罪에 請入童妾所棄女子者於王以贖罪하야 棄女者出於褒하니 是爲褒姒라

유왕 3년에 왕이 後宮에 갔다가 褒姒를 보고 그녀를 총애하여 아들 伯服을 낳으니, 이에 申后[42] 및 太子 宜臼를 폐위한 다음 포사를 왕후로 삼고 그녀의 아들 伯服을 태자로 삼았다. 의구가 申나라로 망명하자 太史 伯陽이 말하기를, "禍가 이루어졌으니, 어떻게 할 방법이 없겠구나." 하였다.

포사는 웃기를 좋아하지 않았는데, 유왕이 그녀를 웃게 하려고 온갖 방법을 다 동원하였지만 그래도 웃지 않았다. 그래서 유왕은 그녀를 웃게 하기 위해 烽燧를 올리고 큰 북을 울렸다. 원래 오랑캐가 침략해오면 봉수를 올리기 때문에 이것을 본 제후들이 모두 도착하였는데, 도착하고 보니 적이 없어서 제후들이 모두 우왕좌왕하였다. 포사가 이 광경을 보고 크게 웃자 유왕은 기뻐하여 자주 봉화를 올렸는데, 그 후로는 사람들이 믿지 않아서 제후들이 더욱 이르지 않았다.

유왕은 虢石父를 卿으로 삼아 用事하게 하였는데, 나라 사람들이 모두 원망하였다. 괵석보는 사람됨이 교활하고 아첨을 잘하며 이익을 추구하였는데, 유왕이 그를 중용하고 또 申后를 폐위하고 태자를 떠나게 하였기 때문에 申侯가 노하여 繒나라[43]와 西夷인 犬戎[44]과 함께 유왕을 공격하였다. 유왕이 烽火를 올려 군대를 불렀으나 제후의 군대는 오지 않았고, 마침내 견융이 驪山 아래에서 유왕을 죽이고 포사를 사로잡은 뒤에 周나라 재물을 모두 약탈하여 떠났다.

42) 申后 : 幽王의 后妃로, 申侯의 딸이다. 유왕의 첫 번째 왕후가 되어 태자 宜臼를 낳았다.

43) 繒나라 : 고대의 나라 이름으로, 성씨는 姒이다. 夏禹氏의 후예로 알려져 있는데, 春秋時代에 莒國에게 멸망되었다고 한다.

44) 犬戎 : 고대 부족의 명칭으로, 戎族의 한 지파이다. 중국 서북부 지방에 주로 거주했으며, 畎戎, 畎夷, 犬夷, 昆夷, 緄夷 등으로 불렸다.

當幽王之三年하야 王之後宮이라가 見而愛之하야 生子伯服하니 於是에 廢申后及太子宜臼하고 以褒姒爲后하고 其子伯服爲太子라 宜臼出奔申하니 太史伯陽曰 禍成矣니 無可柰何라하더라 褒姒不好笑한대 王欲其笑萬方이나 故不笑하야 王爲烽燧大鼓하니 有寇至則擧烽火라 諸侯悉至而無寇어늘 褒姒乃大笑하니 王悅之하야 爲數擧烽火한대 其後不信하야 諸侯益亦不至라 王以虢石父爲卿用事한대 國人皆怨이라 石父는 爲人巧佞善諛好利어늘 王用之하고 又廢申后去太子也라 申侯怒하야 與繒西夷犬戎攻王하니 王擧烽火徵兵이나 兵莫至하고 遂殺王驪山下虜褒姒하고 盡取周賂而去하다

戲擧烽火

경계할 만한 惡政 惡可爲戒

秦나라

始皇

37-1-1

秦 始皇

始皇帝의 이름은 政이니 莊襄王의 아들이다. 13세에 왕위에 올라서 6世[1] 동안 내려온 功業을 떨쳐 일으켜 6國[2]을 멸망시키고 마침내 천하를 병합하였다. 스스로 자신의 덕이 三皇[3]의 덕을 모두 가지고 있고 자신의 공이 五帝[4]보다 뛰어나다고 하여 자신의 칭호를 皇帝로 고치고, 자신의 命을 制라고 하고, 자신의 令을 詔라고 하고 諡法을 없애고[5] 자기를 始皇帝라고 하였다. 후세에는 숫자로 세

---

1) 6世 : 始皇帝 이전 秦나라 왕들인 孝公·惠文王·武王·昭王·孝文王·莊襄王을 가리킨다.(≪史記≫ 권5 〈秦本紀〉)

2) 6國 : 전국시대 函谷關 동쪽에 있던 齊나라, 楚나라, 燕나라, 韓나라, 趙나라, 魏나라를 가리킨다.

3) 三皇 : 전설상의 上古時代 세 명의 임금을 칭하는 말인데, 그 설이 일정하지 않다. 伏羲·神農·黃帝를 가리킨다는 주장이 대세이지만, 伏羲·神農·女媧, 伏羲·神農·燧人과 伏羲·神農·祝融, 天皇·地皇·泰皇, 天皇·地皇·人皇이라고 주장하는 설 등이 있다. ≪史記≫ 제6권 〈秦始皇本紀〉에는 天皇·地皇·泰皇이 나오고, 본서 ≪歷代君鑑≫ 제1권 〈三皇〉편에서는 太昊伏羲氏·炎帝神農氏·黃帝軒轅氏를 삼황이라고 하였다.

4) 五帝 : 전설상의 上古時代 다섯 명의 임금을 칭하는 말인데, 그 설이 일정하지 않다. 黃帝(軒轅)·顓頊(高陽)·帝嚳(高辛)·唐堯·虞舜을 가리킨다는 주장이 대세이지만, 太昊(伏羲)·炎帝(神農)·黃帝·少昊(摯)·顓頊과 少昊·顓頊·高辛·唐堯·虞舜, 伏羲·神農·黃帝·唐堯·虞舜이라고 주장하는 설 등이 있다. ≪史記≫ 제1권 〈五帝本紀〉에서는 黃帝·帝顓頊·帝嚳·帝堯·帝舜을 五帝로 칭하였고, 본서 ≪歷代君鑑≫ 제2권 〈五帝〉편에서는 少昊金天氏·顓頊高陽氏·帝嚳高辛氏·帝堯陶唐氏·帝舜有虞氏를 오제라고 하였다.

5) 諡法을 없애고 : 始皇帝가 명하기를 "짐은 들으니 太古에는 號만 있고 諡는 없었는데, 中古에 號가 있는데 죽은 뒤에 그 행실을 가지고 諡를 지었다. 이렇게 되면 아들이 아버지의 행실을 논하고 신하가 임금의 행실을 논하게 되니 심히 의의가 없다. 짐은 옳게 여기지 않으니, 이제부터는 시법을 없애고, 짐이 시황제가 되고 후세에는 숫자로 세어 二世皇帝, 三世皇帝로 하여 만

어 二世皇帝, 三世皇帝로 하여 萬世에 이르도록 끝없이 전해질 것이라고 하고, 오로지 형벌로써 나라를 세워 포학하고 무도하였다.

始皇帝名은 政이니 莊襄王子라 年十三에 卽王位하야 奮六世餘烈하야 滅六國하고 遂幷天下하다 自以德兼三皇하고 功過五帝라하야 乃更號曰皇帝라하고 命爲制하고 令爲詔하고 除諡法하고 以己爲始皇帝하다 後世以計數하야 二世三世로 至于萬世히 傳之無窮이라하고 專以刑威立國하야 暴虐不道하다

37-1-2

34년(B.C. 213)에 시황제가 咸陽의 궁전에서 酒宴을 열 때에 僕射 周青臣이 功德을 칭송하기를, "폐하께서 神聖하시어 四海 안을 평정하여 제후국을 郡縣에 소속시켜 전쟁의 우환이 없게 하셨으니 上古의 왕들이 미치지 못한 일입니다." 하니, 시황제가 기뻐하였다.

博士 淳于越[6]이 아뢰기를, "殷나라와 周나라의 왕들이 1천여 년 동안 子弟와 功臣을 封하여 스스로 輔弼로 삼았습니다. 그런데 지금 폐하께서는 四海를 소유하였으면서 자제를 匹夫로 삼았으니 끝내 田常[7]과 六卿[8] 같은 신하가 생긴다면 어떻게 서로 구제하겠습니까. 일에 있어 옛일을 본받지 않고서 능히 장구하게 나라가 유지되는 경우는 들어보지 못했습니다. 지금 주청신이 아첨하여 폐하의 허물을 무겁게 만들고 있으니 충신이 아닙니다." 하였다.

시황제가 신하들에게 의논하라고 내리니 승상 李斯[9]가 아뢰기를, "五帝는 禮를

세에 이르도록 끝없이 전해지게 하라."라고 한 일을 가리킨다.(≪史記≫ 권6 〈秦始皇本紀〉)

6) 淳于越 : 전국시대 말기 齊나라 사람이다. 秦 始皇 때 博士가 되어 封建制를 시행해야 한다고 直言을 올렸던 인물이다.

7) 田常 : 춘추시대 齊나라 桓公 때에 陳厲公의 아들 田完이 제나라로 망명하여 환대를 받았는데, 그의 후손인 田乞이 景公 때에 大夫가 되어 백성들에게 陰德을 쌓자 재상인 晏嬰이 경공에게 간하였으나 경공이 그 말을 듣지 않았다. 그 뒤에 전걸의 아들인 田常이 簡公을 시해하고 정권을 장악하였으며, 전상의 증손인 田和 때에 이르러 천자의 승인을 받고서 정식으로 제나라의 諸侯가 되었는데, 이것이 바로 田齊이다. 전상은 바로 陳恒으로, 陳成子 또는 田成子라고도 한다. 이때 孔子가 魯나라 哀公에게 진항을 토벌하라고 청하면서, "진항이 자기 임금을 시해하였으니 토벌하소서.〔陳恒弑其君 請討之〕"라고 하였다. 원래 이름은 田恒인데, 漢나라 孝文帝의 이름이 恒이므로 諱하여 常으로 기록했는데, 후대에는 田常으로 쓰는 경우가 많다.(≪史記≫ 권48 〈田敬仲完世家〉, ≪春秋左氏傳≫ 莊公 22년, ≪論語≫ 〈憲問〉)

8) 六卿 : 춘추시대 晉나라를 약화시킨 여섯 世族으로, 趙無恤, 范吉射, 智瑤, 荀寅, 魏曼多, 韓不信을 가리킨다.(≪說郛≫ 권57 상 〈群輔錄〉)

9) 李斯 : ?~B.C. 208. 秦나라 上蔡 사람으로, 전국시대 말기 郡吏가 되어 荀子에게 배웠다. 나중에 秦 始皇을 도와 법가에 그 사상적 기반을 두어 도량형을 통일하고 焚書坑儒 등을 실시하

서로 따르지 않았고, 三王은 法을 서로 因襲하지 않았습니다. 지금 폐하께서 大業을 처음으로 이루어 만세의 공을 세우셨으니 참으로 어리석은 儒者가 알 수 있는 것이 아닙니다. 그리고 순우월이 한 말은 三代 때의 일이니 어찌 본받을 것이 있겠습니까. 지난날 제후들이 서로 다투어 遊說客들을 후한 예로 초빙하였는데, 지금은 천하가 이미 안정되었고 법령이 한곳에서 나오고 있으니, 백성들이 집에서는 農工에 힘써야 하고 선비들은 법령을 학습해야 합니다.

그런데 지금 諸生들은 오늘날을 배우지 않고 옛것을 배워서 當世를 비난하고 백성들을 현혹시켜 서로 법이 아닌 것으로 사람을 가르칩니다. 令이 내려왔다는 말을 들으면 각각 자기가 배운 것을 가지고 논란하여 조정에 들어와서는 마음으로 비난하고 밖에 나가서는 閭巷에서 시비를 논하여 임금 앞에서 과시하는 것을 명예로 삼고 취향이 다른 것을 고상함으로 삼아 군중을 거느리고서 비방을 만들어냅니다. 이러한데도 금하지 않으면 임금의 권세는 위에서 낮아지고 黨與는 아래에서 이루어질 것이니 금하는 것이 편리합니다.

신은 청컨대 史官으로 하여금 秦나라의 기록이 아닌 것은 모두 불사르고, 博士官의 직책에 있는 자가 아니면서 천하에 詩書와 百家의 책을 가지고 있는 자가 있거든 모두 守尉[10]에게 가지고 오게 하여 한꺼번에 불태우고, 감히 모여서 詩書를 말하는 자가 있거든 棄市하고, 옛것을 가지고 오늘날 일을 비방하는 자는 滅族하고, 관리가 알고서도 고발하지 않으면 같은 죄로 처벌하게 하소서. 명령이 내리고 나서 30일 내에 불태우지 않은 자는 墨刑을 하여 城旦[11]으로 삼으소서. 버리지 않을 것은 醫藥과 卜筮와 농작물을 심는 데 관한 책이고, 법령을 배우려고 하는 자가 있으면 관리로써 스승을 삼게 하소서." 하니, 명하기를 "그렇게 하라." 하였다.

여 진나라의 법치주의 기반을 확립하는 데 큰 기여를 하였고, 小篆을 표준 글자로 삼아 문자를 통일하였다. 진 시황 사후 趙高와 공모하여 진 시황의 막내아들인 胡亥를 二世皇帝로 옹립하고, 진 시황의 장자인 扶蘇와 장군 蒙恬을 자살하도록 하였는데, 趙高와의 권력 싸움에 패하여 살해되었다.(≪史記≫ 권87 〈李斯列傳〉)

10) 守尉 : 郡守와 郡尉의 합칭이다. 漢나라 高帝 때 趙相 周昌이 아뢰기를, "常山 25개 성 중 20개를 잃었으니 守尉를 주벌하십시오.〔常山二十五城亡其二十城 請誅守尉〕"라고 하였는데, 顔師古의 注에 "守는 郡守이고, 尉는 郡尉이다." 하였다.(≪漢書≫ 권1 하 〈高帝紀 下〉)

11) 城旦 : 고대의 형벌 명칭으로, 4년간 城을 쌓는 일을 하는 勞役刑이다. 裴駰의 ≪史記集解≫에 如淳의 말을 인용하여 "≪律說≫에 머리를 깎고 목에 고리를 차는 형벌로 논죄되면 변방으로 보내서 長城을 쌓게 하는데, 낮에는 외적의 침입을 감시하고 밤에는 장성을 쌓는다. 城旦은 4년형이다."라고 하였다.(≪史記集解≫ 권6 〈秦始皇本紀〉)

○ 三十四年에 始皇置酒咸陽宮할새 僕射周青臣進頌曰 陛下神聖하사 平定海內하사 以諸侯爲郡縣하야 無戰爭之患하니 上古所不及이니이다 始皇悅하다 博士淳于越曰 殷周之王이 千有餘歲에 封子弟功臣하야 自爲枝輔러니 今陛下有四海로되 而子弟爲匹夫하니 卒有田常六卿之臣이면 何以相救리오 事不師古而能長久는 非所聞也로소이다 今青臣面諛하야 以重陛下之過하니 非忠臣也니이다 始皇下其議한대 丞相李斯言 五帝는 不相復이요 三王은 不相襲하나니 今陛下創大業하고 建萬世之功하시니 固非愚儒所知라 且越言은 乃三代之事니 何足法也리오 異時에 諸侯竝爭하야 厚招遊學이러니 今天下已定하고 法令出一하니 百姓當家則力農工이요 士則學習法令이어늘 今諸生이 不師今而學古하야 以非當世하고 惑亂黔首하야 相與非法教人하고 聞令下면 則各以其學議之하야 入則心非하고 出則巷議하야 誇主以爲名하고 異趣以爲高하야 率群下以造謗하니 如此弗禁이면 則主勢降乎上하고 黨與成乎下하리니 禁之便이니이다 臣請史官 非秦記어든 皆燒之하고 非博士官所職이요 天下有藏詩書百家語者어든 皆詣守尉하야 雜燒之하고 有敢偶語詩書者어든 棄市하고 以古非今者는 族하고 吏見知不擧어든 與同罪하야지이다 令下三十日에 不燒어든 黥爲城(朝)〔旦〕[12]하고 所不去者는 醫藥卜筮種樹之書요 若有欲學法令者어든 以吏爲師하소서 制曰 可라하다

坑儒焚書

12) (朝)〔旦〕: 저본에는 '朝'로 되어 있으나, '朝'는 朝鮮 太祖 李成桂가 왕위에 오른 뒤 '旦'으로 개명하였기 때문에 조선에서는 避諱하여 '朝'로 쓴 것이다. 그러므로 원래 글자인 '旦'으로 돌려놓았다.

37-1-3

35년(B.C. 212)에 蒙恬[13]에게 곧은 도로〔直道〕를 내되 九原을 통과하여 雲陽에까지 이르게 하였는데, 산을 깎고 계곡을 메우면서 공사하는 거리가 1800리나 되어 몇 년이 되어도 완성하지 못하였다.

○ 三十五年에 使蒙恬除直道 通九原抵雲陽하야 塹山堙谷이 千八百里라 數年不就하다

37-1-4

시황제가 咸陽은 사람이 많고 선왕의 宮廷이 작다고 하여 渭水 남쪽 上林苑 안에 朝宮을 지을 때에 먼저 阿房에 前殿을 지었는데, 東西 길이가 500步이고 南北 길이가 50丈이었다. 위에는 만 명이 앉을 수 있고, 아래에는 5丈 높이의 旗를 세울 수 있었다. 前殿 둘레 사방의 길을 閣道[14]로 만들었는데, 殿의 아래로부터 곧바로 南山에 이르고, 남산 꼭대기에 表를 세워 門闕로 삼았다. 또 複道를 만들었는데, 아방에서부터 渭水를 건너 함양에 이어서 天極의 閣道가 은하수를 가로질러 營室星에 이른 것을 상징하였다.[15] 宮刑을 받은 자와 徒刑을 받은 자 70여만 명을 나누어 일부는 아방궁을 짓고 일부는 驪山[16]을 만들었는데, 北山의 石材를 캐오고 蜀과 荊 땅의 목재를 수송하여 모두 가져왔다. 關中에 지은 궁궐이 300채이고, 關外에 지은 궁궐이 400여 채였다.[17] 이에 東海 가 朐縣의 경계 가운데에 石碑를 세워서 秦나라의 東門

13) 蒙恬 : ?~B.C. 209. 秦나라 때의 장군으로 蒙武의 아들이다. 진나라가 齊나라를 멸망시킬 때 큰 공을 세웠다. 30만 대군을 거느리고 흉노를 정벌하였고, 臨洮부터 遼東에 걸쳐 만리장성을 축성하였다. 북쪽 변경을 경비하는 총사령관으로서 10여 년 동안 上郡에 주둔하여 흉노에 위세를 떨쳤다. 始皇帝가 죽자 환관 趙高와 승상 李斯의 흉계로 투옥되어 자살했다. 죽을 때 탄식하기를, "나의 죄는 죽어 마땅하다. 임조에서 요동에 이르기까지 만여 리의 장성을 구축했으니, 어찌 지맥을 끊어놓지 않았겠는가. 이것이 바로 나의 죄이다." 하였다. 전설에 의하면 토끼털로 붓을 만들었다고 한다.(≪史記≫ 권88 〈蒙恬列傳〉)

14) 閣道 : 지상에 橋脚을 세우고 그 위에 棧道처럼 낸 길이다.

15) 複道를……상징하였다 : 複道는 閣道와 같은 말이다. 天極은 北極星이다. 天極은 天帝의 거처인 紫宮에 포함되어 있는데, 紫宮 왼쪽의 세 별을 天槍이라고 하고, 오른쪽의 다섯 별을 天棓라고 하고, 뒤에 있는 여섯 별이 은하수를 가로질러 營室星에 이른 것을 閣道라고 하는데, 前殿에서 渭水를 건너 咸陽에 이른 複道를 낸 것이 바로 天文의 閣道를 상징했다는 말이다.(≪史記索隱≫ 권2 〈秦本紀〉, ≪史記≫ 권27 〈天官書〉)

16) 驪山 : 시황제의 무덤을 가리킨다.(≪史纂通要≫ 권6 〈秦〉)

17) 關中에……채였다 : 시황제의 사치를 말한 것이다. 關中은 函谷關 안쪽이라는 뜻으로, 동쪽으로는 함곡관에 이르고 서쪽으로는 隴關에 이르는데 두 關의 사이를 관중이라고 하고, 關外는 함곡관 동쪽으로 지난날 六國의 땅을 가리킨다.(≪太平御覽≫ 권164 〈州郡部10 關西道 雍州〉)

으로 삼고, 3만 家를 驪邑으로 이주시키고,[18] 5만 가를 雲陽으로 이주시켰다.[19]

始皇이 以咸陽人多하고 先王宮廷小라하야 乃營作朝宮渭南上林苑中할새 先作前殿阿房하니 東西五百步요 南北五十丈이라 上可以坐萬人이요 下可以建五丈旗러라 周馳爲閣道하야 自殿下直抵南山하고 表南山之顚하야 以爲闕하고 爲複道하야 自阿房度渭하야 屬之咸陽하야 以象天極閣道絶漢抵營室也러라 隱宮徒刑者七十餘萬人으로 乃分作阿房宮하고 或作驪山하고 發北山石槨하고 寫蜀荊地材하야 皆至하니 關中에 計宮三百이요 關外에 四百餘러라 於是에 立石東海上朐界中하야 以爲秦東門하고 因徙三萬家驪邑하고 五萬家雲陽하다

大營宮室

37-1-5

盧生[20]이 시황제에게 유세하기를 微行하여 악귀를 물리치고 거처하는 궁궐을 사

18) 3만……이주시키고 : 시황제의 무덤을 조성한 驪山 주위에 백성을 이주시켜서 이 지역이 사람이 없는 쓸쓸한 땅이 되지 않게 했다는 말이다.(≪史記≫ 〈秦始皇本紀〉(全本全注全譯叢書, 中華書局))

19) 5만……이주시켰다 : 雲陽은 陝西省 淳化縣 서북쪽에 있던 縣 이름이다. 그 서쪽에 甘泉山이 있는데 이곳에 시황제가 甘泉宮을 짓고 백성을 이주시켜 시황제가 생전에 이곳에서 놀며 즐길 때에 쓸쓸한 마음이 들지 않게 하려고 한 것이다.(≪史記≫ 〈秦始皇本紀〉(全本全注全譯叢書, 中華書局))

20) 盧生 : 秦나라 때 燕 사람이다. 시황제 32년(B.C. 215)에 그에게 바다에 나가서 仙藥을 구하

람들이 알지 못하게 한 뒤에야 不死藥을 얻을 수 있다고 하니, 시황제가 함양 곁 200리 내에 있는 宮室과 臺觀의 複道를 서로 연결하고, 장막과 鍾鼓와 美人들을 채우고 각각 등록된 곳에서 지내고 이동하지 못하게 하고, 시황제가 행차할 때에 그곳을 말한 자가 있으면 사형에 처하였다.

시황제가 일찍이 梁山宮에서 丞相을 수행하는 車騎가 많은 것을 멀리서 보고 기분이 상했는데, 어떤 사람이 승상에게 고하니 승상이 거기의 숫자를 줄였다. 시황제가 화가 나서 "이 안에 있는 사람이 내 말을 누설한 것이다."라고 하고, 당시 곁에 있던 자들을 체포하여 모두 죽이니, 이후로는 황제가 행차하여 있는 곳을 아무도 모르게 되었고, 신하들이 일을 결재받은 것이 모두 함양의 궁에서 이루어졌다.

○ 盧生說(세)始皇爲微行하야 以辟惡鬼하고 所居宮을 毋令人知然後에 不死之藥을 殆可得也라한대 始皇乃令咸陽旁二百里內에 宮觀複道相連하고 帷帳鍾鼓美人充之하고 各按署不移徙하고 所行幸에 有言其處者면 死라 嘗從梁山宮하야 望見丞相車騎衆하고 弗善也러니 或告丞相한대 丞相損之하니 始皇怒曰 此中人泄吾語라 捕時在旁者하야 盡殺之하니 是後에 莫知行之所在하고 群臣受決事者 悉於咸陽宮이러라

37-1-6

侯生[21]과 盧生이 시황제를 비방하고 달아나자 시황제가 듣고서 크게 화를 내어 말하기를, "노생 등을 내가 존중하여 상을 매우 후하게 주었는데, 지금 나를 비방하였다. 咸陽에 있는 諸生들을 내가 사람을 시켜 廉問하였더니 어떤 자들은 요망한 말을 하여 백성들을 미혹시켰다." 하고, 이에 御史를 시켜 제생들을 심문하게 하니, 제생들이 서로 고발하고 끌어들여서 자신은 벗어나려고 하여, 금령을 범한 자가 460여 명이었다. 모두 함양에 생매장하여 천하 사람들로 하여금 이 일을 알아서 후에 이런 일이 없도록 경계시키고, 죄를 범한 자를 더욱 많이 적발하여 변방으로 이주시켰다.

이에 長子 扶蘇가 간언하기를, "제생들은 모두 孔子를 본받은 자들인데 지금 황상께서 모두 무거운 법으로 다스리시니 신은 천하가 불안해할까 두렵습니다." 하니, 시

게 하였는데, 구하지 못하자 侯生과 함께 달아났다. 이에 시황제가 화가 나서 方士와 儒生 460여 명을 咸陽에 묻어 죽였다고 한다.(≪史記≫ 권6 〈秦始皇本紀〉)

21) 侯生 : 始皇帝 때 韓의 客卿이었는데, 盧生과 함께 시황제를 비방하고 달아난 사람이다.(≪史記集解≫ 권6 〈秦始皇本紀〉)

황제가 노하여 부소로 하여금 북쪽으로 上郡에 가서 蒙恬의 군대를 監軍하게 하였다.

○ 侯生盧生이 相與譏議始皇하고 因亡去하니 始皇聞之大怒曰 盧生等을 吾尊賜之甚厚어늘 今乃誹謗我라 諸生在咸陽者를 吾使人廉問하니 或爲妖言하야 以亂黔首라하고 於是에 御史悉按問諸生하니 諸生傳相告引하야 乃自除하니 犯禁者四百六十餘人이라 皆阬之咸陽하야 使天下知之하야 以懲後하고 益發謫徙邊한대 長子扶蘇諫曰 諸生皆誦法孔子어늘 今上皆重法繩之하시니 臣恐天下不安일가하노이다 始皇怒하야 使扶蘇北監蒙恬軍於上郡하다

37-1-7

36년(B.C. 211)에 東郡에 운석이 있었는데 어떤 사람이 그 돌에 새기기를, "시황제가 죽고 땅이 나뉠 것이다."라고 하였다. 시황제가 어사를 보내 일일이 심문하도록 하였는데 아무도 실토하는 사람이 없자 그 운석 주위에 사는 사람들을 모두 잡아다 죽이고 그 돌을 불살랐다.

시황제는 王으로 재위한 기간은 26년이고, 황제로 재위한 기간은 11년이고, 향년은 50세였다.

○ 三十六年에 有隕石于東郡하니 或刻其石曰 始皇死而地分이라한대 始皇使御史逐問하니 莫服이라 盡取石旁居人誅之하고 燔其石하다 始皇爲王二十六年이요 爲帝十一年이요 壽五十이라

二世

37-2-1

이세황제의 이름은 胡亥이니 시황제의 작은아들이다. 시황제가 죽자 趙高[22]와 李斯가 거짓으로 遺詔를 받았다고 하고 그를 太子로 세우니 마침내 황제에 즉위하였다.

二世皇帝名은 胡亥니 始皇少子也라 始皇崩커늘 趙高李斯詐受詔하야 立爲太子하니 遂卽位하다

---

22) 趙高 : ?~B.C. 207. 戰國時代 말기부터 秦나라 시대까지 살았던 환관이자 정치가이다. 시황제가 죽은 뒤에는 奸計를 써서 丞相 李斯와 짜고 詔書를 고쳐 시황제의 長子인 扶蘇를 죽이고, 次子인 胡亥를 二世皇帝로 삼아 자신이 승상이 되었다. 그 후 다시 이세황제마저 죽이고는 부소의 아들 子嬰을 옹립한 후 또다시 자영을 죽이려고 했으나, 자영이 앞질러 그의 三族을 멸하였다. 중국 역사상 최악의 환관이라는 평가를 받는 인물이다.

37-2-2

원년(B.C. 209) 여름 4월에 이세황제가 조고에게 이르기를, "사람이 세상에 사는 것은 비유하자면 여섯 필의 준마가 끄는 수레를 타고 작은 틈새를 지나는 것과 같다. 내가 이미 천하에 임하였으니, 귀와 눈이 하고 싶은 것을 다하고, 心志가 즐거워하는 것을 다하여 나의 수명을 마치도록 하고 싶은데 괜찮겠는가?" 하니, 조고가 말하기를, "이것은 어진 임금이 능히 행하는 것이고 혼란한 임금이 금하는 것입니다. 그렇기는 하지만 가하지 않은 것이 있으니 신이 말씀드리겠습니다. 沙丘에서 도모한 일[23]을 여러 公子와 大臣들이 모두 의심하고 있는데, 여러 공자들은 모두 황제의 형이고 대신들은 또 先帝가 임명한 자들입니다. 지금 폐하께서 처음 즉위하셨는데 이들이 불만을 품어 모두 복종하지 않으니 변란을 일으킬까 염려됩니다. 이에 신은 두려워하며 제대로 마치지 못할까 염려되니, 폐하께서 어떻게 이런 즐거움을 얻을 수 있겠습니까." 하였다.

이세황제가 이르기를, "어떻게 해야 하는가?" 하니, 조고가 말하기를, "폐하께서 법을 엄하게 하고 형벌을 각박하게 하여 죄가 있는 자들을 연좌시키게 하여 대신과 宗室을 誅滅한 뒤에 遺民을 거두어 가난한 자는 부유하게 해주고 천한 자는 귀하게 만들어 先帝의 옛 신하를 모두 제거하고 폐하께서 친하고 믿는 자들로 교체하십시오. 이렇게 되면 陰德이 폐하께 돌아와서 害가 제거되고 간사한 꾀가 막힐 것이니, 신하들은 은택을 입고 두터운 덕을 입지 않은 자가 없게 되고, 폐하는 베개를 높이 베고 뜻대로 하여 영화롭고 안락할 것이니, 이보다 나은 계책은 없습니다." 하였다.

이세황제가 그 말을 옳게 여겨 법률을 다시 고쳐서 더욱 각박하도록 힘써서 대신과 공자들 중에 죄가 있으면 곧바로 조고에게 내려서 치죄하게 하였다. 이에 공자 12명이 함양의 저자에서 사형을 당하고, 공주 10명이 杜縣에서 사지가 찢겨 죽고, 재물은 縣官에 몰수되고, 연좌되어 체포된 자는 헤아릴 수 없었다.

---

23) 沙丘에서 도모한 일 : B.C. 210년 시황제가 천하를 순행할 때에 趙高와 李斯와 둘째 아들 胡亥가 수행하였다. 平原津에 이르러 병이 났는데, 병이 심해지자 장자인 扶蘇가 帝位를 이으라는 遺詔를 내리고 玉璽를 찍어서 봉하였다. 沙丘의 平臺에 이르러 시황제가 죽었는데, 조고와 이사와 호해가 비밀에 붙이고 發喪하지 않고서 封書를 없애고 거짓으로 유조를 만들어 호해를 태자로 세우고 부소와 蒙恬을 賜死하였다. 함양에 돌아와서야 비로소 발상하고, 호해가 제위에 올랐던 일을 가리킨다.(≪史記≫ 권6 〈秦始皇本紀〉)

○ 元年 夏四月에 二世謂趙高曰 夫人生居世間也이 譬猶騁六驥過決隙也이라 吾旣已臨天下矣라 欲悉耳目之所好하고 窮心志之所樂하야 以終吾年壽하노니 可乎아 高曰 此賢主之所能行이요 而昏亂主之所禁也라 雖然이나 有所未可하니 臣請言之호리이다 夫沙丘之謀를 諸公子及大臣이 皆疑焉하니 而諸公子는 盡帝兄이요 大臣은 又先帝之所置니 今陛下初立에 此其屬이 意怏怏하야 皆不服하리니 恐爲變이라 臣戰戰慄慄하야 惟恐不終하노니 陛下安得爲此樂乎잇가 二世曰 爲之柰何오 趙高曰 陛下嚴法而刻刑하야 令有罪者相坐하야 誅滅大臣及宗室然後에 收擧遺民하야 貧者富之하고 賤者貴之하야 盡除先帝之故臣하고 更置陛下之所親信者면 此則陰德歸陛下하고 害除而姦謀塞하리니 群臣이 莫不被潤澤하고 蒙厚德하고 陛下則高枕肆志寵樂矣리니 計莫出於此니이다 二世然之하야 乃更爲法律하야 務益刻深하야 大臣諸公子有罪에 輒下高鞫治之하니 於是에 公子十二人이 僇死咸陽市하고 十公主矺死於杜하고 財物入於縣官하고 相連逮者不可勝數라

공자 將閭 형제 세 사람이 內宮에 갇혀서 그 죄를 논하는데 맨 뒤에 논죄하게 되었다. 이세황제가 使者를 시켜 장려에게 명을 전하기를, "공자가 신하의 도리를 지키지 않았으니 죄가 사형에 해당한다. 法吏는 법으로 치죄하라." 하였다.

장려가 말하기를, "闕廷에서 禮를 거행할 때에 내가 감히 賓贊[24]을 따르지 않은 적이 없으며, 廊廟의 지위에서 내가 감히 예절에 어긋난 적이 없으며, 명을 받아 응대할 때에 내가 감히 말을 잘못한 적이 없으니, 무엇을 가리켜 신하의 도리를 지키지 않았다고 하는가? 죄를 듣고서 죽기를 원하노라." 하니, 사자가 말하기를, "신은 모의에 참여하지 못하니 조서를 받들어 따를 뿐입니다." 하였다.

장려가 하늘을 우러러 크게 세 번 부르짖고서 "나는 죄가 없다."라고 하고, 형제 세 사람이 모두 눈물을 흘리고 칼을 빼서 자살하니 宗室들이 두려워하였다.

公子將閭昆弟三人이 囚於內宮하야 議其罪獨後러니 二世使使令將閭曰 公子不臣하니 罪當死라 吏致法焉하라 將閭曰 闕廷之禮에 吾未嘗敢不從賓贊也하며 廊廟之位에 吾未嘗敢失節也하며 受命應對에 吾未嘗敢失辭也호니 何謂不臣고 願聞罪而死하노라 使者曰 臣不得與謀하니 奉書從事로라 將閭乃仰天大呼者三하고 曰 吾無罪라하고 昆弟三人이 皆流涕하고 拔劍自殺하니 宗室震恐이라

공자 高가 달아나려다가 가족들이 잡혀 들어갈까 두려워서 上書하기를, "先帝께서 살아 계실 때에 신이 들어가면 음식을 내리셨고 나가면 乘輿를 내주셨으며, 御府에

24) 賓贊 : 典禮를 거행할 때에 儀式을 인도하는 사람이다.

있는 옷을 신은 하사받았고, 中廐의 寶馬를 신이 하사받았으니, 신이 의당 따라 죽어야 했으나 그렇게 하지 못했습니다. 자식이 되어서는 효도하지 못했고 신하가 되어서는 충성하지 못했습니다. 효도하지 못하고 충성하지 못한 자는 세상에 설 명분이 없습니다. 신은 선제를 따라 죽어서 驪山 아래에 묻히기를 원하노니 황상께서는 불쌍히 여겨주소서." 하였다.

상서가 올라가자 이세황제가 크게 기뻐하여 조고를 불러서 보이고 말하기를, "이는 다급해졌다고 할 수 있겠는가?" 하니, 조고가 말하기를, "신하로서 죽음을 근심할 겨를도 없는데 어찌 변란을 도모할 수 있겠습니까." 하니, 이세황제가 그 상서를 옳게 여겨 錢 10만 문을 하사하여 장사 지내게 하였다.

公子高欲犇이라가 恐收族하야 乃上書曰 先帝無恙時에 臣入則賜食하고 出則乘輿하고 御府之衣를 臣得賜之하고 中廐之寶馬를 臣得賜之하니 臣當從死而不能하니 爲人子不孝요 爲人臣不忠이라 不孝不忠者는 無名以立於世니 臣請從死하야 願葬驪山之足하노니 唯上幸哀憐之하소서 書上에 二世大悅하야 召趙高示之曰 此可謂急乎아 趙高曰 人臣當憂死不暇하니 何變之得謀리잇고 二世可其書하고 賜錢十萬以葬하다

다시 阿房宮을 지을 때에 材士[25] 5만 명을 모두 징발하여 함양에 주둔하여 지키게 하고 이들에게 활쏘기를 익히고 軍犬과 軍馬와 禽獸를 조련하게 하니, 먹여야 할 자가 많았다. 식량이 부족하리라는 것이 예상되므로 郡과 縣에 명을 내려 곡식과 꼴을 함양에 보내오도록 하였는데, 운반하는 인부들은 모두 자기가 먹을 식량을 가져오게 하고, 함양 주위 300리 안에 있는 곡식은 먹을 수 없게 하였다.

復作阿房宮할새 盡徵材士五萬人爲屯衛咸陽하야 令教射狗馬禽獸하니 當食者多라 度(탁)不足하고 下調郡縣轉輸菽粟芻槁할새 皆令自齎糧食하고 咸陽(二)〔三〕[26]百里內에 不得食其穀이러라

37-2-3

가을 7월에 陽城 사람 陳涉[27] 등이 蘄縣에서 起兵하여 마침내 스스로 왕이 되고

---

25) 材士 : 强弩를 발로 밟고서 시위를 당길 수 있는 건장하고 힘이 있는 병사〔材官蹶張之士〕를 가리킨다.(≪史記正義≫ 권6 〈秦始皇本紀〉)

26) (二)〔三〕: 저본에는 '二'로 되어 있으나, ≪史記≫ 권6 〈秦始皇本紀〉에 의거하여 '三'으로 바로잡았다.

27) 陳涉 : 秦나라 말기 사람으로 涉은 陳勝의 字이다. 二世皇帝 때 漁陽에 수자리를 살러 가게 되

나라 이름을 張楚라고 하였다. 이때를 당하여 여러 군현들이 秦나라의 법에 고통을 받다가 다투어 官長을 살해하고 진섭에게 호응하였다.

謁者가 동쪽으로부터 와서 반란이 일어났다고 아뢰자 이세황제가 노하여 옥리에게 내렸다. 그 후에 使者가 왔을 때 물으니 사자가 대답하기를, "도둑 무리는 좀도둑들이라 郡守와 郡尉가 쫓아가 체포하여 지금 모두 잡았을 것이니 염려할 것이 없습니다." 하니, 이세황제가 기뻐하였다.

○ 秋七月에 陽城人陳涉等이 起兵於蘄하야 遂自立爲王하고 號張楚라하니 當是時하야 諸郡縣이 苦秦法이라가 爭殺長吏以應涉이러라 謁者從東方來하야 以反者聞한대 二世怒하야 下之吏러니 後使者至어늘 問之한대 對曰 群盜는 鼠竊狗偸라 郡守尉方逐捕하야 今盡得하리니 不足憂也라하니 乃悅하다

37-2-4

2년(B.C. 208) 겨울에 이세황제가 李斯를 꾸짖기를, "三公의 지위에 있으면서 어찌하여 도둑들이 이렇게 하도록 하는가?" 하니, 이사가 두려워하고 또 爵祿을 중하게 여겨 어찌할 바를 몰랐다.

이에 이세황제의 뜻에 아부하여 글을 올려 대답하기를, "대저 어진 군주는 반드시 督責[28]하는 법을 행하는 자입니다. 그러므로 申子[29]가 말하기를, '천하를 소유하고서도 마음대로 하지 못하면 천하로써 桎梏을 삼는 자라고 한다.'라고 한 것은 다른

었는데, 진승도 징발되어 屯長으로서 900인의 일행과 함께 가다가 蘄縣 大澤鄕에 이르렀을 때 큰비를 만나 정해진 기한 안에 도착할 수 없게 되었다. 당시 진나라는 법으로 기한을 어기는 사람들을 斬刑에 처하도록 정해놓고 있었다. 이에 "지금은 도망가도 죽고 거사를 도모해도 죽을 것이니, 이러나저러나 죽는 것은 마찬가지이니 나라를 위하여 죽는 것이 옳다."라고 하고는 都尉를 죽이고 吳廣과 함께 무리를 이끌고 반란을 일으켰다. 진승과 오광은 처음에 진나라 공자 扶蘇와 楚나라 장수 項燕으로 가장하여 민심을 얻고, 大楚라는 구호를 내걸어 세력을 키웠다. 얼마 후에 진승이 초나라 왕에 올라 국호를 張楚라고 하였으나, 6개월 만에 진나라 장군 章邯에게 패하고, 그의 御者 莊賈에게 살해되었다. 그러나 그의 봉기를 계기로 각처에서 봉기하여 진나라는 멸망하기 시작하였다.(≪史記≫ 권48 〈陳涉世家〉)

28) 督責 : 여기에서 말하는 督責은 司馬貞의 索隱에 의하면 그 죄를 살펴서 형벌로써 꾸짖는다는 뜻이다.(≪史記≫ 권87 〈李斯列傳〉)

29) 申子 : 전국시대 韓나라의 정치사상가인 申不害(?~B.C. 337)이다. 鄭나라에서 하급 관리로 일하다가 韓나라의 昭侯를 섬겨 15년간 재상으로 있으면서 나라를 태평하게 다스렸다. 法家를 대표하는 인물로, 黃老 사상을 기본으로 삼아 신하들을 통제하는 방식을 강조하였다. 즉 신하에게 관직을 맡기되 실효를 책임지게 하고, 군주는 신하를 감독하면서 生死與奪權을 쥐어 군주 전제정치를 강화한다는 것이었다. 저서로 ≪申子≫가 있었다고 하나 宋나라 때 모두 없어졌고, 현재는 ≪群書治要≫와 ≪太平御覽≫ 등에 실린 글을 모은 책 ≪大體≫가 남아 있다.

이유가 없습니다. 독책하지 못하고 도리어 자신을 천하의 백성을 위해 수고롭게 하기를 堯・舜・禹처럼 하기 때문에 질곡이라고 하는 것입니다. 대저 申不害와 韓非子[30)]의 밝은 법을 익혀서 독책하는 도를 행하여 전적으로 천하를 자기에 맞추지 못하고 한갓 心身을 수고롭혀 자신의 몸을 백성을 위해 바치는 데에 힘쓰면 백성의 심부름꾼이 되는 것이고 천하를 다스리는 자가 아니니 어찌 귀할 것이 있겠습니까. 그러므로 밝은 임금이 능히 독책하는 법을 행하여 위에서 獨斷하면 권세가 신하에게 있지 않게 됩니다. 그런 뒤에야 능히 仁義의 도를 없애고 간쟁하는 말을 끊고 오연히 자기 마음대로 행하여도 감히 거역하는 자가 없게 됩니다. 이렇게 되면 群臣과 백성들은 자기의 허물을 구제하기에도 바쁠 것이니 변란을 어찌 감히 도모할 수 있겠습니까." 하였다.

이세황제가 기뻐하여 이에 독책을 더욱 엄하게 행해서 백성에게 세금을 심하게 거두는 자를 明吏라고 하고, 백성을 많이 죽이는 자를 忠臣이라고 하였다. 길 가는 사람 중에 형벌을 받은 자가 절반이 되고, 죽은 사람이 날로 저자에 쌓이니, 진나라 백성들이 더욱 놀라고 두려워하여 난을 일으킬 것을 생각하였다.

○ 二年冬에 二世數誚讓李斯호되 居三公位하야 如何令盜如此오 李斯恐懼重爵祿하야 不知所出이라 乃阿二世意하야 以書對曰 夫賢主者는 必能行督責之術者也라 故申子曰 有天下而不恣睢하면 命之曰 以天下爲桎梏者는 無他焉이라 不能督責而顧以其身勞於天下之民을 若堯舜禹然故로 謂之桎梏也라 夫不能修申韓之明術하야 行督責之道하야 專以天下自適也하고 而徒務苦勞形神하야 以身徇百姓이면 則是黔首之役이요 非畜天下者也니 何足貴哉리오 故明主能行督責之術하야 以獨斷於上이면 則權不在臣下라 然後能滅仁義之塗하며 絶諫說之辯하고 犖然行恣睢之心호되 而莫之敢逆하나니 如此면 群臣百姓이 救過不給하리니 何變之敢圖리잇고 二世說하야 於是에 行督責益嚴하야 稅民深者爲明吏하고 殺人衆者爲忠臣이라 刑者相半於道하고 而死人日積於市하니 秦民益駭懼思亂이러라

---

30) 韓非子 : B.C. 280~B.C. 233. 전국시대 韓나라의 정치사상가이다. 한나라의 왕족 출신으로, 李斯와 함께 荀子의 문하에서 학문을 배워 法家 사상을 집대성하였다. 강력하고 절대적인 왕권이 있어야 나라를 이상적으로 다스릴 수 있으며, 군웅이 할거하는 전국시대에는 정치적 목적을 위해서는 수단과 방법을 가리지 않아야 한다고 하였다. 또한 유가의 仁義와 묵가의 兼愛 사상이 비현실적이라 비판하면서 대신과 필부를 가리지 않고 형벌과 포상을 엄격히 집행하여야 한다고 하였다. 이러한 내용을 한나라 왕에게 건의하였으나 기용되지 못하였고, 〈孤憤〉・〈五蠹〉 등 그의 글을 읽은 秦 始皇이 기뻐하며 중용하고자 하였다. 그러나 이를 못마땅하게 여긴 이사와 姚賈가 무고하여 투옥시킨 후 독약을 주어 자살하게 하였다. 저서에 ≪韓非子≫가 있다.

37-2-5

郎中令 趙高는 은총을 믿고서 제멋대로 행동하여 사적인 원한으로 사람을 죽인 일이 많았는데 大臣이 그것을 말할까 두려워하여 이세황제에게 말하기를, "천자가 귀한 이유는 단지 그 말소리만 듣고 신하들이 그 얼굴을 볼 수 없기 때문입니다. 지금 조정에 앉아서 꾸짖는 거조에 합당하지 않은 것이 있으면 大臣에게 단점을 보이게 될 것이니, 神明함을 천하에 보이는 방도가 아닙니다. 禁中에 가만히 앉아 계시면서 臣 및 법에 익숙한 侍中과 일을 기다렸다가 일이 오면 처리한다면 대신이 감히 의심스러운 일을 아뢰지 못할 것이고 천하는 聖主라고 칭송할 것입니다." 하였다.

이세황제가 이에 조정에 앉지 않고 일이 모두 조고의 손에서 결정되었다.

○ 郎中令趙高 恃恩專恣하야 多以私怨殺人하고 恐大臣言之하야 乃說二世曰 天子所以貴者는 但以聞聲하고 群臣莫得見面故也라 今坐朝廷하야 譴擧有不當이면 則見短於大臣하리니 非所以示神明於天下也라 不如深拱禁中하야 與臣及侍中習法者로 待事하야 事來有以揆之면 則大臣不敢奏疑事하고 天下稱聖主矣리이다 二世乃不坐朝廷하고 事皆決於高라

李斯가 그 일에 대해 말을 하자 趙高가 이사를 보고 말하기를, "江東에 도적 무리가 많은데 황상께서 요역을 더욱 조발하여 아방궁을 짓고 있으니 신은 간언하려고 해도 지위가 천합니다. 이 일은 참으로 君侯의 일이니 君은 어찌하여 간언하지 않습니까?" 하니, 이사가 말하기를, "황상께서 깊은 궁궐에 계시니 뵈려고 해도 틈이 없다." 하였다. 조고가 말하기를, "황상께서 틈이 나기를 기다려 君께 말씀드리겠습니다." 하였다. 이에 이세황제가 막 연회를 열어 여인들이 앞에서 가무를 벌이기를 기다려 사람을 시켜 이사에게 일을 아뢸 만하다고 고하였다.

이사가 이르러 알현하기를 청하였는데, 이렇게 하기를 세 차례나 하였다. 이세황제가 노하니 조고가 이로 인하여 말하기를, "沙丘에서 도모한 일은 승상이 참여하였는데 지금 폐하께서 황제가 되셨지만 승상은 더 귀해지지 않았으니, 그의 뜻은 또한 땅을 떼어 받아서 왕이 되는 것입니다. 또 그의 長子 李由가 三川의 수령으로 있는데, 楚의 도적들은 모두 그 옆에 있는 縣의 자제들입니다. 이 때문에 도적들이 공공연히 횡행하여 삼천을 지나가고 그 문서가 서로 왕래한다는 말을 들었지만 그 자세한 내막을 알지 못하기 때문에 감히 아뢰지 못하였습니다. 또 승상이 외부에 있으면서 권세가 폐하보다 큽니다." 하였다.

이세황제가 이에 사람을 시켜 삼천의 수령과 도적이 내통한 진상을 조사하게 하였다. 이사가 그 소식을 듣고 上書하여 조고의 죄를 말하니, 이세황제가 이르기를, "趙君은 됨됨이가 청렴하고 굳세어서 아래로는 人情을 알고 위로는 능히 짐의 뜻을 맞추므로 짐이 실로 어질게 여기는데 君이 의심하는 것은 무엇 때문인가? 또 짐이 조군에게 맡기지 않으면 누구에게 맡기겠는가." 하였다.

李斯以爲言한대 高乃見斯曰 江東群盜多어늘 而上益發繇하야 治阿房宮하니 臣欲諫호되 爲位賤이라 此眞君侯之事니 君何不諫고 斯曰 上居深宮하니 欲見無間이로다 高曰 請候上間하야 語君호리라 於是에 待二世方燕樂하야 婦女居前하고 使人告斯하야 可奏事矣라한대 斯至上謁하니 如此者三이라 二世怒한대 高因曰 沙丘之謀는 丞相與焉이러니 今陛下爲帝로되 而丞相貴不益하니 其意亦望裂地而王矣니이다 且其長男由守三川하니 楚盜皆其傍縣子라 以故로 公行過三川하고 聞其文書相往來호되 未得其審故로 未敢以聞호이다 且丞相居外에 權重於陛下니이다 二世乃使人按驗三川守與盜通狀한대 斯聞之하고 乃上書言高罪하니 二世曰 趙君爲人精廉彊力하야 下知人情하고 上能適朕하니 朕實賢之어늘 而君疑之는 何也오 且朕非屬趙君이면 當誰任哉오

李斯가 또 右丞相 馮去疾[31]과 장군 馮劫[32]과 간언하기를, "도적들이 사방에서 일어나는 것은 모두 수자리 사는 것과 漕運하는 일이 괴롭고 세금이 많기 때문입니다. 아방궁 짓는 일을 중지하고 사방 변방에 수자리 사는 것과 조운하는 일을 줄이소서." 하니, 이세황제가 이르기를, "君은 도적을 금하지 못하고 또 先帝가 한 일을 혁파하려고 하니, 이는 위로는 先帝의 은혜에 보답할 수 없고, 다음으로는 짐을 위해 충성을 다하지 않는 것이니 어찌 관직에 있을 수 있겠는가." 하고, 옥에 가두고 治罪하니, 풍거질과 풍겁은 자살하였다. 이사는 자기의 언변과 공이 있고 반역하려는 마음이 없음을 자부하고 옥에 잡혀 들어갔다.

이세황제가 趙高에게 맡겨서 다스리게 하니, 이사가 아들 李由와 반역한 진상을 추궁하고 宗族과 賓客을 체포하고 1천여 차례 매질을 하니 이사가 고통을 이기지 못해 억지로 자복하였다. 이사가 옥중에서 上書하여 지난날의 공을 스스로 진달하고 이세

31) 馮去疾 : 秦나라 사람으로, 시황제 때에 右丞相을 지냈다. 이세황제가 즉위하여 趙高가 국정을 전횡하자 아방궁을 짓는 공사를 중단하고 수자리 가는 것과 漕運하는 일을 줄이기를 간언하였다. 이세황제가 꾸짖자 將相은 욕을 당하지 않는다고 하며 자살하였다.

32) 馮劫 : 秦나라 사람으로, 시황제 때 御史大夫와 將軍을 지냈고, 皇帝의 名號를 논의하는 데에 참여하였다. 이세황제 때에 이사와 풍거질과 함께 아방궁 짓는 공사를 중단하기를 간언하였다가 감옥에 갇히자 자살하였다.

황제가 깨닫고서 사면해주기를 바랐는데, 조고가 그것을 버리게 하고 아뢰지 않았다.

조고가 또 자기의 客 10여 명을 시켜 거짓으로 御史와 謁者와 侍中으로 꾸며 다시 왕래하면서 이사를 심문해서 이사가 다시 사실대로 대답하면 그때마다 다시 매질하였다. 후에 이세황제가 사람을 시켜 이사를 시험하니, 이사가 앞에 말한 것과 같다고 하고 끝내 감히 말을 바꾸지 않았다. 이사가 자복하여 보고가 올라가니 이세황제가 기뻐하며 이르기를, "趙君이 아니었다면 승상에게 농락당할 뻔하였다." 하였다.

이세황제가 三川의 수령 이유를 按擦하라고 보낸 자가 삼천에 이르러 보니 楚의 병사들이 이미 삼천의 수령을 쳐 죽인 뒤였다. 조고가 모두 제멋대로 모반한 내용을 날조하고 견강부회하였다. 마침내 이사에 대한 五刑을 갖추어 咸陽의 저자에서 腰斬하는 것으로 論罪하였다. 이사가 그의 中子를 돌아보고 말하기를, "내가 너와 다시 사냥개를 끌고서 上蔡의 東門을 함께 나가서 토끼를 사냥하려고 한들 어찌 할 수 있겠느냐." 하고, 마침내 父子가 서로 곡을 하고 三族이 멸족되었다. 이세황제가 마침내 조고를 中丞相으로 삼으니, 크고 작은 모든 일이 조고의 손에서 결정되었다.

斯又與右丞相馮去疾과 將軍馮劫으로 進諫曰 群盜竝起는 皆以戍漕轉作事苦하고 賦稅大也라 請且止阿房宮作者하고 減四邊戍轉하노이다 二世曰 君不能禁盜하고 又欲罷先帝所爲하니 是上無以報先帝하고 次不爲朕盡忠力하니 何以在位리오 下吏按罪한대 去疾劫自殺하고 斯自負其辯有功無反心하고 乃就獄하니 二世屬高治之하야 責與由反狀하고 收捕宗族賓客하고 搒掠千餘하니 斯自誣服而從獄中上書하야 自陳前功하고 幸二世寤而赦之한대 高使棄去不奏하고 又使其客十餘輩로 詐爲御史謁者侍中하야 更往來覆訊斯하야 斯更以實對면 輒復搒之하다 後에 二世使人驗斯한대 斯以爲如前하고 終不敢更言이라 辭服에 奏當上하니 二世喜曰 微趙君이면 幾爲丞相所賣랏다 所使按三川守由者 至則楚兵已擊殺之矣라 高皆妄爲反辭하야 以相傅會하다 遂具斯五刑하야 論腰斬咸陽市라 斯顧謂其中子曰 吾欲與若으로 復牽黃犬俱出上蔡東門하야 逐狡兎인들 豈可得乎아 遂父子相哭而夷三族하다 二世乃以高爲中丞相하니 事無大小히 決焉하다

37-2-6

처음에 中丞相 趙高가 秦나라의 정권을 전횡하려고 하였으나 신하들이 듣지 않을까 염려하여 마침내 사슴을 이세황제에게 바치면서 말〔馬〕이라고 하였다. 이세황제가 웃으면서 이르기를, "승상이 잘못된 것인가. 사슴을 말이라고 하는구나." 하고, 좌우에게 물으니 어떤 사람은 침묵하고 어떤 사람은 사슴이라고 하였다. 조고가 이

로 인하여 사슴이라고 말한 자를 암암리에 죄를 씌워 처벌하니, 그 후로 신하들이 모두 두려워하여 아무도 감히 조고의 잘못을 말하지 못하였다.

○ 初에 中丞相趙高 欲專秦權호되 恐群臣不聽하야 乃持鹿獻於二世曰 馬也라한대 二世笑曰 丞相誤邪아 謂鹿爲馬온여 問左右하니 或默하고 或言鹿이어늘 高因陰中諸言鹿者以法하니 後群臣皆畏之하야 莫敢言其過러라

37-2-7

3년(B.C. 207) 8월에 沛公[33]이 武關을 공격하여 도륙하였다. 趙高가 전에 關東의 도적은 아무것도 하지 못할 것이라고 자주 말하였는데, 이때에 이르러 이세황제가 使者를 시켜 조고를 꾸짖으니 조고가 두려워하여 자기 사위 咸陽令 閻樂과 모의하여 거짓으로 큰 도적이 있다고 속이고 아전을 소집하고 병졸을 조발하여 염락에게 거느리게 하였다.

望夷宮[34]의 殿門에 이르러 衛令僕射[35]를 결박하고 말하기를, "도적이 이곳에 들어왔는데 어찌하여 제지하지 않았느냐?" 하고 마침내 참수하였다. 郎宦[36]들을 활로 쏘니 어떤 자는 달아나고 어떤 자는 막았는데 막은 자는 곧바로 죽였다. 들어가서 황제의 幄坐의 휘장을 활로 쏘니 이세황제가 노하여 좌우를 불렀으나 모두 정신이 없어 싸우지 않았다.

곁에 환관 한 사람이 모시면서 감히 떠나지 않으니 이세황제가 말하기를, "공은 어찌하여 일찍 나에게 고하지 않아서 이 지경에 이르게 하였는가?" 하니 대답하기를, "만약 신이 일찍 말했다면 이미 죽었을 것이니 어찌 오늘에 이를 수 있었겠습니까." 하였다.

염락이 앞으로 나서서 이세황제를 꾸짖기를, "足下가 교만하고 방자하여 사람 죽이는 것을 무도하게 하였으므로 천하가 모두 배반하였으니 어떻게 할지 스스로 계책을 내도록 하십시오." 하니, 이세황제가 말하기를, "내가 하나의 郡을 얻어 왕이

---

33) 沛公 : 漢 高祖 劉邦이 황제가 되기 전의 칭호이다.

34) 望夷宮 : 秦나라 때의 宮 이름이다. 지금의 陝西省 涇陽縣 동남쪽에 있다. 동북쪽으로 涇水에 임하여 北夷를 바라보기 때문에 망이궁이라고 이름한 것이다.

35) 衛令僕射 : 衛令은 衛士令을 가리키는 것으로 보인다. ≪御批歷代通鑑輯覽≫ 제11권 〈二世皇帝〉의 주에 "秦나라는 衛尉가 宮門의 屯兵을 관장하는데, 그 소속에 衛士令이 있다."라고 하였다. 僕射는 진나라 때 만들어진 명칭이다. 일을 담당한다는 의미로서, 담당한 일의 뒤에 수식어처럼 붙는다. 예를 들어 尙書僕射, 軍屯僕射, 永巷僕射 등이 있다.(≪北堂書鈔≫ 권59 〈設官部11 尙書僕射〉)

36) 郎宦 : 郎은 ≪資治通鑑≫ 제8권 〈秦紀3 二世皇帝 下〉의 胡三省의 주에 의하면, 郎은 郎中令에 속한 관원이고, 宦은 少府에 속한 관원이라고 하였고, ≪御批歷代通鑑輯覽≫ 제11권 〈二世皇帝〉의 주에는 郎은 秦나라 관명으로, 門戶 지키는 일을 관장한다고 하였다. 따라서 郎과 宦은 두 관명의 합칭으로 보아야 한다.

되기를 원하노라." 하였다. 허락하지 않자 萬戶侯가 되기를 원했는데 또 허락하지 않았다. 처자와 일반 백성이 되기를 원하니 염락이 말하기를, "내가 승상의 명을 받아 천하를 위해서 족하를 죽일 것입니다. 족하가 많은 말을 하였지만 신은 감히 부응하지 못합니다." 하고 병사를 이끌고 앞으로 나아가니 이세황제가 자살하였다.

○ 三年八月에 沛公攻屠武關하다 高前數言關東盜無能爲러니 至是하야 二世使使責讓高한대 高懼하야 乃與其壻咸陽令閻樂謀하야 詐爲有大賊이라하고 召吏發卒하야 使樂將之하야 至望夷宮殿門하야 縛衛令僕射曰 賊入此어늘 何不止오하고 遂斬之하고 射郎宦者하니 或走或格이라 格者輒死라 入射帝幄坐幃한대 二世怒하야 召左右하니 皆惶擾不鬪라 旁有宦者一人이 侍不敢去어늘 二世謂曰 公何不早告我하야 乃至於此오 對曰 使臣早言이면 皆已誅니 安得至今이리잇고 樂前하야 數二世曰 足下驕恣하야 誅殺無道하니 天下皆叛이라 其自爲計하라 二世曰 吾願得一郡爲王하노라 弗許한대 願爲萬戶侯어늘 又弗許한대 願與妻子爲黔首어늘 樂曰 吾受命丞相하야 爲天下誅足下하니 足下雖多言이나 臣不敢報라하고 麾其兵進하니 二世自殺하다

趙高가 말하기를, "秦나라는 옛날에 왕국이었다. 시황제가 천하의 임금이 되었기 때문에 帝라고 칭하였으나 지금 6國이 다시 수립되었으니 옛날처럼 왕이 되는 것이 편리하다." 하고, 子嬰[37]을 세워 秦王으로 삼고, 일반 백성의 예로 이세황제를 杜縣 남쪽 宜春苑 안에 장사 지냈다.

9월에 조고가 자영으로 하여금 사당에서 조상을 뵙고 玉璽를 받으라고 하였는데 자영이 병을 핑계 대고 행하지 않자 조고가 직접 가서 청하니 자영이 조고를 죽이고 그 집안의 三族을 멸하여 조리돌렸다.

이세황제의 재위 기간은 3년이고, 향년은 24세였다.

趙高曰 秦故王國이라 始皇君天下故로 稱帝러니 今六國復立하니 宜爲王如故便이라하고 乃立子嬰爲秦王하고 以黔首葬二世杜南宜春苑中하다 九月에 高令子嬰으로 廟見受璽한대 子嬰稱疾不行이어늘 高自往請한대 子嬰殺高하야 三族其家以徇하다 二世在位三年이요 壽二十四라

37-2-8

漢나라 신하 賈誼[38]가 논하였다.

37) 子嬰 : 秦 始皇의 장자 扶蘇의 아들이다.
38) 賈誼 : B.C. 200~B.C. 168. 前漢 洛陽 사람으로, 廷尉 吳公의 천거로 文帝의 부름을 받아 博

"秦나라가 좁은 땅을 가지고 萬乘의 권세를 이룩하고 8州를 불러들여 同列의 제후들의 조회를 받기를 100여 년을 한 뒤에 천하를 집으로 삼고 崤函[39]을 宮으로 삼았는데, 한 사람이 난을 일으키자 七廟[40]가 무너지고 자신은 다른 사람의 손에 죽어서 천하의 웃음거리가 된 것은 어째서인가? 仁義를 베풀지 않고 공격하여 빼앗을 때와 그것을 지킬 때의 형세가 달랐기 때문이다."

漢臣賈誼論曰 秦以區區之地로 致萬乘之權하고 招八州而朝同列이 百有餘年然後에 以六合爲家하고 殽函爲宮이러니 一夫作難에 而七廟墮하고 身死人手하야 爲天下笑者는 何也오 仁義不施하고 而攻守之勢異也라

宋나라 학자 胡寅[41]이 말하였다.

"공격하여 빼앗을 때와 그것을 지키는데 다른 형세가 없다. 秦나라는 속임수와 무력으로 얻었으니 어찌 仁義를 베풀 이치가 있겠는가."

宋儒胡寅曰 攻守無異勢라 秦以詐力得之하니 豈有施仁義之理耶아

士에 제수되고, 한 해 만에 太中大夫에 올랐다. 여러 차례 상소를 올려 당시의 폐단을 논하다 周勃과 灌嬰 등의 비방을 받아 長沙王의 太傅로 쫓겨났다가 다시 돌아와 梁懷王의 태부로 임명되었다. 당시에 흉노가 변방을 침략하고 제후왕들이 반란을 일으켰으므로 이들을 제어할 방책으로 제후왕을 많이 봉하여 제후왕의 힘을 약화하고 흉노에 대한 강경책을 쓸 것을 건의하였다. 그는 상소에서 건의하는 내용을 통곡할 만한 일〔可爲痛哭者〕 한 가지, 눈물 흘릴 만한 일〔可爲流涕者〕 두 가지, 길게 탄식할 만한 일〔可爲長太息者〕 여섯 가지로 구분하여 아뢰었다. 그러나 이러한 건의는 문제의 소극적인 태도로 인해 제대로 시행되지 못하였다. 양회왕이 낙마하여 急逝하자, 죄책감으로 지나치게 애도한 나머지 33세의 젊은 나이로 병사하였다. 儒家的 民本思想에 입각한 정치사상을 담은 책 ≪新書≫를 저술하였다.(≪漢書≫ 권48 〈賈誼列傳〉)

39) 崤函 : 崤山과 函谷關의 병칭으로, 모두 秦나라 수도인 咸陽을 지키는 요충지이다. 張衡의 〈西京賦〉에 "漢나라의 처음 도읍지는 위수 가에 있었고, 진나라의 도읍지는 그 북쪽에 있었으니, 이곳이 바로 함양이다. 동쪽으로는 효산과 함곡관의 험고함과 도림의 요새가 있다.〔漢氏初都在渭之涘 秦里其朔 寔爲咸陽 左有崤函重險 桃林之塞〕"라고 하였다.(≪文選≫ 권2)

40) 七廟 : 天子의 宗廟를 가리킨다. 현임 황제를 기준으로 위로 4대의 황제와 不遷廟와 始祖廟를 합쳐 7神位를 각각 사당을 지어 모시고, 親盡이 되면 시조묘로 祧遷하여 항상 七廟를 유지한다. 諸侯는 五廟, 大夫는 三廟, 士는 一廟이다.(≪禮記集說≫ 권30 〈王制〉)

41) 胡寅 : 1098~1156. 宋나라의 학자로 자는 明仲이다. 建寧 崇安 사람으로 胡安國의 동생 胡淳의 아들이다. 徽宗 宣和 3년(1121)에 進士가 되어 秘書省 校書郎을 제수 받았으며, 楊時에게 학문을 전수받았다. 金나라가 남침을 해오자 高宗에게 上書하여 군사를 일으켜 북벌을 해야 한다고 주장했다. 당시 주화파였던 秦檜에 의해 衡州로 귀양갔다가 다시 진회의 무고로 新州로 갔으나 진회가 죽고 나서 복관되었다. 학자들에게 致堂先生으로 불렸으며, 관직은 禮部侍郎 兼 侍講, 徽猷閣直學士에까지 이르렀다. 시호는 文忠이며, 저서로는 ≪論語詳說≫, ≪讀史管見≫, ≪斐然集≫ 등이 있다.

附錄

1. 明나라 世系表

① 太祖 洪武帝(朱元璋)

懿文太子(朱標)

② 惠帝 建文帝(朱允炆)

③ 成祖(太宗) 永樂帝(朱棣)

④ 仁宗 洪熙帝(朱高熾)

⑤ 宣宗 宣德帝(朱瞻基)

⑦ 代宗 景泰帝(朱祁鈺)

⑥ 英宗 正統帝(朱祁鎭)
⑧ 英宗 天順帝(復位)

⑨ 憲宗 成化帝(朱見深)

⑩ 孝宗 弘治帝(朱祐樘)

⑪ 武宗 正德帝(朱祐樘)

⑫ 世宗 嘉靖帝(朱厚熜)

⑬ 穆宗 隆慶帝(朱載垕)

⑭ 神宗 萬曆帝(朱翊鈞)

⑮ 光宗 泰昌帝(朱常洛)

⑯ 熹宗 天啓帝(朱由校)

⑰ 毅宗 崇禎帝(朱由檢)

—親屬關係 ○帝位 순서

2. ≪歷代君鑑 3≫ 參考書目

◇ 底本

• ≪歷代君鑑≫, 明 代宗 撰, 朝鮮 木版本 규장각 소장본(奎中 1926·1927)

◇ 底本 관련자료

• ≪歷代君鑑≫, 明 代宗 撰, 四庫全書存目叢書, 影印本, 齊魯書社, 1995.
• ≪歷代君鑑≫, 明 代宗 撰, 日本 內閣文庫 소장본(287-0140, 文政13年(1830) 刊本)

◇ 原典 및 字典類

〔經部〕

• ≪論語集註大全≫, 朱熹(宋) 集註, 胡廣(明) 等 編, 朝鮮 內閣本, 影印本, 學民文化社.
• ≪大學章句大全≫, 朱熹(宋) 集註, 胡廣(明) 等 編, 朝鮮 內閣本, 影印本, 學民文化社.
• ≪孟子集註大全≫, 朱熹(宋) 集註, 胡廣(明) 等 編, 朝鮮 內閣本, 影印本, 學民文化社.
• ≪尙書日記≫, 王樵(明) 撰, 文淵閣四庫全書 제63책, 臺灣商務印書館, 1983~1986.
• ≪書傳大全≫, 蔡沈(宋) 集傳, 胡廣(明) 等 編, 朝鮮 內閣本, 影印本, 學民文化社.
• ≪詩傳大全≫, 朱熹(宋) 集傳, 胡廣(明) 等 編, 朝鮮 內閣本, 影印本, 學民文化社.
• ≪禮記集說大全≫, 陳澔(元) 集說, 胡廣(明) 等 編, 朝鮮 內閣本, 影印本, 學民文化社.
• ≪周禮注疏≫, 鄭玄(後漢) 注, 賈公彦(唐) 疏, 阮元(淸) 校刻, 十三經注疏(淸 嘉慶刊本), 中華書局, 1980.
• ≪周易傳義大全≫, 程頤(宋) 傳, 朱熹(宋) 本義, 胡廣(明) 等 編, 朝鮮 內閣本, 影印本, 學民文化社.
• ≪春秋經傳集解≫, 左丘明(周) 傳, 杜預(晉) 註, 林堯叟(宋)·朱申(宋·元) 附註, 朝鮮 金屬活字本(戊申字), 影印本, 保景文化社.

〔史部〕

- ≪古今歷代標題註釋十九史略通攷≫, 曾先之(元) 編, 余進(明) 通攷, 朝鮮 木版本, 국립중앙도서관(한古朝50-13).
- ≪舊唐書≫, 劉昫(後晉) 等 撰, 中華書局, 1975.
- ≪國語≫, 左丘明(周) 撰, 文淵閣四庫全書 제406책, 臺灣商務印書館, 1983~1986.
- ≪大清律輯註≫, 沈之奇(淸) 撰, 北京大學出版社, 1993.
- ≪明史≫, 張廷玉(淸) 等 撰, 中華書局, 1974.
- ≪明史紀事本末≫, 谷應泰(淸) 撰, 文淵閣四庫全書 제364책, 臺灣商務印書館, 1983~1986.
- ≪北齊書≫, 李百藥(唐) 撰, 中華書局, 1972.
- ≪史記≫, 司馬遷(漢) 撰, 中華書局, 1959.
- ≪史纂通要≫, 胡一桂(元) 撰, 文淵閣四庫全書 제688책, 臺灣商務印書館, 1983~1986.
- ≪宋名臣言行錄≫, 朱熹(宋) 撰, 文淵閣四庫全書 제449책, 臺灣商務印書館, 1983~1986.
- ≪宋史≫, 脫脫(元) 等 撰, 中華書局, 1977.
- ≪隋書≫, 魏徵(唐) 等 撰, 點校本二十四史修訂本, 中華書局, 2018.
- ≪新唐書≫, 歐陽脩(北宋)·宋祁(北宋) 等撰, 中華書局, 1975.
- ≪御批歷代通鑑輯覽≫, 傅恒(淸) 等奉勅撰, 文淵閣四庫全書 제335~338책, 臺灣商務印書館, 1983~1986.
- ≪禮部志稿≫, 俞汝楫(明) 撰, 文淵閣四庫全書 제597~598책, 臺灣商務印書館, 1983~1986.
- ≪元史≫, 宋濂(明) 等 撰, 中華書局, 1976.
- ≪貞觀政要≫, 吳兢(唐) 撰, 文淵閣四庫全書 제407책, 臺灣商務印書館, 1983~1986.
- ≪晉書≫, 房玄齡(唐) 等 撰, 中華書局, 1974.
- ≪漢書≫, 班固(後漢) 撰, 中華書局, 1962.
- ≪後漢書≫, 范曄(南朝 宋) 撰, 中華書局, 1965.
- ≪欽定四庫全書總目≫, 永瑢(淸) 等受命編, 文淵閣四庫全書 제1책, 臺灣商務印書館, 1983~1986.

〔子部〕

- ≪管子≫, 管仲(周) 撰, 文淵閣四庫全書 제729책, 臺灣商務印書館, 1983~1986.
- ≪近思錄≫, 朱熹(宋)·呂祖謙(宋) 撰, 文淵閣四庫全書 제699책, 臺灣商務印書館, 1983~1986.
- ≪老子道德經≫, 王弼(魏) 注, 文淵閣四庫全書 제1055책, 臺灣商務印書館, 1983~1986.
- ≪明會典≫, 李東陽(明) 等奉勅撰, 文淵閣四庫全書 제617책, 臺灣商務印書館, 1983~1986.

- ≪北堂書鈔≫, 虞世南(隋) 撰, 文淵閣四庫全書 제889책, 臺灣商務印書館, 1983~1986.
- ≪山堂肆考≫, 彭大翼(明) 撰, 文淵閣四庫全書 제974~978책, 臺灣商務印書館, 1983~1986.
- ≪說郛≫, 陶宗儀(明) 撰, 文淵閣四庫全書 제876책, 臺灣商務印書館, 1983~1986.
- ≪說苑≫, 劉向(漢) 撰, 文淵閣四庫全書 제696책, 臺灣商務印書館, 1983~1986.
- ≪孫子≫, 孫武(周) 撰, 文淵閣四庫全書 제726책, 臺灣商務印書館, 1983~1986.
- ≪新書≫, 賈誼(漢) 撰, 文淵閣四庫全書 제695책, 臺灣商務印書館, 1983~1986.
- ≪顔氏家訓≫, 顔之推(北齊) 撰, 文淵閣四庫全書 제848책, 臺灣商務印書館, 1983~1986.
- ≪淵鑑類函≫, 張英(淸) 著, 文淵閣四庫全書 제982~990책, 臺灣商務印書館, 1983~1986.
- ≪莊子≫, 莊周(周) 撰, 文淵閣四庫全書 제1058책, 臺灣商務印書館, 1983~1986.
- ≪中庸衍義≫, 夏良勝(明) 撰, 文淵閣四庫全書 제715책, 臺灣商務印書館, 1983~1986.
- ≪千頃堂書目≫, 黃虞稷(淸) 撰, 文淵閣四庫全書 제676책, 臺灣商務印書館, 1983~1986.
- ≪太平御覽≫, 李昉(宋) 撰, 文淵閣四庫全書 제893~900책, 臺灣商務印書館, 1983~1986.
- ≪欽定執中成憲≫, 淸 雍正帝 撰, 文淵閣四庫全書 제722책, 臺灣商務印書館, 1983~1986.

〔集部〕

- ≪文選≫, 蕭統(梁) 編, 李善(唐) 等註, 文淵閣四庫全書 제1330~1331책 臺灣商務印書館, 1983~1986.
- ≪楚辭集註≫, 朱熹(宋) 集註, 文淵閣四庫全書 제1062책, 臺灣商務印書館, 1983~1986.

〔字典類〕

- 戴逸 主編, ≪二十六史大辭典≫, 吉林人民出版社, 1993.
- 山腰敏寬, ≪中國歷史公文書讀解辭典≫, 汲古書院, 2004.
- 山根幸夫, ≪新編明代史硏究文獻目錄≫, 汲古書院, 1993.
- 施丁・沈志華 共譯, ≪資治通鑑大辭典≫ 上・下, 吉林人民出版社, 1994.
- 呂宗力 主編, ≪中國歷代官制大辭典≫, 北京出版社, 1994.
- 日中民族科學硏究所 編, ≪中國歷代職官辭典≫, 國書刊行會, 1980.
- 中國大百科全書總編輯委員會 編, ≪中國大百科全書≫, 中國大百科全書出版社, 2009.
- 中國歷史大辭典編纂委員會 編, ≪中國歷史大辭典≫, 上海辭書出版社, 2000.
- 陳振江, ≪二十六史典故辭典≫ 上・下, 天津人民出版社, 1994.
- 倉修良 主編, ≪史記辭典≫, 山東教育出版社, 1991.

- ――――――, ≪漢書辭典≫, 山東教育出版社, 1996.
- 貝塚茂樹 等 編, ≪アジア歷史事典≫, 平凡社, 1952~1962.
- Endymion Wilkinson, *Chinese History : A Manual*(中國歷史手冊), Harvard-Yenching Institute Monograph Series, 1998.
- L.C.Goodrich & C.Y.Fang, *Dictionary of Ming Biography*(明代名人傳), Columbia Univ. Press, 1976.
- T. Farmer & Ann Walter, *Ming history. An Introductory Guide to Research*, Minnesota Univ. Press, 1994.
- W. Franke, *An Introduction to the Sources of Ming History*(明代史籍彙考), Malaya Univ. Press, 1968.

◇ 硏究論著 및 飜譯書

〔韓國〕

- 權重達, ≪資治通鑑≫ 1~32, 삼화, 2007~2010.
- 김문식, 〈조선시대 중국 서적의 수입과 간행〉, ≪규장각≫ 29, 2006.
- 檀上寬 著, 한종수 역, ≪永樂帝≫, 아이필드, 2017.
- 吳晗 著, 박원호 역, ≪朱元璋傳≫, 지식산업사, 2003.
- 成百曉 譯註, ≪譯註 通鑑節要≫, 傳統文化硏究會, 2005~2011.
- 辛承云 等 譯註, ≪譯註 思政殿訓義 資治通鑑綱目≫, 傳統文化硏究會, 2011~2021.
- 鄭景姬, 〈英祖後半期(1749~1776) 經筵과 英祖의 義理論 강화〉, ≪歷史學報≫ 162, 1999.
- 趙啓榮, 〈조선시대 ≪歷代君鑑≫·≪歷代臣鑑≫의 수용 양상과 특징〉, ≪규장각≫ 38, 2011.
- 한상권 등 역, 高士褧(朝鮮) 等編, ≪大明律直解≫, 한국고전번역원, 2018.

〔日本〕

- 谷口規矩雄 著, ≪朱元璋≫(中國人物叢書), 人物往來社, 1966.
- 檀上寬 著, ≪明の太祖朱元璋≫, 白帝社, 1994.
- 寺田隆信 著, ≪永樂帝≫(中國人物叢書), 人物往來社, 1966.

• 上田信, ≪中國の歷史 9 -海と帝國 : 明清時代-≫, 講談社, 2005.
• 松丸道雄 等 編, ≪中國史 4 -明～清-≫, 山川出版社, 1999.
• 愛宕松男·寺田隆信 著, ≪中國の歷史 6 -モンゴルと大明帝國-≫, 講談社, 1998..

〔中國 · 臺灣〕

• 關文發·顏廣文, ≪明代政治制度硏究≫, 中國社會科學出版社, 1995.
• 范文瀾 等 著, ≪中國通史 8 -明清封建制時期-≫, 人民出版社, 1994.
• 楊國楨·陳支平 著, ≪明史新編≫, 人民出版社, 1993.
• 張大可 等 注譯, ≪新譯資治通鑑≫, 三民書局, 2017.
• 韓兆琦 注譯, ≪新譯史記≫, 三民書局, 2008.
• 許嘉璐 主編, ≪二十四史全譯≫, 漢語大詞典出版社, 2004.

〔英美〕

• David M. Robinson (ed.), *Culture, Courtiers, and Competition: The Ming Court (1368-1644)*, Harvard University Asia Center, 2008.
• Denis Twitchett, John K. Fairbank (eds.), *The Cambridge history of China, Vol. 7, the Ming Dynasty, 1368-1644, Part 1*, Cambridge Univ. Press, 1988.
• Timothy Rook, *The Troubled Empire : China in the Yuan and Ming Dynasties*, History of Imperial China 5, Harvard Univ. Press, 2010.

◇ 데이터베이스(DB) 자료

• 한국고전종합DB(http://db.itkc.or.kr)
• 동양고전종합DB(http://db.cyberseodang.or.kr)
• 상우천고(http://www.s-sangwoo.kr)
• 電子版 文淵閣四庫全書, 上海古籍出版社.

3. ≪歷代君鑑 3≫ 參考圖版 目錄 및 出處

4. ≪歷代君鑑≫ 總目次

※ 總目次는 QR코드를 통해 스마트 기기로만 이용 가능

總目次

5. ≪歷代君鑑≫ 解 題

※ 解題는 QR코드를 통해 스마트 기기로만 이용 가능

解 題

責任飜譯

洪起殷

復齋 奉奇鍾 先生과 松潭 李栢淳 先生 師事

民族文化推進會 國譯硏修院 및 常任硏究院 卒業

朝鮮大學校 史學科 卒業

成均館大學校 大學院 史學科 碩士課程 卒業

高麗大學校 大學院 古典飜譯協同科程 博士科程 修了

韓國古典飜譯院 責任硏究員(現)

論文 및 譯書

〈日省錄의 毁損과 그 復元에 관한 연구〉

譯書 ≪檢身錄≫ ≪明齋遺稿≫ ≪鹿門遺稿≫

共譯 ≪葛庵集≫ ≪記言≫ ≪大山集≫ ≪樊巖集≫ ≪政經·牧民心鑑≫
≪星湖全集≫ ≪日省錄≫ ≪承政院日記≫ 등 多數

共同飜譯

全百燦

慶山大學校(現 大邱韓醫大學校) 漢文學科 卒業

啓明大學校 大學院 漢文學科 碩士課程 卒業

慶北大學校 大學院 漢文學科 博士課程 修了

韓國古典飜譯院 先任硏究員(現)

論文 및 譯書

〈泰齊 柳方善의 詩世界〉

〈松穆館 李彦瑱의 작가의식〉〈鄭齊斗 경학의 철학적 기저〉

譯書 ≪竹巖日記≫

共譯 ≪日省錄≫ ≪星湖全集≫ ≪竹石館遺集≫ ≪政經·牧民心鑑≫
≪滄溪集≫ ≪誠菴文集≫ ≪謙齋文集≫ 등 多數

東洋古典譯註叢書 128

譯註 歷代君鑑 3 30,000원

2020년 12월 31일 초판 발행
2021년 05월 15일 초판 2쇄

撰　　者　明 代宗
責任飜譯　洪起殷
共同飜譯　全百燦
企劃編輯　東洋古典飜譯編輯委員會
原文校閱　吳圭根
飜譯硏究管理　南賢熙
潤　　文　朴勝珠
校　　訂　李孝宰 南賢熙
裝　　幀　김진디자인

發 行 人　朴洪植
發 行 處　社團法人 傳統文化硏究會
등록 : 1989. 7. 3. 제1-936호
서울시 종로구 삼일대로 428 낙원빌딩 411호
전화 : (02)762-8401　전송 : (02)747-0083
전자우편 : juntong@juntong.or.kr
홈페이지 : juntong.or.kr
사이버書堂 : cyberseodang.or.kr
온라인서점 : book.cyberseodang.or.kr

인쇄처 : 한국법령정보주식회사(02-462-3860)
총　판 : 한국출판협동조합(070-7119-1750)

ISBN 979-11-5794-294-7 94910
978-89-85395-71-7(세트)

※ 이 책은 2019년도 교육부 고전문헌 국역지원사업 지원비에 의해 초판(비매품) 간행.

전통문화연구회 도서목록

漢文讀解捷徑시리즈

漢文독해기본패턴 고전교육연구실 著 15,000원
四書독해첩경 고전교육연구실 著 20,000원

基礎漢文敎材

四字小學 / 習字敎本 成百曉 譯 各 8,000원/4,000원
推句·啓蒙篇 / 習字敎本 成百曉 譯 各 7,000원/4,000원
明心寶鑑 成百曉 譯 11,000원
童蒙先習·擊蒙要訣 成百曉 譯 15,000원
註解千字文 成百曉 譯 13,000원

〈新編〉

四字小學·推句 고전교육연구실 編譯 11,000원
啓蒙篇·童蒙先習 고전교육연구실 編譯 11,000원
原文으로 읽는 故事成語 元周用 編譯 15,000원

東洋古典國譯叢書

大學·中庸集註 - 개정증보판 成百曉 譯註 10,000원
論語集註 - 개정증보판 成百曉 譯註 25,000원
孟子集註 - 개정증보판 成百曉 譯註 30,000원
詩經集傳 上·下 成百曉 譯註 各 33,000원
書經集傳 上·下 成百曉 譯註 各 33,000원
周易傳義 上·下 成百曉 譯註 各 40,000원
小學集註 成百曉 譯註 30,000원
古文眞寶 後集 成百曉 譯註 32,000원

〈五書五經讀本〉

大學·中庸集註 李光虎·田炳秀 譯註 15,000원
論語集註 上·下 鄭太鉉 譯註 各 25,000원
詩經集傳 上·中·下 朴小東 譯註 各 30,000원
書經集傳 上·中·下 金東柱 譯註 各 30,000원
小學集註 上·下 李忠九 外 譯註 各 25,000원
古文眞寶後集 上·下 李相夏 外 譯註 各 32,000원
周易傳義 元·亨·利·貞 崔英辰 外 譯註 各 30,000원

東洋古典譯註叢書

〈經部〉

十三經注疏
周易正義 1~4 成百曉·申相厚 譯註 各 30,000원~40,000원
尙書正義 1~7 金東柱 譯註 各 25,000원~36,000원
毛詩正義 1~3 朴小東 譯註 各 32,000원/37,000원
禮記正義 中庸·大學 李光虎·田炳秀 譯註 20,000원
論語注疏 1~3 鄭太鉉·李聖敏 譯註 各 25,000원~40,000원
孟子注疏 1 崔彩基·梁基正 譯註 30,000원
孝經注疏 鄭太鉉·姜珉廷 譯註 35,000원
周禮注疏 1 金容天·朴禮慶 譯註 30,000원
春秋左氏傳 1~8 鄭太鉉 譯註 各 18,000원~35,000원
禮記集說大全 1 辛承云 譯註 25,000원
東萊博議 1~5 鄭太鉉·金炳愛 譯註 各 25,000원~35,000원
韓詩外傳 1~2 許敬震 外 譯註 各 29,000원~30,000원

〈史部〉

思政殿訓義 資治通鑑綱目 1~15, 17~20 辛承云 外 譯註 各 18,000원~35,000원
通鑑節要 1~9 成百曉 譯註 各 18,000원~40,000원
唐陸宣公奏議 1~2 沈慶昊·金愚政 譯註 各 35,000원~45,000원
貞觀政要集論 1~4 李忠九 外 譯註 各 25,000원~32,000원
列女傳補注 1~2 崔秉準·孔勤植 譯註 各 30,000원~38,000원
歷代君鑑 1~3 洪起殷·全百燦 譯註 各 32,000원~35,000원

〈子部〉

近思錄集解 1~3 成百曉 譯註 各 25,000원/35,000원
孔子家語 1~2 許敬震 外 譯註 各 35,000원/36,000원
老子道德經注 金是天 譯註 30,000원
大學衍義 1~5 辛承云 外 譯註 各 26,000원~30,000원
墨子閒詁 1~4 李相夏 外 譯註 各 32,000~38,000원
說苑 1~2 許鎬九 譯註 各 25,000원
世說新語補 1~3 金鎭玉 外 譯註 各 36,000원~38,000원
荀子集解 1~7 宋基采 譯註 各 25,000원~38,000원
心經附註 成百曉 譯註 35,000원
顔氏家訓 1~2 鄭在書·盧暻熙 譯註 各 22,000원/25,000원
揚子法言 1 朴勝珠 譯註 24,000원
二程全書 1~3 崔錫起·姜導顯 譯註 各 36,000원~38,000원
莊子 1~4 安炳周·田好根 共譯 各 25,000원~30,000원
政經·牧民心鑑 洪起殷·全百燦 譯註 27,000원
韓非子集解 1~4 許鎬九 外 譯註 各 32,000~38,000원
武經七書直解
孫武子直解·吳子直解 成百曉·李蘭洙 譯註 35,000원
六韜直解·三略直解 成百曉·李鍾德 譯註 26,000원
尉繚子直解·李衛公問對直解 成百曉·李蘭洙 譯註 26,000원
司馬法直解 成百曉·李蘭洙 譯註 26,000원

〈集部〉

古文眞寶 前集 成百曉 譯註 30,000원
唐詩三百首 1~3 宋載卲 外 譯註 各 25,000원~36,000원
唐宋八大家文抄 韓愈 1~3 鄭太鉉 譯註 各 22,000원/28,000원
〃 歐陽脩 1~7 李相夏 譯註 各 25,000원~35,000원
〃 王安石 1~2 申用浩·許鎬九 共譯 各 20,000원/25,000원
〃 蘇洵 李章佑 外 譯註 25,000원
〃 蘇軾 1~5 成百曉 譯註 各 22,000원
〃 蘇轍 1~3 金東柱 譯註 各 20,000원/22,000원
〃 曾鞏 宋基采 譯註 25,000원
〃 柳宗元 1~2 宋基采 譯註 各 22,000원
明清八大家文鈔 1 李相夏 外 譯註 37,000원

東洋古典新譯

당시선 송재소·최경렬·김영죽 편역 22,000원
손자병법 성백효 역주 14,000원
장자 안병주·전호근·김형석 역주 13,000원
고문진보 후집 신용호 번역 28,000원
노자도덕경 김시천 역주 15,000원

동양문화총서

동양사상 해설과 원전 정규훈 外 저 22,000원
화합의 길 -《중용》 읽기 금장태 저 20,000원
호설과 시장 신용호 저 20,000원

문화문고

경전으로 본 세계종교 그리스도교 이정배 편저 10,000원
〃 도교 이강수 편역 10,000원
〃 천도교 윤석산·홍성엽 편저 10,000원
〃 힌두교 길희성 편역 10,000원
〃 유교 이기동 편저 10,000원
〃 불교 김용표 편저 10,000원
〃 이슬람 김영경 편역 10,000원
논어·대학·중용 / 맹자 조수익·박승주 공역 각 10,000원
소학 박승주·조수익 공역 10,000원
십구사략 1~2 정광호 저 각 12,000원
무경칠서 손자병법·오자병법 성백효 역 10,000원
〃 육도·삼략 성백효 역 10,000원
〃 사마법·울료자·이위공문대 성백효 역 10,000원
당시선 송재소·최경렬·김영죽 편역 10,000원
한문문법 이상진 저 10,000원
한자한문전통교재 조수익·이성민 공역 10,000원
士小節 선비 집안의 작은 예절 이동희 편역 12,000원
儒學이란 무엇인가 이동희 저 10,000원
동아시아의 유교와 전통문화 이동희 저 13,000원
현대인, 동양고전에서 길을 찾다 이동희 저 10,000원
100자에 담긴 한자문화 이야기 김경수 저 12,000원
우리 설화 1~2 김동주 편역 각 10,000원
대한민국 국무총리 이재원 저 10,000원
백운거사 이규보의 문학인생 신용호 저 14,000원